V&R

Religion in der modernen Lebenswelt

Erscheinungsformen und Reflexionsperspektiven

Herausgegeben von

Birgit Weyel und Wilhelm Gräb

Vandenhoeck & Ruprecht

Die Herausgeber:
Dr. Wilhelm Gräb ist Professor für Praktische Theologie an der Theologischen Fakultät der Humboldt-Universität zu Berlin und Direktor des Instituts für Religionssoziologie und Gemeindeaufbau.
Dr. Birgit Weyel ist Privatdozentin für Praktische Theologie und Wissenschaftliche Assistentin am Seminar für Praktische Theologie der Theologischen Fakultät der Humboldt-Universität zu Berlin.

Bibliografische Information Der Deutschen Bibliothek

Die Deutsche Bibliothek verzeichnet diese Publikation in der Deutschen Nationalbibliografie; detaillierte bibliografische Daten sind im Internet über <http://dnb.ddb.de> abrufbar.

ISBN 3-525-56960-2

Printed in Germany.
Satz: Text & Form, Garbsen.
Druck und Bindung: Hubert & Co., Göttingen.

Gedruckt auf alterungsbeständigem Papier.

Inhalt

Teil 2

Religion und die Bildung ihrer Theorie: Reflexionsperspektiven

Vorwort

Die Religion in der modernen Gesellschaft ist ein vielgestaltiges Phänomen, das sich nicht nur in den Kirchen und religiösen Gemeinschaften auffinden lässt. In ihren nicht institutionell verfassten Formen ist die Religion allerdings vielfach nicht ohne weiteres als Religion erkennbar. Der Religionssoziologe Thomas Luckmann hat sie daher auch als die »unsichtbare Religion« bezeichnet. Ihr wesentliches Kennzeichen ist ihre Verankerung in der modernen Lebenswelt, die religiöse Fragen aufwirft, aber auch mit religiöser Bedeutung aufgeladen ist. Die Religion tritt am Ort des Individuums in seinen alltäglichen Lebensvollzügen hervor, wenn man nach den elementaren Lebensinteressen und dem Bedürfnis nach einem sinnvoll gelebten Leben fragt. Darüber hinaus ist die Religion präsent in den gesellschaftlichen Fragen nach der Moral, der Politik und der Wertevermittlung. Die Bedeutung, die die Medien, Bücher, Filme, das Fernsehen und die Ratgeberliteratur in den Routinen des Alltags, in der Bewältigung von Sinn- und Orientierungskrisen der Individuen gewonnen haben, ist vielfach religiös. Hier stellt sich vor allem die Frage, inwieweit Prozesse der Verlagerung der Religion und des Religiösen auf Bereiche alltagskulturellen Lebens stattgefunden haben.

Angesicht der enormen Erweiterungen des religiösen Feldes steigen die Anforderungen, die an die religionstheoretische Arbeit zu richten sind. Der Komplexität, in die die Wahrnehmung der Religion in der modernen Lebenswelt hineinführt, kann nur ein entsprechend komplexer Theorieaufwand gerecht werden. Deutlich ist, dass je nach theorieoptischer Einstellung höchst unterschiedliche Phänomenbereiche in der modernen Lebenswelt in ihrem religiösen Bezug sichtbar werden. Neben die Theologie, die Religionsphilosophie, die Soziologie und die Psychologie, die schon seit längerem religionstheoretische Fragestellungen bearbeiten, tritt ein weites Spektrum der Sozialwissenschaften: die Kulturwissenschaften, die Medienwissenschaften, die Phänomenologie, die Hermeneutik und die Ästhetik.

Das leitende Interesse und zugleich der konzeptionelle Ansatzpunkt dieses Bandes ist es, die *Religion in der modernen Lebenswelt* sowohl in der Vielfalt ihrer Phänomenbezüge wie in der Vielfalt ihrer theoretischen Reflexionsperspektiven in den Blick zu nehmen. Gerade diese Zusammenschau sowohl des breiten Spektrums religiöser Phänomene in der modernen Lebenswelt, als auch der verschiedenen, auf diese Phänomene bezogenen Religionstheorien, ist ein dringendes Desiderat. Ein Problem der gegenwärtigen Religionstheorien liegt darin, dass sie jeweils aus der Perspektive der je eigenen Fachwissenschaft gebildet werden, ohne diese in ein Gespräch mit anderen Wissenschaftsdisziplinen und deren Theoriebildung zu bringen, beziehungsweise auf diese nur eklektisch Bezug nehmen.

Der vorliegende Band will einen Überblick über den gegenwärtigen Stand der Diskussion geben. Er bietet eine Zusammenschau unterschiedlicher Zugänge, sowohl zu den Phänomenen gelebter Religion als auch zu den differenter Theoriestrategien, mit denen sich die religiös relevanten Phänomene erschließen lassen. Er eröffnet neue Möglichkeiten für den interdisziplinären Religionsdiskurs, indem er die theoretischen Voraussetzungen und methodischen Maßgaben für die Wahrnehmung und Reflexion der Vielfalt religiöser Phänomene in der modernen Lebenswelt einer Klärung zuführt.

Der Aufbau des Buches ist zweigeteilt, zum einen orientiert an den religiösen Lebensweltphänomenen (Teil 1), zum anderen an den Theorie- und Reflexionsperspektiven (Teil 2), die diese Phänomene in ihrem religiösen Gehalt sichtbar machen. Im ersten Teil werden die besonderen Bedingungen und Transformationen der Religion in der modernen Gesellschaft in den Blick genommen. Welche Phänomene werden als religiöse wahrgenommen und beschrieben? Welche Formbildungen und medialen Vermittlungsweisen sind für die Religion in der Moderne charakteristisch? Der zweite Teil ist Fragen der Theoriebildung von Religion, den auf die Phänomene sich richtenden Wahrnehmungs- und Reflexionsperspektiven gewidmet. Wie werden Religionstheorien gebildet, welche Theorieeinstellungen sind von besonderer Bedeutung und wie verhalten sich die vielfältigen Theorieoptiken zueinander? Wie ist schließlich das Verhältnis der Religionstheorien zur Theologie zu bestimmen? Die jeweils ersten Artikel der beiden Teile haben sowohl grundlegenden als auch einführenden Charakter.

Für die einzelnen Themen konnten namhafte und auf ihrem Gebiet ausgewiesene Autoren gewonnen werden, denen wir für Ihre Beiträge herzlich danken. Im Rahmen eines von der Deutschen Forschungsgemeinschaft geförderten Rundgesprächs, das am 8. und 9. September

2003 am Seminar für Praktische Theologie der Humboldt-Universität zu Berlin stattfinden konnte, bestand die Gelegenheit, einige der zentralen Fragestellungen und Themen bereits zu diskutieren. Wir danken der DFG für die finanzielle Unterstützung. Dem Lektor des Verlages, Herrn Jörg Persch, danken wir für das entgegengebrachte Interesse an der Thematik und die gute Zusammenarbeit.

Berlin, im Mai 2005 Wilhelm Gräb und Birgit Weyel

Teil 1

Moderne Lebenswelt und Religion: Erscheinungsformen

empirisch gesichertes
Wissen über
Religionspraxis
spärlich

Religion in der modernen Lebenswelt: Erscheinungsformen

Birgit Weyel

1. Einführung: Die Religion – das unentdeckte Land

»Wie ein unentdecktes Land liegt zum Teil die Religion unseres eigenen Volkes vor unseren Augen.«[1] Diese Diagnose des Praktischen Theologen Paul Drews aus dem Jahre 1900 ließe sich ohne große Umschweife in die Gegenwart transponieren. Denn noch immer ist die Religion der Menschen weitgehend unentdecktes Land. Drews brach mit Entdeckerfreude und Forschungsdrang auf, um an den Gestaden der terra incognita anzulanden und mit seinem Programm der religiösen Volkskunde einige grobe Schneisen in das Dickicht zu schlagen, den Blick auf die gelebte Religion der Menschen freizulegen. Rund 100 Jahre später ist die religiöse Praxis der Menschen nach wie vor ein weitgehend unentdecktes Land. So stellte etwa Falk Wagner fest:

> »Trotz zahlreicher empirisch-sozialwissenschaftlicher Untersuchungen zu Fragen kirchlicher Mitgliederschaft und religiöser Einstellungen, die während der letzten Jahrzehnte wiederholt durchgeführt worden sind, ist das empirisch gesicherte Wissen über den vielfältigen Charakter gelebter Religion innerhalb und außerhalb des kirchlichen Christentums als spärlich zu bezeichnen.«[2]

Trotz bedeutender Einzelstudien und im Zehnjahresrhythmus stattfindenden Mitgliedschaftsstudien der EKD, die mit diesem Befund keineswegs abgewertet seien, ist das empirisch gesicherte Wissen über die Religionspraxis tatsächlich »spärlich«. Die Ursachen dafür sind vielfältig. Gewiss liegt es an der Vervielfältigung der Religionskulturen, ihren Diversifizierungen, ihren steten Wandlungsprozessen unterworfenen gesellschaftlichen Bedingungen, die gerade die nicht institutionell

1 Drews, Paul: Grenzboten 1900 Nr. 10, 467.

2 Wagner, Falk: Art.: »Religion II. Theologiegeschichtlich und systematisch-theologisch«, TRE 28, Berlin/ New York 1997, 522–545: 539.

verfasste Religion haben »unsichtbar«[3] werden lassen. Die Ursache dafür, dass die Theologie und näherhin die Praktische Theologie es über weite Teile des 20. Jh. unterlassen hat, diesbezügliche Forschungsleistungen zu erbringen und sich zwischen 1930 und 1970 von ihrem eigentlichen Gegenstand der Religion radikal abgewendet hat, den sie erst wieder neuerdings und teilweise zögerlich zurück zu gewinnen sucht, liegt freilich nicht in der Unübersichtlichkeit ihres Forschungsgegenstandes, sondern in einer programmatischen Abkehr von diesem begründet. Das klingt dramatisch und ist es auch. Daher ist die Wiedergewinnung der empirischen Religion als Gegenstand der Praktischen Theologie immer auch verbunden mit dem Freilegen derjenigen Widerstände, die für diesen blinden Fleck verantwortlich zu machen waren und es zum Teil auch nach wie vor sind.[4] Ich möchte mich im folgenden auf zwei wesentliche Widerstände beschränken, deren Tiefausläufer bis in die Gegenwart hinein wirken.

Der erste Widerstand ist der religions*kritische*, der sich im wesentlichen darauf konzentriert, die eigene Religion auch als solche wahrzunehmen und zu bezeichnen. Wenn also das, was Religion ist, »durch Abstraktion eines in der Vielfalt des Phänomens Gemeinsamen«[5] zu bestimmen ist, dann wird gerade dies aus prinzipiellen, fundamentaltheologischen Gründen verweigert: die eigene Religion als Teil der Vielfalt des Phänomens zu betrachten. Die Unterscheidung zwischen Religion und Glaube, dem Allgemeinen und dem Besonderen wird gewissermaßen in die Grundlegung vorverlegt, um das Phänomen der eigenen Religion exklusiv behandeln zu können. Dieses Verfahren führt nicht nur zu begrifflicher Unschärfe, wenn etwa einerseits unbestimmt, andererseits aber nicht wertfrei von Religion, Ersatzreligion, Pseudoreligion, Spiritualität oder ähnlichem die Rede ist, sondern auch zu Unklarheit hinsichtlich der empirischen Phänomene, die den unscharfen Begriffen korrelieren. Die Praktische Theologie religionswis-

3 Luckmann, Thomas: Die unsichtbare Religion, stw 947, Frankfurt am Main 1991.

4 Vgl. dazu ausführlich Barth, Ulrich: Religion in der Moderne, Tübingen 2003, 30–87; Gräb, Wilhelm: Von der Religionskritik zur Religionshermeneutik, in: Ders. (Hg.), Religion als Thema der Theologie. Geschichte, Standpunkte und Perspektiven theologischer Religionskritik und Religionsbegründung, Gütersloh 1999, 118–143.

5 »Was Religion ist, muß deshalb einerseits bestimmt werden durch Abstraktion eines in der Vielfalt des Phänomens Gemeinsamen, andererseits durch Ermittlung der Differenz zu anderen Grundfunktionen der kulturell-gesellschaftlichen Welt.« Gräb: Religionshermeneutik, 122.

senschaftlich fundieren zu wollen heißt nicht, die Theologie aufzulösen und nicht mehr von Glaube in einem bestimmten Sinne sprechen zu sollen, sondern vielmehr den theologisch qualifizierten Glaubensbegriff durch eine unbestimmte Verwendungsweise nicht abzuschleifen, um ihn zu bewahren. So Ulrich Barth: »Die Stärke des Religionsbegriffs [...] besteht darin, der vorhandenen Vielfalt religiöser Einstellungen in der Spannung von Bedürfnis und Befriedigung, Suchen und Finden, Frage und Antwort, Intention und Erfüllung konzeptionell Rechnung tragen zu können. Religion ist nach Gewissheitsgraden abstufbar, Glaube nicht.«[6]

Und es ist auch das, in gewisser Weise umgekehrte, das heißt von der Praxis her ansetzende, Argument in Anschlag zu bringen, dass wenn der christliche Glaube nicht auch als eine Form religiöser Praxis verstanden wird, er gerade als konkreter Lebensvollzug verfehlt wird.[7]

Ein unbefangenes Verhältnis zum Religionsbegriff zurück zu gewinnen, bringt die Theologie demnach nicht nur nach langen Zeiten unentschuldigten Fehlens in Gespräche mit anderen Wissenschaftsdisziplinen zurück, die sich ebenfalls mit Religion befassen. Sie verhilft ihr auch zu mehr Tiefenschärfe bei der Wahrnehmung der ihr voraus liegenden religiösen Praxis.

Der zweite an dieser Stelle zu benennende blinde Fleck der Theologie ist eng verbunden mit dem ersten. Eng verbunden deshalb, weil ohne reflektierte Bezugnahme auf das Gemeinsame, nämlich die Religion, aus theologischer Perspektive lange Zeit nur diejenige Religion im Blick war, die nach wie vor institutionell gebunden ist. Entkirchlichungstendenzen der modernen Religion wurden und werden aus dieser Perspektive nicht als neue und spezifisch moderne Formen religiöser Praxis in der Gesellschaft wahrgenommen, sondern ihnen wird der religiöse Charakter abgesprochen. Die Konzentration auf das Phänomen der Kirchenmitgliedschaft bzw. noch enger gefasst: der regelmäßig besetzten Kirchenbänke führte notwendig dazu, nicht etwa nur die Anziehungskraft der Kirchen als im Schwinden begriffen zu sehen, sondern grundsätzlich den Rückgang an Kirchlichkeit mit Religionslosigkeit zu identifizieren. Indem ein bestimmtes fest umrissenes kirchliches Teilnahmeverhalten als normativer Maßstab für religiöse Praxis verwendet wird, liegen alle diejenigen religiösen Phänomene außerhalb

6 Barth: Religion, 49.
7 So Gräb: Religionshermeneutik, 123.

der Wahrnehmung, die sich nicht auf den Kirchenraum fokussieren. Die funktionale Segmentierung der Systeme Politik, Wirtschaft, Bildung und der Bedeutungsschwund der Kirchen sind nur dann als Säkularisierungsprozesse zu beschreiben, wenn zugleich präzisiert wird, dass das komplexe lebensweltliche Phänomen der Religion und sein Stellenwert für den einzelnen und die Gesellschaft nach wie vor von grundsätzlicher und hoher Bedeutung ist.[8]

Die Wiedergewinnung des Religionsthemas für die Theologie, insbesondere die Praktische, verbindet sich daher mit einer Erforschung der gelebten Religion in der modernen Lebenswelt, wie sie bereits Paul Drews konsequent gefordert und zugleich als einen Beitrag zur Reform des theologischen Studiums formuliert hat. Es gehe, so Drews, gerade um des »Leben[s] der empirischen Kirche« willen, »um eine wirkliche *Kenntnis des gegenwärtigen religiösen Lebens innerhalb und außerhalb der Landeskirchen*«,[9] die an die Stelle intuitiv gefasster und darum dilettantischer Meinungen trete.

2. Religion – was ist das? Oder: Zwischenüberlegung – Plädoyer für einen Begriff von Religion

Lucian Hölscher hat vorgeschlagen, auf eine Definition von Religion zu verzichten. »Religion ist alles, was man dafür hält.«[10] So lautet sein definitorischer Vorschlag einer Nicht-Definition, mit dem er das »wissenschaftliche Konzept«[11] verbunden wissen will, religiöse Kulturen stets »in ihrem eigenen theologischen Selbstverständnis« zu betrachten und »nach der Bedeutung, die sie zu einer bestimmten Zeit und innerhalb eines bestimmten gesellschaftlichen Umfelds gespielt haben« zu fragen.[12] Sein Ziel ist es, bestehende Begriffe von »Religion« in ihrer heuristischen Funktion als »Differenzbestimmungen innerhalb eines

8 Zu diesem zeitdiagnostischen Argument vgl. BARTH: Religion, 4f; GRÄB: Religionshermeneutik, 129–133, ausführlich in Auseinandersetzung mit D. Bonhoeffers begrifflicher Wendung des ›religionslosen Zeitalter‹.

9 DREWS, PAUL: »Religiöse Volkskunde«, eine Aufgabe der Praktischen Theologie, MkP 1 (1901), 1–8: 1.

10 HÖLSCHER, LUCIAN: Religion im Wandel. Von Begriffen des religiösen Wandels zum Wandel religiöser Begriffe, in: W. Gräb (Hg.), Religion als Thema der Theologie, 45–62: 45.

11 HÖLSCHER: Religion im Wandel, 45.

12 HÖLSCHER: Religion im Wandel, 47.

gesellschaftlichen und geistigen Raums« zu verstehen und diese unterschiedlichen Grenzziehungen nicht durch einen allgemeinen Religionsbegriff einzuebnen, ihnen vielmehr in historischen Analysen nachzugehen.[13] Auf diese Weise gelingt es ihm, dem Bedeutungswandel religiöser Begriffe auf die Spur zu kommen, das heißt zu zeigen, wie sich die Grenzen der religiösen Selbst- und Fremdzuschreibungen gesellschaftlicher Gruppen im Laufe der Zeit verschieben und jeweils neue Begriffe von Religion freigeben.[14] So erhellend dieses Verfahren im Blick auf die Analyse der gesellschaftlichen Konstellationen religiöser Mentalitäten und Weltanschauungen ist, bedarf es – gewissermaßen ergänzend – eines Religionsbegriffs, der auch die Erscheinungsformen von Religion in den Blick zu nehmen versteht, die sich selbst nicht explizit als religiös verstehen. Ein Religionsbegriff ist daher für die Erforschung gerade der modernen »unsichtbaren« Religion notwendig, ein Religionsbegriff, der für diese Wahrnehmung den Blick sowohl öffnet, als auch schärft. Denn in der Tat gilt:»Religion ist alles, was man dafür hält.« Das heißt, ob ich Religion wahrnehme, an welchen Orten ich mich auf die Suche begebe, was ich als Religion namhaft mache und wie ich religiöse Phänomene zu interpretieren mich anschicke – ist abhängig von einem diagnostisch funktionsfähigen Begriff von Religion. Auf diesen soll also nicht verzichtet werden. Mit einem zunächst unbestimmten[15] Begriff sollen jedoch ausschnittsweise, exemplarisch und miniaturhaft zwei Erscheinungsformen von Religion in der modernen Gesellschaft in den Blick genommen werden, an denen versuchsweise zu zeigen wäre, was gerade für die Religion in der modernen Lebenswelt, das heißt für die religiösen Phänomene neben der institutionell gebundenen, kirchlich verfassten Religion charakteristisch sein könnte.

13 Hölscher: Religion im Wandel, 47.

14 Hölscher: Religion im Wandel, 62.

15 Dass sich »in der Unbestimmtheit und Vieldeutigkeit des Begriffs der Religion nur spiegelt, wie es in der Alltagswelt um die Religion tatsächlich steht«, hält treffend W. Gräb fest. »Die vage Unbestimmtheit des Begriffs der Religion sehen wir heute im engen Kontakt zu den modernen Formen der Lebenswelt.« Ders.: Praktische Theologie und Religion, EvTh 61 (2001), 366–374: 369f.

3. Religion in der modernen Lebenswelt

Mit Recht ist man dazu übergegangen, das Religiöse nicht nur mitten im Säkularen auszumachen, sondern es zugleich auch aus den Bedingungen und Momenten der Moderne als »herkünftig« zu begreifen.[16] Eine konsequente Hinwendung zur gelebten Religion legt nahe, vor allem auf religiöse Entwürfe im Kontext der Lebenswelt und im gesellschaftlichen Kommunikationszusammenhang einzugehen. Denn das Interesse des Einzelnen an Deutungsmustern, die ihm einen neuen sinnhaft gefüllten Zusammenhang vermitteln, ist gestiegen. Als ein erstes illustrierendes Beispiel für die Selbstrekonstruktion des Religiösen im lebensweltlichen Kontext sei die Alltagskommunikation genannt.

3.1. Zum Beispiel: Alltagskommunikation oder »Wir sind doch alle keine Engel, oder? Ja, ich bin ja auch kein Engel, weiß Du.«[17]

Die topographische Zuordnung von Religion und Alltag setzt eine religionsgenerative Funktion des Alltags voraus.[18] Religion entsteht im All-

16 Schilson, Arno: Die Wiederkehr des Religiösen. Eine Gegenwartsanalyse und ihre Herausforderung für das Christentum, in: Ders., Medienreligion. Zur religiösen Signatur der Gegenwart, Tübingen/Basel 1997, 28–58; vgl. auch Drehsen, Volker: Rehabilitierung der Religion? Zur Neuinterpretation religiöser Bedürftigkeiten in der Gegenwart, in: Ders., Wie religionsfähig ist die Volkskirche? Sozialisationstheoretische Erkundungen neuzeitlicher Christentumspraxis, Gütersloh 1994, 121–146, besonders 135–138. Siehe auch Bukow, Wolf-Dietrich: »Vieles spricht dafür, daß sich die religiösen Vorstellungen heute zwar lockern, aber dafür auch neu konstituieren, sich also einerseits zunehmend von traditionellen Formen institutioneller wie damit korrespondierender alltäglicher Religion entfernen, aber andererseits innerhalb formaler Spezialsysteme wie im Lebenszusammenhang und damit auch in der kulturellen Auseinandersetzung der Gesellschaft neue Bedeutung erlangen, also für gesellschaftliche Dienstleistungen, Lebensführung des Einzelnen und neuerdings auch innerhalb der öffentlichen Auseinandersetzungen zunehmend bedeutsam werden.« Ders.: Zur Selbstrekonstruktion des Religiösen im systemischen, lebensweltlichen und kommunikativen Kontext, in: W.-E. Failing/H.G. Heimbrock/Th. A. Lotz, Religion als Phänomen. Sozialwissenschaftliche, theologische und philosophische Erkundungen in der Lebenswelt, TBT 111, Berlin/New York 2001, 121–143. Vgl. auch Ders.: Kritik der Alltagsreligion. Ein Beitrag zu den Regulations- und Legitimationsproblemen des Alltags, Frankfurt am Main 1984.

17 Aus dem Protokoll eines Gesprächs, das ein Student aus meiner Übung Alltagsseelsorge (Sommersemester 2003, Humboldt-Universität-Berlin) in der S-Bahn mit einem Unbekannten geführt hat.

18 So vor allem in Anschluss an Luckmann: Die unsichtbare Religion, und Mörth, Ingo: Lebenswelt und religiöse Sinnstiftung. Ein Beitrag zur Theorie des Alltagslebens, München 1986.

tag, in Situationen, Momenten, die die Bewältigung von Alltag erforderlich machen: an den Schnittstellen des Alltagslebens, an aktuellen Brüchen in der Lebensführung, angesichts plötzlich auftretender Risiken, Krankheit, drohender Arbeitslosigkeit, wenn Grenzen überschritten werden, eine neue Lebensphase beginnt, der einzelne sich mit besonderen Anforderungen, Zuschreibungen, Trennungen, Leiden, Unrechtserfahrungen konfrontiert sieht.[19] An diesen Orten, an denen der »Dauerablauf des individuellen Alltags in seiner Fraglosigkeit fraglich wird«[20], sind religiöse Entwürfe, Deutungen oder Statements im Kontext der Lebensführung gefragt. Die Alltagskommunikation stellt ein autoregulatives Mittel des Alltagslebens dar, das in seiner religiösen Valenz nun in den Blick genommen werden soll. Dazu bedarf es zunächst einer Analyse ihrer charakteristischen Merkmale, die diese Gespräche am Gartenzaun, im Zugabteil nicht als Gegenüber schriftsprachlicher Kommunikation in einem defizienten Lichte sehen lassen, sondern Redundanz, Anakoluthe, Floskelhaftigkeit usw. als eine besondere, eben alltagskommunikative Äußerungsstrategie versteht. Wolf-Dieter Stempel[21] hat das Alltagsgespräch definiert als ein »Stück sozialer Praxis«, die »nicht praktisch-funktional orientiert« ist und darum einen Freiraum für die identitätskonstruktive Selbstdarstellung von Subjektivität im Gegenüber zum anderen bietet. Idealisierungen, Übertreibungen, Allsätze, emphatische Ausdrücke, Ausdruckshäufungen, Wertungssignale, die Demonstration von Gemeinsamkeit beispielsweise durch häufiges sich gegenseitiges Unterbrechen signalisieren die für die Alltagskommunikation typische Identitätsrhetorik,[22] die einen hohen Grad von positiver wie negativer Höflichkeit konstituiert. (Negative Höflichkeit heißt, dass Zumutungen vermieden oder so präsentiert werden, dass das Gegenüber sie übersehen kann, ohne unhöflich sein zu müssen.) Diese Höflichkeit zielt wie die über das Verbale hinausgehende Gesprächsperformance als Ganze, in der Intonation, Gestik, Mimik mit dem Gesagten in einen wechselseitigen Auslegungszusammenhang treten, auf die Anerkennung durch den anderen, auf Signale der Zustimmung zu der entfalteten Identitätskonstruktion, auf Zu-

19 Nach Bukow: Zur Selbstrekonstruktion des Religiösen, 137.

20 Bukow: Zur Selbstrekonstruktion des Religiösen, 137.

21 Stempel, Wolf-Dieter: Bemerkungen zur Kommunikation im Alltagsgespräch, in: K. Stierle/R. Warning (Hg.), Das Gespräch, Poetik und Hermeneutik XI, München 1984, 151–169.

22 Vgl. Stempel: Alltagsgespräch, 167.

wendung durch den anderen in der Form von Sympathie, Interesse und Zustimmung. Im Alltagsgespräch haben situationale Selbstthematisierungen ihren Ort, in denen wir eine Handlung als charakteristisch oder untypisch für unser Ich ansehen,[23] an dem wir uns zu angesonnenen oder unterstellten Identitäten verhalten und mit Identitätsschemata umgehen. Religiös ist diese reflexive, identitätskonstruktive Arbeit, die durch den Alltag herausgefordert wird und im Alltag selbst schon situiert ist. Es handelt sich zwar eher um Meinungen, als um Überzeugungen, um flexible, instabile Selbst- und Lebensdeutungen, kleine Beiträge zur Sinnarbeit, aber gerade darin haben wir es mit einer typisch modernen Form von Religion zu tun.[24] Die Alltagsreligion kann bezogen sein auf die Erfassung eines größeren Daseinszusammenhanges, auf komplexere Symbole, auf explizit religiöse Einstellungen, aber die Bezogenheit ist nicht einseitig vorzustellen, so als wäre der Alltag lediglich das Anwendungsgebiet von Sinneinstellungen, die andernorts, außeralltäglich, erworben würden. Gerade die zweckfreie Alltagskommunikation ist ein vorzüglicher moderner Ort, an dem »Religion bei Gelegenheit«[25] generiert wird.[26]

3.2. Zum Beispiel Fantasyliteratur oder »Nimmst das Buch, liest es und bist in der Welt drinnen, in der Phantasie«[27]

Die Medien sind Orte gesellschaftlicher Metakommunikation und ästhetischer Erfahrung. Sie sind Teil des Alltags und können ihn doch auch unterbrechen oder zumindest alterieren. Auch Bücher sind Medien. Wiederum exemplarisch und miniaturhaft möchte ich Fantasy-Literatur am Beispiel von J.R.R. Tolkiens *Der Herr der Ringe* (HdR) als

23 Vgl. dazu Hahn, Alois: Biographie und Religion, in: H.-G. Soeffner (Hg.), Kultur und Alltag, Göttingen 1988, 49–60: 50.

24 Vgl. dazu Luckmann: Die unsichtbare Religion, 148.

25 Luther, Henning: Religion und Alltag, Stuttgart 1992, 223: »Nicht der gesamte Alltag ist religiös grundiert, wohl aber wird der Alltag immer wieder religiös. – Religion wird bei Gelegenheit – immer wieder, aber nicht immer (ständig) thematisch.«

26 Darüber hinaus kann das Gesprächsgeschehen selbst auch zu einem Ort religiöser Erfahrung werden, indem »die eigene wie die fremde Individualität und beides wiederum in seiner Beziehung auf ein weit größeres Ganzes wahrgenommen wird, ereignet«. Im Anschluss an Friedrich Schleiermacher siehe Nicol, Martin: Gespräch als Seelsorge. Theologische Fragmente zu einer Kultur des Gesprächs, Göttingen 1990, 41.

27 Aus einem Interview im Rahmen einer studentischen Projektgruppe (Religionspädagogisches Proseminar im WS 2002/3 zusammen mit Ulrike Häusler: Fantasy im Religionsunterricht am Beispiel Tolkiens Herr der Ringe).

Erscheinungsform des Religiösen in den Blick nehmen. Fraglos lassen sich in der Fantasy-Literatur Zitate, Anspielungen, Variationen christlicher Themen und Stoffe ausmachen. Tolkien selbst verstand sich als christlicher Autor. Es würde jedoch zu kurz greifen, zeitgenössische Kunst und Kultur »unvermittelt anhand religiöser Überzeugungen«[28] zu beurteilen. Ein Urteil über Inhalte und Vorstellungsgehalte und – soweit dies möglich ist – ihre Rezeption lässt sich nur auf dem Wege einer Interpretation treffen, die die Eigenlogik kultureller Formen in den Blick nimmt und diese ästhetisch zu reflektieren sucht.

Typisch für die Fantasy ist die Erschaffung einer neuen, potentiell sinnvolleren Realität, die von Tolkien so genannte »Sekundärwelt«. Diese ist zwar vergangenheitsbezogen, aber prinzipiell autark gegenüber der Primärwelt von Leser und Autor, weil ihr jede Rückbindung an die zeitgenössische Wirklichkeit fehlt. Sie gewinnt ihre Glaubwürdigkeit – Tolkien spricht von »Glaubhaftigkeit« – durch ihre innere Konsistenz. Der HdR ist detailliert ausgestaltet mit eigenen Völkern, Sprachen, einer weit ausgreifenden Geschichte, Geographie und Mythologie. Von der Kunst des Autors, die Sekundärwelt als vollständige literarische Welt zu konstruieren – Tolkien spricht von »erschaffen« – hängt, so Tolkien, ganz wesentlich ab, ob der Leser bereit ist, die Sekundärwelt zu betreten. »Darinnen ist ›wahr‹, was er [sc. der Autor] erzählt: Es stimmt mit den Gesetzen jener Welt überein. Daher glauben wir es, solange wir uns einigermaßen darinnen befinden.«[29] Das Eintreten in die Sekundärwelt ist vonseiten des Lesers als aktiver Akt vorzustellen. Diesem gelingt es, wenn ihn die Kunst des Autors überzeugt, »den Unglauben willentlich auszusetzen«.[30] Auf eine realistische Darstellung und Ausgestaltung der Sekundärwelt kommt es maßgeblich an. So signalisiert etwa das den Büchern beigefügte Kartenmaterial historische und geographische Genauigkeit. Anders als etwa im Märchen fordern in der Fantasy-Literatur die Gesetze der Magie eine besondere Erläuterung. Die Helden und damit auch die impliziten Leser werden in die

28 Räume der Begegnung. Religion und Kultur in evangelischer Perspektive, Denkschrift von EKD und VEF, Gütersloh 2002, 30.

29 On Fairy Stories. Deutsch: Über Märchen, in: Gute Drachen sind rar. Drei Aufsätze, hg. von Christopher Tolkien, Stuttgart 1984, 51–140: 90.

30 On Fairy Stories, 91. Tolkien zitiert hier einen klassischen Ausdruck von S.T. Coleridge, Biographica Literaria (1817), reprint Oxford 1907, II, 6: »willing suspension of disbelief«. Coleridge spricht in diesem Zusammenhang von »poetic faith« in Analogie zum christlichen Glauben.

Geheimnisse des einen Rings usw. ausführlich eingeführt. Dies steigert die Plausibilität der metaempirischen Elemente. Die Sekundärwelt ist, was ihre innere Plausibilität anlangt, dem Realismus der Primärwelt angeglichen und doch stehen beide Welten unvermittelt nebeneinander. Direkte Verweisungszusammenhänge gibt es nicht, selbstverständlich gibt es aber Entlehnungen aus der Primärwelt (z.B. grundlegende physikalische Gesetze, Tag und Nacht, dass die Hobbits essen und schlafen müssen), häufig auch ironische Verschiebungen (so der Brauch, am Geburtstag Geschenke vom Geburtstagskind entgegenzunehmen; die Volljährigkeit der Hobbits mit 33 Jahren) sowie die Hereinnahme von komplexen Elementen, beispielsweise der Raubbau an der Natur des Auenlandes durch Saruman, dessen Beschreibung das Problem der Umweltzerstörung anklingen lässt.[31] Wichtig für die Interpretation der Fantasy aber ist, dass die Hereinnahme solcher Themen eklektisch geschieht: Sie berührt nicht die Selbstständigkeit der Sekundärwelt. Der Leser entscheidet, ob er den Verweisungszusammenhang aktualisiert oder nicht. Die Kritik am Umgang mit der Natur ist ein fakultatives Angebot, nicht mehr. Tolkien betont ausdrücklich, dass er selbst keinerlei aktuelle Bezüge intendiert habe.[32] Die Freiheit der Anwendbarkeit fördert eine individuelle Aneignung. Den Rezipienten wird gerade durch die genretypischen Merkmale der Fantasy eine ausgesprochen aktive Rolle zugewiesen. Nicht Flucht aus der Realität, sondern das bewusste Eintreten in eine andere Welt ist für das Lesen von Fantasy-Literatur charakteristisch. Mit Recht ist daher die angestrebte Rezeptionshaltung des Lesers als »eine Art Zwischenzustand« bezeichnet worden.[33] Durch ein transversales Hin und Her zwischen den Welten wird der »Möglichkeitssinn« (Robert Musil) des Lesers angeregt. Es geht bei der Interpretation von Fantasy ganz besonders darum, die »spielerische Kraft der ästhetischen Erfahrung« zu berücksichtigen.[34] Der ästhetische Genuss ermöglicht eine reflexive Distanz von der Realität und die spielerische Erprobung neuer Perspektiven, neuer

31 So auch dargestellt bei Tschirner, Susanne: Der Fantasy-Bildungsroman, Studien zur phantastischen Literatur 9, Meitingen 1989, 27.

32 Hier ist insbesondere an eine Parallelisierung von Sauron und Hitler gedacht.

33 Pesch, Helmut W.: Fantasy. Theorie und Geschichte einer literarischen Gattung, Forchheim 1982, 14.

34 Vgl. dazu Düwell, Marcus: Ästhetische Erfahrung und Moral, in: D. Mieth (Hg.), Erzählen und Moral. Narrativität im Spannungsfeld von Ethik und Ästhetik, Tübingen 2000, 11–35.

Handlungsmöglichkeiten, neuer Rollen. Fantasy lesen bedeutet daher nicht einfach nur, »für eine Zeit dem Wahn der Aufklärung, dem Gefängnis der Tatsachen zu entkommen«[35] – das bietet die Lektüre wohl auch – , aber der Leser kehrt nach gelungener Lektüre nicht unberührt in Alltag und Geschichte zurück, sondern ist dazu angeregt worden, das Gelesene selbsttätig zur Anreicherung und Fermentierung der Primärwelt wirksam werden zu lassen, sich selbst neu zu verstehen, neue Handlungsspielräume kreativ zu entdecken. Ob das Buch diese Qualitäten entfaltet, hängt wesentlich davon ab, inwieweit es genretypische Standardisierungen zu variieren und den einzelnen, in der Fantasy stets sehr modellhaften Charakteren Entwicklungen und Freiräume zuzugestehen vermag.

4. Noch einmal: Religion

Die beiden Skizzen mögen andeuten, was für die Erscheinungsformen von Religion in der modernen Lebenswelt charakteristisch zu sein scheint. Nicht nur in den großen Passagen des Lebens, den biographischen Übergängen, in denen das rituelle Handeln und die lebensgeschichtliche Begleitung durch die Kirchen nach wie vor nachgefragt sind, sondern auch und gerade in den alltäglichen Lebenswelten entsteht ein Religionsbedarf. Auch hier sind es wieder Passagen, wenn auch kleinere, Übergänge, Rollen- und Verhaltenswechsel, Irritationen, feine Risse, mit denen sich der einzelne in einer differenzierten Gesellschaft in hohem Maße konfrontiert sieht. Die gesellschaftliche Differenzierung, die als Zerrissenheit erlebt werden kann, wirft die Frage nach einem den Alltag und die Alltagserfahrung gleichsam überwölbenden »Himmel« auf. Religionsbedarf lässt sich zutreffend beschreiben als die Frage und Suche »nach der Integration von Alltagserfahrung in ein sie überbietendes Sinngefüge«.[36] Im Zentrum dieser Integrationssuchbewegung steht die konstruktive Arbeit an der eigenen Biographie als der Versuch, »menschliche Identität in allen ihren Dimensionen unter den identitätsbedrohenden Bedingungen der modernen Gesellschaft auf-

35 So kritisch zum Film SEESLEN, GEORG: Und nun beuget die Knie!, in: Die Zeit Nr. 52 vom 18. Dezember 2002, 37.

36 SCHILSON: Die Wiederkehr des Religiösen, 34.

rechtzuerhalten«.[37] Ulrich Beck hat dies anschaulich als die Suche nach eigenem Leben beschrieben.[38]

Die Selbstthematisierung der Biographie und die identitätskonstruktive Arbeit finden, wie das Beispiel der Alltagskommunikation zeigen sollte, nicht erst an exponiert extraterritorialer Stelle, sondern im Alltag selbst statt, wenn sich der Einzelne reflexiv und konstruktiv zu sich und seinem Leben verhält, zum Beispiel im flüchtigen Gespräch mit einem Unbekannten, in dem probe- und versuchsweise Identitätskonstruktionen geleistet werden und zwar auf eine Art und Weise, die wenn auch flüchtig, so doch einen atmosphärischen Raum zu konstituieren versucht, in dem man sich wechselseitig Aufmerksamkeit und Akzeptanz spendet.

Eine weitere Form den Alltag zu alterieren ist der Mediengebrauch. Matthias Morgenroth hat den qualifizierten Mediengebrauch als »Individualfest«[39] bezeichnet. Das medial vermittelte Ästhetische bildet kulturelle Räume aus, in die der einzelne eintritt und in denen er ein Sortiment an Geschichten, Erzählungen und Sinnentwürfen vorfindet, um es produktiv für seine Selbstreflexion zu verwenden, um sich selbst zu vergegenwärtigen, was das eigene Leben im Alltag integral zusammenhält, zu seiner eigenen Existenz Stellung zu beziehen, sich zu sich selbst zu verhalten. Indem der Leser des HdR in eine Art Schwebezustand versetzt wird, in dem er sich spielerisch mit den Protagonisten identifiziert und sich distanziert, wird sein Möglichkeitssinn entwickelt und gestärkt: »Es könnte ja auch alles anders sein«. Mit Recht ist darauf hingewiesen worden, dass ästhetische Erfahrung, die eine religiöse Valenz bzw. Dimension[40] entfaltet, kontingenzverschärfend ist, das heißt

37 Drehsen: Rehabilitierung der Religion, 144.

38 »In dem Maße, in dem die Gesellschaft in einzelne Funktionsbereiche zerfällt, die weder aufeinander abbildbar noch durcheinander ersetzbar sind, werden die Menschen jeweils nur unter Teilaspekten eingebunden: als Steuerzahler, Autofahrer, Studentin, Konsument, Wähler, Patientin, Produzent, Vater, Mutter, Schwester, Fußgängerin usw.; d.h. sie werden im andauernden Wechsel zwischen verschiedenartigen, zum Teil unvereinbaren Verhaltenslogiken gezwungen, sich auf die eigenen Beine zu stellen und das, was zu zerspringen droht, selbst in die Hand zu nehmen: das eigene Leben.« Beck, Ulrich: Eigenes Leben. Skizzen zu einer biographischen Gesellschaftsanalyse, in: Ders., Eigenes Leben. Ausflüge in die unbekannte Gesellschaft, in der wir leben, München 1995, 9–15: 10.

39 Morgenroth, Matthias: Die sichtbare unsichtbare Religion. Religiöse Valenzen der Kunst, PTh 90 (2001), 458–472: 463.

40 »Der Begriff markiert, dass sie nicht automatisch ›religiös‹ sind. Er verdeutlicht aber, dass sie ein Potential in sich tragen, ›religiös‹ wahrgenommen zu werden«. So

das sichtbar macht, was unverfügbar ist. Trotz zahlreicher Heldentaten gerade der Kleinen und scheinbar Schwachen, nämlich der Hobbits, auf dieser Queste wird ausgerechnet die, die Geschicke der zahlreichen Völker des Auenlandes wendende Heilstat, der klimatischer Höhepunkt der Erzählung, am Ende durch die glückliche Verkettung von Zufällen herbeigeführt.

Ein Begriff von Religion darf nicht so eng gefasst sein, dass er die modernen lebensweltlichen Formen ausblendet. Er darf aber auch nicht so unbestimmt und weit ausgreifend sein, dass er überhaupt keine Prägnanz mehr besäße und wie König Midras gleich, in dessen Händen alles zu Gold wurde, unterschiedslos alle gesellschaftlichen und kulturellen Phänomene in Religion verwandeln würde.[41] Es ginge vor allem darum, Religion als »identitätsverbürgende Kontingenzbewältigungspraxis«[42] zu verstehen und in ihren mannigfaltigen Bezügen aufzuspüren. Die Weite des funktionalen Religionsbegriffs würde es möglich machen, die Integrationssuchbewegungen bereits in Ansätzen und das heißt tatsächlich auch als Suchbewegungen wahrzunehmen. Explizit religiöse und kulturelle Deutungsangebote und ihre Rezeptionshaltungen wären in den Blick zu nehmen und aufeinander zu beziehen. In Abstufungsgraden wäre zu konturieren und herauszupräparieren, ob und inwieweit die religiösen Erscheinungsformen funktionsfähig sind, das heißt die Anerkennung des Unverfügbaren[43] leisten und die lebensweltliche Erfahrung im Horizont des Unbedingten[44] deuten zu können.

Morgenroth: Die sichtbare unsichtbare Religion, 471. In vergleichbarem Sinne spricht Wilhelm Gräb von der »religiöse[n] Dimension ästhetischer Erfahrung«. Gräb, Wilhelm: Lebensgeschichten – Lebensentwürfe – Sinndeutungen. Eine praktische Theologie gelebter Religion, Gütersloh 1998, 115.

41 Vgl. dazu auch Drehsen, Volker: Religion in den Medien und mediale Religiosität. Ein polemischer Essay, in: R. Preul/R. Schmidt-Rost (Hg.), Kirche und Medien, Gütersloh 2000, VWGTh, 72–83, besonders 72.

42 Drehsen: Rehabilitierung der Religion, 145.

43 Drehsen: Rehabilitierung der Religion, 145.

44 Vgl. dazu Definition und Ausführung bei Ulrich Barth: »Religion ist die Deutung von Erfahrung im Horizont der Idee des Unbedingten.« Barth: Religion, 10.

5. Schlussbemerkung: Religion und Theologie

Die Praktische Theologie verdankt ihre Entstehung der Einsicht in die Differenz zwischen Theologie und Religion, Wissenschaft und Praxis, Lehre und Leben, gedeuteter und gelebter Religion.[45] Als Reflexionsmedium der Religion hat sie einerseits die Aufgabe, die gelebte Religion wahrzunehmen und zu verstehen und andererseits die institutionelle, kirchliche Religion auf diese kritisch und konstruktiv beziehbar zu machen. Dabei kommt ihr als praktischer Disziplin eine gesteigerte Vermittlungsaufgabe auch gegenüber ihren theologischen Schwesterdisziplinen zu: nicht weniger Theologie ist zu fordern, weniger Exegese, weniger Dogmatik, um sich quasi ermäßigend der lebensweltlichen Religion anzuschmiegen, sondern höhere reflexive Anforderungen[46] sind an die Theologie zu stellen, um die Potentiale, die der christliche Glaube hat, für die gelebte Religion der Menschen in der modernen Lebenswelt wirksam werden zu lassen. Und dies nicht nur, aber doch auch betonter Weise im Sinne des theologischen Studiums und der Funktion der universitären Theologie für die Ausbildung. Um noch einmal auf Paul Drews zurückzukommen: Der theologische Praktiker, der Pfarrer muss, will er sich mit Beginn seiner Wirksamkeit nicht »hilflos an dem Gestade eines Landes ausgesetzt« sehen, »wo ihn die Menschen nicht verstehen und er sie auch nicht versteht«, mit »*Wirklichkeitssinn*«[47] ausgestattet sein.[48]

45 Vgl. dazu ausführlich Drehsen, Volker: Wozu ist die Praktische Theologie gut? – Thesen zum Charakter und Ziel praktisch-theologischer Bildung, PThI 2002, 156–166: 156 sowie Dietrich Rössler, der die Fragestellung wieder ins Bewusstsein gerückt hat, Die Vernunft der Religion, München 1976, 10: »In welcher Beziehung steht gedeutete Religion, stehen Kirche und Theologie zur gelebten Religion?«

46 Siehe dazu beispielhaft: Grözinger, Albrecht/Pfleiderer, Georg: ›Gelebte Religion‹ als Programmbegriff Systematischer und Praktischer Theologie, Zürich 2002.

47 Drews, Paul: Das Problem der Praktischen Theologie. Zugleich ein Beitrag zur Reform des theologischen Studiums, Tübingen 1910, 2.

48 Drews: Grenzboten.

Individuum und Religion

Volker Gerhardt

1. Die Gegenwärtigkeit des Glaubens

Die öffentliche Debatte, ganz gleich ob es um den Kampf der Kulturen, die Forderung nach Gerechtigkeit, die Sicherung des Rechts, die Abwehr des Terrorismus, das Existenzrecht Israels, den Embryonenschutz, die Sterbebegleitung oder die Europäische Verfassung geht, ist von den Folgen alter religiöser Gegensätze geprägt, auch wenn sie vielen als solche nicht mehr bewusst sind.

Wenn sich die einen damit zufrieden geben, ihr Leben auf möglichst angenehme Weise zu sichern, und sich dabei auf die Wahrung ihrer präsenten Eigenständigkeit beschränken, während es die anderen ohne Rücksicht auf ökonomische Vorteile für richtig halten, dass die Menschen unter Beweis stellen, sich nicht alles gefallen zu lassen, dann ist das religiöse Muster dieses Gegensatzes in der Regel nicht mehr bewusst. Tatsächlich aber vertreten die einen den Standpunkt der gegebenen Realität, über den redlicherweise nicht hinaus gedacht werden könne, während die anderen sich auf einen nur vorgestellten Weltzustand berufen, der wiederherzustellen oder allererst zu realisieren sei.

Aus der Position der einen sprechen die anderen über Verhältnisse, von denen sie gar nichts wissen können; doch diese anderen wissen für sich genug, um ihren Opponenten gedanken- oder wenigstens: kritiklose Verfallenheit an die gegebenen Zustände vorzuwerfen.

Man braucht also nicht lange nachzudenken, um zu sehen, dass sich die alte Spannung zwischen weltzugewandten Heiden und erlösungsbedürftigen Gläubigen nicht so schnell verliert – es sei denn, es ließe sich zeigen, dass sich die Kontrahenten selber missverstehen und nicht wissen, wie viel sie mit ihrem Gegner gemeinsam haben. Beide Seiten müssen zwar nicht direkt als religiös bezeichnet werden, aber sie stehen den religiösen Erwartungen näher, als sie glauben.

2. Ein Glaube verdrängt den Glauben

Ganz anders ist es, wenn die religiösen Überzeugungen direkt zum Austrag gelangen und im politischen Interessenkampf ihr Recht einfordern. Dann kommen sie dem aufgeklärten Europäer wie ein Relikt aus alten, längst verwundenen Zeiten vor. Er ist überzeugt, dass sie im rationalen Diskurs eigentlich nichts zu suchen haben; gleichwohl geht er (nachdem er viel Lehrgeld bezahlt hat) behutsam mit ihnen um, weil er die Gefühle jener, die noch im »rückständigen« Glauben befangen sind, nicht verletzen möchte.

So hat das Gebot der Toleranz die Europäer vorsichtig und inzwischen wohl auch diplomatisch gemacht. Sie äußern sich mit Bedacht, weil sie die gute Nachbarschaft im »eigenen Haus« und in der Welt, mit der sie Handel treiben, nicht gefährden wollen. In Wahrheit aber ist ihnen der Glaube gleichgültig geworden. Für sie ist Gott ein alt gewordenes Gespenst, das so lange hilfreich gewesen sein mag, wie man noch nicht wusste, was wir heute zu wissen glauben.

Inzwischen, so meinen sie, habe das wissenschaftliche Wissen die Hypothese göttlicher Allwissenheit überflüssig gemacht; die Macht der technischen Verfügung über die Welt kann auf den Glauben an die Allmacht eines Gottes verzichten. So weit unsere Vorstellung reicht, ist der Kosmos durchmessen und durchdrungen; wo sollte da ein Platz für ein allmächtiges, allwissendes, allgegenwärtiges Wesen sein? Da die Reichweite unserer Berechnungen unsere Vorstellungskraft bei weitem übertrifft, macht sich jeder lächerlich, der einem Gott noch irgendwo einen Platz reservieren möchte.

Es ist tatsächlich dieser raum-zeitliche Positivismus, der dem Glauben an Gott die öffentliche Wirkung genommen hat! Die Überzeugung, dass die Sinne und ihre technischen Hilfsmittel alles erschließen, was Bedeutung haben kann, ist so übermächtig, dass anderes als das sinnlich Gegenwärtige keine Bedeutung mehr haben kann. Es scheint, als glaubten wir nur noch, was in den Sinnen ist oder ihnen durch technische Medien vergegenwärtigt werden kann. Tatsächlich hat die phänomenale Ausweitung der medialen Verfügbarkeit die physische Präsenz nicht nur alles Wirklichen, sondern auch alles Möglichen auf phantastische Weise erhöht, aber sie hat zugleich den Begriff von dem, was Bedeutung für uns hat, auf bedenkliche Weise auf das bloß Physische reduziert.

Aber das Physische kann nicht alles sein, sonst könnten wir noch nicht einmal eine Vorstellung, geschweige denn einen Begriff von ihm haben. Schon die bewusste Beziehung auf etwas Physisches nimmt etwas nicht bloß Physisches in Anspruch.

Wenn das, was wir in den Sinnen haben, tatsächlich schon alles wäre, hätten wir bereits den Sinn unseres Sprechens und Denkens in Abrede zu stellen. Wir hätten damit auch auf die Mathematik und mit ihr auf die ganze Wissenschaft zu verzichten. So etwas wie Kommunikation dürfte es gar nicht geben – von Musik oder Poesie ganz zu schweigen.

Ich kenne niemanden, der die Bedeutung der Mathematik, der Wissenschaft oder der Musik ernsthaft in Frage stellt. Ich kenne auch niemanden, der zwar die Existenz von mathematischen Instituten, von Universitäten oder Symphonieorchestern einräumt, der aber daran zweifelt, ob das, was diese real existierenden Institutionen produzieren, etwas real Existierendes ist. Warum ist das bei Tempeln, Kirchen und Moscheen anders? Warum gesteht man ihnen zwar zu, dass sie Anteilnahme, Mitmenschlichkeit, Schuldbewusstsein, Bußfertigkeit oder rituelle Ordnungen hervorbringen, aber in Wahrheit kein Haus Gottes mehr sind?

Warum liegt man vor der Kreativität einzelner Individuen auf den Knien, hält aber das, was Individuen glauben, für kulturell belanglos – es sei denn, es stehe im Dienst von deren eigener Kreativität? Was zeichnet Gott gegenüber anderen seelischen oder geistigen Tatbeständen derart aus, dass es ausgerechnet ihn nicht mehr »geben« können soll?

Die Antwort ist leicht gegeben: Weil man ihn nicht wirklich unter die geistigen Tatbestände rechnet. Man sagt zwar unablässig, Gott sei »spirituell«, sei »transzendent«, und steigert ihn, überflüssiger Weise, zum »reinen« geistigen Wesen. Doch davon dürften zumindest die, die nicht an ihn glauben, gerade nicht ausgehen. Sie müssen ihn irgendwie mit einem sinnlich gegebenen Datum verknüpfen, dessen Existenz sich sinnvoll bestreiten lässt. Nur weil sie glauben, dass für dieses positive Datum kein Platz mehr zur Verfügung steht, stellen sie das Dasein Gottes überhaupt in Frage. So verdrängt ein Glaube den anderen.

3. Die Negation des verdinglichten Gottes

Die wissenschaftliche Erschließung des Alls (zumindest in der mittleren Größenlage zwischen 10^{-10} und 10^{+10} Metern) hat den Vorteil, dass sie uns tatsächlich nicht mehr erlaubt, Gott als intelligenten Übermenschen am oberen oder unteren Rand der Welt zu imaginieren. Es ist auch ausgeschlossen, dass er als fein verteilte Energie in allen freien Zwischenräumen der subatomaren Sphäre wirksam ist. Die Quantenphysik gibt weder ihm noch der menschlichen Freiheit eine Zuflucht.

Das durch die Erfolge der modernen Wissenschaft auf den Plan gerufene kritische Philosophieren hat uns darüber hinaus bewusst gemacht, dass auch außerhalb der Welt kein Platz für Gott gefunden werden kann. Denn was soll hier »außerhalb« bedeuten? Das »Transzendieren« können wir von seinen räumlichen Implikaten nicht befreien, und so führt es allemal ins Nirgendwo des Nichts. Kant sieht in den Versuchen, ein Jenseits der Welt auch nur zu denken, eine »Vermessenheit« des Menschen.[1]

Dieser Maßlosigkeit möchte sich vermutlich gerade der Gläubige nicht schuldig machen. Wenn er sich aber auf die gegebenen Dinge und Ereignisse der Welt beschränkt, wird er nichts real Existierendes antreffen, das wirklich für Gott gehalten werden könnte. Das ist das Dilemma eines jeden, der Gott auf dem Boden der Tatsachen sucht und dessen Dasein nach den Kriterien der Wissenschaft verbindlich machen möchte.

Wer sich hingegen vor dem Missverständnis bewahrt, Gott könne ein Ding unter, in oder über allen Dingen sein, ein Ereignis vor oder nach allen Ereignissen, er könne vielleicht sogar ein Lebewesen sein, das über alle toten und lebenden Wesen herrscht, dem wird es durch die Wissenschaft um einiges leichter gemacht, bei seinem Glauben zu bleiben. Sie beweist ihm und allen anderen, dass es weder im Größten noch im Kleinsten eine raum-zeitliche Anwesenheit Gottes geben kann. Gottes Gegenwart kann nicht gemessen werden – weder nach Ort und Zeit noch nach seinem spezifischen Gewicht. Er lässt sich noch nicht einmal nach seinen Leistungen evaluieren. Sein Dasein fügt dem Ganzen der Dinge und Verhältnisse nichts hinzu. Und es fehlte ihnen, so wie sie sind, auch nichts, wenn man Gott von ihnen subtrahierte. Er muss, wenn er denn Gott sein soll, von der empirischen Realität, mit der sich die Wissenschaft befasst, wohl unterschieden sein.

1 Kritik der reinen Vernunft, A 471/B 498, Akademie-Ausgabe der Werke Kants, herausgegeben von der Königlich-Preußischen Akademie der Wissenschaften, Berlin 1900ff, Band 3, 327.

Doch statt alles daranzusetzen, ihn in dieser ihm einzig angemessenen nicht-gegenständlichen Weise zu begreifen,[2] nimmt man die Verdinglichung Gottes hin und behandelt die damit schon beschlossene Negation seiner Existenz wie einen historischen Tatbestand. So verfahren alle, die Nietzsches Wort »Gott ist tot« den Rang einer philosophischen Einsicht zugestehen.

4. Der Umweg über die Geschichte

Für jene, die in Gott schon immer eine Hypothek aus den mythischen Zeiten der Menschheit sahen und die Kirche nur für ein historisches Unglück halten konnten,[3] lag in dieser Einsicht natürlich etwas Befreiendes. Für die Gläubigen aber, vor allem für deren Repräsentanten, schien darin eine Enttäuschung zu liegen, die sich bis heute mit dem Begriff der Säkularisierung verbindet. Von nun an schien es viel schwieriger, an Gott zu glauben, denn alle kosmologischen und physiko-theologischen Beweise waren dahin.

Die Demonstrationen für die Wirksamkeit Gottes hatten sich nunmehr, zumindest im christlichen Abendland, auf die Offenbarung zu verlegen, die denn auch wie ein allererst aufwändig zu rechtfertigender methodologischer Behelf behandelt wurde, damit das entstandene Defizit der Erkenntnis der Natur durch eine Rekonstruktion aus der Geschichte behoben werden konnte.

Das fügte sich bestens in die aufkommende Historisierung allen Wissens, war aber dennoch nicht mehr als ein Ersatz für die angeblich verlorene Unmittelbarkeit des ontologischen Zugangs zu Gott. Statt erleichtert aufzuatmen, dass dem Glauben gar nichts Besseres geschehen kann, als dass ihm die empirische Wissenschaft die Krücken der szientifischen Beweise (mit denen der Glaube ohnehin nicht gehen kann) wegschlägt, suchten sie nach einem Surrogat, das die angeblich verlorenen Beweise durch dokumentierte historische Zeugenschaft ersetzen sollte.

2 Schließlich haben sich Generationen von Philosophen mit ihm befasst. Zumindest sie sollten wir zu begreifen suchen.

3 Ich verweise auf die Argumente, die David Hume in seinem unüberbietbaren *Dialog über natürliche Religion* (1762/1778) zusammengestellt hat. Dialogues Concerning Natural Religion, ed. Richard H. Popkin, Indianapolis/Cambridge 1980; dt. hg. v. Günter Gawlick, Hamburg 1980 (Philosophische Bibliothek).

Es spricht für die vornehmlich von evangelischen Theologen betriebene kritische Bibelwissenschaft des 19. Jh., dass sie sich auf dem Weg historischer Beweisführung durch die leitenden Erwartungen einer geschichtlichen Versicherung nicht von der Wahrheit hat abbringen lassen. So hat sie schon bald eingesehen, dass auch die Texte – in ihrem dokumentarischen Wert – die verlorenen szientifischen Sicherheiten nicht ersetzen können. Damit war klar, dass sich der Glaube auf andere Quellen stützen muss und damit unabhängig von der Wissenschaft aufzutreten hat.

5. Die Säkularisierung als Gewinn für den Glauben

Die Theologie des 20. Jh. hat in immer neuen Anläufen nach den nicht-empirischen Quellen der Religion gesucht. Sie hat vor allem den Begriff der Offenbarung ausgeleuchtet und dabei ein Medium theoretisiert, das den Zugang zum Göttlichen eröffnet. Damit hat sie den Weg erhellt, der zur existenziellen Erfahrung des Glaubens führt.

Aber hat sie die Chance, die darin für den Glauben liegt, wirklich genutzt? Hat sie das Notwendige getan, um das überlieferte Offenbarungsgeschehen von den historischen Elementen der Empirie zu befreien, damit es als das begriffen werden kann, was sich jederzeit ereignen kann – und ereignen können muss, damit ein Glaube jetzt – in dieser Zeit und bei diesen Individuen – möglich wird? Erst wenn die Offenbarung als etwas verstanden wird, was jedes Individuum augenblicklich treffen kann, hat man die Voraussetzung zum Verständnis der historischen Botschaft geklärt. Diese Klärung aber hat den Versuch einzuschließen, sich auch begrifflich über die Natur Gottes aufzuklären. Haben die Theologen, so frage ich über die Grenze meines Fachs hinweg, diese durch die Säkularisierung gleichsam gebotene Chance genutzt?

Sie haben es versucht, und zwar vor allem dort, wo sie die Offenbarung als »Ereignis« (Karl Rahner) zu verstehen suchten oder Gott aus dem Existenzial des Glaubens, als Wort, als Anrede, als Ruf oder Geheimnis oder auch als das »ganz Andere« (Karl Barth) zu begreifen suchten.

Aus der Sicht der Philosophie finde ich daran bemerkenswert, dass die Theologen dabei nicht auf die Unterstützung der Philosophen rechnen konnten. Seit Kant, Hegel und Kierkegaard schweigen die Philosophen, wenn sie nicht einfach die Partei des Szientismus ergreifen oder alte Einsichten (wie Nietzsche) provozieren oder sie (wie Heidegger und Wittgenstein) mystifizieren.

Zu den größten dieser überlieferten Einsichten, auf die wir, auch ohne Nietzsche und Heidegger, allen Grund haben, zurückzugehen, rechne ich jene, die wir Platon und Aristoteles, Augustinus und Cusanus, Spinoza, Leibniz und David Hume verdanken. Sie haben den Kirchen ingeniöse Angebote zum gleichermaßen begrifflichen wie affektiven Umgang mit dem Göttlichen gemacht, zu einem Umgang, der bereits von dem ausgeht, was angeblich erst durch die moderne Wissenschaft ans Licht gebracht worden ist: nämlich dass Gott in dem Verhältnis hervortritt, das der Mensch zur Welt, zu seinesgleichen und zu sich selber hat.

Diese Einsicht geht der Säkularisierung um einige Tausend Jahre voraus. Und dennoch wird die Säkularisierung als epochale Abkehr von der Religion gedeutet, der man sich hilflos mit einer Aufwertung säkularer Arbeit und einer Unmenge an kulturellen Zeugnissen entgegen stemmt. Aber die größte Achtung vor den überlieferten Heiligtümern und selbst das stärkste Kontingent an sozialen Diensten werden den Gott nicht retten. Dem kann, im Gegenteil, nur geholfen werden, wenn man ihn als Gegenstand des Glaubens verteidigt. Dazu kann die Philosophie, nicht zuletzt weil der Glaube eine epistemische Einstellung ist, einen Beitrag leisten.

Gott
Glaube

6. Der Glaube als Kraft in der Vernunft

Im üblichen Verständnis der Säkularisierung liegt ein epochaler Irrtum, in dem nicht nur ein Missverständnis des Glaubens, nicht nur eine Fehleinschätzung der religiösen Überlieferung, sondern auch ein Selbstmissverständnis der Aufklärung zum Ausdruck kommt. Der Irrtum schwächt die Berufung auf die alteuropäische Vernunft und vermindert die Glaubwürdigkeit der Ideale der Menschlichkeit.

Natürlich kann und soll man sowohl für das Recht im Allgemeinen als auch für die Menschenrechte im Besonderen *ohne* Berufung auf religiöse Motive argumentieren. Auch die Begründung der Moral kommt so lange ohne Berufung auf den Glauben aus, wie es noch nicht um den Anspruch geht, ihr auch tatsächlich zu folgen. Aber dass bereits im Erkennen von etwas, dem sich der Mensch nach Art einer umfassenden Einsicht, einer Norm oder auch einer seine Kräfte beschränkenden (und von ihm gleichwohl anerkannten) Wirklichkeit eben das liegt, was wir unter dem Göttlichen verstehen, dass also bereits im Erkennen, im ausdrücklichen Vollzug einer Einsicht oder eines uns ganz ergreifenden Gefühls sowie in der freiwilligen Zustimmung zu etwas, in dem unsere Macht an ihr Ende kommt, das Göttliche gegenwärtig und wirksam ist, das scheint die Moderne so gut wie vergessen zu haben.

Dabei hätte sie beste Chancen, die alten Einsichten über das Göttliche mit ungeahnter Eindringlichkeit zu beleben. Denn ihr steht mit dem Begriff der individuellen Existenz ein Terminus zur Verfügung, der sachlich zwar nichts Neues bezeichnet, der heute aber eine ganz andere Tiefen- und Breitenwirkung hat als zu den Zeiten des Sokrates. Außerdem hat sich die Philosophie Platons Kritik an der Sophistik in derart vielen schulmäßigen Lektionen verabreicht, dass kein Mangel über die Sonderstellung des Wissens und der Wahrheit mehr bestehen kann. Von Aristoteles über Descartes, Spinoza, Leibniz, Kant und Hegel bis hin zu Frege, Husserl und Wittgenstein haben wir in immer neuen Wendungen gelernt, zwischen Empirie und Kategorie, zwischen verité des faits und verité de raison, zwischen Erscheinung und Begriff oder zwischen Tatsache und Urteil zu unterscheiden, so dass wir ganz anders über die Bedeutung von Bedeutung sprechen können, die dem Begriff Gottes – auch unter den Bedingungen seiner Negation, ja, selbst noch unter den Konditionen verbreiteter Gleichgültigkeit – zukommt.

Schließlich dürfen wir nicht vergessen, dass uns der Primat des Praktischen zu einer geläufigen Gedankenfigur geworden ist. Auch dies ist uns durch vielfältige Variationen in einer langen Überlieferung von Sokrates bis hin zum modernen Pragmatismus längst vertraut. In der Praxis des Handelns verstärkt sich die Auszeichnung der individuellen Existenz, in der wir erfahren, dass wir nicht aus dem bloßen Wissen leben können. Sobald Entscheidungen anstehen, die existenzielle Bedeutung haben, sobald wir im Zweifel sind, ob wir uns angesichts riskanter Folgen von der letztlich immer benötigten Wahrhaftigkeit abbringen lassen, haben wir eine Kraft aufzubieten, die aus bloßer Vernunft nicht entspringen kann.

7. Gott als Garant des Ganzen

Nicht nur in den Fällen existenzieller Herausforderung, aber spätestens in ihnen, brauchen wir ein Verständnis unserer Selbst, das einen Rückhalt im Ganzen des Daseins hat, mögen die Zustände im Einzelnen auch noch so elend, unglücklich, sinnwidrig oder widerwärtig sein. Dann braucht man zumindest eine tief gegründete Überzeugung, für die wir durch unser Handeln Zeugnis ablegen. Es ist kein Zufall, dass der englische Ausdruck für »Überzeugung«, »belief«, zugleich auch für den »Glauben« steht.

Ich sage nicht, dass der existenzielle Rückhalt eines Individuums im Glauben an Gott bestehen muss. Die Kraft zum konsequenten Handeln kann sich aus vielen Quellen speisen. So kann ein gegebenes Versprechen, die Verbindlichkeit einer Freundschaft, die Liebe oder ein politisches Ideal alle moralischen Kräfte eines Menschen wecken. Doch gesetzt, es schleicht sich der Zweifel ein, ob sich der Einsatz auch wirklich lohne, gesetzt, wir fühlen uns in unserem eigenen Anspruch verlassen oder getäuscht: Was versichert uns dann des Beistands der Welt, auf den niemand verzichten kann?

Niemand kann in der Erwartung handeln, dass seine »gute Tat« vollkommen unbemerkt und gänzlich ohne Konsequenzen bleibt. Selbst wenn er nicht auf einen guten Ausgang hoffen kann, muss er mindestens darauf setzen können, dass seine Tat als ein Zeichen verstanden werden kann, das nicht vergessen wird. In einem solchen Fall kann Gott als die Instanz des Weltbewusstseins begriffen werden, dem nichts entgeht und das auch dem Bedeutung verleiht, was durch den Zufall gegebener Umstände missverstanden, verdrängt, verleumdet oder vernichtet wird.

Diese Einsicht ist in der alten Formel aufgehoben, dass Gott die Wahrheit *ist*. Und ich lasse offen, ob wir ernsthaft von einer Wahrheit sprechen können, ohne die Wahrheit für möglich zu halten, ob wir etwas als bedeutsam ansehen können, ohne nicht eine Welt anzunehmen, die Bedeutung hat, ob wir überhaupt von Gründen ausgehen können, ohne der Welt einen Grund zuzugestehen.

Ich lasse es offen, weil ich mir über die Beweisform für die Geltung solcher Unterstellungen noch nicht schlüssig bin. Aber ich neige Spinozas Ansicht zu, dass wir nichts, aber auch gar nichts für wirklich, für wahr oder für gut halten können, wenn wir uns dabei nicht auf eine

Substanz stützen können, in der notwendig alles seinen Ursprung hat und die Spinoza jederzeit »Natur« nennen kann.

Aber wenn er davon spricht, dass wir letztlich nicht nur in unserem Wissen auf die Substanz bezogen, sondern in unserer Liebe notwendig auf sie gerichtet sind, dann bietet sich ihm der Name Gottes offenbar als der einzig passende an.

8. Nur Individuen können glauben

Nietzsches Wort »Gott ist tot« mag für alle gelten, die Gott für ein Wesen aus Fleisch und Blut gehalten haben. Selbst wer ihn als reine Lichtgestalt, als ätherisches Gebilde oder als fein gesponnenes Netz, das alles mit allem verbindet, begreift, kann durch Zarathustras Rede nur gewinnen.

Auch das subtilere Verständnis von Gott als einer moralischen Autorität, die auf eine verbindliche Ordnung für alle Menschen dringt, wird sich nach dem Scheitern der Gottesbeweise nicht mehr halten lassen. Denn wie sollte sich ein spirituelles Gebot unabhängig von dem Geist einstellen, der es denkt? Man kann Gott nicht von den Individuen lösen, die seine Notwendigkeit aus sich heraus entdecken. Eine Gemeinschaft von Gläubigen kommt nur durch Einzelne zustande, denen der Glaube etwas bedeutet. Nur wenn wenigstens einige Individuen glauben, kann ein Volk oder eine Zeit »religiös« genannt werden. Also muss der Begriff Gottes auf diesen individuellen Ausgangspunkt gegründet sein.

Für einen solchen Gottesbegriff will ich ein Beispiel geben, das über den Zweifel erhaben ist, hier könne auf einen strategischen Vorteil aus der modernen Verfassung des Geistes gerechnet werden. Das Beispiel stammt von Platon und zwar aus dem »großen« Alkibiades, den Schleiermacher noch für eine Fälschung hielt. Heute wird der Dialog weitgehend als echt angesehen. Für uns ist die Frage der Echtheit belanglos, da es sich, wenn überhaupt, um eine antike Fälschung handelt. Die letzten zweifelhaften Zusätze stammen von Eusebius und Stobaios und sind allein durch ihr Alter über den Zweifel erhaben, hier könne ein auf Kirchenrettung bedachter Theologe eine Anpassung an den säkularisierten Zeitgeist betrieben haben.

9. Eine Beschreibung Gottes in der Beschreibung unserer selbst

Am Ende des großen Dialogs, in dem die Erziehung des Staatsmanns unter dem globalen Anspruch von Politik und Philosophie verhandelt wird, vermag Alkibiades nicht zu sagen, was eigentlich das »Selbst« bedeutet, um das es in der »Selbsterkenntnis« geht. Also wird er von Sokrates Schritt für Schritt zu der Einsicht geführt, auf die es ihm selbst ankommen müsste, wenn er sich ernsthaft um Selbsterkenntnis bemühte.

Der erste Schritt besteht in dem Verweis auf den einfachen Umstand, dass Sokrates mit Alkibiades spricht. Der eine wie der andere tut dies für sich und mit dem anderen – selbst. Es ist nicht etwa so, dass der Mund des Lehrers bloß zu den Ohren seines hochbegabten, aber missratenen Schülers spricht; man kann auch nicht sagen, dass die Stimmbänder des Jüngeren auf die vom Älteren ausgehenden Luftschwingungen reagieren. Sondern es ist der ganze Sokrates, der sich mit dem ganzen Alkibiades unterhält – und umgekehrt. Jeder ist er selbst und wird vom anderen als Einheit verstanden, die man nicht sehen, sondern nur denken kann.

Der zweite Schritt macht am Beispiel der Arbeit eines Schusters bewusst, dass ein Selbst dasjenige ist, was über etwas, das ihm zugehört, verfügen kann. Wenn der Schuster sein Werkzeug gebraucht, um ein Paar Schuhe zu fertigen, dann ist das Selbst des Schusters eben das, was über das Werkzeug disponiert. Jedes Selbst kann man daran erkennen, dass es etwas anderes, sei es ein Instrument, einen anderen Menschen oder den eigenen Leib, gebraucht. Es ist das Verfügende oder »Regierende«, das über anderes seiner selbst, vor allem aber über sich selbst gebietet.

Es ist offenkundig, dass dieses Selbst etwas äußerst Bewegliches und überaus Flüchtiges ist. Denn es zeigt sich nur in etwas, das es selbst nicht ist; es tritt nur im Fall einer aktiven Tätigkeit hervor, hinter der es stets verborgen bleibt. Gleichwohl wird eben dieses nur in Funktionen erkennbare Selbst von Platon »Seele« genannt. Das Leichteste wird zum größten intellektuellen Schwergewicht.

Im dritten Schritt wird gefragt, wie man so etwas Flüchtiges wie die Seele in dem, was sie wirklich ist, erkennen kann. Und hier wird die im 20. Jh. leider viel zu wenig erinnerte Auskunft gegeben, eine Seele müsse in die Seele eines Anderen sehen, so wie das Auge in das Auge eines

Anderen sieht, um sich darin selbst zu schauen. Seelen gibt es damit nur für Seelen. Es hätte keinen Sinn, sie mit einem physikalischen Detektor aufzuspüren. Sie sind, was sie sind, nur für sich selbst, und sie erkennen sich nur, sofern sie sich auf ihresgleichen beziehen.

Schließlich folgt der vierte Schritt, der mir besonders wichtig ist: In der Selbsterkenntnis der Seele ist sie auf das gerichtet, worin sie sich von ihrer besten Seite, nämlich in ihrer »Tugend« zeigt. Diese ihre »Tüchtigkeit« (das ist die Seele in ihrer »besten Verfassung«: aret psych´s) (Alk. maior 133b) zeigt sich darin, dass sie ihre selbst gesetzte Aufgabe auf beste Weise erfüllt. Da sie erkennen, sich selbst erkennen will, liegt ihre Tugend in der bestmöglichen Erkenntnis. Sie steigert das, was sie ohnehin schon macht, und strebt nach der bestmöglichen »Einsicht« (phronesis), die hier den Titel der »Weisheit« (sophia) trägt. Und in dieser Bewegung zum Besten ihrer selbst ist die Seele auf dem Weg zum Göttlichen.

Dieses Göttliche, das im Text ohne Vorankündigung erscheint, aber sofort verstanden wird, ist nichts anderes als das Beste dessen, was die einzelne Seele in jeder ihrer Leistungen immer schon anstrebt, aber niemals vollkommen erreicht. Gott ist das Beste vom Besten, das der Mensch in seinem Verhältnis zu sich und seinesgleichen notwendig anstrebt, wenn er sich nur selbst darum bemüht, in seinen Leistungen einsichtig, folgerichtig und damit gut zu sein.

10. Das Vertrauen in die Welt im Vertrauen in uns selbst

Im Dialog geht es um einen Menschen, der von sich aus etwas will. Er hat seinem Handeln ein Ziel gesetzt: Er will wenigstens in Athen eine politische Rolle spielen. Alkibiades hat eine Absicht, auf die er seine Pläne gründet. Damit hat er schon hinreichend deutlich gemacht, dass er nicht auf den Zufall hin leben möchte. Er hat mit seinen Absichten Zwecke gesetzt, die nicht nur Regeln seines Handelns fordern, sondern immer auch allgemeine Gesetzmäßigkeiten unterstellen. In seinem regelhaften Tun verbündet er sich mit Natur und Geschichte, deren prozessualen Verläufen er unterworfen bleibt.

Wie sehr dies der Fall ist, belegt das weitere Schicksal des Alkibiades, der mit seinen Großmachtplänen scheitert, aus Athen vertrieben wird und als politischer Flüchtling unter persischem Schutz gedungenen Mördern, vermutlich aus Sparta, zum Opfer fällt.

Gleichwohl setzt er mit dem Sinn, den er seinem Handeln gibt, auf eine Verbindung zwischen sich und dem Gang der Welt. Es reicht aber nicht, dass der gesetzte oder gesuchte Sinn in Verbindung mit allem steht, was ihm seine Sinne bieten und was durch Erinnerung im Sinn gehalten werden kann. Er muss darüber hinaus auch mit der verständigen Gegenwart seiner Mitmenschen verbunden sein. Mehr noch: Der Sinn, den ein Mensch mit seinem Handeln verknüpft, reicht tief in die physiologische Organisation seiner Sinne hinab und ist über sie nicht nur mit seiner leiblichen Verfassung, sondern auch mit den wahrgenommenen Verhältnissen vermittelt.

Der Sinn, auch wenn er ganz und gar sein eigener ist, hat seine Wurzeln sowohl in der Natur, die ein jedes menschliches Wesen ist, wie auch in der Natur, die es umgibt. Durch seine Bindung an Bedürfnis, Erinnerung und Erwartung hat er überdies eine erfahrene zeitliche Dimension, die mindestens die Lebenszeit des Individuums umfasst.

In dieser Verbindung aber ist bereits ein Sinn der menschlichen Existenz unterstellt, der mit der Wirklichkeit, in der sie sich behauptet, verträglich sein muss. Die Erwartungen des sich seiner selbst bewussten Menschen sind somit auf eine Welt bezogen, in der er sich nicht als ein vollkommen Fremder erfährt. Also liegt im Einsatz für die Erhaltung und Entfaltung des eigenen Lebens ein Vertrauen, das dem alten Glauben zumindest zum Verwechseln ähnlich sieht.

Doch wie dem auch sei: Sicher ist, dass sich das Vertrauen in die eigenen Kräfte mit dem Weltvertrauen verbindet. Und zu den historischen Tatsachen der alteuropäischen Überlieferung gehört, dass sich das Selbst- und Weltvertrauen nicht vom Glauben an einen göttlichen Grund des Daseins ablösen lässt. Denn wenn der Sinn in der Lage sein soll, wenigstens unsere eigenen Kräfte zu mobilisieren, muss er zugleich auf das Entgegenkommen der umgebenden Kräfte seiner Umwelt setzen. Er muss auch über die Kraft verfügen, Gefahren aus dem Weg zu gehen oder sie notfalls im Widerstand zu überwinden.

Wie aber soll er dies können, wenn er dabei alles dem Zufall überlässt, den er mit seinem eigenen Sinn gerade auszuschließen oder zu überlisten sucht? Nein, wer wirklich aus eigenem Anspruch, mit eigenen Zielen leben will, wer auch nur mit seinem eigenen Handeln einen Sinn verbindet, der kann nicht auf den Zufall hin leben. Er muss auf ein Zusammenspiel seines eigenen Tuns mit den Gegebenheiten seines Daseins rechnen. Also setzt er im Ganzen seines Daseins eine Ordnung voraus, in der sich sein eigener Wille mit seiner Welt verbindet. Auf diese Verbindung vertrauen wir, an diese Einheit glauben wir, wenn wir unser Tun dem Schutz eines Gottes unterstellen.

11. Gott als die Gegenwart des Ganzen

Die Denker der Antike waren von der modernen Verfremdung Gottes zu einem physisch präsenten Gegenstand weit entfernt. Sie konnten Gott als das Wesen denken, dem schlechterdings alles seinen Impuls verdankt. Eine ursprüngliche Bewegung von allem, was irgendwie von Bedeutung ist, kann jedoch, wenn sie denn wirklich in allem sein soll, nur aus dem Inneren eines jeden kommen. Es muss dies freilich ein »Innen« sein, das weder räumlich noch zeitlich konzipiert ist.

Tatsächlich haben wir ein derartiges »Innen« in unserem Bewusstsein. Es ist das Bei-sich-selbst-Sein des Empfindens und des Fühlens, des Denkens und des Wollens, also die unnachahmliche, nur von jedem selbst zu erfahrende Wachsamkeit des ganzen Menschen. Dafür stehen die traditionellen (und bis heute unverzichtbaren) Begriffe der Seele, des Geistes und des Willens. Die Größe der antiken Denker besteht darin, Gott als die Gegenwart des Ganzen im Ganzen des Menschen zu denken: So wie der Mensch sich ohne »Seele«, »Geist« oder »Willen« nicht begreifen kann, so kann er auch das Ganze des Kosmos nicht ohne »Seele«, »Geist« oder »Willen« verstehen.

So wie der Begriff des Menschen sinnlos wird, wenn wir ihn nicht auf das Ganze seiner Selbstbewegung beziehen, so wird auch der Begriff der Welt oder des Seins sinnlos, wenn wir ihn nicht als ein Ganzes nehmen, das uns gegenwärtig sein kann.

Dabei darf man nicht vergessen, dass »Welt« oder »Sein« Begriffe sind, die unserem Bedürfnis entspringen, selbst noch das unendlich Große und ungeheuer Vielfältige in ein Verhältnis zu uns selbst zu setzen. Zwar versuchen sie das Ganze eines von uns unabhängigen Zusammenhangs zu erfassen, aber dies tun sie – für uns. In ihnen machen wir die Welt (oder das Sein) zu unserem Gegenüber, in das wir, unbeschadet der Kontraposition im Akt der Erkenntnis, selber eingelassen sind. Im Terminus der »Welt« eignen wir uns auch noch das uns denkbar Fremdeste an. Folglich kann es uns nicht als das vollkommen Andere gegenüberstehen.

Die »Welt« ist »unsere« Welt, die Realität ist immer auch »unsere« Wirklichkeit, das »Sein« ist nur dann vollständig konzipiert, wenn es unser Dasein umfasst. Eben darin liegt der »Sinn von Sein«, den Heidegger leider nur beschworen hat, ohne seine begriffliche Stellung zum Menschen wirklich zu klären.

Gott ist demnach die »Seele«, der »Geist« oder der »Wille« des Ganzen. Es »gibt« ihn so sicher, wie es das Ganze gibt. Und es gibt ihn umso mehr, als sich der Mensch als eine Ganzheit in der Vielfalt des Ganzen versteht. Gott ist damit das denkbar Größte, das uns gleichwohl denkbar nahe ist. Er ist, wie Platon sagt, der Seele am nächsten. Nach den Göttern, so heißt es in den Nomoi, ist »die Seele das göttlichste«. Und die atemberaubende Begründung dafür lautet, dass sie »der allereigenste Besitz« eines jeden ist – metá theoús psych theiótaton, oikeiótaton ón (Nom. V 726a). In dem, worin wir uns selbst ganz nahe sind, stehen wir auch dem Ganzen am nächsten. In Gott findet der Mensch seine Entsprechung zur Welt.

Ganz nebenbei zeigt sich hier, dass der Individualismus nicht das Zerfallsprodukt der Moderne sein kann. Für Platon, nicht ganz zweitausendfünfhundert Jahre vor unserer Zeit, ist die Individualität der Grund des Ganzen, sofern sie sich als dieses unteilbar Eine auch gegen die in ihr wirkenden Widerstände behauptet. Das Eine der einzelnen Seele muss auch das Herrschende (despotes) sein, und sofern es das ist, kommt es dem Göttlichen am nächsten. Das Göttliche selbst wäre demnach das, was im Ganzen des Daseins unablenkbar bei sich selber bleibt. Was könnte der schwankenden menschlichen Seele ein besseres Vorbild sein?

12. Innerlichkeit ohne Rückzug aus der Welt

Die antike Konzeption des in der Gegenwart des Bewusstseins notwendig gegenwärtigen Gottes ging auch in das Judentum der letzten vorchristlichen Jahrhunderte ein. Es kann daher nicht verwundern, dass die Vorstellung von dem nur innerlich erfahrbaren Gott im urchristlichen Denken wiederkehrt. Sie wurde hier allerdings in maßgeblicher Weise vertieft. Denn in Christus ist der Gott als Mensch exemplarisch geworden. Er wirkt durch die erfahrene Nähe, und das heißt: durch die Liebe, in der sich der Mensch dem Gott verbunden weiß.

In der Liebe aber wird die Innerlichkeit der Person konzentriert; sie führt zu einer Steigerung der Individualität und eröffnet eben damit ein Feld praktischer Mitmenschlichkeit, die sich so im antiken Denken nicht findet: Der Gott wird zum Bewegungsmoment des selbstbewussten Menschen, der sich in der Hinwendung zu seinesgleichen zugleich der Welt verbunden weiß.

Die historische Leistung des Christentums liegt somit darin, dass es den erlebten Binnenraum des Menschen erweitert und vertieft, ohne ihn der Welt zu entziehen. Hier haben wir eine Religion der ausgeprägten Individualität, die ihren Weg zu Gott, zur Gewissheit ihres Lebenssinns, in der Hinwendung zu ihresgleichen erfährt. Diese Mitmenschlichkeit aber kann sich überzeugend nur in der tätigen Bewältigung des Daseins entfalten. Der an sich selbst erfahrene innere Reichtum korrespondiert der praktisch-tätigen Welterschließung.

13. Das Zeugnis des Glaubens

In der von innen verstärkten Hinwendung zu der nur gemeinsam erfahrbaren Welt liegt ein wesentliches Antriebsmoment für die Entwicklung der europäischen Zivilisation. Es ist also nicht nur meine individuelle Lebenserfahrung unter katastrophalen geschichtlichen, aber überaus glücklichen persönlichen Bedingungen, die mich an das Christentum bindet. Wer bewusst in der von der Antike begründeten humanistischen Tradition zu leben versucht, wer sein Leben aus eigenen Gründen, im Bewusstsein der Verantwortung vor seinesgleichen und wirksam führen will, der bleibt christlich grundiert, ganz gleich, welchen modernen Anstrich er sich gibt. Folglich ist es nur eine Frage der persönlichen Konsequenz, es nicht bei der historischen Disposition zu belassen, sondern auch in der Präsenz des eigenen Daseins im Bewusstsein des Glaubens zu stehen.

Natürlich haben die kirchlichen Lehren die individuell und sozial erschlossene Weltlichkeit des Christentums nicht immer anerkannt. Der Dogmatismus ist nicht nur eine Jugendsünde, sondern auch eine Alterskrankheit, für die eine Institution, die sich »katholisch« nennt, besonders anfällig ist. Aber der nur mit dem einzelnen Menschen lebendig werdende christliche Glaube hat sich in einer schier unglaublichen Weise immer wieder über die sklerotische Beschränkung des Klerus hinweggesetzt und der Kirche fortwährend zu neuem Leben verholfen. Dabei hat er zwar eine Vielfalt von Bekenntnissen erzeugt, aber deren gemeinsamer Ursprung ist nicht versiegt. Die an ein großes Individuum und dessen unwahrscheinliches, gleichwohl sicher bezeugtes Leben geknüpfte Botschaft hat eine über zwei Jahrtausende wirksame Kraft bewiesen. Sie belegt für jeden, der denken und fühlen kann, dass ein Leben in der Gewissheit des Glaubens nicht nur unter den höchst verschiedenen, sondern auch unter den widrigsten Lebensbedingungen möglich ist.

So bietet selbst die wechselvolle, von vielen menschlichen Schwächen geprägte Geschichte des Christentums jedem Einzelnen Anlass, seinem Leben auch im Bewusstsein der eigenen Unzulänglichkeit den Grund zu geben, den er braucht, um der vernichtenden Zufälligkeit des Daseins seine eigene Gewissheit entgegenzustellen. Für diesen unerlässlichen Grund kann es viele Begriffe geben. Der umfänglichste, der uns nicht nur mit der europäischen Tradition, sondern auch mit der Pluralität der Weltreligionen verbindet, ist der Begriff Gottes. Von ihm ist in der Philosophie der Gegenwart zu wenig die Rede. Und dass nunmehr die Wortführer des Denkens daherkommen, um der Religion ein soziologisches Existenzrecht einzuräumen, macht die Sache nicht besser.

Wenn auch die Theologie sich scheut, vom Glauben an Gott zu reden, hat das nichts mit dem von Moses aufgetragenen Bilderverbot zu tun, wohl aber mit dem Verhalten des Petrus, der nicht als Anhänger des in Haft genommenen Herrn erkannt werden wollte. Man versteckt sich hinter den (gewiss nicht gering zu schätzenden) sozialen und politischen Leistungen der Kirche und vergisst den Glauben, der sie möglich macht. Die sozialpolitische Mimikry vor allem der protestantischen Amtsträger rechtfertigt es, eine Trivialität in Erinnerung zu bringen: Die Kirche ist nichts ohne den Glauben, und der Glaube nichts ohne Gott.

14. Der Selbstwiderspruch des Atheismus

Man kann und soll es niemandem verwehren, den Grund seines Daseins in einem selbstbewusst in Anspruch genommenen »Nichts« zu behaupten. Wenn das aber mehr als eine zur Position verschraubte Gedankenlosigkeit sein soll, zeigt das »Nichts« nur die Leerstelle an, die mit eigenen Wünschen gefüllt und gleichgültig, gleichmütig oder trotzig ausgehalten werden kann. Nur wird dabei die durchgängige Begründbarkeit des eigenen Handelns preisgegeben, auf die ja niemand verzichtet, sofern er überhaupt eigene Gründe nennt oder von Anderen

Gründe verlangt. Auf diese Gründe legen vor allem jene Wert, die sich die Mühe machen, Gott in Abrede zu stellen.

Wie weit der Anspruch der Begründung geht, tritt anschaulich bei jenen zu Tage, die sich »Nihilisten« oder »Atheisten« nennen. Sie bringen einen Begriff des Ganzen in Anschlag und sagen, dass dieses Ganze grund-, ziel- und zwecklos sei. Diese Sinnlosigkeit des Ganzen kann sich aber nicht auf dessen Teile beziehen, sonst könnten sie selbst nicht so tun, als könnten sie sinnvolle Sätze – etwa die über die Sinnlosigkeit des Ganzen – äußern. Sie reservieren den Sinn also für einen Teil, von dem sie – mit ihren Gründen – auf den Sinn des Ganzen schließen, dies aber nur, um ihn zu bestreiten.

Das ist ein offenkundiger Widerspruch sowohl im Verfahren als auch in der Konsequenz: Man kann nicht die Einheit einer Schlussfolgerung von einem Teil auf das Ganze unterstellen, um anschließend das Ganze von eben dieser Einheit auszunehmen. Und man kann nicht den Sinn einer Rede vom Ganzen der Welt, des Seins oder der Wirklichkeit in Anspruch nehmen, um darauf gegründet zu erklären, dieser Sinn sei nicht gegeben.

Wer sich von diesem Widerspruch getroffen sieht, wird einwenden, der Begriff des »Sinns« werde hier in zweierlei Weise gebraucht: Der Sinn eines Satzes sei etwas anderes als der Sinn des Seins. Auch bei der Bedeutung von »Grund« dürfe man den Grund einer Handlung nicht mit dem Grund des Daseins verwechseln. Doch in eben dieser Trennung liegt der Fehler, der schon für den Kurzschluss aus den gescheiterten Gottesbeweisen verantwortlich war: Das Ganze des Daseins ist keine Sache nach Art eines Gegenstands. Es ist nur die von uns benötigte Einheit, die wir so dringend brauchen wie die Einheit unserer selbst, die es uns ermöglicht, einheitlich, d.h. in Form einer Handlung, tätig zu sein. Deshalb ist der Sinn, den wir für uns in Anspruch nehmen, von eben der Struktur, die wir dem Sinn des Ganzen unterlegen.

15. Wissen und Glauben

Es gehört zu den bleibenden Einsichten der Vernunftkritik Immanuel Kants, dass Menschen nicht nach der Art von Gegenständen begriffen werden können. Sie sind Personen, die ihre Wirklichkeit aus den Einheit stiftenden Begriffen haben, nach denen sie etwas tun. Diese Begriffe wenden sie aber nicht nur auf sich selber an; sie erfassen auch das, was sie »Situationen«, »Probleme«, »Aufgaben«, »Ziele« oder »Wirklichkeit« nennen, auf eben diese Art. So legen sie ihre selbst erzeugte Einheit in die Welt hinein, als deren Teil sie sich verstehen. Dabei muss der Sinn, den sie mit ihrem eigenen Tun verbinden, der Bedeutung des Geschehens entsprechen, in dem sie handlungsfähig sind.

Dies wird jeder zugestehen, sofern er nur an konkrete Lebenslagen denkt. Aber der Mensch ist nun einmal so beschaffen, dass er sein Handeln in so großen Einheiten wie denjenigen der »Gesellschaft«, der »Geschichte«, des »Lebens«, der »Menschheit« oder des »Kosmos« bewerten will. Letztlich ist die Welt die Umwelt des Menschen. Und letztlich benötigt er auch hier die Korrelation von eigenem Sinn und verständiger Bedeutung, wenn er nicht handlungsunfähig werden will. Fragen wir aber, was diese Beziehung zwischen Mensch und Welt ermöglicht – denn möglich ist sie: Dann bleibt uns nur der Name Gottes, von dem wir hier nicht mehr und nicht weniger erwarten, als dass er den Sinn absichert, in dem wir mit der Welt einig sind.

Die Religion hat den Menschen zu dem gemacht, der er ist. Es gibt nicht nur geschichtliche Gründe dafür, sich weiter an sie zu halten. Man kann auch rational für die Notwendigkeit eines Gottes argumentieren. Die Argumente können freilich nur unter der Bedingung überzeugen, dass man die Leistung rationaler Begründung anerkennt und zugleich von der Unzulänglichkeit des Wissens weiß. Nur dann lässt sich die offenkundige Abgründigkeit des Daseins durch einen Grund überbrücken, der so rational wie möglich ist, letztlich aber nur geglaubt werden kann. Der Glaube steht höher als alle Vernunft, aber er steht ihr gerade deshalb nicht entgegen.

Kirche und Religion

Andreas Feige

Für Joachim Matthes zu seinem 75. Geburtstag am 1. Juni 2005.

1. Ein wissenssoziologischer Religionsbegriff: Religion als eine nur in Reflexivvorgängen erkennbare »Programmatik«, nicht als Substanz-Gestalt

Einem religionssoziologischen Theoriediskurs, der der westlich geprägten Moderne angemessen ist, muss es darum gehen, die ihm zugrunde liegende soziale Wahrnehmung von Religiösem nicht bei der vorfindlichen Institution Kirche beginnen und enden zu lassen. Dennoch darf er nicht davon absehen, dass die mitteleuropäische religiöse Situation von drei Faktoren geprägt ist: (1) von der Existenz des Institutionencharakters von »Kirche«; (2) von einer immer noch flächendeckenden Großkirchen-Mitgliedschaft und (3) von einer Ambivalenz der »verfassten Theologie«. Diese bewegt sich zwischen akademisch getragener wissenstheologischer Binnenkritik und mehr oder weniger ausgeprägter theologischer Affirmation des Institutionellen, die gern mit dem Begriff der »Gemeinschaft« operiert. Dieser Gemeinschafts-Begriff ist für eine auf die tatsächliche »Kulturpraxis« abhebende Theologie analytisch zumindest nicht unproblematisch.

Alle drei Faktoren zusammen beeinflussen nachhaltig den Standard der Vorstellung von Religion und Religiosität in unserem Kulturraum: Die kirchlich-institutionell verfasste, zugleich theologisch-sprachbildlich geprägte und durchaus mehrstimmig, z.T. dissonant (vor-) getragene Kommunikation dessen, was der Stellenwert beziehungsweise die Gestalt der »biblischen Offenbarung« sei, bestimmt, was »die Leute« landläufig für »eigentliche« Religion und Religiosität halten beziehungsweise meinen halten zu sollen, ohne sie auch unbedingt als für sich brauchbar begreifen zu können. An diesem diffusen Standard arbeiten sich alle Beteiligten ab, jeder auf seine Weise. Die akademischen

Theologen tun es mit einem eher intellektuell-selbstkritischen, der Öffentlichkeit häufig verborgen bleibenden Ergebnis; der theologisch mehr oder minder gebildete Klerus in dem gutmeinend-affirmierenden Gestus, »Hüter und Überbringer des verborgenen Schatzes« zu sein. Und die »Masse« der Kirchenmitglieder mit ihrer Orientierungsunsicherheit zwischen der naturwissenschaftlichen, als allein realistisch geltenden Weltauffassung einerseits und dem Gefühlsbedürfnis nach Ausdrucksmöglichkeiten für Transzendenzempfindungen andererseits tut es im Modus einer heute mehr oder weniger problemlos lebbaren »Religion ohne Entscheidung«.

Wie kann die Religionssoziologie theoretisch und forschungspraktisch ihrer Aufgabe gerecht werden, für die eigene Theoriebildung die oben beschriebene, empirisch diffuse Lage zu berücksichtigen? Dazu seien zwei Bedarfe benannt.

Allererst gehört dazu eine Theorie, die es vermöchte, dem mit dem Begriff »Religion« in unserem Kulturkontext *Gemeinten* – und als soziologische Theorie: auch dem darunter subsumierten *Empirischen* – analytisch gerecht zu werden und genau darin ihren Beitrag zu einer allgemeinen »Theorie religiös relevanter Kulturpraxis« (Gräb) zu leisten. Das bedeutet vor allem: Es müssen solche theorie*impliziten* Definitionsleistungen vermieden werden, die nicht analytisch, sondern programmatisch gemeint sind und daher bestimmte Erscheinungen nur als defizitär wahrnehmen können oder erst gar nicht in den Blick geraten lassen. Eine Religionsdefinition, die dies täte, verletzte die im Erkenntnisansatz sozialwissenschaftlicher Theoriebildung enthaltene Pflicht zur *empirischen* Verankerung.

Die zwei Begriffe »Kirche« und »Religion« benennen – allein qua ihrer Existenz – zwei zumindest analytisch voneinander scheidbare Verweisungszusammenhänge beziehungsweise Erfahrungsbereiche (die im übrigen ihre recht unterschiedliche Begriffsgeschichte haben). Deshalb ist es erforderlich, ihren jeweiligen empirischen und theoretischen Konstitutionsbereich durch den Bezug auf eine beiden Begriffsbereichen gemeinsam unterliegende beziehungsweise unterlegbare analytische Perspektive zu erkennen und zu beschreiben.

Zum ersten Bedarf sei nachfolgend auf die Überlegungen von Joachim Matthes zurückgegriffen, die er im Kern bereits in den 60er Jahren entwickelt und noch einmal 1992 verdeutlich hat. Zur zweiten Bedarfsnennung wird in Abschnitt 2 der System-Begriff benutzt. Er ist abstrakt genug, um bei empirisch differenzierten Phänomenen das ihnen Gemeinsame am ehesten benennen beziehungsweise analytisch-empirisch erfassen zu können.

Matthes versteht »Religion« und »Religiosität« als *diskursive* Tatbestände, d.h. sie »*konstituieren*« sich erst »im *gesellschaftlichen* Diskurs«.[1] Religion und Religiosität sind in seiner Begriffsfassung »ein *kulturelles Konzept*«.[2] Das Wort »Religion« steht, so Matthes, für eine »*kulturelle Programmatik*, die einen *Möglichkeitsraum* absteckt«.

Dieses Konzept ist von erheblicher Tragweite für das theoretisch zu Verstehende: Es umgreift den Modus sowohl des beobachtenden Fremdverstehens als auch den des aktiven Sich-selbst-verstehens: Die jeweiligen »Verwirklichungen, die in diesem Möglichkeitsraum entstehen, können ... [auch für das (Selbst-)Gewahrwerden!] nur ex post und [nur] reflexiv für eine Bestimmung von ›Religion‹ herangezogen werden«.[3]

Schärfer konturiert ausgedrückt: Religion existiert nur, insofern sich »etwas« diskursiv konstituiert. Nicht die jeweilige Verwirklichung »ist« Religion. »Religion« steht vielmehr für kulturelle Programmatik, die einen Rahmen absteckt, innerhalb dessen sich »etwas« verwirklichen kann. Das bedeutet: Nicht nur als Beobachter, sondern auch selbstbezüglich, als gleichsam Tat- beziehungsweise Diskursbeteiligter kann man sich der »Verwirklichung« nur ex post und damit immer schon reflexiv im Modus der diskurskonstituierten und diskurskonstituierenden »Programmatik« vergewissern. Für die kulturelle Programmatik stehen Symbole zur Verfügung, die sich auf komplex-mediale Weise tradieren und auf die zugrunde liegende Programmatik verweisen.

So wäre – beispielsweise – zu prüfen, ob man für unsere westlich-abendländische Kultur den monotheistisch-christlichen Gottes-Gedanken als »Grundton« unserer kulturellen Programmatik der Weltdeutung und des Selbstverstehens begreifen könnte, der einen (kulturvarianten) Möglichkeitsraum absteckt, in dem sich Verwirklichungen ereignen können. Diese »Verwirklichungen« – das sind: berichtsfähige Erfahrungen des Selbstverstehens, d.h. solche, die ex-post und reflexiv wahrgenommen und – auf welche Weise auch immer – formuliert sind, eben weil ihnen eine kulturelle Programmatik von

1 Matthes, Joachim: Auf der Suche nach dem ›Religiösen‹. Reflexionen zu Theorie und Empirie religionssoziologischer Forschung, Sociologia Internationalis Heft 2 (1992), 129 (Hervorhebung von A.F.).

2 Matthes: Auf der Suche, 131 (Hervorhebung von A.F.).

3 Matthes: Auf der Suche, 132 (eckige Klammern von A.F.).

Weltverstehen/Selbstverstehen zugrunde liegt. Religion ist insoweit nichts Substanzhaftes und eben nicht identisch mit einer jeweiligen »Verwirklichung«; zugleich gehören die Verwirklichungen notwendigerweise dazu. Dieser wissenssoziologische Versuch des Verstehenszugangs zu dem Gemeinten und zu Benennenden bezieht mithin konstitutiv die von Menschen (als je individuellen Bewusstseins-Systemen) getragenen Sprach- und Reflexionsprozesse ein, die zu dem zu Verstehenden führen, beziehungsweise in ihm bereits existieren. Deshalb »gibt« es Religion nicht a priori; es ist kein für alle Beteiligten übereinstimmend-eindeutig Identifizierbares, sondern kulturelle Programmatik, die durch Diskurs – und damit dynamisch – konstituiert ist.

Matthes sagt nun nichts Inhaltliches über das, was er als »kulturelle Programmatik« bezeichnet. Er diagnostiziert nur, dass es eine solche sei, beziehungsweise dass es sie gebe. Woher sie ihre Bewusstseinsinhalte beziehungsweise Kriterien für das Dazugehörige bezieht, wird nicht festgelegt. Es wird allerdings von ihm spezifiziert, dass die Programmatik gesellschaftlich – also »wo« – und dass sie im Diskurs – also »wie« – konstituiert werde.

So könnte man vielleicht sagen, dass diese Begriffsfassung anwendbar ist auf den Raum des Christentums beziehungsweise den des christlichen Gottesgedankens; näherhin auf die Christentumsgeschichte, zum Beispiel in Gestalt der Konzilien-Geschichte mit den dortigen Suchbewegungen und Dominanzkämpfen, bei denen über die Koordinaten des Möglichkeitsraums (und das meint auch: dessen Grenzen) gestritten wurde/wird. Es sind Koordinaten, die vom »Grundton« determiniert sind: »der eine« Gott. Der Möglichkeitsraum erweist sich damit in der Tat als Möglichkeits-Raum, die Koordinaten sind »flexibel«. Innerchristlich vermag damit zwischen den historischen Veränderungen je konkreter Dogmen-Formeln einerseits und andererseits dem darin immanenten Bemühen um das Bewahren des ›Invarianten‹ (= kulturelle Programmatik) unterschieden und damit der Spannungs-Sachverhalt erfasst werden. Das könnte etwa geschehen im Blick auf »Sakramente«, die man vielleicht als Weltdeutungsfigur und Welterfahrung »geborgener Abhängigkeit« verstehen könnte; oder im Blick auf »Offenbarungs-Quellen«. Beide Elemente wären Ableitungen aus einer mono-theistischen Grundlage (mit der christlichen Ausdifferenzierung in einen drei-einigen Gott).

Die Matthessche Begriffsfassung vermag aber auch ganz andere Kulturräume zu erfassen – etwa die allein per Verwandtschaftssystem tradierten und nur dort gelebten/lebbaren Religiositäten verschiedenster non-monotheistischer Programmatiken und Praktiken, etwa die in Südostasien oder die im pazifischen Raum.

Freilich: Wie wird nun »etwas« als »Verwirklichung« in einem von »kultureller Programmatik« konstituierten Möglichkeitsraum erlebbar? Im Sinne des Matthesschen Begriffsystematik kann sich die jeweilige »kulturelle (= hintergründig fungierende[!]) Programmatik« für alle Beteiligten nur über die Identifizierung von bewusst verlaufenden oder nur implizit gespürten Reflexivvorgängen erschließen. Diese Reflexionsvorgänge können (symbolinduziert) individuell-intern ablaufen. Sie können auch explizite, rituell-symbolische Ausdrucksgestalt haben, sofern durch sie etwas wahrgenommen wird: Im Kern sind es Gefühle. Durch diese an »Sachverhalten« aller Art anhaftenden Gefühle, die vermittels einer internalisierten kulturellen Programmatik reflexiv wahrgenommenen werden, vermag das jeweilige Subjekt für sich lebenspraktisch Religiöses von Nicht-Religiösem zu unterscheiden. Dabei meint »lebenspraktisch« nicht, dass die an Sachverhalten anhaftenden Gefühle immer und ohne jedes »weitere«, d.h. ohne Spiegelungen gegenüber jedermann und gegenüber sich selber kommuniziert werden könnten. Vielleicht ist – für das mitteleuropäische Christentum der Gegenwart – das »Gefühl der Sprachlosigkeit« sogar die häufigste und signifikanteste Spiegelung eines reflexiv wahrgenommenen Gefühls. Es verweist seinerseits auf kulturelle Programmatik und haftet »Sachverhalten« an: am Modus von Taizé-Meditationen und russisch-orthodoxen Osterliedern ebenso wie an »gesungenem Menschen-Gedenken« des Rock-Musikers Grönemeyer; an dem »elementar gefühlten« Erleben werdenden oder gerade geborenen Lebens ebenso wie am teilnehmenden Wahrnehmen des Sterbens eines Menschen. Zu verweisen ist insbesondere auf die Musik; aber auch auf die Kunst, in der über Dichtung (Lyrik wie Prosa) oder Bilder/Skulpturen Spiegelungen erfolgen, die wegen ihrer relativen Dauerhaftigkeit Symbolqualität einnehmen können.[4]

4 So wäre etwa daran zu denken, dass Caspar David Friedrich seine – mit vielen ›realistischen‹ Einzelelementen ausgestatteten – Landschaften kompositorisch bewusst *ästhetisiert*, d.h.: *reflexiv* gemacht hat, um damit das Erleben von Landschaft als religiöses Erleben zu ermöglichen. In trivialisiert-popularisierenden Variationen mag das bis zur ›friedvollen Heidelandschaft mit Schafstall‹ gehen, wie sie im Versandhandel erhältlich ist.

Hat dieses aus dem Raum der Soziologie angebotene Theorieverständnis von Religion Vorteile, wenn es darum gehen soll, eine notwendig empirisch gründende »Theorie religiös relevanter Kultur*praxis*« beziehungsweise eine »Reflexionstheorie *gelebter* Religion« zu entwickeln, wie es den Herausgebern und Mitwirkenden dieses Sammelbandes vorschwebt? Vermag es dieser wissens- beziehungsweise -religionssoziologisch basierte kategoriale Verstehens-Versuch wegen seines ihm immanenten Bezugs auf Empirisch-Phänomenhaftes, »Suchpfade« zu dem *systematisch* aufzuweisen, was die Menschen als »religiös relevant« (reflexiv/ex post) empfinden? Fördert sie Ergebnisse zutage, die dann christentumstheologisch – etwa im Blick auf den Gedanken der in der »geborgenen Abhängigkeit« liegenden Gerechtfertigtheit – zu bedenken wären, ohne die individuell authentischen Empfindungs- und Äußerungsgestalten »der Leute« zu dementieren? Hier ist zu sagen: Das sind Fragen, die bisher in der empirischen Religionssoziologie allenfalls angedacht (eben durch Matthes), die aber kaum empirisch-systematischen Erprobungsversuchen unterzogen worden sind. In jedem Fall wäre es vermessen zu behaupten, dass die (Religions-)Soziologie – als eine »Diesseits-Wissenschaft«, für die der Begriff der Transzendenz keineswegs denkfremd ist – eine solche Fähigkeit zur systematischen Her- beziehungsweise Ableitung solcher »Such-Pfade« besitze, die nur darauf wartete, von anderen Wissenschaftsdisziplinen abgerufen zu werden.[5] Die vorfindlichen empirischen Such-Bemühungen sind sehr tentativ. Nicht wenige demoskopische Aktivitäten erschöpfen sich immer noch darin, in der fröhlichen Naivität von statistischem Aktionismus das Fehlen von für unersetzlich erklärten Bekenntnisformeln in den Köpfen der Leute zu belegen.[6] Es gibt allerdings auch theoretische Versuche, die zwar als soziologische Analyse firmieren, aber im Kern ihres Arguments Religion in bekannt theologischer Manier normativ

5 Auch neuere Versuche psychologisch multidimensional differenzierter Messung von Religiosität, wie sie etwa Stefan Huber vorgelegt hat, enthalten eine solche ›*Suchfunktion*‹ für Sozialgestalten genau nicht: HUBER, STEFAN: Zentralität und Inhalt. Ein neues multidimensionales Messmodell von Religiosität, Opladen 2003.

6 Vgl. dazu die detailliert-kritische Analyse einer EMNID-Umfrage sowie des Versuchs des Theologen Klaus Peter Jörns, die »neuen Gesichter Gottes« empirisch zu entdecken in: FEIGE, ANDREAS: Auf dem richtigen Weg zur Religion der Bürger? in: J. Matthes (Hg), Fremde Heimat Kirche – Erkundungsgänge, Beiträge und Kommentare zur dritten EKD-Untersuchung über Kirchenmitgliedschaft, Gütersloh 2000, 94–126.

verdinglichen, um dann ihren Niedergang zu beklagen.[7] Damit vernachlässigen beide Weisen des Umgangs mit dem Gegenstand den wissenssoziologisch erforderlichen Reflexionsprozess über die Bedingungen und Determinanten religiös lebendiger Kommunikation. Aber es gibt erfreulicherweise auch zunehmend Versuche, das skizzierte theoretisch-soziologische Konzept forschungspraktisch zu realisieren.[8]

So ist in Überlegungen zur »Sozialen Topographie von Religion am Beispiel der Kirchentage«[9] versucht worden, den forschungspraktischen Anwendungsgewinn des Matthesschen Zugangs zu zeigen. Sie werden in der These zugespitzt, dass das, was Matthes »Programmatik« nennt, sich zum Beispiel darin zeigen lasse – und dies eben nur reflexiv –, dass auf den Evangelischen Kirchentagen der letzten 30 Jahre der Versuch der Lösung eines Paradoxons erfolge, nämlich dies: die Erfahrung von Kommunikationsdifferenz zwischen den Teilnehmern dennoch in eine *Indifferenz* aufzulösen, ohne realistischerweise die bestehende Differenz zu negieren. Das brauche einen »hoffenden Diskurs«, der genau darin als »heilig« *erfahren* beziehungsweise *gefühlt* werde und in dem dann Begriffe wie »Einigkeit« und »Ewigkeit« ihr semantisches Profil bekommen (könnten). Die empirische Forschung kann belegen, dass nach Auffassung vieler Besucher solche auf den Kirchentagen erlebbaren Verstehens-Versuche im »Verkündigungs«-Alltag der Kirchengemeinde ebenso wie in der gesellschaftlichen Medien-Öffentlichkeit eher selten sind: Die Erfahrung, kirchlich-dogmatisiert kommunizierte Theologie als Bereicherung zu erfahren, machen sie dort deutlich weniger häufig.[10]

7 So wiederholt und deutlich der Kulturwissenschaftler und Theologe Detlef Pollack, Frankfurt an der Oder; exemplarisch dafür: Pollack, Detlef/Pickel, Gert: Deinstitutionalisierung des Religiösen und religiöse Individualisierung in Ost- und Westdeutschland, KZfSS 55 (2003), 447–474.

8 Feige, Andreas/Lukatis, Ingrid: Empirie hat Konjunktur. Ausweitung und Differenzierung der empirischen Forschung in der deutschsprachigen Religions- und Kirchensoziologie seit den 90er Jahren – ein Forschungsbericht, PrTh 39 (2004), 12–32.

9 Feige, Andreas: Soziale Topographie von Religion, IJPT 2 (1998), 52–64.

10 Vgl. Feige, Andreas/Lukatis, Ingrid/Lukatis, Wolfgang: Jugend auf dem Kirchentag, in: T. Schmieder/K. Schuhmacher (Hg.), Jugend auf dem Kirchentag, Stuttgart 1984, 11–154; dies. (Hg.): Kirchentag zwischen Kirche und Welt: Auf der Suche nach Antworten. Eine empirische Untersuchung auf dem 21. DEKT Düsseldorf 1985, Berlin 1987; besonders: Feige, Andreas/Zigann, Herbert: Der Kirchentag als ein offener Ort für die Suche nach Sinn, in: W.-L. Federlin/E. Weber (Hg), Unterwegs für die Volkskirche, FS für Dieter Stoodt zum 60. Geburtstag, Frankfurt am Main 1987, 155–172.

Wichtig für den Versuch der Theorie-Explikation ist der Sachverhalt, dass zu diesem Erfassungsversuch von empirisch als »heilig« Erfahrenem keine definitorisch (theologisch) vorgängige binäre Eigenschafts-Askription (heilig/nicht-heilig) geführt hat. Es ist vielmehr das in den reflexiven Selbstwahrnehmungen gründende Nachspüren der Umrisse eines »Möglichkeitsraums« – und darin der (Teil-)Charakteristik einer »Programmatik« – gewesen.[11]

Auch in der in Niedersachsen durchgeführten Untersuchung zur »Religion der [ev.] ReligionslehrerInnen« ist in ihrem qualitativen Teil dieser Ansatz zu realisieren versucht worden:[12] Bei den LehrerInnen wurde nach Meinungen, Handlungen, Sprachformen, argumentativen Legitimationsfiguren gesucht, die sich in ihren selbst formulierten sprachlichen Rückbezüglichkeiten als der »Diskurs« dessen verstehen (wollen), was für sie die »Gesamtgestalt Religion« ausmacht und was eben immer nur in seinen *Spiegelungen* erfassbar ist – nicht nur für die »externen« Forscher und Forscherinnen, sondern eben auch für den, der seine eigene dafür gehaltene Religiosität *narrativ* in Interviews zu bestimmen versucht.[13]

Die wissenschaftliche Rekonstruktion von je subjektiven oder von kollektiven »Aufmerksamkeitsgenerierungen« fällt freilich nur selten so relativ leicht wie im Falle von Kirchentagen oder Religionslehrerinnen

11 Diese reflexive Selbstwahrnehmung wird, wie in einem Brennglas, in einer Erfahrung formuliert, die eine Teilnehmerin rückblickend von ›ihrem‹ Kirchentag berichtete und von der sie noch ganz erfüllt war: »[...] gesehen zu haben, wie viele Menschen an der Existenz Gottes zweifeln, und sich trotzdem bemühen, und ihn bitten, sie glauben zu lassen.« Das ist eine Möglichkeit der Formulierung, die dafür freilich auf eine Formel zurückgreift: »[...]und Gott bitten, sie glauben zu lassen«. Die spannende Frage lautet: Was hätte die Frau formulieren können, wenn sie auf diese Formel nur ungern zurückgegriffen, aber dennoch das Bedürfnis gehabt hätte, ›etwas‹ um Ausdruck zu bringen? Vgl. dazu: Feige/Lukatis/Lukatis: Jugend, 134.

12 Feige, Andreas/Dressler, Bernd/Lukatis, Wilhelm/Schöll, Albrecht: Religion bei ReligionslehrerInnen. Religionspädagogische Zielvorstellungen und religiöses Selbstverständnis in empirisch-soziologischen Zugängen, Münster 2000. Als *bi*-konfessionell durchgeführte empirische Folgestudie in Baden-Württemberg siehe: Feige, Andreas/Tzscheetzsch, Werner, Christlicher Religionsunterricht im religionsneutralen Staat?, Stuttgart 2005.

13 Wenn man will, kann man das auch den Glock'schen fünf Dimensionen von Religiosität zuordnen und dabei vielleicht auch unterschiedliche Mischungsverhältnisse feststellen. Ein originär-zusätzlicher Erkenntnisgewinn wäre damit freilich nicht gewonnen. Vgl. Glock, Charles Y.: Über die Dimensionen der Religiosität, in: Ch. Glock/R. Stark, Religion and Society in Tension, Chicago 1965 (dt. in: J. Matthes: Kirche und Gesellschaft, Reinbek 1968, 150–168).

und -lehrern. So bliebe etwa näherhin zu schauen, ob beziehungsweise wie zum Beispiel die Lektüre von Tolkiens »Herr der Ringe« bei den Lesern Bewusstseinsfiguren in Gestalt von Konflikt- oder Friedens-Interpretationen generiert, die von ihnen durchaus reflexiv als »Verwirklichungen« im »Möglichkeitsraum« beziehungsweise als Charakteristika der »Programmatik« »des Religiösen« verstanden (»gefühlt«) werden. Spannend wäre es auch, die Selbstbeschreibung der Gefühle von Konzert-Besuchern kennen zu lernen, wenn Herbert Grönemeyer in einem seiner Lied-Texte den Tod seiner Frau beweint, der seine stets nach Zehntausenden zählenden Konzertbesucher tief ergreift. Das ist in jedem Konzert ein ritueller Höhepunkt.

Denkbar ist auch, etwa in Berufsschulklassen durch die Analyse der Diskussion über (im weitesten Sinne) ethische topoi beziehungsweise Verhaltensprogramme die hier aufscheinenden Assoziationsstrukturen, die Zuordnungsregeln samt ihren impliziten/expliziten Begründungen zu erforschen: Da mag sich – auch und vielleicht gerade im kritischen Abarbeiten am (beziehungsweise im Distanzieren zum) als »kirchlich« geltenden Formelvorrat – zeigen, wie sich an »Sachverhalte« Gefühle und Weltdeutungen anheften, die von den SchülerInnen oft nur deswegen nicht als »religiöse« konnotiert werden (= mit expliziter Aufmerksamkeit belegt werden), weil sie nicht mit jenen Symbolen belegt werden (können), die sie – im Sozialisationsraum Kirche ebenso wie in den Medien – als theologisch(-kirchlich) »richtig« beziehungsweise »befolgungspflichtig« zu reproduzieren gelernt haben. Folglich werden diese authentischen Gefühle/Weltdeutungen als »uneigentliche« wahrgenommen. Dadurch werden sie letztlich »symbolisch heimatlos«. Deswegen »sind« sie für die (diesbezüglich eben nicht emanzipierten) SchülerInnen nicht »religiös« beziehungsweise können es »doch eigentlich nicht wirklich« sein. Sie sind zwar für das persönliche Innenleben höchst wirksam, müssen aber wegen ihrer symbolisch-begrifflichen Heimatlosigkeit kategorial unbestimmt bleiben.

2. Religion und Kirche: Systeme problemlos anschlussfähiger Kommunikationen?

Zur analytisch gleichzeitigen Erfassung der beiden zueinander ins Verhältnis gesetzten Größen »Kirche« und »Religion« empfiehlt sich der Systembegriff, mit dem bei Luhmann »Gesellschaft« umschrieben wird: Gesellschaft wird von ihm verstanden als die Gesamtheit aller gegenseitig anschlussfähigen Kommunikationen. Dazu muss für die hier verfolgten Zwecke der Analogiebildung für Religion auf drei Gesichtspunkte hingewiesen werden. Zum ersten ist darauf zu achten, dass der Begriff der Anschluss-Fähigkeit einen »status potentialis« benennt. Damit ist er vielleicht weniger durch theologisch-programmatisch induziertes Missverstehen gefährdet, als dies für den der Gemeinschaft zu befürchten ist. Gerade der Gemeinschaftsbegriff könnte suggerieren, dass für ein Kollektiv ein faktisch immer erreichter Zustand von communio gegeben sei. Der muss aber keineswegs erreicht werden, wenn Rituale diese Gemeinschaft herzustellen versuchen.[14] Gerade im Kommunikationssubsystem Kirche kann – bewusst oder nicht – der Begriff »Gemeinschaft« faktisch als »mitleidig-bedauernd« gemeinte Diagnose mit Exklusions-Folgen fungieren.

Zum zweiten operiert dieser begriffliche Analysezugang mit der Annahme, dass zwischen Religion und Kirche ein Inklusionsverhältnis von Gesamtsystem (R) zu Subsystem (K) besteht. Damit können von Subsystemgrenzen bedingte Anschlussprobleme verortet werden. Und drittens kann das kommunikative Subsystem Kirche seinerseits in weitere Subsysteme ausdifferenziert werden: in (1) das der professionell-akademischen, (b) der professionell-klerikalen Theologenschaft, (c) der kirchengemeindlich-sozial Aktiven und (d) das der bevölkerungsmehrheitlichen Kirchenmitgliederschaft.[15] Auf die konfessionell bedingten zusätzlichen Unterschiede zwischen katholischer und protestantischer Kirchenwelt in Bezug auf die rituell-kommunikative Position des Klerus soll hier nur hingewiesen werden. Mit dieser auf »Kommunikation« gewendeten Systembegriffs-Verwendung kann jetzt die deskriptiv-analytische Fähigkeit des vorbenannten Religionsverständnisses in soziolo-

14 Hier fragt sich ja, durch welche Art *communicatio* es gelingen kann, miteinander in *communio* zu kommen. Dabei wird hier – wie schon die nicht-christlichen Römer vor über 2000 Jahren – mit *communicatio* ein Modus verstanden, durch den »wir unsere Gegenüber selbst um Rat fragen [...] oder mit den Urteilenden quasi überlegen«; vgl. Oxford Latin Dictionary, Oxford, 1968, 369: »illa quae dicitur communicatio, cum aut ipsos adversarios consulimus ... aut cum iudicibus quasi deliberamus [Quint. Institutio oraria, 9,2,20]«.

15 Die derzeit noch nicht abgeschlossene 4. EKD-Kirchenmitgliedschaftsstudie wird für die Kirchenmitgliedschaft den Versuch einer weiter ausdifferenzierten Typologie unternehmen; vgl. Kirchenamt der EKD (Hg): Kirche – Horizont und Lebensrahmen. Vierte Erhebung über Kirchenmitgliedschaft, Hannover 2003.

gisch und (!) praktisch-theologisch interessierende Orientierungs-Fragen umgesetzt werden:

Welche gesamtsystemisch beziehungsweise teilsystemisch vorfindlichen beziehungsweise produzierten Kommunikationen erscheinen für »die Menschen« als zur »Programmatik« gehörig und sind damit Elemente von »Verwirklichungen« im »Möglichkeitsraum«?

Was macht ihre gegenseitige Anschlussfähigkeit aus und welche (geplant oder spontan) vollzogenen Anschlüsse sind aufweisbar?

Wer oder was macht hier die Anschlüsse für Differentes und unter welcher (Einheits-?) Semantik wird das getan – eine Semantik, die wiederum wer oder was konstruiert hat?

In welchen differenzierten Modi und Kanälen kann das »Kommunikations-Subsystem Kirche« die gesamtgesellschaftliche Koordinations-(!)Aufgabe leisten, »Religiöses« – bei uns vor allem das Religiöse von christentumssemantischer Gestalt, etwa der der Liebe, Hoffnung, Barmherzigkeit oder der Gerechtfertigtheit – semiotisch sozial praktikabel zu halten und damit sinnstiftende (kollektive) Wirkung in sinnangemuteten »subjektiven Provinzen« zu entfalten?[16]

Die Kurzskizze von ableitbaren Fragen sollte die Möglichkeit angedeutet haben, dass es vielleicht zu einer Anschlussfähigkeit des religionssoziologischen und des praktisch-theologischen Ansatzes bei der Phänomen- und Problemanalyse »religiös relevanter Kulturpraxis« kommen könnte, die mit diesem Sammelband interdisziplinär breit angelegt analysiert werden soll.

3. Subsystem-Grenzen mit Kommunikationsanschlussproblemen: Herausforderungen für eine praktisch-theologische Reflexionstheorie gelebter Religion

Hier soll abschließend auf drei Felder empirischer Sachverhalte hingewiesen werden. Für die kann die Forschung auf Orte *binnensystemischer*

16 Und last but not least: Zwingt die konsequent gehandhabte Abarbeitung dieser Fragen ggf. zu einer veränderten Auffassung von den *wissenstheologischen* Grundlagen bei denen, die eine Relais-Funktion in der Gestaltung der Kommunikationsprozesse haben: die ›religiösen Amtsträger‹? Die vorstehenden Fragen wurden in einem Gespräch mit dem Kollegen Herbert Zigann aus dem Institut für Sozialwissenschaften an der Technischen Universität Braunschweig entwickelt, meinem langjährigen Gesprächspartner in vielerlei soziologischen Problemstellungen.

Probleme der Herstellung von kommunikativer Anschlussfähigkeit – beispielhaft – aufmerksam machen.

(a) Jugendliche unterscheiden zwischen dem, was sie für sich persönlich für religiös-hilfreich halten und dem, was sie glauben, was »die Kirche« – um das Prädikat »gläubig« zu vergeben – von ihnen an Demonstration von Sprachfiguren-Gehorsam verlange.[17] Häufig führt das zu uneingestandenen Spannungen und bewirkt, dass (evangelische) Souveränität im Glauben nicht erreicht wird. Das bringt etwa der folgende Satz klassisch zum Ausdruck: »Ich wünschte, ich wär' gläubig, glaub ich«.[18]

(b) Nach Anton Buchers Untersuchungen zur Akzeptanz und Effizienzeinschätzung des Schulischen (katholischen) Religionsunterrichts in Österreich und Deutschland ist die Akzeptanz des Religionsunterrichts in der *Grundschule* »enorm hoch«.[19] Eine positive Einstellung zum Religionsunterricht korreliert mit einer unbefangenen Haltung gegenüber Religion und Christentum. Diese Akzeptanz ist aber mit dem Alter linear rückläufig und mit einer Neuausrichtung der Interessen verkoppelt: »Je älter die SchülerInnen [werden], desto weniger *theologische* Inhalte registrieren sie beziehungsweise desto mehr *anthropologische* Themen nehmen sie wahr« beziehungsweise finden nur die letzteren ihr gesteigertes Interesse.[20] In dieser thematischen Differenzerfahrung liegt ein signifikantes Defizit institutionell-theologischer Angebote: Es werden schülerseits die Angebote der vorangegangenen Rezeptionsphase als nichtproblemlösungsfähig empfunden.[21]

(c) Komplementär zu diesen Ergebnissen der Schüleruntersuchung und besonders im Blick auf die Konkurrenzsituation zu den imma-

17 Feige, Andreas: Erfahrungen mit Kirche. Daten und Analysen einer empirischen Untersuchung über Beziehungen und Einstellungen Junger Erwachsener zur Kirche, Hannover ²1982.

18 Könemann, Judith: »Ich wünschte, ich wär gläubig, glaub ich« – Zugänge zu Religion und Religiosität in der Lebensführung der Moderne, Opladen 2002.

19 Bucher, Anton: Religionsunterricht zwischen Laberfach und Lebenshilfe, Stuttgart 2000, 141.

20 Bucher: Religionsunterricht, 144 (Hervorhebung und Klammer A.F.).

21 Die mangelnde Problemlösungsfähigkeit mag auch mit daran liegen, dass viele ReligionslehrerInnen und der Querschnitt der Theologenschaft sich in den wissenschaftstheoretischen Selbstauffassungen der Sozial- und Naturwissenschaften – als den ›Lieferanten‹ für die Fächer der älteren Schüler – wenig zu bewegen wissen oder, schlimmer noch, zu falschen Analogien neigen.

nenten Weltauffassungen der anderen Schulfächer gilt für den Religionsunterricht der Schule: Der Anspruch der ReligionslehrerInnen, für ihren Unterricht auf die Gestalt von Religion als »Bildungsreligion« zurückgreifen zu wollen beziehungsweise zu müssen, verdeutlicht ebenfalls ein Defizit an der Schnittstelle zwischen dem klerikal-theologischen und dem kirchenmitgliedschaftlichen kommunikativen Subsystem. Nun ist in diesem Zusammenhang der Sachverhalt begründungspflichtig, dass sich Ablehnungen und Affirmationen zum kirchlich-theologisch produzierten Ausdrucksbestand des als »christlich« Empfundenen noch Jahrzehnte nach Ausrufung des »Endes des Christentums« Ende der 60er Jahre des 20. Jh. auch heute noch in einem wenn auch labilen Spannungszustand die Waage halten – ein Spannungszustand, der auch in den seit 1970 nachgewachsenen Generationen weiterhin gelebt wird. Was signalisieren dazu die vorstehend genannten drei Felder? Möglicherweise ist es dies: Die »Programmatik«, die den »Möglichkeitsraum« für »Verwirklichungen« absteckt, ist kulturell (= hintergründig) tief verankert. Zugleich scheint die geistige Verfasstheit des gegenwärtigen Christentums (in Europa) darin zu bestehen, dass die »kulturelle Programmatik« geprägt ist von der Spannung zwischen dem (anthropologisch grundgelegten) Bedürfnis nach (funktionierender) persönlicher *Anverwandelbarkeit* religiöser (-christlicher) Symbole einerseits und der dafür gehaltenen Nicht-Wirksamkeit des als »religiös richtig« gelernten (aber nicht zur Anverwandlung »freigegeben« erscheinenden) kirchlich-religiösen Symbol-Vorrats andererseits. Und dies innerhalb einer Lebenswelt, die von reichtumsermöglichten, technisch/technologisch induzierten Ent- und Verfremdungseffekten geprägt ist, in der uns Teile des Elementaren von »Leben« – Hunger, Angst, Sterben, Krankheit – gar nicht oder nur an unseren »Lebensrändern« erreichen. Es sind genau solche Elemente, die das religiöse »Gefühl schlechthinniger Abhängigkeit« noch eher freizulegen vermögen, als dies das Erleben von Liebe und Dankbarkeit zu tun vermag.[22] Ein Teil des empirisch vorfindlichen institutionell-theologischen Kommunikations-Subsystems schafft es nicht selten – freilich auch nicht durchgängig –,

22 Zu erinnern ist hier an Kambartels dictum von der Religion als der »Kultur des Verhaltens zum Unverfügbaren«. Kontextlich ausführlich dazu LÜBBE, HERMANN: Religion nach der Aufklärung, Graz/Wien/Köln 1986.

> dem tatsächlichen religiösen »Welt«-Vollzug der Menschen einen theologisch defizienten, weil noch »uneigentlichen« Modus zu bescheinigen. Aber dennoch praktizieren »die Leute« ihre Mitgliedschaft, und zwar dadurch, dass sie sich bestimmten Sprachspiel-Zumutungen entziehen und zugleich, ganz »funktional«, das Kommunikationssystem Kirche als »gesellschaftlichen Aufbewahrungsort für Sinnfragen« (Gerhard Rau) benutzen und es insbesondere an Lebenswendepunkten (Kasualien) aktivieren. Deshalb (noch) gibt es die Kirche.

Bei der Frage, wie diese Sachlage zustande kommt, ist allerdings zwischen (Teilen) der theologischen Theorie und der Menge der konkret vorfindlichen ordinierten »religiösen Kommunikationsagenten« zu unterscheiden: Nicht wenige im Kreis der Ordinierten leben (und leiden) mit dem pragmatisch-resignativ gemeinten Eingeständnis, »einfach nicht mehr tun zu können, obwohl *es* doch getan werden müsste«. Damit immunisieren sie sich gegen eine Einsicht in das, was doch zum *Kern* ihrer Aufgabe des theologischen Redens im Raum der christentümlichen Paradigmengestalten menschlicher Existenzialität gehört. Diese Einsicht hat der Berliner Theologe Herbert Lorenz – theologisch sprachspielkonform – vor 20 Jahren im Blick auf die Pfarrer- und Pfarrerinnen-Ausbildung einmal folgendermaßen formuliert:

> »Was der Pfarrer verkündigen soll, hat Anhalt nicht nur an der Bibel, sondern auch an den Menschen. Niemand muss etwas bringen. Gott ist, in Christus, schon unter ihnen, eher der Pfarrer kommt. Der Prediger hat sie auf ihr Dasein anzusprechen, aber keine Ansprüche zu stellen. Sinndeutung kann er nicht abstrakt vermitteln, sondern nur, indem er die Sinnfrage aus dem Dasein der Menschen aufnimmt. Denn zur Klärung zu verhelfen in allem, was die Menschen erfüllt oder leer lässt, wo Erwartung bei ihnen ist oder doch alles ganz anders kommt – das meint Bewährung der Rede, der zuzuhören einer durchaus bereit sein könnte.«[23]

Wenn die Praktische Theologie eine empirisch orientierte »Theorie religiös relevanter Kulturpraxis« zu sein beansprucht, dann muss es möglich sein, allen ihren Theologen und Theologinnen genau diese von Lorenz formulierte Einsicht in den Kern und das Wesen christlicher Theologie zu vermitteln. Erst damit würde die nun auch von der Prak-

23 Lorenz, H.: Der Pfarrer als Symbolfigur für Kirche: Chance oder prinzipielle Überforderung?, in: A. Feige, Erfahrungen mit Kirche, 295.

tischen Theologie angestrebte »Reflexionstheorie gelebter Religion« erfolgreich handlungspraktisch werden können, denn erst diese Einsicht würde das »Öffentliche Schweigen christlicher Rede« (Drehsen) vermeiden. Sie könnte das Predigen »evangelisch« zu dem befreien, was sie, ohne die Selbstfesselung an substanzhaftes Denken, kommunikativ-deutend vielleicht tatsächlich zu bewirken vermöchte.

Medien und Religion

Knut Hickethier

1. Einführung

Fernsehen sei für die Menschen heute Religionsersatz, stellte der TV-Moderator und Pfarrer Jürgen Fliege auf einer Tagung im Herbst 2004 in Bad Boll fest. Und er erläutert dies an zahlreichen Analogien: Wie die Religion auf den Himmel verweise, präsentiere auch das Fernsehen häufig bei Sendungstiteln einen blauen Hintergrund, vor dem sich Sterne abheben und zu denen wir aufblickten. Es zeige den Zuschauern eine andere Wirklichkeit, die sich deutlich unterscheide von der kleinen erbärmlichen Realität der Zuschauer. Es mache glauben, dieser anderen Welt teilhaftig werden zu können und durch einen Auftritt im Fernsehen selbst – nicht zuletzt in der Daily Talkshow »Fliege« – eine Art von Unsterblichkeit zu erlangen.

Selten ist – noch dazu von kirchlicher Seite – so deutlich vom Fernsehen als Religionsersatz gesprochen worden, selten scheint jedoch auch so deutlich zu sein, dass gerade diese oft kolportierte Auffassung von den Medien als Religionsersatz zweifelhaft ist. Denn wenn auch das Fernsehen in so umfangreicher Weise von anderen Wirklichkeiten als der der Zuschauer erzählt, so sehr es auch beständig Versprechungen macht, es ist doch in allen seinen Erscheinungen und in der Art und Weise wie es sich selbst organisiert, ganz von der Realität und ihren Verhältnissen bestimmt und weniger von einem Glauben an ein Jenseits.

Und das Fernsehen dient als Agentur der Gesellschaft dazu, gesellschaftlich gewollte Modernisierungen bei den Individuen durchzusetzen, geltende Normen und Werte zu propagieren und von den Individuen Anpassungsleistungen an gesellschaftliche Vorgänge abzufordern, indem es immer wieder auf diese aufmerksam macht. Dazu bedient es sich einer Fülle unterschiedlicher Mittel, Formen und Strategien, um diese – zumeist unausgesprochenen – Zielsetzungen auf einer strukturellen Ebene zu erreichen. Dennoch hat es daneben als ein multifunktionales Medium auch die Funktion des Sinnstiftens und des Trostspendens, um die es im Zusammenhang von Religion und Medien hier besonders gehen soll.

Um das Verhältnis von Religion und den Medien genauer zu bestimmen, wird deshalb im Folgenden zunächst das Fernsehen in seiner zentralen Bedeutung als Agentur der Modernisierung skizziert und besonders auf die Funktionen der Orientierung über die Welt und die Propagierung von Verhaltensänderungen eingegangen. Hier wird vor allem auf die strukturellen Leistungen des Mediums eingegangen, die (gegenüber den nur inhaltlichen) als zentral für die Funktionen des Fernsehens angesehen werden. Danach soll es um die Funktion der Sinnstiftung gehen. Dazu wird zunächst noch einmal – aus einer medienwissenschaftlichen (und nicht theologischen) Perspektive – die Bedeutung der Religion als Institution und Form der Sinnstiftung umrissen, um danach auf Analogien und Parallelen im Fernsehen einzugehen[1].

2. Fernsehen als Modernisierungsinstrument

Fernsehen ist einerseits ein *Produkt der gesellschaftlichen Modernisierungen*, wie sie im 19. und 20. Jh. stattgefunden haben, andererseits ist es *Transmissionsriemen* für die Anpassungsprozesse des Individuums an die gesellschaftlichen Erfordernisse.[2] Es ist seit den 1950er Jahren ein Baustein innerhalb der Technisierung der Haushalte und es trägt zur Durchsetzung technikgeprägter Wertvorstellungen bei. Gerade weil es in dieser Zeit in Europa Ausdruck »moderner« Lebensform, vor allem amerikanischer Lebensweise, wurde, galt es bei weiten Teilen der Bevölkerung als Symbol einer neuen, besseren Welt. Dieser Grundgestus der medialen Weltvermittlung beeinflusste auch die medialen Funktionen der Sinnstiftung, Orientierungsleistung und die Einbindung in neue rituelle Zusammenhänge.

Fernsehen liefert in einem – vor seiner Existenz unbekannten – Umfang bildliche und sprachliche *Darstellungen von der Welt*. »Alles was wir von der Welt in der wir leben wissen, wissen wir durch die Massenme-

1 Besonderer Dank gilt Katja Schumann für Kritik und zahlreiche Anregungen.

2 Vgl. Hickethier, Knut: Geschichte des deutschen Fernsehens, Stuttgart/Weimar 1998, 1ff.

dien«, meinte prononciert der Sozialwissenschaftler Niklas Luhmann[3]. In einem als schier unendlich erscheinenden Strom von Sendungen liefert es Darstellungen von fernen Ländern, anderen Lebenswelten und Kulturen, von anderen Menschen und Bevölkerungsgruppen im eigenen Kulturraum. Es strukturiert unsere Erinnerung an die kollektive Geschichte und es speist unser Bild von den aktuellen Problemen der Gesellschaft. Viele unserer Vorstellungen sind – ohne dass wir uns dessen im einzelnen bewusst sind – durch Medienbilder geformt. Welt ist für uns – dort, wo sie über unseren Alltag hinausreicht – zu großen Teilen eine Medienwelt.

Der Programmcharakter des Fernsehens bedeutet jedoch auch, dass sich dieser Programmfluss aus mehreren Teilen zusammensetzt und eine Addition unterschiedlicher Formen darstellt. Diese Formen haben Entsprechungen in den vor dem Fernsehen bereits existierenden Medien: Die Nachrichtensendungen im Radio entsprechen den Meldungen in der Tageszeitung, das Feature dem Bericht der Zeitung oder dem Vortrag im Veranstaltungswesen, die Sportübertragung im Fernsehen hat sich aus der des Radios entwickelt, das Fernsehspiel ist der Theateraufführung und dem Kinospielfilm verpflichtet, die Unterhaltung dem Varieté usf. Indem sich im Fernsehprogramm die anderen Medien mit ihren Formen spiegeln, stellt sich im Programm auch zumindest von der Idee her ein *Gesamtbild der medialen Welt* dar.

Alle diese Sendungstypen können als Formen verstanden werden, Welt im Ausschnitt zu zeigen und von ihr zu erzählen. Sie zusammen ergeben den Versuch, Welt möglichst umfassend zu präsentieren und zu repräsentieren. Zwar bleibt das jeweils Einzelne auf dem Bildschirm partikular, aber es steht auch immer exemplarisch für Anderes, stellvertretend für Ähnliches oder Gleiches, das gerade jetzt nicht zu sehen ist.

Fernsehen hat seine Funktionen der Weltvermittlung, der Orientierungshilfe und auch der Sinnstiftung vor allem dadurch gewonnen, dass es strukturell den Veränderungen der modernen Welt entspricht und für die Gesellschaft Funktionen übernommen hat.

Gesellschaftliche Modernisierungsprozesse erfordern von den Menschen *Verhaltensänderungen*. Dazu muss es Instrumente geben, die die Welt in ihren wichtigsten Mechanismen erklären und Verhaltensmodelle anbieten. Weil sich diese Modernisierungsprozesse in der Ökonomie, der Politik und dem Alltagsleben seit den Zweiten Weltkrieg beschleunigen, reichen die traditionellen Welterklärungen, wie sie meist

3 Luhmann, Niklas: Die Realität der Massenmedien, Opladen ²1996.

in der Sozialisation erfahren werden, nicht mehr aus, es bedarf immer wieder neuer, den Veränderungen angepasster Angebote. Ein Medium wie das Fernsehen ist dafür ideal geeignet, weil es sich als ein aktuelles Medium versteht und dem Neuen einen hohen strukturellen Eigenwert zuweist. Vor diesem Hintergrund interpretiert es die Welt ständig neu und führt ständig neue Konstruktionen von Wirklichkeit vor: In der politischen Information, in den Ratgebersendungen, aber auch in der Unterhaltung. In vielen (vor allem fiktionalen) Fernsehsendungen geht es letztlich immer wieder darum zu zeigen, was in einer Situation ein *angemessenes bzw. unangemessenes Verhalten* ist. In den vielen Geschichten, die das Fernsehen erzählt, werden durch die auftretenden Figuren immer wieder neue Verhaltensweisen präsentiert, werden diese von anderen Figuren kommentiert und dem Zuschauer wird angeboten, sich selbst dazu zu verhalten. Traditionelle, vom Elternhaus mitgegebene Verhaltensmuster wurden durch diese vom Fernsehen präsentierten vielfältigen Verhaltensweisen seit den fünfziger Jahren aufgeweicht und sind heute in der Jugendphase teilweise völlig durch die mediale Außenorientierung ersetzt worden. Gerade junge Zuschauer gewinnen – häufig im Konflikt mit der älteren Generation – immer wieder neue Anschauungen und Vorstellungen von der Welt und wie man in ihr leben kann. Indem das Fernsehen andere Lebensformen zeigt, übernimmt es damit – teilweise ohne es zu wollen – die Rolle eines unerkannten Erziehers.

Dass das Fernsehen die aktuellen gesellschaftlichen Verhaltensanforderungen als zeitgemäßer als die traditionellen von Elternhaus, Schule und Kirche angebotenen herausstellt, ist eine von der Gesellschaft nicht unerwünschte Funktion. Strukturell werden auf diese Weise die Verhaltensweisen der Zuschauer den sich ständig verändernden Anforderungen der postindustriellen Gesellschaft angepasst und die überlieferten Verhaltensmuster aufgelöst. Diese Anpassung besteht vor allem in der flexiblen Ausrichtung auf kurzfristige und begrenzte Konflikte und Lösungen, auf wechselnde zeitliche Strukturen und auf sich ständig verändernde Situationen. Die Programmstrukturen des Mediums mit ihrer Ausrichtung auf immer kleinere Angebotseinheiten führt zu einer Einübung im Erfassen immer kürzerer Informationseinheiten, zu einer schnellen Erkennung, in welche Kontexte eine Information gehört, usw. Dahinter steht eine durch die Medien betriebene Flexibilisierung des Wahrnehmens, die mit den Anforderungen der modernen Arbeitsprozesse korrespondiert, bei denen es immer mehr auf die visuelle Kontrolle von Monitoren und von Arbeitsabläufen ankommt, bei denen mehrere Dinge gleichzeitig geschehen und beobachtet werden müssen. Es propagiert zahlreiche Formen der Leistungsanforderungen, zeigt aber gleichzeitig auch immer wieder ein Leben, in dem Arbeit und Beruf eine geringe Rolle spielen und sich alles Geschehen nur noch in einem Großraum von Freizeit ereignet.

Am Genre des Kriminalfilms lässt sich die vom Fernsehen auf struktureller Ebene stimulierte Orientierungsleistung gut veranschaulichen. Fast kein Fernsehfilm kommt heute ohne kriminalistische Handlung aus. Dabei geht es bei der Kriminalgeschichte im Kern um eine Balance zwischen einerseits dem *Verbrechen als einem Normverstoß und einer Regeldurchbrechung* und andererseits um die *Wiederherstellung des Geltungsanspruchs der Norm*, indem der Täter durch die Polizei ermittelt und gestellt wird. Die Regeldurchbrechung wird von den Zuschauern zumeist als faszinierend empfunden, weil sie die heimliche Sehnsucht des Zuschauers anspricht, sich auch einmal etwas ganz anderes erlauben zu dürfen. Doch die normative Kraft der bestehenden Ordnung wird am Ende wieder zur Geltung gebracht und dem Zuschauer die Lehre erteilt: Es lohnt sich nicht, die Normen zu verletzen, er solle im Rahmen der Gesetze bleiben.

Obwohl wir wissen, dass in der weit überwiegenden Zahl aller Kriminalgeschichten sich die Vertreter der Ordnung am Ende durchsetzen, sehen sich weite Teile des Publikums diese Geschichten wieder und wieder an. Sie sind einerseits an der Art und Weise, *wie* sich die Geschichte ereignet, interessiert, andererseits suchen sie im Bekannten und Immergleichen die *Bestätigung der geltenden Ordnungen*. Variation und Schema bilden die Grundform, beide sind gefragt. Im Schema liegt die Bestätigung, dass die Welt trotz aller Vielfalt und Unübersichtlichkeit nach den alten Prinzipien funktioniert. Darin liegt die geheime Botschaft aller Kriminalfilme, dass sie beständig verkünden, dass trotz aller ständig variierten Scheußlichkeiten das höhere Prinzip der Ordnung noch immer wirksam bleibt. Damit wird eine Gewissheit über das Bestehende und Gute erzeugt und bestätigt, und letztlich ist dies auch das Erfolgsgeheimnis selbst so stereotyper Serien wie »Derrick«.

Auch bei den Nachrichten funktioniert eine solche *Vergewisserung der Ordnung* der Verhältnisse.[4] In wenigen Sätzen wird uns die Welt in

4 Vgl. Hickethier, Knut: Fernsehnachrichten als Erzählung der Welt. Überlegungen zu einer Theorie der Nachrichtenerzählung, Rundfunk und Fernsehen 1/1997.

ihren wichtigsten Ereignissen präsentiert. Und nach fünfzehn Minuten wissen wir, ob uns wirklich etwas davon beunruhigen muss, weil es in unsere eigene Lebenswelt hineinragt. Meist ist dies nicht der Fall. Die Mehrheit der Zuschauer kann sich deshalb beruhigt zurücklehnen und die Nachrichten wieder vergessen. Auch wenn die Nachrichtensendung von vielen Katastrophen, Unglücken und Gewaltakten berichtet, sie gibt uns die Gewissheit, uns geht es dabei trotz allem gut. Für einen Moment können wir Mitleid entwickeln, bis uns die nächste Meldung geboten wird.

3. Religionen als individuelle und kollektive Sinnstiftungen

Religionen (und hier ist nur von den so genannten Buch-Religionen wie der jüdischen, christlichen und der islamischen Religion die Rede) stellen durch ihre Texte einen Zusammenhang von Individuum und Gemeinschaft her, bestimmen das Verhältnis von Natur und Kultur, geben dem einzelnen Menschen für sein Leben einen Orientierungsrahmen vor und unterlegen diesem Leben einen Sinn. Religionen sind Deutungssysteme, die für Situationen, denen sich Menschen ausgesetzt sehen, Interpretationen anbieten, allgemeine Handlungsanweisungen formulieren und Verhaltensweisen einfordern, die nicht nur dem Individuum helfen, sondern die oft auch den allgemeinen Anforderungen einer Gesellschaft entgegenkommen. Ihre in den schriftlichen Überlieferungen fixierten Texte müssen jedoch den jeweiligen konkreten Anforderungen des Hier und Jetzt angepasst werden bzw. die in den Texten enthaltenen Geschichten und Gleichnisse müssen so interpretiert werden, dass sie von den Gläubigen mit ihren aktuellen Problemen in einen Zusammenhang gebracht werden können. Dafür haben die Kirchen Verfahren der Auslegung entwickelt, die einen Zusammenhang zwischen dem aus der Vergangenheit überlieferten heiligen Text und der Gegenwart der Gläubigen herstellen.

Zur inhaltlichen Sinngebung gehört auch immer eine strukturelle. Dem letztlich als ziel- und vielleicht sogar sinnlos erfahrenen eigenen Leben gibt die Religion einen Sinn, indem sie dieses auf eine höhere Ordnung verpflichtet und zugleich das Leben als gelebte Zeit strukturiert. Das Kirchenjahr, dem Tag, dem Gottesdienst gibt die Religion eine Gliederung, einen Rhythmus, der das Verstreichen der Zeit als einer höheren Ordnung verpflichtet ausweist. Diese Gliederung wird in

Riten (zum Beispiel in den Gottesdiensten) markiert. Über diese Riten und über die Verpflichtung der Menschen auf eine gemeinsame Weltsicht stiften die Religionen eine Zugehörigkeit und damit eine Gemeinschaft.

Mit der Durchsetzung des rationalen Denkens, mit der neuen, auf Beobachtung und naturwissenschaftlicher Verifizierung von Theorien ausgerichteten Welterklärung setzte ein Bedeutungsverlust des Religiösen in den europäischen Kulturen ein. Es ist keine neue These: Der Säkularisierungsprozess der vergangenen Jahrhunderte stand im engen Kontakt mit der Veränderung der Lebens- und Arbeitsweisen, der Durchsetzung neuer gesellschaftlicher Kommunikationsformen und vor allem der Etablierung der Massenmedien. Der Bedeutungsverlust traf die Religionen auf beiden Ebenen: Durch den Zweifel an der religiösen Weltsicht und durch eine Entwertung der religiösen Zeitstrukturierungen. Dem Geltungsschwund des alten Bedeutungsproduzenten »Religion« entsprach umgekehrt ein wachsender Geltungsanspruch der neuen medialen Sinn- und Bedeutungslieferanten, von der Literatur, der bildenden Kunst und dem Theater bis hin zu Film, Radio und Fernsehen.

Dabei ist die Vorstellung einer bloßen Substitution der Religion als einem Sinnstifter durch andere, neuere zu einfach gedacht: Denn die Religionen bestanden und bestehen – zumindest für Teile der Gesellschaft – weiter. Die Religionen haben sich neu orientiert, haben sich der Vermittlungsformen, die die Medien bereit gestellt haben, bedient, haben daraus vereinzelt sogar eigene »Verkündigungsmedien« entwickelt, auch wenn sie gegen die Konkurrenz der nicht-kirchlichen medialen Sinnproduzenten vorgegangen sind.

Die *kirchliche Kritik* an den Medien hat eine lange Tradition. Sie führte schon früh zur Verfolgung und Beseitigung der vom Kanon abweichenden Schriften, führte zu Bücherverbrennungen und Bedrohung von Autoren und Lesern. Nicht erst Salman Rushdie wurde ein Opfer religiöser Kritik, sondern schon lange vor ihm mussten Autoren im christlichen Abendland um ihr Leben fürchten, wenn sie mit ihren Büchern in Widerspruch zu den Auffassungen der Kirche gerieten. Kirchliche Medienkritik hat zwar im Laufe der Jahrhunderte an Gewaltsamkeit verloren, aber sie stand weiterhin an vorderster Front, als es im 18. Jh. gegen das angeblich schädliche Lesen ging oder als im 19. Jh. die Unzucht und Sittenverderbnis auf der Bühne gebrandmarkt wurde. Sie attackierte Anfang des 20. Jh. in den so genannten Schundfilmdebatten das Kino und warnte noch in den fünfziger Jahren vor der Reizüberflutung durch die Medien. Auch Radio und Fernsehen lehnten die Kirchen anfangs ab, bis sie erkannten, dass sie mehr Einfluss erhielten, wenn sie sich selbst innerhalb der Medien engagierten.

Vor allem das leicht verständliche Bild und dessen Suggestionskraft wurden von den Kirchen kritisiert. Zwar bediente sich auch die Religion der Bilder als Mittel, die eigene Botschaft zu verkünden, setzte aber sehr viel mehr – gerade in den monotheistischen Religionen – auf das Wort: Das Wort Gottes steht im Zentrum, nicht sein Bild.

Dem Bild misstrauten die Religionen, weil es gegenüber dem Wort unmittelbar und direkt verständlich scheint und nicht unbedingt der Deutung durch einen Sachverständigen (einen Schriftgelehrten oder einen Priester) bedarf. Deshalb war auch die Kritik der Kirchen an den Bildern so vehement. Die Kirchen fürchteten die Medien als eine besonders wirkmächtige – wenn auch anders geartete – Konkurrenz um die Köpfe der Menschen.

4. Religion als Sendung und Thema im Fernsehen

Die Ergebnislosigkeit des Kampfes gegen die Literatur, das Theater und den Film hat bei der Einführung der Funkmedien (Radio und Fernsehen) dazu geführt, dass sich die Kirchen nicht mehr in nicht zu gewinnende Abwehrkämpfe verstrickt haben, sondern durch Partizipation Einfluss auf den Rundfunk zu nehmen versuchten. In den deutschen Rundfunkgesetzen ist heute den großen christlichen Kirchen und der jüdischen Glaubensgemeinschaft über die Aufsichtsgremien ein Mitsprache- und Mitbestimmungsrecht eingeräumt worden. Im Programm ist das religiöse Wort verankert, zunächst als Grundgestus vieler Sendungen, später in eigenen Programmformen wie der Gottesdienstübertragung, dem »Wort zum Sonntag«, einer Form der Kurzpredigt, sowie dem religiös inspirierten Fernsehfilm und dem religiösen Feature.

Damit war etwas Eigenartiges geschehen. Die Religionen, vertreten durch die Kirchen, hatten ihren Konkurrenten bei der Sinnstiftung und Bedeutungsvermittlung, das Fernsehen, nicht nur akzeptiert, sondern ordneten sich mit ihren Botschaften der Struktur des Fernsehens unter. Das Religiöse wurde ein Angebot im Fernsehen neben anderen, es erhob nicht mehr den Anspruch auf oberste *Deutungshoheit*, sondern akzeptierte andere neben sich. Zwar wurde dies zunächst damit begründet, dass das Fernsehen damit eine Art Schlüsselloch-Funktion bekäme: Der Zuschauer könne auf diese Art und Weise an einem Gottesdienst teilhaben und werde dadurch für die Gemeinde der Gläubigen zurück gewonnen. Doch das erwies sich als eine Selbsttäuschung. Das Religiöse wurde im Programm marginalisiert, der Zuschauer suchte nach attraktiveren Angeboten, die ihm seinen Bedarf nach Sinnstiftung und Weltvermittlung unterhaltsamer, gegenwartsnäher befriedigten. Das Religiöse war nur soweit akzeptabel wie es zu einem allgemeinen Strukturprinzip der Sinnerfüllung taugte. Nicht mehr die Religion, sondern das Fernsehen mit seinem umfassenden Angebot an Weltrepräsentation erfüllte nun die Erwartungen nach einer leitenden Instanz.

Religion findet im Fernsehen jedoch nicht nur in den von den Kirchenredaktionen betreuten Sendungen statt, sondern überall dort, wo von Religion im Fernsehen die Rede ist. Dabei geht es häufig darum, dass *die von den Religionen beeinflussten kulturellen Gegensätze* zum Thema werden. Wenn von fundamentalistischen Tendenzen in Afghanistan oder im Iran die Rede ist, oder von den Solidaritätserklärungen französischer Muslime bei der Entführung französischer (christlicher) Journalisten im Irak – wird Religion zum Thema. Oder wenn über das »Kopftuch-Verbot« verhandelt wird oder der Mord am niederländischen Regisseur Theo van Gogh durch einen marokkanischen Muslimen die Nachrichten bestimmt – hier werden Bilder von den Religionen geschaffen und verfestigt, auch (Vor-)Urteile gestiftet. Auffällig ist eine aus der Funktion der gesellschaftlichen Selbstverständigung ableitbare latente und offene Parteilichkeit für die eigene tradierte Kultur und die in der eigenen Kultur dominierende Religion: Der islamische Glaube wird in den Nachrichtensendungen und Dokumentationen häufig mit negativen Konnotationen versehen, er erscheint als eine grundsätzliche Bedrohung der eigenen Gesellschaft. Dabei ist zwar häufig keine grundsätzliche intentionale Strategie in den Wertungen erkennbar; doch vor dem westlichen Wertehorizont erscheinen bestimmte Konflikte vor allem im Nahen Osten immer auch als Auseinandersetzungen zwischen den Religionen, erscheinen weniger als »clash of civilizations«, sondern mehr als »clash of religions«.[5] Fernsehen hat, indem es in der nach medienimmanenten Regeln organisierten Be-

5 Vgl. Huntigton, Samuel P.: Clash of Civilization, Foreign Affairs Vol. 72, No. 3 (Summer 1993), (dt.: Kampf der Kulturen, Hamburg 1997).

TV

richterstattung auch über Religionen berichtet, eine die Gegensätze verstärkende Funktion. Die Konkurrenzsituation der Programme und das Bemühen um die Aufmerksamkeit der Zuschauer führen vielfach zu Dramatisierungen und Polarisierungen in der Berichterstattung.

Der *Bedeutungsverlust der Religionen*, der mit der Säkularisierung zumindest in den westlichen Gesellschaften stattfand, scheint in den letzten Jahren gestoppt. Ein neuer religiöser Fundamentalismus breitet sich aus – und dies nicht nur im Islam, sondern auch im christlichen Kulturraum. Diese neuen Fundamentalismen haben ihre Wurzeln darin, dass die modernen säkularisierten Kulturen offenbar für viele große Probleme der Gegenwart kaum noch Lösungen anbieten können, die alle Menschen überzeugen. Damit verändert sich auch das Verhältnis von Religion und Medien in neuer Weise.

5. In der Welt-Sein, Teilhabe, Zugehörigkeit durch das Fernsehen

Das Fernsehen gilt heute als zentrales Medium der gesellschaftlichen Selbstverständigung. Auch wenn sich das Internet als neues Medium in den letzten Jahren stark ausgebreitet hat, wird das Fernsehen nach einer Studie der European Interactive Advertising Association (EIAA) vom November 2004 in den westlichen Ländern immer noch mit 33 Prozent Anteil am meisten von allen Medien genutzt (Hörfunk 30%, Internet 20%).[6]

Auch das Fernsehen ist unbestritten eine Institution zur Herstellung von Gemeinschaft. Ein solches Verständnis des Mediums drückt sich in – teilweise metaphorisch gefassten – Begriffzuweisungen aus. Fernsehen wird dabei in den gängigen Theorien des Mediums verstanden als ein »kulturelles Forum«, so die Medienwissenschaftler Horace M. Newcomb und Paul M. Hirsch[7], als »Lagerfeuer«, um das sich die Nation versammelt, als große Erzählung und als »narratives System«, als Inszenierung und Performance, als Bildermaschine und schließlich als Mythos[8]. Alle diese Begriffe machen auf die zentrale, gesellschaftlich

6 Vgl. http://www.eiaa.net (12. November 2004).

7 Newcomb, Horace M./Hirsch, Paul M.: Fernsehen als kulturelles Forum, in: K. Hickethier (Hg.), Wahrnehmungswelt, Programminstitution und Marktkonkurrenz, Frankfurt am Main 1992, 89–107.

8 Bleicher, Joan Kristin: Fernsehen als Mythos, Opladen/Wiesbaden 1999.

integrierende Funktion aufmerksam, die dem Fernsehen beigemessen wird.

Von einer »kostbaren Schale«, die es mit dem Richtigen zu füllen galt und die dem Publikum darzubieten sei, sprachen deshalb bei der Eröffnung des ersten Fernsehprogramms nach 1945 sowohl der verantwortliche Intendant des Nordwestdeutschen Rundfunks, Adolf Grimme, als auch der damalige Postminister der Bundesrepublik Schuberth. Der Kelch mit dem wertvollen Trunk– das Bild ist, wie leicht zu erkennen ist, der christlichen Symbolik des Abendmahls entlehnt. Es ist auch der heilige Gral, den es zu finden gilt und der ein Heilsversprechen für die Welt darstellt. Es ist eine quasi religiöse Vorstellung, die gerade von Programmverantwortlichen des deutschen Fernsehens zu Beginn seiner gesellschaftlichen Implantierung entwickelt wurde. Wenn Grimme zum Beispiel noch Mitte der fünfziger Jahre von der »Sendung der Sendung« spricht, dann zielt er hier nicht auf ein Wortspiel, sondern auf die doppelte Bedeutung des Wortes, dass er in den einzelnen Sendungen auch eine Verkündigung sieht, dass er von einer Botschaft an die Zuschauer ausgeht, die das Fernsehen zu vermitteln habe.

Fernsehen erhielt einen Bildungsauftrag und sollte die Menschen zu etwas Höherem heranbilden. Es erhielt einen Informationsauftrag und sollte Orientierung in der Welt geben, und es hatte daneben auch Unterhaltung anzubieten. Denn schon damals wussten viele Politiker und Fernsehverantwortliche, dass vor allem durch die Unterhaltung ein Bild von der Welt vermittelt wird. Aufgrund seiner Sonderstellung, als Medium staatsunabhängig zu sein und nicht den Interessen einzelner verpflichtet, gewann das Fernsehen einen scheinbar unabhängigen Status. Fernsehen schien in den Augen vieler Zuschauer eine besondere Institution, die die bestehenden Gegensätze miteinander vermittelte, sich um einen Konsens bemühte und Integration zustande brachte. Es ist eine – so die Vorstellung – auch den Niederungen politischer Gegensätze und dem schnöden Gewinnstreben entrückte Position, in der das Fernsehen gesehen wurde, auch wenn diese Sicht nie den Alltagsgeschäften des Mediums entsprach. Zwar wurde diese dem Fernsehen zugewiesene fast schon »jenseitige« Position partiell durch die Einführung des kommerziellen Fernsehens außer Kraft gesetzt, aber die Funktion, Weltdeutung auf einer strukturellen Ebene zu liefern, wurde nicht destruiert.

Sie basiert jenseits einer demokratiebezogenen politischen Positionierung vor allem auf den medialen, scheinbar omnipotent wirkenden

Eigenschaften des Fernsehens. Audiovisualität, Reichweite und die Möglichkeit, Informationen in großer Schnelligkeit (bis zur potentiellen Gleichzeitigkeit von Ereignis und medialer Wahrnehmung) zu verbreiten, ließen das Fernsehen zum *Leitmedium für die gesellschaftliche Kommunikation* werden, das es noch heute ist.[9]

Das Fernsehen liefert zum einen kinematografische »Bewegungsbilder«, wie es Gilles Deleuze formuliert hat[10], und gleichzeitig »sprechende Bilder«. Die Illusionsfähigkeit, die Vorstellung, etwas Reales zu sehen, wurde durch das Zusammengehen von Bild und Ton enorm gesteigert. Diese Bewegungsbilder können im Fernsehen zum einen wie im Kino Filmbilder sein, Bilder also, die auf Zelluloid gebannt, entwickelt, fixiert, bearbeitet werden und – in einem zeitlichen Abstand zur Aufnahme der Bilder – einem Publikum gezeigt werden. Die Projektion des Filmbildes macht damit Vergangenes gegenwärtig, holt auf die Leinwand wie auf den Bildschirm längst stattgefundene Ereignisse in die Gegenwart der Zuschauer.

Fernsehen kann zum anderen mit Hilfe der elektronischen (also nicht der filmischen) Kamera Ereignisse sofort über einen Sender an einen Zuschauer vermitteln. Der Zuschauer vor seinem Empfänger, dem Fernsehgerät, kann das Ereignis im Moment seines Geschehens ebenfalls, wenn auch mit einer winzigen Verzögerung, Hunderte von Kilometern vom Ereignis entfernt wahrnehmen. Diese Möglichkeit der Raumüberbrückung gab es zwar auch schon bei den älteren elektronischen Übertragungsmedien (der Telegrafie, dem Telefon und dem Radio), aber beim Fernsehen kam die visuelle Anschauung hinzu.

Hatte der Film durch seine Vergegenwärtigung des Vergangenen schon das Verhältnis des Menschen zur Zeit neu bestimmt, sie medial transformiert, so hob das Fernsehen jetzt durch die *Live-Übertragung* die Differenzen im Raum auf. Die Entfernungen schienen zu schrumpfen, der Zuschauer, körperlich immer noch zu Hause vor seinem Fernsehgerät, war durch Bild und Ton mit seiner Wahrnehmung an einem anderen Ort. Die Suggestionskraft des Fernsehens beruht zu wesentlichen Teilen auf diesem, dem Fernsehen zur Verfügung stehenden Potential der Live-Bilder und der Live-Töne. Es ist diese mediale Potenz, die das Medium zum gesellschaftlich integrativen Medium werden ließ.

9 Vgl. dazu Hickethier: Geschichte.

10 Deleuze, Gilles: Das Bewegungs-Bild. Kino 1, Frankfurt am Main 1989.

Der Zuschauer erlag deshalb sehr früh beim Anblick dieser audiovisuellen Darbietungen der Suggestion der *medialen Teilhabe*, dem Eindruck des Dabeiseins: Sei es 1953 bei der Krönung Elizabeth II, bei den großen sportlichen Ereignissen oder als der erste Mensch 1969 seinen Fuß auf den Mond setzte. Auch heute noch ist es nicht anders: Man denke nur an die Berichterstattung von den Golfkriegen oder an die Live-Berichterstattung vom Attentat am 9. September 2001 in New York.

Die Teilhabe, das Dabei-Sein erscheint als ein Überall-in-der-Welt-Sein. Das Fernsehen besitzt *eine Zeit- und Ort transzendierende Fähigkeit.* Scheinbar jederzeit den Zuschauer mit verschiedenen Orten der Welt verbinden zu können, so dass wir erfahren, was dort gerade geschieht, rückt dieses Medium in besonderer Weise in die Nähe einer überirdischen Kraft. Auch wenn wir darum wissen, dass das Fernsehen uns nicht wirklich mit jedem Ort der Erde verbinden kann und nicht alle Zeiträume übersprungen werden können, sondern technische und gesellschaftliche Bedingungen enge Grenzen für die Realisierung der medialen Ubiquität ziehen, so rücken diese Eigenschaften dennoch das Fernsehen in die Nähe eines scheinbar allwissenden (auktorialen) Erzählers, einer göttlichen Institution. Gewiss haben wir uns schon daran gewöhnt, nehmen es als Alltag des Mediums, dennoch ist es immer wieder staunenswert, wie scheinbar umstandslos wir live an die verschiedensten Orte der Welt geführt werden können.

Die Teilhabe ist aber auch ein Wissen darum, *Teil einer großen Zuschauerschaft*, einer Gemeinschaft zu sein, die zwar nicht physisch an einem Ort präsent ist, die aber als gedacht, ja vielleicht sogar »gefühlt« beim Zuschauen mitgewusst wird. Fernsehen stiftet also eine den Religionen durchaus vergleichbare Zugehörigkeit – und das gegenwärtige Bewusstsein vom Zuschauen ist ja auch die eines »Sich-Ankoppelns« an eine laufende gesellschaftliche Kommunikation.

Diese Zugehörigkeit wird durch die im Fernsehen eingeschriebenen Formen des Programms und der Liturgie verstärkt. Wie die Kirche stiftet das Fernsehen schon allein dadurch Sinn, dass es die Lebenszeit strukturiert. Dabei wird stärker von der Gliederung der kleineren Einheiten, des Programmtags, der Woche ausgegangen, aber dann auch – orientiert an den kirchlichen Feiertagen – dem Jahr durch das Programm eine Form gegeben. Fernsehen verleiht dem Alltag eine Struktur, gliedert ihn – und dies auf seine sehr viel mächtigere Weise als dies die Kirche vermag, weil das Fernsehen immer auf der Ebene von Freiwilligkeit und Unterhaltungsversprechen operiert.[11] Das Publikum richtet seinen Alltag auf Fernsehereignisse aus, strukturiert die Wohneinrichtungen, das familiäre Leben, die Freizeit auf das Medium hin.

Nicht zufällig ist in der Anfangszeit des Fernsehens von einer »*Liturgie des Programms*« bzw. einer »Liturgie« des Fernsehens die Rede. Damit ist zunächst der Programmcharakter von Fernsehen einerseits und Gottesdienst andererseits gemeint. In der Kirche wie im Fernsehen besteht auf der Programmebene eine Art von »Dramaturgie« des Ablaufs mit Anfang und Ende und einem Höhepunkt. Der kirchlichen Liturgie ähnlich ist zum anderen die Art und Weise des Zuschauens im Fernsehen. Der Zuschauer sitzt frontal vor dem Bildschirm, dieser wird von einem Licht hinter ihm erleuchtet so wie vergleichsweise ein Altar, hinter dem die Kirchenfenster von der im Osten stehenden Sonne durchleuchtet werden. Die Emanation der Bilder auf dem Bildschirm wird andächtig verfolgt wie das Geschehen vor dem beleuchteten Altar. Gewiss ist die Sitzordnung vor dem Bildschirm variabler; freizügiger können die Betrachter sich geben, aber die Ausrichtung auf das Gesendete bleibt dennoch erhalten.

Es liegt nahe, im Fernsehen eine Analogie zur kirchlichen Stiftung von Zugehörigkeit zur Gemeinschaften bildenden Kraft des Glaubens zu sehen. Die Teilhabe via Fernsehen ist eine Teilhabe an einer – zwar technisch erklärten – aber dann auch scheinbar überirdisch wirkenden Ubiquität der Beobachtung, überall zugleich sein zu können und damit doch wiederum ganz bei sich – in seinen eigenen privaten vier Wänden – zu sein, und gleich zu wissen, dieses Erlebnis auch noch mit Millionen anderen zu teilen, die gleichzeitig zuschauen.

Mit dem Beginn des privatrechtlichen Fernsehens schien die übergreifende, unabhängige Kraft der Vermittlung verloren gegangen zu sein. Mit der desintegrierenden Suche nach Nischen reizten die kommerziellen Sender die Programmformen aus, entwickelten Infotainment und Confrontainment-Shows, verschoben die Grenzen des darstellbaren Intimen durch die Zurschaustellung von Nacktheit, durch Provokation von Alltagsmenschen, die ihre Beziehungskrisen und Sozialdefekte in Daily Talk-Sendungen öffentlich ausstellen und sich zum öffentlichen Gespött zu machen. Unbeschadet davon blieb das Gefühl der Zugehörigkeit, auch wenn es jetzt nicht unbedingt die Zugehörig-

11 Hickethier, Knut: Die Zeit und das Fernsehen, Ästhetik und Kommunikation 20 (1990) Heft 73/74, 137–144.

keit zu einer nationalen Gemeinschaft ist, sondern zu Teilpublika, die mit unterschiedlichen Präferenzen für einzelne Programmgenres und -formen eigene Fernseh-Communities ausbilden.

6. Die Welt durch Erzählen in eine Form bringen

Die medialen Eigenschaften des Fernsehens, von denen bisher die Rede war, zeigen sich in der Form von Sendungen. Diese folgen in der Regel Gestaltungskonventionen, die man auch als gattungsspezifische Poetiken verstehen kann.

Die Fernsehsendungen reduzieren als Darstellungen von Welt deren Phänomene auf etwas Erzähl- und Darstellbares. Sie bedienen sich dabei wiederkehrender Schemata. Katastrophen, Konflikte, Problemstellungen erscheinen damit im Rahmen einer fernsehspezifischen Form als *beherrschbare Phänomene*. Merkmale dieser Schemata sind die Herstellung von Kausalbeziehungen, die Vereinfachung von Bezügen und insgesamt eine Komplexitätsreduktion, bei der das Komplexe und allgemein Undurchsichtige, ja letztlich Sinnlose, als einfach und durchschaubar erscheint und damit letztlich wieder als mit Sinn versehen gelten kann.

Das Fernsehen ist allein schon durch seine fiktionalen Formen ein großer Erzähler. Die steigende Zahl der Programme – heute können in der Bundesrepublik je nach Empfangssystem täglich zwischen 700 und 4000 Stunden Programm empfangen werden – enthält eine riesige Zahl von audiovisuellen Erzählungen, wobei diese – auch in ihrer fortgesetzten Neuproduktion, die erfolgt, um den riesigen Programmbedarf zu befriedigen, dazu führt, dass in den Programmen gleiche, oder doch ähnliche Erzählformen benutzt werden. Sie sind der Ort einer in den Dramaturgien eingeschrieben und der Bildlichkeit strukturell angelegten Sinnstiftung.

Wichtigste dramaturgische Grundformen sind die der *Geschlossenheit* und der *Offenheit* der Geschehensdarstellung. In einer Sendung wird ein Geschehen dadurch erzählbar gemacht, dass dieses Geschehen mit einem Anfang und einem Ende versehen wird, dass es einer Dramaturgie folgt, ein Konflikt nach Steigerungen und Verzögerungen auf einen Höhepunkt zueilt und in ein scheinbar unausweichliches Ende mündet. Bühne und Kino haben dieses Prinzip verfestigt und intensiviert, indem in der Darstellung des Geschehens alle Elemente aufeinander bezogen werden. Im klassischen Hollywood-Kino haben innerhalb der Handlung alle Elemente eine Bedeutung, und weil dem Zuschauer diese Erzählweise als poetisches Konzept wieder und wieder vorgeführt wird, erwartet und sieht er in allem, was auf der Leinwand gezeigt wird, etwas für das Gesamtgeschehen Bedeutsames. Damit wird das Gezeigte in allen Teilen als sinnhaft vorgeführt. Hinter allem, so scheint es, waltet eine höhere Ordnung, und sei es nur die Ordnung, die der Erzähler als der Schöpfer dieses Kosmos gesetzt hat. Das Fernsehen steht in der Tradition des klassischen Erzählkinos. Es bedient sich vor allem dieser geschlossenen Dramaturgie, sei es im Fernsehfilm, der Dokumentation oder der Unterhaltung. Dazu gehört auch die aus der Poetik des Aristoteles stammende Struktur, dass im Anfang einer Erzählung, in der Introduktion und Exposition, Anlage und Erzählkonzept transparent gemacht werden, dass sich also in ihm bereits *»in nuce« der Kosmos,* den die Erzählung präsentiert, in seinen wesentlichen Bestandteilen darstellt. Ähnlich ist es bei den Fernsehformen, auch in ihnen ist das Erzähl- und Darstellungskonzept bereits zu Beginn erkennbar, wird das, was gezeigt wird, als letztlich bekannt vorgeführt, und damit als verlässlich und überschaubar in seinen Folgen dargestellt. Das geschieht hier zwar einfacher und gröber als in den literarischen Gestaltungen des 19. Jh., aber es wird dennoch von vielen Zuschauern nur unbewusst als eine Strategie der Herstellung von Gewissheiten wahrgenommen.

Doch das Fernsehen kennt nicht nur die geschlossenen, auf ein Ende hin konzipierte Formen, sondern auch *offene.* Die offenen, seriellen Programmformen gelten als besonders fernsehspezifisch, wie zum Beispiel die der Daily Soaps. Das Konzept der Geschlossenheit, das es erfordert, dass der Erzähler zu Beginn der Serie bereits den Ausgang der Geschichte kennt, ist hier in der Gesamthandlung der Serie nicht mehr vorhanden. Serien wie die »Lindenstraße« oder »Gute Zeiten, schlechte Zeiten«, sind zum Ende hin offen, weil auch ihren Autoren unbekannt ist, wann die Sendung eingestellt wird. Alle Serien werden zwar irgendwann einmal ihr Ende finden, aber alle an der Produktion Beteiligten bemühen sich nach Kräften, dieses Ende so lange wie möglich hinauszuschieben. Das Schreiben einer Serie ist wie ein Schreiben, um am (Serien-)Leben zu bleiben. Allerdings kennt die einzelne Serienfolge, die Episode oder eine Gruppe von Serienfolgen durchaus die Abschließbarkeit eine Teilhandlung. Beides zusammen erst macht einen Sinn: Es gibt das Glück der abgeschlossenen Binnenhandlung, wobei der gesamte Handlungskosmos der Serie selbst offen bleibt.[12]

Sinnstiftung erfolgt hier für den Zuschauer über ein der geschlossenen Form verwandtes Prinzip: Die Serie erscheint dadurch realitätsnah, dass sie parallel zur Alltagswelt der Zuschauer stattfindet, dass sie sich wie diese langfristig nur in kleinen Schritten verändert und wir als Zuschauer diese Veränderungen vor allem dadurch mitbekommen, dass die Helden mit uns altern. Doch die Serienwelt ist weniger diffus als die außermediale Realität. Ihre Ereignisse sind so konstruiert, dass sie als *Abfolge kausaler Verkettungen* erscheinen, die sich in kleine, überschaubare Episoden gliedern, die dann wiederum Anfang und Ende enthalten.

Das Fernsehen bedient sich in seinen Programmen vieler Formen mit jeweils eigenen Dramaturgien. Dadurch entsteht eine Vielfalt, die der Vielfalt der Realität zu entsprechen scheint. Im Programm als einem aus Vielfältigem Zusammengesetzten zeigt sich deshalb die Welt als eine vermittelbare und vermittelte Größe. Auch wenn wir die Gesamtheit des Lebens und aller menschlichen Erfahrungen letztlich als unübersichtlich und chaotisch erleben, wird dieses Chaos durch den Rahmen des Programms als eine in kleinen Einheiten darstellbare und damit letztlich in eine Ordnung gebrachte Welt erfahrbar gemacht.

Bisher war die Sinnstiftung vor allem auf die Form des Erzählens von der Welt bezogen worden. Aber es gibt auch eine strukturelle inhaltliche Ebene, die mit den Formen verknüpft ist und – über den einzelnen Plot einer Geschichte hinaus Sinnhaftigkeit erzeugt. Zum einen ist es das Sinnhafte, das durch die Hinführung von Handlungen auf einen glücklichen Ausgang hin erfolgt. Diese Hinführung auf ein *Happy end* auch in einem abgeschwächten Zustand ist häufig mit dem aus der Literatur des poetischen Realismus des 19. Jh. stammenden Erzählprinzip der *poetischen Gerechtigkeit* verbunden, nach dem am Ende eines Geschehens doch immer das Gute und Richtige siegt. Dieses Prinzip ist letztlich ein Konzept von Sinnstiftung, denn die meisten Zuschauer wissen aufgrund ihrer Lebenserfahrung, dass es in der Wirklichkeit häufig anders ist. Das Konzept der poetischen Gerechtigkeit macht deshalb als Darstellungsprinzip im Fernsehen den Zuschauern Hoffnung auf ein gutes Ende, verleiht den Zuschauern Trost und lenkt mit seinen Erzählungen – zumindest für die Zeit des Zuschauens – von der Fährnissen der Wirklichkeit ab.

12 Vgl. Hickethier, Knut: Die Fernsehserie und das Serielle des Fernsehens, Lüneburg 1991.

Zum anderen gibt es – vor allem im neueren kommerziellen Fernsehen – eine der poetischen Gerechtigkeit widersprechende Tendenz, die auch mit der »Abnutzung« dieses permanenten Glücksversprechens in den Fiktionen zu erklären ist. Weil wir uns die zahllosen Happy Ends restlos übergesehen haben, sehen wir den Daily Talkshows und Gerichtsshows zu, in denen – so will uns das Fernsehen glauben machen – authentische Menschen, Menschen des Alltags, immer wieder aufs Neue ihre *sexuellen Vorlieben, Perversionen und Fehlverhalten* ausbreiten und diese sich gegenseitig vorhalten. Auch hier liegt eine Sinnproduktion vor, nur besteht sie nicht darin, eine Hoffnung auf ein vergleichbares Leben voller Happy Ends zu stiften, sondern gerade in der Beschwörung der Abgrenzung: Es ist die Warnung vor dem, was einem drohen kann, was nicht so sein soll, was abzulehnen ist. Es ist Warnung vor der Sünde, dem Laster, dem Teufel, der ›an die Wand‹ des Bildschirms gemalt wird. Der tägliche Fernsehkonsum ist auch dadurch für viele zu einer Art von Gottesdienstersatz geworden, gerade weil er nicht als moralische Belehrung erscheint, sondern als bloße Unterhaltung verstanden wird. Gerade weil das Fernsehen so unauffällig und gleichzeitig so selbstverständlich seine Botschaften vermittelt, kann es so optimal einen großen Rahmen für die Sinnstiftung bilden.

Sinnstiftung erfolgt aber auch in der *aktuellen Berichterstattung* – dort wo sie nicht intendiert ist und wo sich die Nachrichtengebung ganz der Form des nüchternen aktuellen Berichts der Ereignisse in der Welt verpflichtet fühlt. Bei den in den Nachrichten mehrfach wiederkehrenden Ereignissen – sie werden in den sich oft über Wochen und Monaten erstreckenden, periodisch präsentierten *Nachrichtenerzählungen* wie zum Beispiel über die Auseinandersetzung USA/Irak, den Konflikt im Kosovo, ein Hochwasser oder ein großes Unglück dargeboten – nehmen wir Anteil, beten mit um das Ende des Krieges und spenden sogar für einen mildtätigen Zweck. Bei der Mehrheit der Meldungen sind wir als Zuschauer oft heimlich dankbar, dass die Ereignisse uns nicht so nah sind und dass sie uns nicht direkt betreffen. Große Nachrichtenerzählungen behandeln aber auch das eigene Zusammenleben: Die Frage der Bekämpfung der Arbeitslosigkeit, der Umbau der Sozialsysteme, das Zusammenleben der verschiedenen Kulturen und so fort.

Das Nachrichten-Sehen hat vielfach die Form des »Kontrollsehens« angenommen, weil wir damit überprüfen, ob unsere eigene Welt noch intakt ist. Die Meldung der Katastrophen, Unglücksfälle und des Elends sind – in ihren mitvermittelten Subtexten – uns eine wiederholte Warnung, dass es uns auch einmal so treffen kann – ebenso wie auch die vielen Konflikte und tragischen Geschehen in den Fernsehfiktionen eine *Warnung vor Überheblichkeit und Hybris* darstellen. Fiktionale wie nicht-fiktionale Formen verkoppeln dabei in ihrer Darstellung diese Warnung mit der Lust an dem, wovor sie warnen, indem sie es nämlich auch ausführlich zeigen. Wie in der sonntäglichen Predigt die Gemeinde durch eine Geschichte vor Arroganz und Überheblichkeit gewarnt wird, so ist auch das Fernsehen, noch dazu mit seiner visuellen Anschaulichkeit, eine Institution der moralischer Ermahnung und Belehrung, selbst dort, wo das Medium ohne jeden belehrenden Gestus auftritt.

Sinnstiftung erfolgt im Fernsehen auch durch die *Bestimmung des Verhältnisses von Altem und Neuen*, von Tradition und Moderne. Dazu greift das Fernsehen auf die Erzähl- und Darstellungsformen der tradierten kulturellen Medien auf und transformiert sie zu Fernsehformen und -inhalten. Dies bedeutete für die Zuschauer zunächst eine kulturelle Bereicherung. Der große Bereich der Künste wurde via Fernsehen (bei allen Einschränkungen durch die technische Vermittlung) nun vielen Menschen leichter zugänglich. Indem das Fernsehen alte Inhalte und Formen aufgreift, baute es sie jedoch nach den Gesetzen der Medienindustrie um. Volksmusik im Fernsehen ist zum Beispiel nicht mehr die gewachsene traditionelle Musikkultur eines Kulturraums, sondern wird zu einem disponiblen, industriell gefertigten Produkt, mit dem die Individuen ihre Milieuzugehörigkeit definieren. Damit befriedigen die Zuschauer als handelnde Subjekte ihre kulturellen Bedürfnisse und werden langfristig in ihrer Ich-Konstitution stabilisiert. Es werden Schutzräume geschaffen, in denen Traditionen neu vermittelt und als zu dieser Welt gehörend ausgewiesen werden. Weil das Alte anspricht, spendet es Trost für diejenigen, die in den Modernisierungsprozessen nicht mehr mithalten können.

7. Der »flow« – und das Gemeinschaftserleben

Fernsehen ist als eine Form der individuellen Mediennutzung eingebunden in den Alltag und unterliegt damit in der Regel bestimmten *Routinen und Ritualisierungen.* Schon sehr früh, in den fünfziger Jahren, setzte diese Ritualbildung durch das Fernsehen ein. Die Zuschauer fanden und finden sich auch heute noch um 20 Uhr abends zur »Tagesschau« ein, sie sehen mit Vorliebe bestimmte, regelmäßig wiederkehrende Sendungen, wie zum Beispiel den großen Unterhaltungsabend am Sonnabend, den Freitagabend-Krimi, den Polittalk »Sabine Christiansen« am Sonntagabend oder eine Late Night-Show mit Harald Schmidt oder mit Anke Engelke, mit Kerner, Reinhold Beckmann, Sandra Maischberger und anderen. Sie richten oft ihre sonstigen Tätigkeiten daraufhin aus, unterwerfen sich den zeitlichen Vorgaben des Mediums. Dadurch werden gleichzeitig andere Rituale entwertet: Statt am Sonntagmorgen nach der Kirche zum Frühschoppen zu gehen, sehen sie sich den ARD-Presseclub um 12 Uhr an. Günther Thomas hat in Anlehnung an Walter Ongs Begriff von der sekundären Oralität im Fernsehen von einer sekundären Ritualisierung durch die Television gesprochen.[13]

Nun hat die Programmvervielfachung dazu beigetragen, dass solche Rituale und Fernsehroutinen immer wieder aufgebrochen werden, weil die Zuschauer zwischen den Programmen hin- und herswitchen oder auch, weil bestimmte Sendungen nur begrenzt angeboten und dann wieder abgesetzt werden. Rituale haben sich dennoch erhalten bzw. neu gebildet. Die Programmmenge erlaubt es, dass sich nicht mehr nur einige wenige Rituale für alle bilden, sondern eine Individualisierung der Fernsehrituale stattgefunden hat. Jeder kann sich jetzt aufgrund seiner eigenen Vorlieben für bestimmte Sendungen seine eigenen Ritualgewohnheiten schaffen.

Seit den achtziger und neunziger Jahren wurde wiederholt von *kulthaften Rezeptionsweisen* des Fernsehens berichtet, zum Beispiel dass Jugendliche bei bestimmten Serien wie »Star Trek« oder »Lindenstraße« ihre eigenen Fangemeinden ausbilden, dass sich gerade auch bei den Nachmittags-Talkshows feste Teilpublika bildeten, die regelmäßig die Selbstdarstellung anderer Menschen verfolgten, oder dass es auch bei den so genannten Sendungen des Trashfernsehens, also den Nonsense-Sendungen und Blödelsendungen oder bei Harald Schmidt, Anke Engelke oder Stefan Raab zur Ausbildung ritualisierten Zuschauens kommt. Das Fernsehen bestärkt die Bindungen des Publikums an das Medium und entwertet damit zwangsläufig die Vergabe der Aufmerksamkeit an andere kulturelle Angebote. Denn unsere Aufmerksamkeit ist begrenzt, sie ist ein knappes Gut, und wir können es letztlich auch nicht wesentlich vermehren.

13 Thomas, Günther: Medien, Ritual, Religion, Frankfurt am Main 1998.

Fernsehen bildet einen Angebotsverbund, der sich dem Zuschauer als ein Programmfluss darbietet. Er umfasst letztlich 24 Stunden, scheint also nie aufzuhören. Fernsehen ist also immer da, egal wann wir einschalten. Raymond Williams hat 1974 in seinem Buch »Television, Technology and Cultural Form« vom Fernsehen als »flow« gesprochen,[14] damit meinte er den Fluss der Sendungen. Ein solches Programmverständnis tendiert zu einem Programm »rund um die Uhr«, wie es heute bei fast allen Sendern zu finden ist. Das »permanente Programm«, so sah es der evangelische Rundfunkmann Heinz Schwitzke Anfang der fünfziger Jahre, sei ein Schrecknis, weil es das Innehalten, die Kontemplation, die Versenkung des Menschen in das Wort, nicht mehr zulasse: Immerfort komme etwas Neues, das gehört und gesehen werden wolle. Diese Flut des Angebotenen sah er als eine Gefahr, weil sie den Verfall der bis dahin gewachsenen Kultur, die auf der Versenkung in das einzelne künstlerische Werk aufbaute, zu programmieren schien.[15] Doch Schwitzke verkannte den ganz besonderen ritualisierten und liturgischen Charakter des Programms. Die Flüchtigkeit des Programms wird vergessen gemacht durch das permanent anstürmende neue Angebot. Günter Thomas fasst die Liturgie des Fernsehens deshalb so zusammen: »Die Liturgie löst das Problem auf die gleiche Weise, auf die sie es selbst schafft: Unendliches Senden, das den Unterschied zwischen dem immer Gleichen und dem stets aktuell Neuen fast verschwinden lässt«.[16] Schwitzke sah auch nicht, dass gerade in diesem permanenten Anwesendsein das große Versprechen des Fernsehens bestand und besteht: Den einzelnen Zuschauer, der eben dann doch vor dem Fernsehen oft ganz allein war, nicht allein zu lassen, sondern »bei ihm zu sein«.

Der »flow of communication«, der zunächst ein Fließen von einem Angebot zu einem anderen meinte, von einer medialen Form in eine nicht-mediale (vom Fernsehen zur interpersonalen Kommunikation), meint dann auch eine Art »Mitfließen« des Zuschauers von einem Angebot zum anderen. Wenn heute vom »flow« gesprochen wird, ist da-

14 Williams, Raymond: Television. Technology and Cultural Form, London/New York 1974, 86.

15 Vgl. Hickethier, Knut: Dispositiv Fernsehen, Programm und Programmstrukturen in der Bundesrepublik Fernsehen, in: Ders. (Hg.), Institution, Technik und Programm. Rahmenaspekte der Programmgeschichte des Fernsehens (Geschichte des Fernsehens in der Bundesrepublik Deutschland 2), München 1993, 171–243.

16 Thomas: Medien, 471.

mit vor allem ein Zuschauerverhalten gemeint, das davon gekennzeichnet ist, beim Fernsehen dabei bleiben zu wollen, von einer Sendung in die nächste zu gelangen. Das *»Flow-Erlebnis« stellt ein Wohlbefinden, eine Art von Glücksgefühl dar*, das auch bei anderen Tätigkeiten entstehen kann[17], aber bei der Tätigkeit des Fernsehens durch die praktizierte televisuelle Teilhabe entsteht und dem Individuum den Eindruck eines Erfülltseins vermittelt[18] – auch wenn am Ende eines langen Fernsehabends vielleicht der Eindruck entsteht, mit dem Fernsehen die Zeit »totgeschlagen« zu haben. Es ist dieses Gefühl, sich aus dem Alltag herausnehmen zu können, sich selbstvergessen ganz dem Fluss der laufenden Bilder hinzugeben und doch auf mediale Weise einer Gemeinschaft anzugehören, die das gleiche tut. Der Weg zu einem Sich-Einspinnen in ein vermeintliches privates Glück, in ein mediales Glück im Winkel, der Weg zu einem medial gesteuerten »*Cocooning*«, wie es die Psychologen bezeichnen, ist dann nicht mehr weit.

8. Noch einmal: Fernsehen als Religionsersatz?

Das Fernsehen hat auf einer strukturellen Ebene – in seinen Erzählweisen, seinen Dramaturgien und seiner Präsentation eines strukturierten Lebens – Funktionen übernommen hat, die früher von den Religionen ausgeübt wurden: Sinnstiftung in einer an sich als sinnlos erlebten Umwelt, Orientierungsvermittlung in einer als unübersichtlich erfahrenen Welt und eine Ritualisierung des Alltagslebens durch die mediale Zeitstrukturierung. In dieser Rolle ist das Fernsehen umfassender, weil es durch seine Vielfältigkeit der Angebote eine spezifische inhaltlich determinierte Sinnstiftung scheinbar vermeidet, weil es sich fast unauffällig in den Alltag der Menschen einschmuggelt, weil es seine Botschaften auf verdeckte Weise und als Unterhaltung präsentiert und immer eine Freiwilligkeit der Zuschauer die Voraussetzung des Zustandekommens der medialen Kommunikation ist. In seinen Eigenschaften ist das Fernsehen zudem variabler und an aktuelle Erfordernisse anpassungsfähiger als die Religion, die ihre Sinnstiftung gerade mit einer Jahrtausende alten Tradition und der Behauptung einer langen

17 CSIKSZENTMIHALYI, MIHALY: Das flow-Erlebnis. Jenseits von Angst und Langeweile. Im Tun aufgehen, Stuttgart 1985.

18 WULFF, HANS J.: Flow. Kaleidoskopische Formationen des Fernsehens, in: montage/av 4/2/1995, 21–39.

Kontinuität und Dauer begründet. Gerade in der Diesseitigkeit der Fernsehwelt und in ihrem ganz im Hier und Jetzt sich begründenden Angebotsreichtum erweist sich auch die besondere Funktionalität dieses Mediums für die säkularisierte moderne Gesellschaft.

Die strukturellen Leistungen des Mediums sind nicht rückholbar. Dass sie quasi im Rücken der Zuschauer entstehen, die nur an den bunten Geschichten mit ihren zahlreichen Details interessiert sind, macht sie so wirksam. Sie werden dadurch in der Regel nicht als solche erkannt. Das Fernsehen erscheint als Natur der Gesellschaft und nicht als ein per se weltanschaulicher Zusammenhang, als den die Religionen sich ausweisen.

Daran können neofundamentalistische Reaktivierungen der Religionen nichts ändern, weder auf der islamistischen wie auf der christlich-fundamentalistischen Seite, ebenso wenig auch die Zunahme von Sekten, quasireligiösen Sinngemeinschaften, die sich durch esoterisch inspirierte Lebensformen, eigene kulturelle Gebräuche und spezielle weltanschauliche Vorstellungswelten definieren und zunehmend an Publikum gewinnen. Gerade diese Vielfalt und das – in den westlichen Ländern tolerierte Nebeneinander der verschiedenen religiösen und religionsähnlichen Auffassungen zeigt, dass die Religion als verbindlicher gesellschaftlicher Rahmen nicht mehr existiert.

Zwar sind die inhaltlich konkreten Sinnversprechen der Kirchen weiterhin existent, doch sie gehen auf in einer Pluralität der Angebote – und gerade dafür gibt das Fernsehen mit seinen vielen Programme das Modell, indem es auch nicht mehr einen einheitlichen weltanschaulichen Plan gibt, sondern das Nebeneinander des Vielen zum Prinzip geworden ist. Die Klammer, die alles zusammenhält, ist jetzt die Struktur; und über die Struktur erfolgt eine mentale und verhaltensbezogene Steuerung der Individuen, die gerade deshalb so wirksam ist, weil sie als eine »Zähmung« des Subjekts nicht sichtbar wird.

Alltag und Religion[1]

Bernt Schnettler

»Religion« und »Alltag« sind vielfach als einander gegenüber gesetzte Wirklichkeitsbereiche verstanden worden, die in einem klaren Dominanzverhältnis stehen. In den archaischen Kulturen spiegelt sich dieses wider in der Opposition von profanen Tätigkeiten und davon abgesetzten sakralen Verrichtungen, in Vorstellungen von diesseitiger und jenseitiger Wirklichkeit, in der Unterscheidung von Immanentem und Transzendentem. Alltag umfasst den Bereich der primären Bedürfnisbefriedigung und Überlebenssicherung, wie Nahrung, Kleidung, Behausung, etc. – Religion hingegen ist zuständig für die Sphäre menschlichen Lebens, welche die rein materiellen Bedürfnisse übersteigt; sie sorgt für die Integration des Gemeinwesens, stiftet Frieden und Versöhnung, liefert Erklärungen für Unerklärliches.

Dieses Gegenüber von Religion und Alltag ist vielfach in eine strikt regulierte und kalendarisch fixierte Abfolge gefügt, in der die Zeiten von Arbeit und Feier, von Fasten und Beten, von Buße und Versöhnung voneinander geschieden sind. Der kollektive Alltag wird von einem Rhythmus durchzogen, der durch die Vorgaben der Religion geordnet ist. Ebenso werden die Phasen im Lebenslauf der Einzelnen durch religiöse Übergangsrituale voneinander geschieden. In den *rites des passage* laufen Alltag und Religion zusammen.[2]

Für die vormodernen Gesellschaften ist das Verhältnis von Religion und Alltag auf einfache Weise bestimmbar – Religion integriert, reguliert und legitimiert, ohne dass Zweifel über die hierarchische Überord-

1 Vgl. zu diesem Thema auch SCHNETTLER, BERNT: Zukunftsvisionen. Transzendenzerfahrung und Alltagswelt, Konstanz 2004; KNOBLAUCH, HUBERT/SCHNETTLER, BERNT: Die Trägheit der Säkularisierung und die Trägheit des Glaubens, in: H.-G. Ziebertz (Hg.), Erosion des christlichen Glaubens?, Münster 2004, 5–14. Hubert Knoblauch danke ich, einmal mehr, für wichtige Inspiration, beständige Anregung und wertvolle Kritik.

2 HOFFMANN, BARBARA: Art. »Alltag«, in: Ch. Auffahrt/J. Bernhard/H. Mohr (Hg.), Metzler Lexikon Religion, Bd 1.: Abendmahl-Guru, Stuttgart/Weimar 1999, 42–49.

nung im Funktions- und Herrschaftsverhältnis – der Religion *über* den Alltag – überhaupt auftauchen könnten.[3] Erst im Zuge der Ausdifferenzierung der ursprünglich dichotomen Bereiche von Profanem versus Sakralem in vormodernen Gesellschaften transformiert sich diese Opposition zunächst in der Moderne in die Trennung der Bereiche von Leben und Arbeiten, von Privaten und Öffentlichem, um dann schließlich im Zuge stärkerer sozialer Differenzierung und dem wachsenden Auseinandertreten einzelner Handlungsbereiche in eine Vielfalt von sozialen Welten zu zerfallen. Mit der Ausgrenzung von Wirtschaft, Wissenschaft, Kunst, Politik, etc. als eigenen gesellschaftlichen Subsystemen aber verliert die Religion ihren eindeutigen Dominanzcharakter. Die Regulierungsmechanismen in den einzelnen sozialen Sphären folgen je eigenen Regeln. Heute mag etwa unser Arbeitsalltag noch von den säkularisierten Resten eines protestantischen Tätigkeitsethos geprägt sein. In der sozialen Welt der Freizeit etwa reguliert aber ein ganz anderes Prinzip unsere ebenso alltäglich wiederkehrenden Verrichtungen.

In der fortgeschrittenen Moderne hat die Religion ihren selbstverständlichen Status für die Strukturierung des Alltags verloren – schon weil das, was wir als Alltag ansehen, einer sehr großen Vervielfältigung anheim gefallen ist. Der Alltag einer allein erziehenden Mutter und der eines Vorstandvorsitzenden unterscheiden sich wohl mindestens so stark voneinander wie, sagen wir, der eines Elektroinstallateurs von dem einer Balletttänzerin.

Es scheint also nahe zu liegen, der Entzauberungsthese Max Webers zu folgen. Im Zuge der Durchsetzung okzidentaler Ratioanalisierungsmuster kommt es zu einer Säuberung des Alltags von den Momenten der Irrationalität, so auch zu einer Ausgrenzung von Religion und Magie aus den zentralen Bereichen des gesellschaftlichen Lebens. In dieser Perspektive hat Religion nicht nur ihre Herrschaft über den Alltag verloren – sie ist gar zu einer Randerscheinung geworden, wenn nicht ganz verschwunden. Hat sich also, zumindest für unseren Kulturkreis, der Alltag gegenüber der Religion durchgesetzt; ist diese Trennung gar obsolet geworden?

Wenn ich im Folgenden dennoch an der Unterscheidung von Religion und Alltag festhalte, dann um den Wandel im Verhältnis beider zu

3 Diese Feststellung wird durch den Umstand, dass sowohl die Bestimmung von »Religion« wie auch die Kategorie der »einfachen Gesellschaften« begrifflich alles anders als trivial ist, nicht berührt.

beleuchten. Dabei argumentiere ich weniger in systematischer als in zeitdiagnostischer Absicht. Alltag und Religion verstehe ich dabei nicht als ontologische Regionen oder unterschiedliche Funktionsbereiche. Vielmehr stütze mich auf einen Alltags- und einen Religionsbegriff, wie er in der phänomenologisch fundierten Sozialtheorie entwickelt worden ist. Für diese ist von zentraler Bedeutung, dass sich Alltag und Religion grundlegend hinsichtlich ihrer *Erfahrungs*formen unterscheiden.

1. Der Alltag der Religion: Pluralisierung und Privatisierung

Vielfach ist die Auffassung vertreten worden, dass die Religion mit der Modernisierung ganz verschwinden würde. Wie wir inzwischen wissen, trifft dies nicht zu – weder in globalem Maße noch hierzulande. So wie der Alltag hat sich jedoch auch die *Form* der Religion verändert. Blickt man auf die heutigen Erscheinungsformen von Religion, so ist unübersehbar, dass sich neben Kirchtürme Minarette gesellt haben, sich die Öffentlichkeit um das Abhängen von Kreuzen in Klassenzimmern wie um das Tragen von Kopftüchern streitet. Die durch Migration und Tourismus beförderten Mobilitätsprozesse haben zu einer deutlichen *Pluralisierung* religiöser Ausdrucksformen geführt. Die in religionsspezifischen Zeichen, Emblemen und Symbolen sichtbare äußere Pluralisierung geht dabei mit einer Vervielfältigung des inneren Vollzugs und der individuellen Religionspraxis einher. Betrachtet man Religion in der Gegenwart, so sticht die Vielfältigkeit ihrer Erscheinungsformen ins Auge: Zu den beiden großen christlichen Konfessionen sind religiöse Importe aus anderen Weltreligionen und deren synkretistische Abkömmlinge gekommen sowie regelrechte Neuschöpfungen entstanden. In Folge dessen zeichnet sich das religiöse Feld[4] in Mitteleuropa durch ein nahezu unüberschaubares Wuchern vielfältigster religiöser Gesellungsformen von Kirchen, Denominationen, Sekten, religiösen Sondergruppierungen und Weltanschauungsgemeinschaften aus. Allein in Deutschland, der Schweiz und Österreich werden über 400 reli-

4 Den Begriff des religiösen Feldes prägte PIERRE BOURDIEU: Genèse et structure du champ religieux, Revue française de Sociologie 1971, 295–334. Vgl. auch DERS.: Das religiöse Feld. Texte zur Ökonomie des Heilsgeschehens, Konstanz 2000.

giöse Gruppierungen gezählt. Aufgrund der großen Dynamik darf jedoch angenommen werden, dass die Zahl weitaus höher ist.[5]

Zweifellos besteht hinsichtlich der Anforderungen an die Mitgliedschaft und die Erwartungen an die Verbindlichkeit der Teilnahme eine immens große Spannweite zwischen diesen religiösen Organisationen. Sie reicht von Ausschließlichkeit – bei den sektenhaft organisierten Gruppen – bis hin zu stärker passageren, an einer Art religiöser »Dienstleistungsmentalität« orientierten Formen – wie etwa bei den als »kultische Milieus« bezeichneten offenen Gesellungsformen im »New Age«.[6] Damit wird deutlich, dass die Situation der Religion in unseren Breiten heute vor allem durch Pluralisierung und Entmonopolisierung gekennzeichnet ist. *Entmonopolisierung* der Religion bedeutet, dass die Vermittlung von Heilsgewissheiten nicht mehr allein den beiden Volkskirchen vorbehalten ist, und »Religion« in der späten Moderne nicht mehr mit dem Kanon *einer* bestimmten Glaubensauffassung (Christentum) und *einer* einheitlichen Sozialform (Volkskirche) identifiziert werden kann.

Diese institutionelle Entwicklung hat nun gewichtige Folgen für das Glaubensleben der einzelnen Gesellschaftsmitglieder. Denn schon aus dem Vorhandensein mannigfacher Religionsangebote resultiert ein Problem: Die monolithische Stabilität des »Heiligen Kosmos« wird von innen durchlöchert, da seine Dauerhaftigkeit auf Ausschließlichkeit basiert. Oberste Integration von Sinn – das bedeutet die Bereitstellung normativ leitender Vorgaben und Orientierungen für das Individuum in allen Lebenssituationen, die ethische Regulierung der Lebensführung des einzelnen sowie sinnhafte Orientierungen für die Gesellschaft insgesamt – kann nur so lange durch den »Heiligen Kosmos« erfolgen, wie Alternativen ausgeschaltet oder zumindest stark abgewertet werden.[7]

5 EGGENSBERGER, OSWALD (Hg.): Die Kirchen, Sondergruppen und religiöse Vereinigungen, Zürich [6]1994. Einen Eindruck über die Vielfältigkeit der institutionell verfassten religiösen Landschaft vermittelt der von Reinhard Henkel herausgegebene Atlas der Kirchen und der anderen Religionsgemeinschaften in Deutschland. Eine Religionsgeographie, Stuttgart 2001.

6 KNOBLAUCH, HUBERT: Das unsichtbare Neue Zeitalter. ›New Age‹, privatisierte Religion und kultisches Milieu, KZfSS (41) 1989, 504–525.

7 Vgl. die von Berger und Luckmann beschriebenen Verfahren der Stützung symbolischer Sinnwelten durch Nihilierung, Therapie, Akkulturation. BERGER, PETER L./ LUCKMANN, THOMAS: Die gesellschaftliche Konstruktion der Wirklichkeit, Frankfurt am Main 1969, 57ff.

Für den einzelnen zieht dies dramatische Konsequenzen nach sich. Peter Berger hat das Dilemma, das die Pluralisierung moderner Gesellschaften mit sich bringt, folgendermaßen charakterisiert:

> »In prämodernen Situationen leben Menschen in einer Welt religiöser Sicherheit, die gelegentlich durch häretische Abweichungen in Mitleidenschaft gezogen wird. Im Gegensatz dazu bildet die moderne Situation eine Welt der Unsicherheit, die gelegentlich durch mehr oder weniger brüchige Konstruktionen religiöser Affirmation abgewehrt wird. [...] Für den prämodernen Menschen stellt Häresie eine Möglichkeit dar, für gewöhnlich allerdings eine fernab gelegene; für den modernen Menschen wird Häresie typischerweise zur Notwendigkeit. [...] Modernität schafft eine Situation, in der Aussuchen und Auswählen zum Imperativ wird«.[8]

Das geht einher mit einer strukturellen *Privatisierung der Religion.* Aus der Sicherheit eines geschlossenen »religiösen Kosmos« entlassen, sieht sich der einzelne vor die Aufgabe gestellt, auch die »letzten Gründe« der Sinnstiftung selbst kompilieren zu müssen. Traditionellerweise hatte die Religion genau diese Funktion übernommen. Als größte Sinnklammer sorgte sie nicht nur für die Legitimation gesellschaftlicher Ordnung. Sie stellte auch dem Individuum ein unhinterfragbar gültiges Reservoir von Interpretationsmustern zur Verfügung, mit dem sich alle persönlichen und sozialen Schicksalhaftigkeiten sinnvoll verstehen und erklären ließen – Geburt, Tod, Familie, Beruf, gesellschaftliche Stellung, moralische Urteile, private wie öffentliche Lebensführung. Diese Sinnklammer kann ihre Funktion jedoch nur so lange erfüllen, wie sie prinzipiell unhinterfragt und im Wesentlichen alternativlos bleibt. Seit der Aufklärung ist der Religion in den europäischen Gesellschaften indes diese Grundlage ihrer Wirkung schrittweise entzogen worden. An die Stelle *einer* Religion ist eine Vielzahl unterschiedlichster Glaubensangebote getreten, die neben den traditionellen christlichen Konfessionen (in einer zunehmenden Abschattierung und Binnendifferenzierung von charismatischen Traditionalisten bis hin zu progressiven, basisdemokratischen und alternativen Volkskirchenbewegungen innerhalb der traditionellen Konfession) über »importierte« Bekenntnisse wie islamische, buddhistische oder bis hin zu einer kaum überschaubaren Fülle Neuer Religiöser Bewegungen und Sekten reicht.

8 Berger, Peter L.: Der Zwang zur Häresie. Religion in der pluralistischen Gesellschaft (1980), Freiburg 1992, 41.

Für die sozialdiagnostische und zeitkritische Frage, welche Rolle die Ausübung der Religion im derzeitigen Alltag der Bundesrepublik spielt, muss die Antwort also gespalten ausfallen. Vordergründig scheint es in unserer Gegenwart zu einem Verschwinden der Religion aus dem gesellschaftlichen und privaten Alltag gekommen zu sein.[9] Diese populäre und in der Öffentlichkeit häufig kolportierte These vom Niedergang der Religion und einer sich ausbreitenden religiösen Indifferenz ist aber, wie wir gesehen haben, höchstens die *halbe* Wahrheit. Denn zweifellos ist es zu einem Bedeutungsverlust der Religion für die private und öffentliche Lebensführung in den letzten Jahrzehnten gekommen. Dies betrifft aber vor allem diejenige Sozialform, die in unserer Kultur bislang dominant war: die *kirchlich* organisierte Religion. Diese gerät in der Tat zunehmend an den Rand der Gesellschaft. Man mag sich sogar fragen, ob sich die Kirchen in *vornehmlich* kultur- oder sozialpolitisch relevante Einrichtung verwandeln, wie sich an dem fortbestehenden und sogar verstärktem Zulauf zu kirchlichen Kindergärten und Schulen, Kranken- und Altenpflegeeinrichtungen oder Sozialstationen, Orgelkonzerten und sakralen Ausstellungen ablesen lässt.[10] Dies steht für einen breiteren Trend, der einen deutlichen Funktionswandel der kirchlich verfassten Form der Religion in Europa erkennen lässt.[11]

9 Zur historischen Entwicklung der Religiosität in der Bundesrepublik seit dem Zweiten Weltkrieg vgl. auch Gabriel, Karl: Von der ›vordergründigen‹ zur ›hintergründigen‹ Religiosität: Zur Entwicklung von Religion und Kirche in der Geschichte der Bundesrepublik, in: R. Hettlage (Hg.), Die Bundesrepublik. Eine historische Bilanz, München 1990, 255–279.

10 Nicht zuletzt der Wiederaufbau der Dresdener Frauenkirche zeugt von diesem *kulturellen* Interesse an der Religion, das sich übrigens nicht auf das Erbe der *christlichen* Religion beschränkt.

11 So stellt Davie in ihrer Untersuchung eine Form der ›stellvertretenden‹ Aufrechterhaltung religiöser Institutionen durch weitgehend ›säkularisierte‹ Gesellschaften fest, die sie als ›vicarious memory‹ bezeichnet. Davie, Grace: Patterns of Religion in Western Europe: An Exceptional Case, in: R. Fenn (Hg.), The Blackwell Companion to the Sociology of Religion, Oxford 2001.

2. Religion im Alltag: Der Mythos der Säkularisierung und die Subjektivierung des Glaubens

Blickt man nun auf die Rolle der institutionalisierten Religion in der Alltagspraxis unserer Zeitgenossen, so scheint es deutliche Hinweise auf eine fortschreitende Säkularisierung zu geben: Der kontinuierliche Rückgang der Häufigkeit des Kirchgangs, der Zahl der Taufen, der Erstkommunionen, Firmungen und Konfirmationen, der geschlossenen Ehen und Priesterweihen sowie der kirchlichen Begräbnissen hierzulande, drängt zweifellos den Eindruck auf, Religion spiele eine immer geringeren Rolle im Alltag der Mitglieder unserer Gesellschaft. Während 1965 noch 29 Prozent der Gesamtbevölkerung das Tischgebet praktizierten (und weitere 17 Prozent angaben, es immerhin manchmal zu tun)[12] sind diese religiösen Alltagsrituale heute fast verschwunden. Genauer besehen sind diese Spuren des Verschwindens religiöser Praktiken aus dem Alltag aber vor dem breiteren Hintergrund einer religiösen *Deinstitutionalisierung* zu betrachten: Jüngere Umfragen belegen die zunehmende Unabhängigkeit der Gläubigen von den kirchlichen Bindungen. Diese schlägt sich in der Schwächung der persönlichen Verbundenheit der Gläubigen mit den institutionellen Einheiten ihrer Kirche nieder. So gaben 2002 beispielsweise nur noch 16 Prozent der katholischen Gläubigen an, eine enge Bindung zu ihrer Pfarrgemeinde zu unterhalten. Mit dem Bistum fühlen sich gar nur noch fünf Prozent verbunden. Diese Lösung von den Institutionen manifestiert sich auch in der mangelnden Übereinstimmung der Katholikinnen und Katholiken mit der offiziellen Haltung ihrer Kirche. Lediglich 34 Prozent sind mit der Rolle des Papstes einverstanden, sogar nur zwölf Prozent mit dem Zölibat oder der kirchlichen Position zur Empfängnisverhütung. Auffällig ist indes, dass diese Entfremdung vor allem Fragen der persönlichen Lebensführung berührt, während die Kirche in allgemeinen sozialpolitischen Fragen (Einsatz für den Frieden: 69 Prozent, für Menschenrechte: 66 Prozent) eine unverändert hohe Zustimmung ihrer Gläubigen genießt.[13]

Zweifellos sind die Mitgliedszahlen der Kirchen rückläufig. Doch im

12 Köcher, Renate: Religiös in einer säkularisierten Welt, in: E. Noelle-Neumann/R. Köcher (Hg.), Die verletzte Nation, Stuttgart 1987, 164–281.

13 Institut für Demoskopie Allensbach, Trendmonitor ›Religiöse Kommunikation 2003‹, Bericht über eine repräsentative Umfrage unter Katholiken zur medialen und personalen Kommunikation. Kommentarband.

Vergleich zur Abnahme der Mitgliederzahlen bei anderen Weltanschauungs- oder Sozialverbänden wie Gewerkschaften, Vereinen und Parteien fällt der Rückgang hier überraschend milde aus. Dieser betrug für die Katholische Kirche zwischen 2000 und 2001 gerade mal 0,6 Prozent.[14] Es gibt also gute Gründe dafür anzunehmen, dass nicht ein allgemeiner Schwund der Religion unseren Alltag kennzeichnet, sondern dass sich die Muster verändern. Religionssoziologen haben dies in die doppelte Formel gefasst: »belonging without believing« und »believing without belonging«. Statt Erosion und Säkularisierung scheint die Religion in unseren Tagen vielmehr einem Wandel unterzogen zu sein. Subjektivierung, Pluralisierung, Entmonopolisierung, Deinstitutionalisierung und Diffusion der Religion in die Kultur zählen zu den hervorstechendsten Merkmalen dieses Wandels. Diese Entwicklungen werden häufig übersehen, wenn die Diagnose einer unaufhaltsamen Säkularisierung unserer Gesellschaft gestellt wird.

Schon Luckmann hielt die Säkularisierung für eine Art modernen Mythos.[15] Sie gilt allenfalls für die historisch spezifische Sozialform institutionalisierter Religiosität, die wir als ›Kirchlichkeit‹ bezeichnen. Zweifellos sind die religiösen Orientierungen weiterhin sehr eng an die Sozialmilieus geknüpft.[16] Aber: »Mit dem Abschmelzen der Milieus und der Auflösung traditionaler Lebensformen treten heute die kirchlich verfasste Religion, die individuellen Religiositätsstile und die gesellschaftlichen Kulturmuster von Religion wie nie zuvor auseinander«.[17] Würde man allerdings den Niedergang der Kirchlichkeit mit einem allgemeinen Schwund an Religiosität gleichsetzen, käme dies der Verwechslung einer spezifischen Sozialform mit dem Phänomen als solchem gleich.

Das aber würde die im Entstehen begriffene neue Sozialform »unsichtbarer« Religion vollkommen übersehen, die zu einer Transformation, nicht jedoch zum Verschwinden der Religion führt. Als Basis dieser neuen Sozialform identifiziert Luckmann die Privatsphäre.[18] Man

14 Vgl. Sekretariat der Deutschen Bischofkonferenz (Hg.): Katholische Kirche in Deutschland. Statistische Daten 2001.

15 Luckmann, Thomas: Säkularisation – ein moderner Mythos (1969), in: Ders. (Hg.), Lebenswelt und Gesellschaft, Paderborn 1980, 161–172.

16 Detailliert untersucht haben das Vögele, Wolfgang/Bremer, Helmut/Vester, Michael (Hg.): Soziale Milieus und Kirche, Würzburg 2002.

17 Gabriel: Religiosität, 274.

18 Luckmann, Thomas: Die unsichtbare Religion, Frankfurt am Main 1991; ders.: Nachtrag, in: Die unsichtbare Religion, Frankfurt am Main 1991, 164–183.

könnte also von einer Privatisierung des Glaubens sprechen. Angemessener erscheint allerdings der Begriff der Subjektivierung[19], weil, wie wir sehen werden, das Erleben zum zentralen Moment der Religion für den Einzelnen wird. Die Subjektivierung des Glaubens hat dabei weiter als die Moderne zurückreichende Wurzeln. Infolge der Reformation ist der Glaube des Subjekts umgeschlagen in einen Glauben an das Subjekt.[20] Das manifestiert sich heute in dem, was Luckmann den modernen »Heiligen Kosmos« nennt. Als Beispiele führt er die Sakralisierung des Individuums,[21] Selbstverwirklichung, Mobilitätsethos, Familialismus und Sexualität an. Gleichzeitig konstatiert Luckmann ein Schrumpfen der Transzendenzspannweite als »[kulturelles] Korrelat der [gesellschaftlichen] strukturellen Privatisierung«.[22]

In dieser Subjektivierung des Glaubens kommt es nun zu einer Akzentverschiebung. Von den verschiedenen Dimensionen der Religion[23] tritt vor allem der Aspekt der Erfahrung in den Vordergrund, während andere Dimensionen, wie die Aspekte von Doxa und Ritual, an Bedeutung verlieren. Diese Tendenz, Religion im Alltag für den einzelnen erfahrbar werden zu lassen, lässt es sinnvoll erscheinen, Alltag und religiöse Erfahrung phänomenologisch genauer in den Blick zu nehmen.

19 Knoblauch, Hubert: Die Sichtbarkeit der unsichtbaren Religion. Subjektivierung, Märkte und die religiöse Kommunikation, Zeitschrift für Religionswissenschaft 1997, 179–202.

20 Soeffner, Hans-Georg: Luther – Der Weg von der Kollektivität des Glaubens zu einem lutherisch-protestantischen Individualitätstypus, in: Ders., Die Ordnung der Rituale. Die Auslegung des Alltags, Bd. 2, Frankfurt am Main 1992, 20–75.

21 Vgl. dazu auch Hitzler, Ronald: Individualisierung des Glaubens. Zur religiösen Dimension der Bastelexistenz, in: A. Honer/R. Kurt/J. Reichertz (Hg.), Diesseitsreligion, Konstanz 1999, 351–368.

22 Luckmann, Thomas: Schrumpfende Transzendenzen, expandierende Religion?, in: H. Knoblauch/J. Raab/B. Schnettler (Hg.), Wissen und Gesellschaft. Ausgewählte Aufsätze 1981–2002, Konstanz 2002, 139–154: 150.

23 Glock, Charles Y./Stark, Rodney: Über die Dimensionen der Religiosität, in: J. Matthes (Hg.), Kirche und Gesellschaft. Einführung in die Religionssoziologie II, Reinbek bei Hamburg 1969, 130–168 unterscheiden fünf verschiedene Dimensionen der Religion: (a) Die *ideologische* Dimension des Glaubens, die gemeinsame Glaubensüberzeugungen der Mitglieder einer Religion umfassen. (b) Die *rituelle* Dimension der Praxis, wie etwa Gottesdienst, Trauung oder Tischgebet. (c) Die Dimension der *religiösen Erfahrung*, also der gefühlsmäßigen, emotionalen Beziehung zu jenseitigen Kräften oder Wesen. (d) Die *intellektuelle* Dimension des religiösen Wissens, also das Wissen um und der argumentative Umgang mit Lehrsätzen und Quellen der Religion; sowie (e) die *ethische* Dimension der religiösen Wirkung, also die Normen und Werte, die sich aus der Religion ergeben und in Handlungen ausdrücken.

3. Alltagswirklichkeit und religiöse Erfahrung

Denn in der phänomenologisch begründeten Sozialtheorie hat der Begriff des Alltags eine präzise Bedeutung. »Alltag« ist derjenige Bereich der Wirklichkeit, in dem Menschen miteinander handeln, interagieren und kommunizieren. Schon William James hatte darauf aufmerksam gemacht, dass Wirklichkeit nicht als singuläres Phänomen zu verstehen ist, sondern in der subjektiven Erfahrung gründet und in vielfältigen Variationen erlebt wird. James unterschied verschiedene »Subuniversa«: die Welt der Sinne oder der physischen Dinge, die Welt der Wissenschaft, die Welt der Stammesidole, die übersinnlichen Welten der Mythologie und Religion oder die Welten der Hirngespinste und des reinen Wahnsinns.[24] Alfred Schütz greift die Idee auf, dass die Lebenswelt nicht nur auf die Welt des Alltags reduziert ist, sondern Menschen in der Lage sind, aufgrund der besonderen Struktur des menschlichen Bewusstseins ›mannigfaltige Wirklichkeiten‹ zu erfahren.[25] Schütz verwendet allerdings den Begriff ›Sinnprovinz‹, um hervorzuheben, dass es sich nicht um ontologische Strukturen, sondern um von unserem Bewusstsein konstituierte *Erfahrungs*wirklichkeiten handelt. Neben der Alltagswelt existiert eine Fülle weiterer Sinnprovinzen, wie etwa die Welten der ästhetischen Erfahrung, der Träume, des Phantasierens, die Spielwelt des Kindes oder die Welt der wissenschaftlichen Theorie. Die Erfahrungen dieser Sinnprovinzen zeichnen sich aus durch einen je spezifischen kognitiven Stil, eine bestimmte Bewusstseinsspannung, eine spezifische Epoché, eine vorherrschende Form der Spontaneität und Selbsterfahrung, sowie eine Form der Sozialität und eine Zeitperspektive.[26] Der Alltagswelt kommt nun eine besondere Stellung zu. Schütz bezeichnet sie auch als »paramount reality«. Alltag ist der Bereich der Praxis, der Bereich, in dem Menschen miteinander handeln und kommunizieren können und deshalb von besonderer Bedeutung für den Aufbau sozialer Welten.

Was aber ist damit gemeint, dass diese Sinnprovinzen der Wirklichkeit als Wirklichkeiten der Erfahrung konstituiert werden? Was bedeutet in diesem Zusammenhang Erfahrung? Mit »Erfahrung« ist in der Phänomenologie von Schütz eine bereits abgelaufene Form des Erle-

24 James, William: Principles of Psychology, Cambridge 1981, 921ff.

25 Schütz, Alfred: Über die mannigfaltigen Wirklichkeiten, in: Ders., Gesammelte Aufsätze I, Den Haag 1971, 237–298.

26 Schütz: Über die mannigfaltigen Wirklichkeiten, 264.

bens bezeichnet, die durch reflexive Zuwendung als Einheit aus dem unaufhörlichen Strom des Bewusstseins ausgegrenzt wurde.[27] In der natürlichen Einstellung des Alltags leben wir nämlich vor allem *in* einem unaufhörlichen Erlebnisstrom und erst durch die reflexive Zuwendung, im »Innehalten«, konstituiert unser Bewusstsein etwas Vergangenes aus diesem Strom als abgeschlossene Einheit, als »Erfahrung«, die mit einem spezifischen »Sinn« verbunden ist. Dieser »Sinn« ist allerdings in sehr elementarer Hinsicht zu verstehen. Er legt zunächst einmal fest, welche »Abschnitte« aus dem fortwährenden Ablaufen der Erlebniszusammenhänge der »lebendigen Gegenwart«, den »Impressionen«, vor dem unmittelbaren Absinken in das Dunkel des Vergessens gerettet werden. Diese rückgreifenden Zuwendungen auf unser abgelaufenes Erleben – Husserl spricht von »Retentionen« – konstituieren mithilfe der Erinnerung unsere »Erfahrungen«. Unsere Erfahrungen sind nicht einfach die Summe bestimmter »Sinnesdaten«, sondern durch aktive Tätigkeiten unseres Bewusstseins erzeugt – wenngleich uns diese Bewusstseins«tätigkeit« in der Regel als recht mühelos erscheinen mag.

Ebenso »mühelos« sind auch weitere »passive Synthesen«, die unser Bewusstsein quasi »automatisch« zu vollziehen in der Lage ist. Diese erlauben uns die Orientierung in einer Welt, die uns immer nur mit sehr »unvollständigen« Sinnesdaten versorgt. Für diesen Bewusstseinsvorgang prägte Husserl den Begriff der »Appräsentation«.[28] Appräsentation bezeichnet die – wie Husserl betont – *vorprädikative* Fähigkeit des Bewusstseins zur Paarung zweier Elemente, von dem nur das eine unmittelbar in der Erfahrung gegeben ist. Das andere, nichtvorhandene »konstruiert« das Bewusstsein in einer »passiven Synthesis«, einer, wie er es auch nennt, »analogischen Apperzeption« automatisch hinzu. So »appräsentieren« etwa die sichtbaren Partien die gesamte, aber teilweise verdeckte Gestalt oder die Vorderseiten von Gegenständen ihre Rückseiten.

Diese Appräsentationsleistungen des Bewusstseins können sich nun auf unterschiedliche Dimensionen der Erfahrung erstrecken. Denn es stellt sich ja die Frage, wie diese einzelnen Sinnprovinzen im Bewusst-

27 Schütz, Alfred: Der sinnhafte Aufbau der sozialen Welt (1932), Frankfurt am Main 1991 sowie Luckmann, Thomas: Theorie des sozialen Handelns, Frankfurt am Main 1992, 28–33.

28 Husserl, Edmund: Cartesianische Meditationen. Eine Einleitung in die Phänomenologie, hg. von E. Ströker, Hamburg 1987.

sein überwunden werden bzw. miteinander in Verbindung stehen. Dafür hat Schütz in seiner Symboltheorie[29] eine Typologie der Transzendenzen entwickelt. Diese sind von Luckmann später für die Religionssoziologie fruchtbar gemacht worden.[30] Unterschieden wird zwischen »kleinen«, »mittleren« und »großen« Transzendenzen. Die *»kleinen« Transzendenzen* beziehen sich auf die Wirklichkeit der alltäglichen Lebenswelt und überwinden die Grenzen der Erfahrung in Bezug auf *Raum* und *Zeit*. Das in der gegenwärtigen Erfahrung Angezeigte kann grundsätzlich ebenso erfahren werden wie das gerade Erfahrene: ich erwarte, dass sich hinter der verschlossenen Tür die Küche befindet, dass mein Freund wie verabredet, heute Nachmittag zum Essen kommt. »Anzeichen«, wie der entfernte Rauch des nicht zu sehenden Feuers, oder »Merkzeichen«, wie der Knoten in meinem Taschentuch, können die räumlichen und zeitlichen Transzendenzen überwinden. Die *»Mittleren« Transzendenzen* beziehen sich ebenso auf die Alltagswelt – genauer gesagt: auf die intersubjektive Sozialwelt – mit dem Unterschied, dass mir das in der Erfahrung Gegebene *grundsätzlich*, und nicht nur aufgrund meiner aktuellen Reichweite, nur mittelbar zugänglich ist: Die Gedanken meines Mitmenschen kann ich nicht wahrnehmen, sie sind mir immer nur zugänglich über seine Äußerungen. Diese Transzendenz des fremden Bewusstseins kann jedoch mit für die pragmatischen Anforderungen des Alltags meistens hinlänglicher Verlässlichkeit durch »Zeichen« überwunden werden – vor allem durch die menschliche Sprache, aber auch vermittels »nonverbaler Kommunika-

29 »Die Transzendenzen der Lebenswelt und ihre Überwindung durch Zeichen und Symbole« lautete der von Schütz beabsichtigte Titel für das von ihm entworfene 5. Kapitel in seinem geplanten Hauptwerk, den *Strukturen der Lebenswelt*. Es musste unausgeführt bleiben; einen detaillierten Gliederungsentwurf hatte er jedoch in den Karteikarten und Notizbüchern (II, IV und V) niedergelegt. (Vgl. die Gliederung Schützens im Anhang der *Strukturen II*, 227ff.) Thomas Luckmanns Ausarbeitungen dieser Vorlagen fanden unter dem Titel »Grenzen der Erfahrung und Grenzüberschreitungen: Verständigung in der Lebenswelt« Eingang in das VI. Kapitel. Die zentralen Ideen Schützens finden sich bereits in den beiden Aufsätzen *Symbol, Reality and Society* von 1955 und *On multiple realities* von 1945 (veröffentlicht in den GA I, 237ff).

30 Vgl. Luckmann: Unsichtbare Religion, Kap. III sowie ders.: Remarks on Transcendence and the Social Function of Religion, in: E. Karlsaune (Hg.), Religion as a Social Phenomenon, Trondheim 1988, 45–59, und auch Luckmann, Thomas: Grenzen der Alltagserfahrung und Transzendenz, in: P. Andraschke/M. Angerer/Ch. von Blumröder/O. Kolleritsch (Hg.), Entgrenzungen in der Musik, Wien/Graz 1987, 11–23.

tion« wie Gestik, Mimik usw.[31] Die von Luckmann schließlich als »*große*« *Transzendenzen* bezeichneten entsprechen den »Transzendenzen von Natur und Gesellschaft« bei Schütz. Sie greifen über den Bereich der Alltagswelt hinaus und beziehen sich auf die nichtalltäglichen Wirklichkeiten.

Religion hat also ihre Basis in der menschlichen Fähigkeit zum Transzendieren. Transzendenzerfahrungen sind indes nicht selber schon Religion. Entscheidend ist, welche Deutungsmöglichkeiten im gesellschaftlichen Wissensvorrat zur Verfügung stehen und zur Anwendung kommen, um das außeralltägliche Erleben zu »bewältigen«. Zwar ist in einem sehr grundlegenden Sinne jede Erfahrung bereits gedeutet. Neben dieser Deutung »erster Ordnung« ist noch eine Deutung »zweiter Ordnung« notwendig, wenn das als Erfahrung identifizierte und umschriebene eigene Erleben in einen Zusammenhang mit *gesellschaftlich* vorgegebenen Kategorien gesetzt wird. Auf den »abgeleiteten« Charakter eines Großteils unseres Wissens hatte auch schon Schütz hingewiesen.[32] Erst durch Akte der »Identifizierung« einer bestimmten – alltäglichen oder nichtalltäglichen – Erfahrung mit im gesellschaftlichen Wissensvorrat vorhandenen Deutungsmöglichkeiten bildet sich die für den Erlebenden nun im vollen Wortsinne »sinnvolle Bedeutung« dieser Erfahrung heraus. Dies ist nun von einiger Relevanz für die zeitdiagnostische Frage nach dem Verhältnis von Religion und Alltag.

4. Transzendenzerfahrung und Alltagswelt

Denn die Deinstitutionalisierung und Subjektivierung der Religion führt zu einer paradoxen Entwicklung. In dem Maße, wie die Attraktivität tradierter Konzepte kirchengebundener Religionsformen im Abwärtstrend befindlich ist, ist ein Aufschwung an »religoiden« Sinnangeboten feststellbar. Diese zeichnen sich allesamt durch eine starke Akzentuierung des Erfahrungsmomentes aus. Gemeinsames Merkmal der sichtbaren und »unsichtbaren« Formen der Religion in der moder-

31 Luckmann verzichtet auf die von Schütz konzipierte Dreiteilung der mittleren in die ›Transzendenz der fremden Welt in Reichweite‹, die ›Transzendenz der fremden Existenz selbst‹ und der ›Transzendenz der Wir-Beziehung als solche‹. (Vgl. Schütz, Alfred/Luckmann, Thomas: Strukturen der Lebenswelt II, Frankfurt am Main 1984, 320–321.)

32 Vgl. Schütz/Luckmann: Strukturen der Lebenswelt II, Kap. II A, Kap. IV D.

nen Gesellschaft ist ihre Zentrierung auf das individuelle Erleben. Und obwohl es zu einer Schwächung religiöser Institutionen gekommen ist, geht dies keineswegs einher mit einer Abnahme der Religiosität. Ganz im Gegenteil gibt es vielmehr eine regelrechte Renaissance von »Transzendenzerfahrungen«. In den vergangenen Jahrzehnten ist der Anteil von Personen, die angaben, »außeralltägliche« Erfahrungen gemacht zu haben, kontinuierlich angestiegen. 35 Prozent der Erwachsenen hatten bislang mindestens einmal in ihrem Leben ein »großes« Transzendenzerlebnis.[33]

Eine Besonderheit ist allerdings zu bemerken. Transzendenzerfahrungen sind nicht mehr auf die Domäne der Religion begrenzt. Neben Konversionserfahrungen, Ruhen im Geiste, Zungenrede, Visionen, Prophetien, Wunderheilungen, Marienerscheinung, wundersamen Gebetserhörungen, usw. existieren eine Reihe von Phänomenen, die sich nicht einfach der Religion zurechnen lassen: So spielen im »New-Age«-Markt und der Esoterik-Szene außeralltägliche Erfahrungen, oft verbunden mit einer auf »Selbstverwirklichung« oder magisch-therapeutische »Heilung«[34] gerichteten Zielsetzung, eine zentrale Rolle. Geistheilung, Reiki, Auralesen, Rückführung und Chanelling sind nur einige der weit verbreiteten Praktiken. Umfrageergebnissen zufolge glaubt ein Drittel der erwachsenen Bevölkerung in West- und Ostdeutschland an Wunderheiler, Glücksbringer, an die Vorsehung oder den Einfluss der Sterne auf unser Leben.[35] Und nicht allein der *Glaube* an »nichtbewiesene« Phänomene ist in der Gegenwart weit verbreitet. 75 Prozent der Deutschen haben schon einmal selbst mindestens eine so genannte »paranormale Spontanerfahrung« gemacht.[36]

33 Yamane, David/Polzer, Megan: Ways of Seeing Ecstasy in Modern Society. Experiential-Expressive and Cultural-Linguistic Views, Sociology of Religion (55) 1994, 1–25. Vgl. auch die ältere Studie von Hay, David/Morisy, Ann: Reports on Ecstatic, Paranormal, or Religious Experience in Great Britain and the United States – A Comparison of Trends, JSSR (17) 1978, 255–268, die auf Daten der Religious Experience Research Unit, Oxford beruht.

34 Knoblauch, Hubert: Die Welt der Wünschelrutengänger und Pendler. Erkundungen einer verborgenen Wirklichkeit, Frankfurt am Main 1999, Kap. 9 sowie Stenger, Horst: Die soziale Konstruktion okkulter Wirklichkeit. Eine Soziologie des ›New Age‹, Opladen 1993.

35 Pollack, Detlef: Wiederkehr des Religiösen? Neue Religiöse Bewegungen im Kontext des religiösen und gesellschaftlichen Wandels, Sociologia Internationalis (38) 2000, 13–45: 23f.

36 Schmied-Knittel, Ina/Schetsche, Michael: Psi-Report Deutschland. Eine repräsentative Bevölkerungsumfrage zu außergewöhnlichen Erfahrungen, in: E. Bauer/M.

Ekstatische Erfahrungen spielen eine ebenso große Rolle in der Popkultur[37] und einer Reihe von Extremsportarten[38] wie dem Bodybuilding,[39] dem Bergsteigen, dem Marathonlauf[40] oder dem Bunjee-Jumping. Dessen okzidentale Variante ist ein geradezu paradigmatisches Beispiel für die Entsakralisierung von Extremerfahrungen, geht es doch auf ein ursprünglich religiöses Ritual zurück, das bei den Bewohnern der südpazifischen Pentecost-Inseln auch heute noch gepflegt wird.

Eine große Bedeutung spielen auch so genannte Events. Sie sollen besondere Erfahrungen induzieren und sind zum Teil in der jugendlichen Gegenkultur angesiedelt. U-Bahnsurfen, körperliche Gewaltexzesse, illegale Car Races oder Techno-Musik rufen einen besonderen »kick« hervor.[41] Der Trend zur Eventisierung hat allerdings auch die traditionellen religiösen Institutionen längst erreicht. So gibt es in Hinblick auf den Erfahrungscharakter strukturelle Ähnlichkeiten zwischen säkularen Love-Parades und religiösen Großevents wie den vom Vatikan veranstalteten »Weltjugendtagen«[42] oder den Evangelischen Kirchentagen.[43] Zentrales Moment dieser religiöser Massenveranstaltungen ist es, dem einzelnen den Glauben »erfahrbar« zu machen.

Schetsche (Hg.), Alltägliche Wunder, Würzburg 2003, 13–38. Am häufigsten waren Dejá-vu (50%), verblüffende Fügungen (40 %), präkognitive Träume (39%), Erscheinungen (18%), Spukerlebnisse (14%) und Ufo-Sichtungen (3%).

37 Müller, Michael: The Body Electric. Das Problem autonomer Lebensführung und die kollektive Sehnsucht nach Selbstverlust, in: M. Müller/T. Raufer/D. Zifonun (Hg.), Der Sinn der Politik. Kulturwissenschaftliche Politikanalysen, Konstanz 2002, 77–104.

38 Koch, Alois: SJ, Sport als säkulare Religion, Stimmen der Zeit, Heft 2 Februar (2002), 127, 2, S. 90–102, besonders 96 ff. Schleske, Wolfram: Grenzerfahrungen in den Erlebnissportarten, in: S. Redl/R. Sobotka/A. Ruß (Hg.), Sport an der Wende, Wien 1991, 84–93, besonders 88f.

39 Vgl. Honer, Anne: Bodybuilding als Sinnsystem. Elemente, Aspekte und Strukturen, Sportwissenschaft 15 (1995), 155–169.

40 Weis, Kurt: Sport als soziale Institution im Dreieck zwischen Zivilreligion, Ersatzreligion und körperlich erlebter Religion, in: J. Winkler/K. Weis (Hg.), Soziologie des Sports, Opladen 1995, 127–150.

41 Vgl. die Studien in Gebhard, Winfried/Hitzler, Ronald/Pfadenhauer, Michaela (Hg.): Events. Soziologie des Außergewöhnlichen, Opladen 2000.

42 Michael N. Ebertz: Transzendenz im Augenblick. Über die ›Eventisierung‹ des Religiösen – dargestellt am Beispiel der Katholischen Weltjugendtage, in: W. Gebhard/R. Hitzler/M. Pfadenhauer (Hg.), Events, 345–362.

43 Soeffner, Hans-Georg: Der Geist des Überlebens. Darwin und das Programm des 24. Deutschen Evangelischen Kirchentages, in: J. Bergmann/A. Hahn/Th. Luckmann (Hg.), Religion und Kultur, KZfSS (SH 33), Opladen 1993, 191–205.

Vergessen werden sollte schließlich nicht die gesellschaftliche Bedeutungszunahme der Sexualität seit den späten 60er Jahren sowie der massive und kontinuierliche Konsum von Rauschdrogen in unserer Gesellschaft – von den legalen wie Alkohol und Nikotin bis hin zu den illegalen wie Haschisch, Exstasy und Kokain. Sie sind weit verbreitete Hilfsmittel, die von einer großen Zahl von Mitmenschen systematisch zu einer – zumindest kurzzeitigen – Suspension der Alltagswirklichkeit genutzt werden.

»Ekstase« ist zu einer zentralen Erfahrungsform in unserer Kultur geworden. Allerdings bildet sie, aufgrund der massiven Entzauberung dieser Kultur, keine »ekstatische *Religion*«, wie Hubert Knoblauch betont hat. Von ekstatischer *Kultur* und nicht von ekstatischer Religion spricht Knoblauch deshalb, weil all diese vorgenanten »kleinen Fluchten« aus dem Alltag nicht selbst schon Religion sind. Ihnen fehlt vielmehr ein ganz wesentliches Merkmal, denn »zur Religion werden diese Erfahrungen in der Regel erst dadurch, dass sie mit einer zusätzlichen »transzendenten« Deutung versehen werden, die sich auf eine andere Wirklichkeit bezieht«.[44]

5. Resümee

Ich hatte von Wandel im Verhältnis von Religion und Alltag gesprochen. Zweifellos ist Religion heute nicht vollkommen verschwunden. Die Einflussmöglichkeiten religiöser Institutionen auf das alltagsweltliche Verhalten sind indes gemindert. Hier zeigt sich eine deutliche Verschiebung der Funktion von Religion. Diente sie vormals primär der Integration des einzelnen in die Gemeinschaft, der ethischen Regulierung der Lebensführung und der Bereitstellung von Wissen über die letzten Fragen und damit einer Stabilisierung des (kollektiven) Alltags, so scheint Religion heute vor allem, neben anderen Möglichkeiten, als Mittel zum Ausbruch aus dem Alltag und der Suche nach dem Überalltäglichen (Transzendenz) genutzt zu werden – und zwar massenhaft. Das Dilemma besteht nun darin, dass keine verbindlichen Modelle mehr dafür bestehen, *wohin* transzendiert wird. Religion dient der

44 Knoblauch, Hubert: Ekstatische Kultur. Zur Kulturbedeutung der unsichtbaren Religion, in: A. Brosziewski/Th.S. Eberle/Ch. Maeder (Hg.), Moderne Zeiten. Reflexionen zur Multioptionsgesellschaft, Konstanz 2001, 153–167: 155.

Überhöhung des Einzelnen und es ist zu einer normativen Wertschätzung der Vereinzelung als »Einzigartigkeit« gekommen. Jeder einzelne ist tendenziell zum Auserwählten und Spezialisten religiöser Erfahrungen geworden, wobei diese sowohl an »traditionell« vorgeprägten, religiösen Entwürfen, als auch an »modernen« Selbsterfahrungs- und Authentizitätsmustern orientiert sein können.[45] Religion dient der persönlichen Vervollkommnung, dem Trost, der Erlösung von (sehr konkreten geistigen und körperlichen) Leiden und den Heilsversprechungen, wobei die erwartete Heilung nicht allzu lange auf sich warten lassen darf. Jenseitsvertröstungen ausgeschlossen. Denn neben der Religion sind mittlerweile ebenso zahlreiche andere »Anbieter« auf dem Markt präsent, die ähnliches versprechen. Dass diese Entwicklung in Verbindung steht zu der besonderen sozialen Struktur, der ökonomischen Verfasstheit und dem dominierenden Wertepluralismus spätmoderner Gesellschaften dürfte offensichtlich sein. Schließlich ist diese Entwicklung verständlich vor dem Hintergrund einer zunehmenden Auflösung der Selbstverständlichkeiten jenes Alltags, der uns alle miteinander verbindet. In dem Maße, wie mit der Pluralisierung die Freiheiten des Einzelnen zunehmen, verstärkt sich die Tendenz, dass sich die Welten der alltäglichen Vollzüge immer stärker voneinander lösen; jede und jeder, auch im Alltag, in »seiner« und »ihrer« eigenen Welt lebt, in der es mitunter recht einsam werden kann.

45 Vgl. Soeffner, Hans-Georg: Das ›Ebenbild‹ in der Bilderwelt – Religiosität und die Religionen, in: W. Sprondel (Hg.), Die Objektivität der Ordnungen und ihre kommunikative Konstruktion. Für Thomas Luckmann, Frankfurt am Main 1994, 291–317: 295.

Kunst und Religion

Volkhard Krech

Religion und Kunst stehen in einem komplizierten Verhältnis. Nähern sie sich manchmal bis zur Ununterscheidbarkeit einander an, so sind sie das andere Mal sehr darum bemüht, sich voneinander abzugrenzen. Mitunter befinden sie sich auch in scharfer Konkurrenz. Selten verhalten sie sich gleichgültig zueinander. Es liegt daher nahe, sie für Geschwister zu halten, die gerade wegen ihrer verwandtschaftlichen Nähe um Eigenständigkeit bemüht sind, zugleich aber ihre gemeinsame Herkunft nicht leugnen können und immer wieder Ähnlichkeiten an den Tag legen. Diese ambivalente Beziehung sei in einem ersten Schritt anhand einiger historischer Bruchstücke, mit groben Strichen und eher assoziativ nachgezeichnet, in einem zweiten Schritt ansatzweise systematisch beleuchtet und in einem dritten Schritt an zeitgenössischen Beispielen veranschaulicht.

1. Kultur- und religionsgeschichtliche Bruchstücke [1]

Die Rekonstruktion des Verhältnisses von Kunst und Religion in der Zeit vor den Hochkulturen ist aufgrund fehlender Quellen nur durch den (nicht unproblematischen) Analogieschluss mit gegenwärtigen schriftlosen Stammesgesellschaften möglich. Am Beispiel tribaler Kulturen zeigt sich, dass Religion Kunst in ihren Dienst nehmen kann, indem sie kunsthandwerklichen Gegenständen eine magische Erkenntnis- und eine rituelle Handlungsfunktion beimisst. Mit der kultischen Handhabe von Kunstobjekten (oder wenigstens kunsthandwerklichen Produkten) lassen sich die in ihnen präsent vorgestellten und wahrgenommenen über- und paranatürlichen Wesen oder Kräfte bezwingen. Und umgekehrt ist der Mensch dazu in der Lage, seine Alltagswelt zu

1 Zum Folgenden vgl. KRECH, VOLKHARD: Art. »Kunst und Religion I: religionsgeschichtlich-systematisch«, RGG[4] Bd. 4 (2001), 1858–1861.

verlassen und sich in ein göttliches oder in ein zwischenweltliches Wesen zu verwandeln, indem er sich zum Beispiel beim kultischen Tanz eine Maske aufsetzt und bei Musik und Gesängen Visionen und Auditionen empfängt. Kunstgegenstände – wie etwa Götterfiguren oder Masken – dienen in ihren kultischen Kontexten dazu, in der Alltagswelt unsichtbar wirkende Kräfte zu versinnbildlichen oder gar zu materialisieren, und Kunsthandlungen wie Musik und Tanz – beides sind in der Regel ekstatische Praktiken – aktivieren sie.

Am Beginn der Hochkulturen, etwa im Alten Orient, lässt sich entgegen landläufiger Meinung aufgrund des Vorkommens von Kunst in einem sakralen *und* in einem profanen Kontext (Schmuck, Dekoration, etc.) durchaus von einem in Ansätzen eigenständigen Bereich sprechen, der von heute aus Kunst genannt wird.[2] Der Unterschied zwischen profaner und sakraler Kunst wird in Mesopotamien allerdings durch den König aufgehoben, indem er zugleich Priester ist und im Kult als Gottheit verehrt wird.

Insbesondere in der asiatischen Religionsgeschichte werden Interferenzen von Religion und Kunst – analog zu indigenen Kulturen – im rituellen Handeln erzeugt. Diejenigen Religionen, die im Hinduismus kulminieren, unterscheiden zwischen »Realität« und »Fiktion« nicht ontologisch, sondern nur hinsichtlich der Rangordnung und des »Freiheitsgrades«. In diese Kosmologie sind auch Kunst und Religion eingebettet. Das indische Kultbild (*arcā*) gründet in der Auffassung, dass eine Gottheit im Falle einer Krise in die Welt herabsteigt (*avatāra*) und sichtbare Gestalt annimmt, um die kosmische Ordnung wiederherzustellen. Dementsprechend repräsentiert das Kultbild die Gottheit selbst oder stellt ein Medium dar, durch das der Betrachter seine Verehrung auf sie überträgt. Durch bestimmte Rituale anlässlich der *pkūjā* (wörtlich: Sehen) wird die Gottheit veranlasst, sich im Bild zu materialisieren, zu verkörpern und eine Schutzfunktion auszuüben. In Ostasien (China, Japan) wird die Beziehung zwischen Kunstobjekten und Religion noch stärker als im indischen Kulturkreis durch den Betrachter rituell hergestellt. Durch psychologisch-habituelle Verhaltensweisen wie Konzentration, Haltung, Mimik und Gestik zollt der Betrachter dem Kunstwerk und dem in ihm Symbolisierten religiöse Verehrung.

2 Vgl. Cancik-Kirschbaum, Eva: Religionsgeschichte oder Kulturgeschichte? Über das Verhältnis von Kunst und Religion im Alten Orient, in: R. Faber/V. Krech (Hg.), Kunst und Religion. Studien zur Kultursoziologie und Kulturgeschichte, Würzburg 1999, 101–118.

Im Kontext der europäischen Kulturgeschichte setzt mit der Antike ein Differenzierungsprozess ein, der Religion und Kunst von rituellen Symbiosen löst und sie zu eigenständigen Sphären ausformt. In der klassischen Antike wird unter *téchnē/ars* zunächst das sachkundige Hervorbringen von Werken verstanden und neben der im engeren Sinn künstlerischen Produktion auch auf das Handwerk und die Wissenschaft bezogen. Allerdings beginnt sich im antiken Griechenland ein ästhetischer Diskurs herauszubilden, der sich an eigenen Idealen orientiert (vor allem an der rechten Proportion). Die Götterstatuen werden nicht aufgrund ihres kultischen Wertes, sondern wegen ihrer Schönheit gerühmt. Eine Zäsur erfolgt in der Zeit des römischen Imperiums, als die Römer die Kunst in den Dienst der religiösen Politik stellten. Nachdem der Kaiser zur Gottheit erhoben worden war, repräsentiert sein Standbild und die Sakralarchitektur der politischen Bauten das Imperium Romanum. Als in der Spätantike das Christentum zur Reichsreligion wird, wirkt sich die Symbiose von Religion, Kunst und Politik auf das Verständnis der Christusikone aus.

In der Spätantike wird die Unterscheidung zwischen »profaner« und christlicher Kunst wirkungsmächtig. Aufgrund missionarischer Notwendigkeit arrangieren sich jedoch christliche Theologen wie etwa Clemens von Alexandrien[3] und Tertullian[4] in einem gewissen Maß mit der paganen Kunst. Die nichtchristliche *kultische* Kunst wird allerdings weiterhin verworfen. Trotz aller theologischen Bedenken entwickelt sich im Verlauf des dritten Jh. aus der paganen Kunst eine christliche, zunächst in Form der Katakombenmalerei und Gestaltung von Sarkophagen. Aber auch die nachkonstantinische Kunstfreudigkeit führt nicht zu einer Toleranz gegenüber der heidnischen Kunst. Die am Ende des vierten Jh. aufgekommene Unterscheidung zwischen *eídōlon* und *eikōn* wird dafür zentral.

Im sechsten und frühen siebten Jh. transformiert sich das Bild in der Ostkirche zur Ikone. Die platonisch geprägte Bilderverehrung löst den so genannten Bilderstreit aus. Die Ikonoklasten bekämpfen nicht die Kunst als solche, sondern die Verehrung der figürlichen Darstellungen Christi und der Heiligen. Dadurch fördern sie eine relative künstlerische Autonomie, während die byzantinische Kunst in der Idolatrie Kunst und Religion miteinander verschmilzt. Das Verhältnis von Reli-

3 Clemens von Alexandrien: Paidagogos 3,11,55–60.
4 Tertullian: De idolatria 8.

gion und Kunst bleibt im Christentum für lange Zeit mit der Politik verknüpft. Das christliche Mittelalter kennt weitgehend nur Sakralkunst, die im Dienst des kirchlichen *Sacerdotii* und des weltlichen *Imperii* steht.

Seit der Renaissance ringt die Kunst um ihre Autonomie. Zum einen tragen dazu religionsinterne Prozesse bei – zum Beispiel der Ikonoklasmus der reformierten Kirchen. Zum anderen entwickeln sich mit der Entdeckung der Perspektive und Individualität[5] sowie mit der Akzentuierung des Akzidentellen vom Religiösen unabhängige künstlerische Kriterien.

Der moderne Begriff der autonomen, von anderen gesellschaftlichen Bereichen unabhängigen Kunst bildet sich im Verlauf des 18. Jh.[6] Die Konkurrenz, die insbesondere im 19. Jh. zwischen Religion und Kunst als einer »Ersatzreligion« aufkommt (etwa die romantische Kunstreligion, Nazarener, Präraffaeliten), ist ein Sonderfall der (west-)europäischen Kulturgeschichte, die im Unterschied zu anderen Kulturkreisen auf der gesellschaftlichen funktionalen Differenzierung basiert. Interferenzen und Symbiosen in der Beziehung von Kunst und Religion erweisen sich als die andere Seite des gesellschaftlichen Differenzierungs- und wechselseitigen Emanzipationsprozesses. Doch damit bin ich über die historischen Assoziationen hinaus bereits bei systematischen Überlegungen.

2. Systematische Überlegungen zum Verhältnis von Kunst und Religion

Die Kulturgeschichte kann nicht länger von der Annahme einer »Pansakralität« ausgehen, der zufolge alle Kultur zunächst religiös bestimmt war und sich die Kunst erst mit zunehmender kultureller und gesellschaftlicher Differenzierung von der Religion zu emanzipieren begonnen hat.[7] Statt dessen ist davon auszugehen, dass Religion in jedem kulturellen Stadium, spätestens aber seit den frühen Hochkulturen, nur

5 Vgl. Böhm, Gottfried: Bild und Individuum. Über den Ursprung der Portraitmalerei in der italienischen Renaissance, München 1985.

6 Vgl. zum Beispiel die veritas aesthetica bei Alexander Gottlieb Baumgarten (Baumgarten, Alexander Gottlieb: Aesthetica, Frankfurt an der Oder 1750).

7 Zur Wissenschaftsgeschichte vgl. Krech, Volkhard: Die Geburt der Kunst aus dem Geist der Religion? Verhältnisbestimmungen von Kunst und Religion um 1900, in: R. Faber/V. Krech (Hg.), Kunst und Religion, 21–49.

einen Teil der jeweiligen Kultur und Gesellschaft prägt und Kunst wie auch andere Bereiche somit *per se* eine gewisse Eigenständigkeit besitzen (anders wären im Übrigen Religion und Kunst, auch in ihren symbiotischen Beziehungen, überhaupt nicht zu identifizieren). Was die historische Genealogie angeht, wird man eine Gleichursprünglichkeit von Religion und Kunst annehmen müssen.[8] Von hier aus ist es dann innerhalb der kulturgeschichtlichen Entwicklung zu verschiedenen Konstellationen im Verhältnis beider Bereiche gekommen.

Überdies kann man keine historische Entwicklungen beobachten, ohne mit einem nolens volens *a priori* bestimmten Religions- und Kunst*begriff* zu arbeiten, wie systematisch diese Begriffe auch immer ausgearbeitet sein mögen. Selbst wenn man die gelegentliche Fusion beider Sphären entdeckt, muss man angeben können, aus welchen Komponenten eine solche Symbiose sich zusammensetzt. Das Verhältnis von Kunst und Religion in der Kulturgeschichte (diachron wie synchron) lässt sich also nicht analysieren, wenn man nicht vorab eine Begriffsbestimmung vorgenommen hat. Freilich muss eine systematische Begrifflichkeit nicht zwangsläufig (nur) auf transzendentalphilosophischem und erkenntnistheoretischem Weg erfolgen. Eine wünschenswerte Vermittlung mit der geschichtlichen wie gegenwärtigen Empirie ist auch auf mehr oder weniger hegelianische Weise möglich. Dann handelt es sich bei den jeder Analyse des Verhältnisses von Religion und Kunst zugrunde liegenden Begriffen um *zeitgemäße*, die gegenwärtigen empirischen Gegebenheiten einschließende Termini. Aus diesem Grund sollen auf diese systematischen Überlegungen zeitgenössische Veranschaulichungen folgen. Doch zunächst zum Prinzipiellen.

Wie gesagt, hängt eine Verhältnisbestimmung von Kunst und Religion wesentlich davon ab, auf welche Weise man beide Bereiche begrifflich bestimmt, welche Konzepte man zugrunde legt. Grundsätzlich wird man sagen können, dass es Religion mit dem Heiligen, Kunst hingegen mit dem Ästhetischen zu tun hat; Erfahrungen mit dem Heiligen sind gleichsam der Stoff der Religion und ästhetische Erfahrungen der Stoff der Kunst. Religion symbolisiert und formt das Heilige auf eine spezifische Weise, und Gleiches tut Kunst mit dem Ästhetischen. Allerdings verhält es sich so, dass das Heilige nicht nur auf die religiöse

8 Auch deshalb ist die Annahme zu verwerfen, dass sich Religion aus der Kunst heraus entwickelt habe. Das Argument der Gleichursprünglichkeit vertritt unter anderen Wilhelm Wundt; vgl. dazu KRECH: Die Geburt der Kunst, 38ff.

Bearbeitung und das Ästhetische nicht nur auf die künstlerische Bearbeitung festgelegt ist. Das Heilige und das Ästhetische können sich auch in anderen Bereichen als dem der Religion beziehungsweise der Kunst verkörpern – etwa in politischen und wirtschaftlichen Prozessen sowie in lebensweltlichen Situationen. Beispielsweise kann ein Wohnraum ästhetisch anmuten, ohne dass es sich bei diesem bereits um Kunst handeln muss.[9] Überhaupt ist es für jeden einigermaßen sensiblen Menschen schwierig, die Welt nicht unter ästhetischen Gesichtspunkten wahrzunehmen: jede Geste, jeder Raum, jeder Gegenstand birgt ästhetische Qualitäten (seien es die der Anmutung oder die der abstoßenden Wirkung oder gar des Ekels). Um Kunst aber handelt es sich erst, wenn die Welt ausschließlich und in spezifischer Weise geformt wird, nämlich unter einem spezifischen Aspekt, etwa dem von schön und hässlich erscheint.[10] In der avantgardistischen Kunst transformiert sich das Schönheitsideal in den angemessenen Umgang mit dem Material, das durch besondere Bearbeitungsweisen Aufmerksamkeit erfahren soll; hässlich ist hier, was nicht den Ansprüchen des Materials (inklusive seinen Metamorphosen und seiner Vergänglichkeit) genügt. Die innerhalb der Kunst zu vernehmende Behauptung, dass alles Kunst und jeder Mensch ein Künstler sei (Joseph Beuys), ist kein Argument gegen die Ausdifferenzierung der Kunst aus mehr oder weniger ungeformten ästhetischen Wahrnehmungen. Sie stützt vielmehr den Anspruch einer jeden Weltformung, die ganze Welt zu erfassen (nicht anders verhält es sich mit der Politik, Wissenschaft, der Wirtschaft – und nicht zuletzt der Religion).[11]

Ebenso lassen sich Situationen, Atmosphären oder Beziehungen zu Menschen, Gegenständen oder zur Natur als heilig empfinden, ohne dass bereits Religion im Spiel ist. Waren können – verbunden mit libidinösen Gefühlen – zu einem Fetisch und politische Führer aufgrund eines Charismas oder politische Gebilde wie etwa Nationen sakralisiert werden. Ebenso führen zuweilen lebensweltliche Situationen – eine

9 Hier liegen Übergänge zwischen Dekoration, Gebrauchskunst oder Kunsthandwerk und Kunstobjekten.

10 Freilich kann, wie Baudelaire und andere uns lehren, auch das Hässliche schön sein. Aber selbst diese Rebellion gegen das klassi(zisti)sche Kunstideal basiert auf der Unterscheidung von schön und hässlich, wobei die Differenz (lediglich) umgewertet wird.

11 Zum universalen Anspruch aller gesellschaftlichen Teilbereiche vgl. PARSONS, TALCOTT: Zur Theorie sozialer Systeme, Opladen 1976.

flüchtige Begegnung oder eine romantische Liebe – die Aura des Heiligen mit sich. All das ist noch nicht Religion, wenn es auch Stoff für sie birgt.[12] Von Religion ist erst dann zu sprechen, wenn es sich um eine bestimmte Weise der Weltformung handelt. Ihre Besonderheit besteht darin, die ganze Welt im Licht der Unterscheidung von Transzendenz und Immanenz zu sehen.

Die besondere Leistung von Religion und Kunst als eigenständigen Weltformungen wird deutlich, wenn man sich den Sachverhalt des Selbstzwecks vor Augen führt. Sowohl das Heilige als auch das Ästhetische sind *für sich genommen* unverfügbar.[13] Sie stellen sich eher ein, als dass sie herbeigeführt werden können. Wenn man etwas absichtsvoll mit der Aura des Heiligen oder/und Ästhetischen auszustatten versucht, misslingt das in der Regel. Dennoch können sowohl das Heilige als auch das Ästhetische instrumentalisiert werden. Die Werbung in der Waren- und Konsumgesellschaft bietet dafür ein gutes Beispiel. Religion und Kunst dagegen stehen mit ihrem spezifischen Formenarsenal dafür ein, dass das Heilige beziehungsweise das Ästhetische ein Eigenleben führen können. Kunst und Religion evozieren eine besondere Aufmerksamkeit für ästhetische respektive religiöse Erfahrungen. Üblicherweise wird die Aufmerksamkeit durch besondere Anlässe und Räumlichkeiten (Museen, Ausstellungsräume und Theater respektive Tempel, Kirchen, Synagogen und Moscheen) stimuliert; doch können Kunst und Religion auch überraschen, wenn entsprechende Handlungen in unerwarteten Situationen erfolgen (etwa durch Aktionskunst auf der Straße oder in Gestalt eines sich beiläufig einstellenden religiösen Gesprächs auf einer Bahnreise).

Mit der Relation von Ästhetik und Kunst sowie von Heiligkeit und Religion als dem Verhältnis von Stoff und Form haben wir erste systematische Indizien dafür, auf welche Weise Interferenzen zwischen Kunst und Religion entstehen können. Religion hat es nicht nur mit

12 Georg Simmel hat diesen Unterschied auf die begriffliche Differenz von »religiösen Halbprodukten« oder dem »Religioiden« und Religion als einer ausdifferenzierten, autonomen Sphäre gebracht; vgl. SIMMEL, GEORG: Die Religion, in: Philosophie der Mode (1905); Die Religion (1906/²1912); Kant und Goethe (1906/³1916); Schopenhauer und Nietzsche (1907), hg. von M. Behr/V. Krech/G. Schmidt (Gesamtausgabe. Bd. 10), Frankfurt am Main 1995, 39–118: 61.

13 In der Sprache des Religionsphänomenologen Mircea Eliade »manifestiert« sich das Heilige; er spricht von seiner »Epiphanie«. Dieser Redeweise liegt jedoch eine Ontologie des Heiligen zugrunde, der hier keinesfalls das Wort geredet werden soll.

dem Heiligen zu tun sondern immer auch mit dem Ästhetischen. Andererseits hat es Kunst zwar mit der Formung des Ästhetischen zu tun, nicht aber zwangsläufig mit dem Heiligen. Auf diese Asymmetrie wird noch zurückzukommen sein. An dieser Stelle genügt es, darauf zu verweisen, dass Kunst trotz mangelnder prinzipieller Notwendigkeit sich dennoch immer wieder des Stoffes des Heiligen annimmt und sich auf diese Weise sakralisiert. Daraus lässt sich ein erster Schluss für eine systematische Verhältnisbestimmung von Religion und Kunst ziehen, dass nämlich beide Formungsweisen nicht nur auf ihren genuinen Stoff, sondern auch auf denjenigen Inhalt zurückgreifen können, für den der jeweils andere Bereich primär »zuständig« ist. Allerdings ist dieser Systematisierungsversuch nicht unumstritten, wie ein Blick auf die historische Semantik des Religionsbegriffs zeigt.

Um die Wende zum 19. Jh. haben sich zwei alternative Religionsbegriffe etabliert, für die paradigmatisch die Philosophien Immanuel Kants und Friedrich Schleiermachers stehen. Für Kant ist Religion »(subjektiv betrachtet) das Erkenntnis aller unserer Pflichten *als* göttlicher Gebote« und wird somit zu einer Funktion der Moral.[14] In dieser Tradition stehen sowohl viele der neukantianischen Religionsphilosophien als auch die Gesellschafstheorien von Emile Durkheim, Max Weber, Talcott Parsons und Jürgen Habermas, die der Religion in ihrer normativen Ausprägung (bzw. der Moral als eines säkularen Äquivalents von Religion) eine gesellschaftliche Integrationsfunktion zuweisen. In diesem Fall liegen Religion und Kunst weit auseinander. Der frühe Schleiermacher konzipiert Religion dagegen als »Sinn und Geschmack fürs Unendliche«.[15] Hier birgt Religion ästhetische Potentiale und befindet sich somit in großer Nähe zur Kunst; und umgekehrt hat es die Kunst – in Gestalt einer romantischen Kunstreligion – über das Ästhetische hinaus immer auch mit dem Heiligen zu tun. In dieser Tradition steht etwa Georg Simmel. Als Gemeinsamkeit des religiösen und des künstlerischen Verhaltens führt er an, »dass das eine wie das andre seinen Gegenstand in eine Distanz, weit jenseits aller unmittelbaren Wirklichkeit hinausrückt – um ihn uns ganz nahe zu bringen, näher, als

14 Kant, Immanuel: Die Religion innerhalb der Grenzen der blossen Vernunft, in: Werke in zehn Bänden. Bd. 7, hg. von W. Weischedel, Schriften zur Ethik und Religionsphilosophie, Zweiter Teil, Sonderausgabe Darmstadt 1983, 645–879: 822.

15 Schleiermacher, Friedrich: Reden über die Religion (1799), hg. von R. Otto, Göttingen 61967, 53.

je eine unmittelbare Wirklichkeit ihn uns bringen kann«[16]. Aufgrund dieser tiefen »Formgleichheit, aus der heraus die Religion allenthalben als der Vorläufer der Kunst, und die Kunst allenthalben als die Erregerin religiöser Stimmung auftritt«[17], kann die Kunst so häufig religiöse Motive verarbeiten und sich Religion in künstlerische Formen kleiden. In dieser Perspektive lassen sich Kunst und Religion im Unterschied zu Wirtschaft, Politik und Wissenschaft als die beiden »expressiven Weltformungen« verstehen, die eine emphatische Individuierung ermöglichen:

> »Der Affekt gegenüber der Schönheit und der Kunst ist nicht weniger primär als der religiöse und deshalb so wenig wie dieser durch Auflösung in anderwertig vorkommende Bewusstseinswerte zu beschreiben; obgleich, da beide den ganzen Menschen in Erregung setzen, noch alle die anderen Bewegtheiten der Seele sich auf ihren Ruf einfinden: Aufschwung und Demut, Lust und Leid, Expansion und Zusammenraffung, Verschmelzung und Distanz gegenüber ihrem Gegenstand. Eben dies hat so oft verleitet, sie auf die Bejahung und die Verneinung, auf die Mischung und den Gegensatz dieser großen Potenzen des sonstigen Lebens zurückzuführen.«[18]

Freilich beruht die Entgegensetzung von Kant und Schleiermacher auf groben Verkürzungen. Dies geschah zu heuristischen Zwecken. Betrachtet man die beiden Entwürfe differenzierter, scheint auch der sittlich bestimmte Religionsbegriff nicht ohne ästhetische Elemente und umgekehrt der ästhetisch bestimmte Religionsbegriff nicht ohne moralische Momente auszukommen. So birgt etwa der Begriff des Erhabenen bei Kant ein Potential an Interferenzen zwischen Ästhetik und Religion, und der spätere Schleiermacher verkennt nicht die sittlichen Dimensionen von Religion.

16 Simmel, Georg: Das Christentum und die Kunst (1907), in: Aufsätze und Abhandlungen 1901–1908. Bd. 2, hg. von A. Cavalli/V. Krech, (Gesamtausgabe Bd. 8) Frankfurt am Main 1993, 264–275: 264; vgl. auch ders.: Aus dem nachgelassenen Tagebuch, in: Fragmente und Aufsätze aus dem Nachlaß und Veröffentlichungen der letzten Jahre, hg. und mit einem Vorwort von G. Kantorowicz, München 1923, 1–46: 8: »Kunst und Religion haben das Gemeinsame, daß sie ihren Gegenstand in die größte Distanz rücken, um ihn in die größte Nähe zu ziehen.«

17 Simmel: Das Christentum und die Kunst, 265f.

18 Simmel, Georg: Schopenhauer und Nietzsche. Ein Vortragszyklus (1907), in: Philosophie der Mode (1905); Die Religion (1906/[2]1912); Kant und Goethe (1906/31916); Schopenhauer und Nietzsche (1907), hg. von M. Behr/V. Krech/G. Schmidt, (Gesamtausgabe Bd. 10) Frankfurt am Main 1995, 167–408, 302f.

Auch wenn man Kunst und Religion in großer Nähe zueinander sieht, wie es in der Tradition des frühen Schleiermacher und bei Simmel der Fall ist, besteht im Verhältnis beider Größen dennoch eine Asymmetrie, die ich bereits oben angedeutet habe: Keine Religion verhält sich zu Kunst indifferent; Kunst aber ist, auch wenn sie häufig auf religiöse Motive rekurriert, nicht *prinzipiell* und zwangsläufig auf eine Beziehung zum Religiösen angewiesen. Diese Asymmetrie resultiert nicht nur aus dem Säkularisierungsprozess (der in erster Linie die Emanzipation der Kunst aus religiöser Bevormundung bedeutet), sondern gründet auch systematisch darin, dass Religion in besonderer Weise auf sinnliche Wahrnehmung angewiesen ist, um Transzendentes, auf das sie verweist, sichtbar zu machen. Umgekehrt aber sind die Darstellungsprobleme der Kunst nicht unbedingt auf den Rekurs auf (jedenfalls religiös bestimmtes) Transzendentes angewiesen.

Die Annäherungs- und Absetzbewegungen zwischen Kunst und Religion in der Kulturgeschichte lassen sich mit den Stichworten Idolatrie, Ikonoklasmus und Kunstreligion kennzeichnen. Sie legen die Vermutung nahe, dass beide Kulturformen eine ähnliche Leistung erbringen: Sie bearbeiten das Formproblem, wie Unbestimmbares und Undarstellbares in Bestimmtes und Dargestelltes überführt werden kann. Zugleich markieren sie die Unbestimmbarkeit von Welt, indem sie das Abwesende im Anwesenden repräsentieren und die Wirklichkeit auf diese Weise duplizieren; im Falle der Kunst durch den »Schein«, im Falle der Religion durch eine transzendente »Hinterwelt«. Der Unterschied zwischen beiden Kulturformen scheint in den jeweiligen Symbolisierungsmodi zu liegen: Kunst legt den Akzent auf den Symbolisierungsvorgang selbst (auf den sinnlichen Schein), thematisiert die Dignität der Vorläufigkeit ihrer Symbolisierungen mit (Kunst als »experimentelle« Erschließung von Wirklichkeit) und erzeugt von daher in einem stärkeren Maße, als es bei Religion der Fall ist, Traditionsbrüche und Innovationen. Die meisten Religionen reflektieren zwar tendenziell mit, dass ihre Symbolisierungen unzureichend sind (insbesondere in ihren mystischen Varianten), stellen sie zumeist aber nicht zur Disposition, um den Charakter unbedingter Geltung der Verweisstruktur ihrer Symbole auf die appräsentierte Transzendenz hervorzuheben.

Je mehr Religion einen immanenten Charakter annimmt (Goethes, Simmels und Sprangers Weltfrömmigkeit), desto näher rückt sie an ästhetische Symbolisierungen heran. Wenn die Ausdrucksmedien von

Text und mündlicher Rede, die einige, wenn auch nicht alle Religionen bevorzugen, keine unmittelbare Evidenz und Plausibilität (mehr) erzeugen, lädt sich Religion ästhetisch oder mit künstlerischen Motiven und Formen auf. Umgekehrt reichert sich Kunst religiös an, wenn die Kontingenz (»die Beliebigkeit«) der künstlerischen Produktion und Inhalte allzu deutlich wird und es dadurch zu Irritationen in der Rezeption kommt.

Von den jeweils internen Annäherungen von Kunst an Religion sind religiöse Attribuierungen von Kunst zu unterscheiden, die entweder in (Selbst-)Charismatisierungen der Künstler gründen, oder aber aus Sakralisierungen von Kunst im Produktions- und Rezeptionsprozess erfolgen.[19] Und nicht zuletzt trägt zu solchen Attribuierungen eine bestimmte Sorte von Kunstkritik, Kunsttheorie und Religionstheorie bei.[20] Sakralisierungen von Kunstobjekten verschaffen ihnen eine Aura der Unhinterfragbarkeit und unbedingter Geltung.

Nimmt man die jeweils internen Annäherungen von Kunst und Religion sowie die beiden von außen herangetragenen Attribuierungen zusammen, erhält man folgende Interferenzebenen: a) Religion kann ästhetische oder bereits künstlerisch geformte Elemente (in Gestalt von künstlerischen Motiven und Formen) enthalten; b) Kunst kann auf Momente des Heiligen oder bereits religiös bestimmte Inhalte und Formen rekurrieren; c) religiösen Objektivationen kann im Rezeptionsprozess eine künstlerische Dimension zugeschrieben werden; d) Kunstobjekten kann im Produktions- oder Rezeptionsprozess eine religiöse Dignität verliehen werden.

Die beiden extremen Pole im Verhältnis von Religion zu Kunst sind mit den Begriffen Idolatrie und Ikonoklasmus markiert. Wie die Kunst- und religiöse Mentalitätsgeschichte allerdings weiß, haben Kunst und Volksfrömmigkeit stets anregend aufeinander gewirkt. Ausgesprochen bilderfreundlich waren die Religionen Altägyptens, Mesopotamiens, der Griechen und des indianischen Mittelamerika der vorkolumbischen Zeit; Hinduismus, Buddhismus, Jainismus, Katholizismus und christliche Orthodoxie sind es noch. Eine starke Neigung zur Bildlosigkeit und dem Verbot oder wenigstens die Geringschätzung der Plastik und Reliefkunst ist für die theologischen Programme der jü-

19 Vgl. dazu Lanwerd, Susanne: Religionsästhetik. Studien zum Verhältnis von Symbol und Sinnlichkeit, Würzburg 2001.

20 Vgl. etwa Steiner, Georg: Von realer Gegenwart. Hat unser Sprechen Inhalt? Mit einem Nachwort von Botho Strauß, München 1990.

dischen, protestantischen und islamischen Religion charakteristisch. Hier liegt der künstlerische Akzent auf bildhafter Dichtung, Musik, Architektur, Kalligraphie, Buchmalerei, Grabkunst und Kunstgewerbe.

Einen möglichen Vergleichsgesichtspunkt im Verhältnis von Kunst und Religion bildet die in den Religionen unterschiedlich erfolgende semantische Besetzung von Transzendenz, zum Beispiel durch verschiedene Inkarnations- und Verkörperungsvorstellungen (Herabsteigen, Manifestieren, Epiphanie, etc.). Einige Semantiken setzen einen mehr oder minder stark ausgeprägten kosmologischen Dualismus voraus (so etwa im antiken und mittelalterlichen Christentum sowie im Islam). »Gestalt annehmen« kann jedoch auch einen immanenten Verdichtungs-/Materialisierungsprozess von ansonsten unsichtbar, aber immanent wirkenden Kräften meinen (so beispielsweise in asiatischen Religionen und in indigenen Kulturen). Die Epiphanie der Götter in ihren Kultbildern oder die »Einwohnung« als besondere Form der Präsenz sind hier Vorstellungen, die in der Verehrung von Kultbildern ihre Authentizität zu sichern suchen.[21] Mit dieser Differenz ist auch eine unterschiedliche Verweisungsstruktur verbunden: auf eine transzendente »Hinterwelt« oder auf Abwesendes (nicht Sichtbares) in der Immanenz. Von der Verweisungsstruktur hängt ab, ob Kunstgegenstände Kultobjekte, die verehrt werden, sein können, ob sie eine symbolische oder zeichenhafte Repräsentation der Transzendenz sind, oder ob sie aus religiöser Sicht gänzlich verworfen werden.

3. Zeitgenössische Beispiele der Interferenzen von Kunst und Religion

Da Religion aus den genannten Gründen immer auch ästhetisch verfahren muss, entsteht zwangsläufig immer wieder eine religiöse Kunst (je nach religiöser Dogmatik kann der Akzent eher auf die darstellende, plastische Kunst oder eher Dichtung und Musik gelegt werden). Bei der religiösen Kunst handelt es sich in erster Linie um einen religiösen Sachverhalt, geht es doch darum, mit künstlerischen Mitteln auf Transzendentes zu verweisen. Ungewöhnlicher, weil jedenfalls aus systematischen Gründen nicht notwendig, daher aber auch interessanter, sind Fälle, in denen sich Kunst mit dem Rekurs auf Elemente des Heiligen oder auf bereits religiös bestimmte Inhalte und die religiöse Formen-

21 Vgl. Gladigow, Burkhard: Art. »Kultbild«, HrwG, Bd. 4 (1998), 9–14: 13.

sprache bezieht – und zwar im immanenten künstlerischen Prozess und nicht erst in der Rezeption. Dieses Phänomen soll in einem letzten Abschnitt anhand zweier aktueller Beispiele untersucht werden.

3.1. Die Heiligkeit und Erhabenheit des Materials: Erd-Kunst

In derselben Zeit, als die Erde die ersten Bilder von ihr aus dem Weltraum erreicht und James Lovelock die Gaia-Hypthese entwickelt, entsteht eine Kunst, die die Erde in besonderer Weise zum Thema macht.[22] Künstler wie etwa Walter de Maria, Robert Smithson, Richard Long, Michael Heizer und Joseph Beuys begründen die Konzept- und Land-Art. Die Erd-Kunst ist gleichsam eine »ästhetische Geophysiologie« (Hartmut Böhme): Wie die Natur über neue Technologien ihre organische Plastizität entfalten können soll, so ist die Kunst die Auslegerin der Natur (Goethe) und versteht sich konsequenterweise als Arbeit am Material, ja als Material selbst: als plastisch bearbeitete Erde, Lehm, Kies, Sand, Torf, Mineralien, Granit, Basalt, Asphalt usw. Die Erd-Künstler wissen: Die Natur ist nicht präsent, wo sie auf Bildern zu sehen ist, sondern lässt sich nur als Moment im künstlerischen Bearbeiten der Erd-Materialien wahrnehmen. Der echte Materialismus besteht – wie schon bei Lukrez – im Widerstand des Materials (Klaus Heinrich).

Wie sich der Mensch dem aufkommenden geophysikalischen Paradigma entsprechend in den letztlich undurchschaubaren und nicht zu beherrschenden terrestrischen Organismus einzufügen hat, so nimmt sich der Künstler zugunsten der Entfaltung der plastischen Kraft des Materials zurück. Diese Zurücknahme mahnt daran, dass die Erde uneinnehmbar, nicht zu durchdringen ist und ein kosmisch eingebettetes Eigenleben führt. Der von Walter de Maria für die documenta 7 entworfene »vertikale Erdkilometer«, der an die in den Mythen als Weltenachse oder Lebensbaum, als Säule des Himmels oder als Himmelsleiter symbolisierte *axis mundi* (Mircea Eliade) erinnert, »soll die Menschen dazu anregen, über die Erde und ihren Ort im Universum nachzudenken.« Die Stellung der Erde im Kosmos, nicht die des Menschen, ist Thema dieser Kunst.

Mit der Offenheit und Vergänglichkeit des Kunstwerks als Antwort auf die Unbeherrschbarkeit – und somit auch auf die mangelnde Dar-

22 Vgl. Böhme, Hartmut: »GAIA. Bilder der Erde – von Hesiod bis James Lovelock«, in: L. Niethammer (Hg.), Bericht 1991 des Kulturwissenschaftlichen Instituts, Essen 1992, 195–211, der über die zeitliche Koinzidenz hinaus nach systematischen Gemeinsamkeiten der technischen und künstlerischen Entwicklungen fragt.

stellbarkeit – der Erde korrespondiert der oftmals kultische Charakter der Erd-Kunst als prozedurales Ereignis. Im Augenblick ihres Vollzugs hat sie ihr Ziel erreicht. Was bleibt, ist die Erinnerung an eine ästhetische Geste, die eine flüchtige Anschauung der Erde ermöglicht, während sich die materialen Spuren oft durch Witterung verlieren und somit der Erde wieder zurückgegeben werden.[23] In der Betonung des Prozesshaften liegt zudem ein Ikonoklasmus, der im Medium der darstellenden Kunst auf die Grenzen der Darstellbarkeit der Erde hinweisen und ihre in der Materialität liegende Eigenheit betonen soll.

Die Erd-Kunst nimmt unter anderen folgende Elemente der religiösen Motivik und Formensprache auf und verarbeitet sie:

– Analog zur pantheistischen Gleichsetzung von Gott und Natur wird die romantische Kongruenz von Form und Inhalt fortgeführt: Die Erd-Kunst legt den Akzent auf das Material selbst und betont den Prozess der Formung (inklusive der Deformierung und der Unbeständigkeit) gegen die Auffassung des Ewigkeit beanspruchenden Kunstwerks. Auf diese Weise wird Kunst zur metamorphotischen Fortsetzung der Schöpfung.
– Des Weiteren sucht die Erd-Kunst – wie auch andere Formen der Avantgarde – den prometheischen Gestus zu überwinden, indem sie den Künstler und das abgeschlossene Werk zugunsten des künstlerischen Prozesses abschafft.
– Und nicht zuletzt wird die Erde in der künstlerischen Verarbeitung als augenblickshaft und zugleich in heiliger Erhabenheit erscheinend dargestellt. Diese Darstellungsweise fungiert – trotz künstlerischer Bearbeitung – als semantisches Anzeichen für deren Undurchdringlichkeit und letztlich für deren Unantastbarkeit.

In religionsgeschichtlicher Perspektive bleibt jedoch die Frage an die Erd-Kunst offen: Welche Konsequenzen haben die künstlerischen Formungs- und Darstellungsweisen der Erde, wenn sie nicht nur das den Menschen Bergende und das vor diesem sich Abschließende, sondern auch das in aller Naturgewalt sich dem Menschen Gegenüberstellende, ihn Bedrohende und von ihm »im Schweiße seines Angesichts« zu Be-

23 Ein Motiv, das bereits Ovids *Metamorphosen* durchzieht, dann in der Ästhetik der Ruine wiederkehrt und heute etwa im Ruhrgebiet in Gestalt der – teils künstlerisch thematisierten – verrostenden Industrieruinen zu finden ist (vgl. etwa die Objekte von Richard Serra).

zwingende ist? Welche künstlerischen Bearbeitungs- und Darstellungsformen kommen in Betracht, wenn sich die Erde als numinos, als *fascinosum et tremendum* erweist, wie es die Religionsgeschichte seit ihrem Beginn vielfach thematisiert?

3.2. Die mystische und sakrale Dimension der Raum- und Leiberfahrung: Videokunst[24]

Einige Jahre später, nachdem die Kunst terrestrisches Material entdeckt und sich »geerdet« hat, aber noch vor dem eigentlichen Siegeszug des Computers, schafft (oder entdeckt?) ein anderer Kunstzweig ein neues Medium: die virtuelle Welt der Videokunst. Es scheint, als bewege sich die Kunst in Antipoden. In der Erd-Kunst sollte das Sinnliche des Materials möglichst unmittelbar wahrgenommen werden – auch und gerade jenseits der bildlichen, repräsentativen Darstellung –, und zwar mittels religiöser Motive und Formen. Mit der Videokunst tritt hingegen ein Bildmedium in den Vordergrund, das zwar ebenso die *repraesentatio* zu überwinden versucht, aber scheinbar zur anderen Seite hin, nämlich von der *res* ganz auf das *signum* umstellt. Aber der Schein trügt, wie die folgenden beiden Beispiele zeigen.

Der koreanische Videokünstler Nam June Paik[25] (geb. 1932) zeigt mit seinem »TV-BUDDHA« (1974) eine programmatische Videoinstallation: Eine Buddha-Statue, die einem Monitor gegenüber sitzt, wird von einer Videokamera, die hinter dem Monitor aufgestellt ist, frontal aufgenommen, und deren Bild wird auf den Monitor übertragen. Die Installation von Buddha-Statue und Monitor entwickelt eine buddhistische Vorstellung mit modernsten technischen Instrumenten weiter und zeigt sie zugleich plastisch auf – die Vorstellung nämlich, derzufolge der Spiegel ein Instrument der Wahrheit ist. In buddhistischen Tempeln hängt der Spiegel über dem Altar und symbolisiert den reinen Ursprungsgeist. Kunst, Technik und Religion gehen hier eine Allianz ein, denn Paik, der bereits in den frühen 1960er Jahren mit Videoarbeiten begann, gilt nicht nur als namhafter Installations- und Performance-Künstler, sondern auch als ein Pionier der Video-Technik.

24 Den folgenden Abschnitt verdanke ich Anregungen von Manfred Bauschulte, Bardüttingdorf.

25 Vgl. Paik, Nam June: Niederschriften eines Kulturnomaden. Aphorismen, Briefe, Texte, hg. von E. Decker, Köln 1992. Die Einleitung von Edith Decker bietet einen guten Überblick über das Videoschaffen von Paik.

Ein weiteres Beispiel: Bill Viola[26] (geb. 1951), ein Schüler von Paik, zeigt 1992 in seinem »Nantes Tritych« in der Heilig-Geist-Kirche des früheren Frankfurter Dominikanerklosters eine dreiteilige Installation. Sie setzt links eine Frau beim Gebären (Violas Frau), rechts eine Frau beim Sterben (Violas Mutter) und in der Mitte einen Männerkörper inmitten eines Wasserstrudels bildlich in Szene. Kunst- und religionshistorisch adelt Viola damit – über die Form des Triptychons[27] vermittelt – einen aufgelassenen, leeren Kirchenraum. In anderen Arbeiten operiert er mit mystischen Texten, etwa eines Juan de la Cruz, oder mit kosmogonischen Mythen aus den Veden und dem Gilgamensch-Epos.

Die beiden Beispiele, die für viele andere stehen, zeigen: In die moderne Videokunst gehen religiöse Darstellungsformen und Vorstellungen auf eine Weise ein, dass man geradezu konstatieren muss: Videokunst erzeugt und vergegenwärtigt in Verbindung mit den avanciertesten technischen Mitteln von Klang- und Bilderzeugung Wahrnehmungswelten und Botschaften, deren Referenzen sich auf religiöse Bilder und Vorstellungen beziehen. Oder genauer: Die Videokunst zeigt mit den Mitteln technischer Kommunikation und trotz virtueller Darstellung physische Akte und Leiberfahrungen durch den Rekurs auf religiös bestimmte Erfahrungen möglichst unmittelbar. Sie versucht, Raum- und Leiberfahrungen durch den virtuellen Schein hindurch zu ermöglichen, indem sie auf religiöse Erfahrungen rekurriert; auf diese Weise erschließt sie über die Sphäre der künstlerisch bestimmten Ästhetik hinaus (uns) unbekannte Dimensionen des Sakralen. Zum Teil benötigt sie noch religiös bestimmte Räume – etwa den Kirchenraum–, aber sie stößt zunehmend in neuere Bereiche vor.

Die moderne Videokunst operiert gezielt mit multisensuellen Wahrnehmungsfeldern, und sie kann dies nur innerhalb der Interferenzen von Kunst, Technik und Religion tun. In der Videokunst werden über die sakrale Dimension hinaus religiöse Bezüge in archetypischer (oder auch: archaisierender) Weise hergestellt. In sie fließen bestimmte religiöse Traditionen, etwa die mystischen Dimensionen des Buddhismus, des Islam (Sufismus) oder des europäischen Mittelalters und des Barock ein. Zudem werden zyklische Kreisläufe oder kosmogonische Schöpfungsmythen verarbeitet, denen vermittels der technischen Mittel der

26 Vgl. Viola, Bill: Europäische Einsichten/European Insights – Werkbetrachtungen/Reflections on the Work of Bill Viola, hg. von R. Lauter, München u.a. 1999.

27 Vgl. Lankheit, Klaus: Das Triptychon als Pathosformel, Heidelberg 1959.

(Klang- und Bild-)Darstellung eine religiöse Akzentuierung verliehen wird. In der Videokunst gehen technische Medien und künstlerischer Ausdruck eine Fusion ein, die aber ohne den Rekurs auf religiöse Vorstellungswelten offenbar nicht funktioniert. Mittels der religiösen Formensprache und religiöser Motive wird durch die virtuelle Welt der Videokunst die Sinnlichkeit der Raum- und Leiberfahrungen hergestellt, ohne ihr aber »auf den Leim zu gehen«. Mit Hilfe des religiösen Bezugs rückt die Videokunst den sinnlichen Eindruck gleichsam ins »rechte Licht« – in die zwischen Materie und Geist vermittelnde Sphäre.

Die Beispiele der Erd- und der Videokunst zeigen, dass der künstlerische Rekurs auf die Religionsgeschichte vor zwei Gefahren schützt: davor, dass das Materielle jenseits seiner Widerständigkeit nur noch zur bloßen Materie wird, sowie davor, dass durch die Zeichenhaftigkeit des künstlerischen Prozesses die Referenz der sinnlichen Erfahrung verloren geht und Kunst sich im Virtuellen auflöst. Religion verweist im Medium der Kunst darauf, dass die Materie durchgeistigt ist (nämlich dass im Prinzip der *natura naturans* etwas Schöpferisches liegt) und dass das Geistige über die sinnliche Erfahrung stets auf die Materie verwiesen bleibt.

Kultur und Religion

Arnulf von Scheliha

Die prägnante Verwendung der Begriffe »Religion« und »Kultur«, für die jeweils auf eine lange Begriffsgeschichte verwiesen werden kann,[1] verdankt sich der geistigen Konstellation der Aufklärungsepoche, in der die selbstverständliche Geltung des umfassenden *corpus christianum* kritisch in Frage gestellt, der Eigensinn der sich ausdifferenzierenden humanen Weltdeutung und -gestaltung erkannt und programmatisch vorangetrieben wurde.[2] Kristallisationspunkt der Unterscheidung von Religion und Kultur ist die sich von christlich-dogmatischen Voraussetzungen emanzipierende Selbstdeutungspraxis etwa in Erziehung, Bildung, Wissenschaft, gesellschaftlicher Öffentlichkeit, Ökonomie, Politik und Kunst, die zur Klärung ihrer Multiperspektivität beide Begriffe nicht nur in ein kritisches Verhältnis zueinander bringt, sondern sich mit ihnen auch von der dogmatischen Monoperspektivität der christlichen Anthropologie distanziert. Der Begriff der Religion bezeichnet nun einen konfessionell vielspältigen und entwicklungsfähigen Teilbereich der sich ausdifferenzierenden humanen Kulturbewegung. In der Verwendung der Begriffe spiegelt sich einerseits das Bewusstsein der Differenz der bezeichneten Sphären und andererseits die Absicht, durch Gebrauch dogmatisch unbelasteter Reflexionskategorien zu einer erneuerten Selbst- und Fremdbeschreibung zu gelangen, die es vermag, das – womöglich verwandelte – Eine im Anderen und das Andere in der Brechung des Eigenen zu thematisieren und zugleich die Selbständigkeit beider zu betonen. Religion ist Teil der humanen Kultur. Diese wiederum kann nicht vollständig ohne Religi-

1 Vgl. Feil, Ernst: Religio. Die Geschichte eines neuzeitlichen Grundbegriffs vom Frühchristentum bis zur Reformation, Göttingen 1986; Perpeet, Wilhelm: Art. »Kultur, Kulturphilosophie«, Historisches Wörterbuch der Philosophie Bd. 4, Basel 1976, 1309–1324.

2 Vgl. Birkner, Hans-Joachim: Schleiermacher-Studien, Berlin/New York 1996, 39–50; Hirsch, Emanuel: Der Kulturbegriff, in: Deutsche Vierteljahrsschrift für Literaturwissenschaft und Geistesgeschichte 3 (1925), 398–400.

on beschrieben werden. Die näheren Verhältnisbestimmungen variieren je nach Position die Konstellation. Die Bandbreite der Möglichkeiten wird nahezu ausgeschöpft, aber der Verweisungszusammenhang bleibt selbst dort bestehen, wo die theologische Selbstbestimmung der Religion als radikale Kulturkritik auftritt. In den gegenwärtigen Diskursen zeichnet sich eine gewisse Gegenläufigkeit ab. Einerseits wird in wissenschaftsgeschichtlicher und -theoretischer Hinsicht die Theologie als Kulturwissenschaft verstanden.[3] Dem entspricht, dass in den deutschen Universitäten theologische Institute bzw. Professuren vielfach in kulturwissenschaftlichen Fakultäten angesiedelt sind. Dazu kommt die Vielzahl an wissenschaftlichen Einzelstudien, die, religiöse Kulturhermeneutik als theologische Aufgabe verstehend,[4] in interdisziplinären Netzwerken und mit hohem methodologischen Aufwand jenseits der kirchlichen Religionskultur die religiöse Dimension kultureller Selbstdeutungspraxis identifiziert. Dagegen artikuliert die biblisch-dogmatisch geprägte Theologie immer wieder Vorbehalte gegenüber der Öffnung zur Kultur.[5]

Die unterschiedlichen Akzente der Verhältnisbestimmung, die im Laufe der neuzeitlichen Theologiegeschichte gesetzt wurden, strukturieren die folgende Darstellung.

1. Religion als Richtungssinn der Kulturentwicklung

Die erste umfassende und dadurch klassische theologische Theorie zur Bestimmung des Verhältnisses von Religion und Kultur stammt von Friedrich Schleiermacher. In seinem philosophisch-theologischen System hat die Disziplin der Ethik den Rang einer »spekulative[n] Grund-

3 Vgl. Albrecht, Christian: Historische Kulturwissenschaft neuzeitlicher Christentumspraxis, Tübingen 2000; ders.: Bildung in der Praktischen Theologie, Tübingen 2003, 51–98 (mit umfassenden Literaturangaben); Graf, Friedrich W.: Die Wiederkehr der Götter. Religion in der modernen Kultur, München 2004, 227–278.

4 Vgl. dazu grundlegend Gräb, Wilhelm: Wahrnehmen und Deuten, in: A. Grözinger/G. Pfleiderer (Hg.), ›Gelebte Religion‹ als Programmbegriff Systematischer und Praktischer Theologie, Zürich 2002, 43–63; für die dogmatische Aufgabe vgl. Scheliha, Arnulf von: Dogmatik, »ihre Zeit in Gedanken gefasst«?, in: H. Deuser/D. Korsch (Hg.), Systematische Theologie heute, Gütersloh 2004, 60–84.

5 Vgl. z.B. Grözinger, Albrecht: Praktische Theologie und Ästhetik, München [2]1991; Dalferth, Ingolf U.: Gedeutete Gegenwart, Tübingen 1997; Körtner, Ulrich H.J.: Der fehlende Mut, von Gott zu reden, Zeitzeichen 3 (2002), 48–50.

wissenschaft für alle Disziplinen, die es mit dem menschlich-geschichtlichen Leben zu tun haben«.[6] Die Güterlehre bestimmt die kulturellen Produkte des vernünftigen Handelns auf die Natur. Man hat Schleiermachers Ethik daher als Kulturphilosophie bezeichnet.[7] Es ist auffällig, dass Schleiermacher in seinen frühen Ethik-Vorlesungen den Begriff der Kultur gehäuft aufgreift, womöglich angeregt durch die breite Wirksamkeit Herders.[8] Er schließt an das traditionelle auf Gen 1,27 zurückgehende Verständnis von Kultur als *dominium terrae* an und verknüpft es mit der Lehre vom Höchsten Gut, in der das Ziel der humanen Vernunftentfaltung dargelegt wird.[9] Zunächst hebt er das Merkmal der gemeinschaftlichen Gestaltung der Natur hervor, das er handlungstheoretisch mit dem Kunstwort »identisches Organisieren« bezeichnet und sich in den Gütern Recht, Politik und Staat realisiert. Der Staat ist daher für Schleiermacher ein Kulturstaat, weil er für die Gestaltung der Natur die Rahmenbedingungen setzt. Zu dieser Funktion tritt »die sittliche Idee der Cultur«.[10] Die Natur wird hier aufgefasst als Mittel und Medium zur Erkenntnis und ist damit Ausgangspunkt für den Aufbau einer ideellen Sphäre. Prominente Paradigmen dafür sind Wissenschaft, Kunst oder Religion, also diejenigen vernünftigen Handlungsformen, die Schleiermacher als »Symbolisieren« bezeichnet. Kultur in seinem vollen Verständnis ist demnach Gestalten *und* Erkennen. In beiden Handlungsformen aber muss nach Schleiermacher das Allgemeine mit dem Individuellen vermittelt sein. Geschieht dies nicht, so verfehlt die Kultur die sittliche Ebene und wird »Barbarey«.[11] Schleiermacher unterscheidet daher zwischen der gattungsallgemeinen und der individuellen Vernunft. Während im identischen Organisieren und Symbolisieren die allgemeine Vernunft tätig ist, verwirklicht sich im

6 Birkner, Hans-Joachim: Schleiermachers Christliche Sittenlehre im Zusammenhang seines philosophisch-theologischen Systems, Berlin 1964, 36.

7 Vgl. Fischer, Hermann: Friedrich Schleiermacher, München 2001, 78.

8 Vgl. Ohst, Martin: Schleiermacher und Herder, in: U. Barth/C.-D. Osthövener (Hg.), 200 Jahre ›Reden über die Religion‹, Berlin/New York 2000, 311–327.

9 »Die neuere Idee von der Aufrichtung einer allgemeinen Cultur, so bald sie nur nicht auf die Persönlichkeit sondern auf die Vernunft berechnet ist, ist ebenfalls die Realisirung des höchsten Gutes, und zwar von Seiten des Bildens und Ausprägens der Welt unter der Form der Ideen« (Schleiermacher, Friedrich: Ethikvorlesung [Halle 1805/06]. Collegienheft der Ethik ausgearbeitet von A. Böckh, Transkription von K. Grotsch, o.O. 1995, 16).

10 Schleiermacher: Collegienheft 1805/06, 31.

11 Schleiermacher: Collegienheft 1805/06, 32.

individuellen Organisieren und Symbolisieren die einzelne Persönlichkeit, die innerhalb des im Allgemeinen abgesteckten Rahmens etwa Eigentum bildet oder in Moral, Religion und Kunst ihrem Individualitätsbewusstsein Ausdruck gibt. Das höchste Gut wird unter Inanspruchnahme aller vier Handlungsformen realisiert. Kultur ist also der umfassende Begriff für das Ensemble der humanen Möglichkeiten zum vernünftigen Weltumgang.

Die Entwicklung der sittlichen Kultur in Richtung auf das Höchste Gut vollzieht sich, wie aus der Perspektive des christlichen Bewusstseins festgestellt werden kann, im Wirkungskreis des Christentums, das der Kulturentwicklung ihren Richtungssinn auf Humanität gibt,[12] denn die von ihm inaugurierte Persönlichkeitskultur strahlt durch das Handeln in alle Kultursphären aus[13] mit dem Effekt, dass sie das »kulturelle Leben einem Prozeß gerichteter Veränderung unterwirft«.[14] Das Hauptaugenmerk liegt auf dem Staat, dem kritische Anfragen nicht erspart werden. Denn es sei jeweils zu prüfen, ob das staatliche Handeln »als ein gegebenes durch das Christenthum gebilligt wird oder gemißbilligt, modificirt oder beim alten gelassen«[15] werden soll. Ohnehin ist der Staat begrenzt auf die »ökonomisch-zivilisatorische Seite der Kulturentwicklung«.[16] Daneben stehen die Wissenschaft, die freie Geselligkeit, die Kunst und die Religion, die unter dem Einfluss des Christentums nicht nur als eigene Kultursphären ausdifferenziert werden, sondern von ihm auch Maß und Richtungssinn erhalten.

In Schleiermachers Kulturtheorie tritt Religion also doppelt auf. Zunächst ist sie als individuelles Symbolisieren der humanen Selbstdeutung und Weltgestaltung strukturell inhärent. Indem das Christentum die sittliche Vernunft beeinflusst, haust es sich durch die von ihr gebildeten Persönlichkeiten auch in den anderen Kultursphären ein,

12 Vgl. Gräb, Wilhelm: Humanität und Christentumsgeschichte. Eine Untersuchung zum Geschichtsbegriff im Spätwerk Schleiermachers, Göttingen 1980.

13 »Der Christ als einzelner muß in allen seinen geselligen Verhältnissen gegen alle einzelnen die [...] christlichen Tugenden anstreben, sie überall manifestiren, aber zugleich auch immer dahin wirken, daß das Gemeingefühl in jeder Gesammtheit, der er angehört, immer mehr in Uebereinstimmung gebracht werde mit den Forderungen des christlichen Princips« (Schleiermacher, Friedrich: Die christliche Sitte nach den Grundsätzen der evangelischen Kirche im Zusammenhang dargestellt, hg. von W.E. Müller, Waltrop 1999, 630).

14 Gräb: Humanität und Christentumsgeschichte, 142.

15 Schleiermacher: Die christliche Sitte, 241.

16 Birkner: Sittenlehre, 138.

prägt sie und kann in ihnen identifiziert werden. Etwa in der Wissenschaft als Motiv zur ständigen Erweiterung der Erkenntnis. Das Christentum »duldet nicht, daß der Ausbildung des Erkenntnisvermögens Schranken gesezt werden«.[17] Oder in Kunst, Spiel und Geselligkeit, die von Schleiermacher als integrierendes Moment der Humanität verstanden werden, als »geradezu [...] weltliche Parallele zum christlichen Gottesdienst«.[18] Religion ist fester Bestandteil der Kultur und in ihr deshalb produktiv wirksam. Die Kulturentwicklung strebt zu einer Versöhnung von Vernunft und Religion, die freilich daran gebunden ist, dass die in ihr liegende sittliche Aufgabe in jeder Epoche erkannt und übernommen wird.

2. »Kulturprotestantismus« – Religiöse Elemente im Aufbau der modernen Kultur

Ging es bei Schleiermacher neben der kategorialen Zuordnung von Kultur und Religion um die Bestimmung eines historischen Richtungssinns der Kulturentwicklung, wird in den Diskursen um 1900 die Prägekraft der christlichen Religion im Blick auf einzelne Ausbauelemente der modernen Kultur diskutiert, weil klar wird, dass die moderne Kultur nicht religiös eingefriedet ist. Die Einsicht wird gewonnen unter dem Eindruck der breiten Debatten um den Kulturbegriff, die ihn nicht nur wissenschaftstheoretisch zu Sprache bringen,[19] sondern auch seine Bedeutung und Verwendung ausdifferenzieren.[20] Der Begriff wird nun im Plural verwendet, verweist auf die unterschiedlichen historischen Entwicklungsstufen und bezeichnet die kulturellen Traditionen, die die Religionen und ihre Konfessionskulturen prägen. In diesem Sinne hat der Begriff deskriptiven Charakter. Zugleich wird er in normativer Absicht aufgegriffen und mit den Merkmalen der christlich-abendländischen Tradition bestimmt. In dieser Funktion dient er

17 Schleiermacher: Die christliche Sitte, 473.

18 Birkner: Sittenlehre, 140.

19 Vgl. Albrecht: Bildung, 61–73; Scheliha, Arnulf von: Symmetrie und Asymmetrie der Wissenschaftskulturen. Theologie – Religionswissenschaft – Kulturwissenschaften um 1900, in: K. Nowak/O.G. Oexle/T. Rendtorff/K.-V. Selge (Hg.), Adolf von Harnack, Göttingen 2003, 163–187: 171–179.

20 Vgl. Bruch, Rüdiger vom/Graf, Friedrich W./Hübinger, Gangolf (Hg.): Kultur und Kulturwissenschaften um 1900, Stuttgart 1989; Graf, Friedrich W./Tanner, Klaus: Art. »Kultur II. Theologiegeschichtlich«, TRE 20 (1990), 176–209.

der Abwertung anderer Kulturen, zur theologischen Selbstbeschreibung im Rahmen einer gesamtgesellschaftlichen Ortsbestimmung sowie – oftmals damit verbunden – zur Kritik der eigenen Gegenwart.

Hintergrund ist die Einsicht, dass sich nicht nur das Verhältnis von (institutionalisierter) Religion und Kultur prekär gestaltet (»Kulturkampf«), dass im Deutschen Kaiserreich Protestantismus und Katholizismus um die religiöse Bestimmung der Leitkultur rivalisieren[21] und dass der Begriff der Kultur selbst das Merkmal der Krise an sich zieht, wie z.B. an den einflussreichen Analysen Georg Simmels zur »Tragödie der Kultur«[22] deutlich wird. In allen theologischen Lagern wird daher nach Beständen im Reservoir der Religion gesucht, die einen Beitrag zur Bewältigung der Krise von Religion und Kultur beisteuern könnten.

Die neuere theologiegeschichtliche Forschung hat gezeigt, dass die Vorstellung eines kulturseligen »Kulturprotestantismus« nicht aufrechtzuerhalten ist.[23] Vielmehr wird in allen theologischen Lagern die Ambivalenz der modernen Kulturentwicklung herausgearbeitet. Man anerkennt zwar die Eigenständigkeit der ausdifferenzierten Kultursphären, aber Religion wird – positionell ganz unterschiedlich interpretiert – als kritisches Regulativ eingeführt, das die kulturellen Fliehkräfte bändigen soll. Es kommt zu dogmatischen Innovationen, zu weiträumigen ideengeschichtlichen Ableitungen, mentalitätsgeschichtlichen Untersuchungen und zu feinnervigen Zeitdiagnosen, die in »einer aufs Universale ausgedehnten hermeneutischen Anstrengung«[24] die Gegenwartsbedeutung der Religion in den kulturellen Sphären rekonstruieren und Kulturkrisenbewusstsein aufbauen. Fokus der protestantischen Kulturhermeneutik ist der Begriff der religiös-sittlichen Persönlichkeit, der in den theologischen Lagern höchst unterschiedlich ausgelegt wird,

21 Vgl. Graf/Tanner: Kultur II, 194f.

22 Vgl. Simmel, Georg: Wandel der Kulturformen (1916), in: Ders., Aufsätze und Abhandlungen 1909–1918. Bd. 2, hg. von K. Latzel, Frankfurt am Main 2000 (Gesamtausgabe Bd. 23), 217–223: 218.

23 Zur Begriffsgeschichte und Uneindeutigkeit seiner Verwendung vgl. grundlegend Graf, Friedrich W.: Kulturprotestantismus. Zur Begriffsgeschichte einer theologiepolitischen Chiffre, in: Archiv für Begriffsgeschichte 28 (1984), 214–268; vgl. insgesamt Müller, Hans-Martin (Hg.): Kulturprotestantismus. Beiträge zu einer Gestalt des modernen Christentums, Gütersloh 1992.

24 Homann, Harald: ›Kulturprotestantismus‹ – Zum Problem moderner Religion, in: J. Bergmann/A. Hahn/T. Luckmann (Hg.), Religion und Kultur, Opladen 1993, 169–190: 180.

weil verschiedene Strategien zur Verteidigung ihrer inneren Einheit gegen die vielfältigen Ansprüche der modernen Kultur an den Einzelnen gewählt werden.

Im konservativen Kulturluthertum vertritt man das Ideal einer christlichen Kultur, die die sich verselbständigenden Sphären von Staat, Ökonomie und autonomen Individualismus in christliche Substanz einbindet und steuert. Man ist bemüht, »sowohl die politische Praxis der Obrigkeit als auch alle Sphären der Kultur auf eine religiös fundierte, von der Kirche vermittelte Sittlichkeit zu verpflichten«.[25] So erfolgt eine Aufwertung des Kirchenbegriffs in den neulutherischen Dogmatiken des 19. Jh., durch die die religiöse Institution in ihrer Doppelfunktion als Anstalt der religiös-sittlichen Bildung und für den öffentlich-politischen Einfluss der Religion konzeptionell begründet wird.[26]

Nach Karl Holl besteht die »Kulturbedeutung der Religion« in der Sublimierung der Kultur und ihrer Teilbereiche. Darin liegt, so Holl, auch die noch unabgegoltene Zukunft der von der Reformation freigesetzten religiös-ethischen Reflexivität.

> »Alle Gebiete der Kultur hat die Reformation im Lauf der Jahrhunderte befruchtet. [...] Der Sinn für Religion ist unter uns im Wachsen. [...] Die Ueberzeugungskraft der Reformation beruhte auf der Wucht, mit der sie die sittlichen Begriffe einprägte. Und dort ist der schwerste Schaden unserer Zeit. Die Gewissen sind überall, zumal seit dem Krieg verwirrt; [...] Erst wenn an dieser Stelle eine Besinnung eingetreten ist, darf man auf eine Erneuerung unseres Volkes hoffen. Aber dann wird [...] es sich auch erweisen, daß die Reformation [...] erst am Anfang ihrer Weltwirkung steht«.[27]

In feinsinnigen Analysen zeigt Holl, welche Beiträge die reformatorische Bewegung beigesteuert hat, um die Kultur zu »veredeln« und zu »versittlichen«,[28] weil sich in ihrer religiösen Ethik die individuelle Selbstbestimmung zur Mitwirkung an den kulturellen Gemeinschaftsaufgaben verpflichtet. Luthers »Kulturziel« bestehe darin, Staat, Wirtschaft, Gesellschaft, Bildung, Wissenschaft, Philosophie, Dichtung und Kunst zu verstehen als Bedingungen und Modi »der Ausgestaltung

25 Graf, Friedrich W.: Konservatives Kulturluthertum. Ein theologiegeschichtlicher Prospekt, ZThK 85 (1988), 31–76: 47.

26 Vgl. z.B. Seeberg, Reinhold: Die Kirche Deutschlands im 19. Jahrhundert, Leipzig 1903; Dibelius, Otto: Das Jahrhundert der Kirche, Berlin 1926.

27 Holl, Karl: Die Kulturbedeutung der Reformation, in: Ders., Gesammelte Aufsätze zur Kirchengeschichte. Bd. 1: Luther, Tübingen ⁵1927, 468–543: 542f.

28 Holl: Kulturbedeutung, 472.

von ›Persönlichkeiten‹«,[29] die sich als solche vergemeinschaften: »Die wahre Aufgabe der Kultur liegt nach Luther im Menschen selbst; aber doch nicht in ihm als Einzelwesen – so wichtig diese Seite auch bei Luther ist – , sondern im Verhältnis von Mensch zu Mensch, in der Vertiefung und Bereicherung der Gemeinschaft«.[30] In diesem Sinne fordert Holl »die Fortbildung des Rechtsstaats zum Kulturstaat«[31], greift die Idee der allgemeinen Menschenrechte als Grundlage des modernen Staates auf[32] und trägt eine forcierte Kapitalismuskritik vor. Zugleich erkennt er in der Bildungsidee, dem historischen Bewusstsein, der modernen Hermeneutik, der idealistischen Philosophie, der klassischen Dichtung, dem Roman und dem Drama Fernwirkungen der reformatorischen Bewegung, die in Fortsetzung reformatorischer Impulse das lebendige und reflektierte Innenleben des Einzelnen aufgreifen und zur Darstellung bringen.

Ernst Troeltsch zieht das Bewusstsein von der »Religionskrisis«[33] in die genetische Beschreibung der modernen Kultur ein. Er rechnet mit komplexen Entstehungsbedingungen, weil die moderne Persönlichkeitskultur und ihre Sozialideen nicht allein christlicher Provenienz sind, sondern vielfältige ideelle Motive aufgesogen hätten. Troeltsch identifiziert vier »Hauptelemente, aus denen unsere heutige Gesittung sich aufbaut«[34], nämlich »die Antike, die eingewickelt in die christlich-kirchliche Überlieferung«[35] ist, das Christentum, das Germanentum und »als viertes und wichtigstes Grundelement die eigentlich moderne Geisteswelt selbst, […] entbunden durch die englische, amerikanische und französische Revolution«.[36] Die Komplizierung dieser Diagnose für das Thema »Religion und Kultur« wird exemplarisch an der von Troeltsch geteilten These Max Webers vom Beitrag des Protestantismus zur Entstehung der modernen Kultur des kapitalistischen Wirtschaftens deutlich. Einmal wird an der methodischen Konzentration auf ein Kultursegment die Skepsis einem Vorhaben gegenüber deutlich, den

29 Holl: Kulturbedeutung, 472.
30 Holl: Kulturbedeutung, 472.
31 Holl: Kulturbedeutung, 484.
32 Vgl. Holl: Kulturbedeutung, 496–498.
33 Troeltsch, Ernst: Vom Wesen des modernen Geistes, Preußische Jahrbücher 128 (1907), 1–40: 31.
34 Troeltsch: Vom Wesen des modernen Geistes, 2.
35 Troeltsch: Vom Wesen des modernen Geistes, 2.
36 Troeltsch: Vom Wesen des modernen Geistes, 3.

Zusammenhang von Religion und Kultur umfassend zu bestimmen. Die moderne Kultur sei ein an inneren Gegenläufigkeiten reiches Gebilde,[37] so dass der Zusammenhang von Religion und Kultur nicht mehr im summarischen Zugriff, sondern lediglich an den einzelnen »Komponenten«[38] aufgewiesen werden könne. Sodann besagt die inhaltliche Pointe der abschließenden Zeitdiagnose Webers, dass sich die Kultur des kapitalistischen Wirtschaftens von ihren religiösen Ursprungsmotiven abgekoppelt, »Abschied von einer Zeit vollen und schönen Menschentums«[39] genommen und sich diesem gegenüber verschlossen habe. Die Ökonomie bedeute »eine außerordentliche Steigerung der Diesseitigkeit aller Interessen, Gedanken und Strebungen«, eine »ungeheure Rationalisierung des Lebens«.[40] Ihre Hauptwirkung sei »depersonifizierend«[41] und hermetisiert gegenüber der christlichen Persönlichkeitskultur. Aus diesem Grund wird z.B. im sozialliberalen Protestantismus die im klassischen Luthertum hoch geschätzte Berufsarbeit kritisch eingeschätzt. Wegen der Ambivalenz der Moderne schreibt etwa Adolf von Harnack in seiner berühmten Wesensschrift, dass »Kulturfortschritt«[42] und »Kulturarbeit« »kein absolutes Gut«[43] seien. Inhalt des Evangeliums sei der kulturell niemals verrechenbare unendliche Wert der Menschenseele, der in seiner sozialethischen Interpretation als kritisches Regulativ jeder Kultur zu gelten habe.[44]

Die Kritik richtet sich auch gegen das Christentum selbst in der Einsicht, dass jede Epoche durch historische Kritik und systematische Umformung den Kulturwert des Christentums neu zu fundieren habe. Zur Begründung der kulturellen Aufgabe der Religion hat Troeltsch zwei theoretische Leistungen erbracht, nämlich seine Theorie des religiösen Apriori, die die Allgemeinheit und Selbständigkeit von Religion am Ort der Subjektivität geltungstheoretisch begründet[45] und seine re-

37 Vgl. Troeltsch: Vom Wesen des modernen Geistes, 36.

38 Troeltsch: Vom Wesen des modernen Geistes, 4.

39 Weber, Max: Die protestantische Ethik und der Geist des Kapitalismus, in: Ders., Gesammelte Aufsätze zur Religionssoziologie. Bd. 1, Tübingen [9]1988, 17–206: 203.

40 Troeltsch: Vom Wesen des modernen Geistes, 12.

41 Vgl. Troeltsch: Vom Wesen des modernen Geistes, 13f.

42 Harnack, Adolf von: Das Wesen des Christentums, Leipzig 1900, 77.

43 Harnack: Das Wesen des Christentums, 77.

44 Vgl. Harnack: Das Wesen des Christentums, 56–65; Harnack, Adolf v.: Die Evangelisch-Soziale Aufgabe im Lichte der Geschichte der Kirche, in: Ders., Reden und Aufsätze. Bd. 2, Giessen 1906, 23–76.

45 Vgl. dazu Barth, Ulrich: Troeltsch et Kant. A priori religieux et philosophy de

ligionssoziologische These, nach der sich die religiösen Sozialformen als Kirche, Sekte und mystischen Spiritualismus typisieren lassen.[46] Troeltsch ist der erste Theologe, der mit einer soziologischen und pluralen Auffächerung der Religionskultur rechnet und diesen Befund methodisch und inhaltlich auf die historische und dogmatische Selbstbeschreibung der christlichen Religion zurückbezieht.[47]

Die kritische Öffnung des Kulturprotestantismus zur Inkulturation des Religiösen vollzieht sich vor dem Hintergrund der Philosophie des Neukantianismus, der Kulturtheorien erarbeitet hat, in denen der Religion jeweils ein kultureller Ort zugewiesen wird.[48] Der Troeltsch nahe stehende Heinrich Rickert hat ebenfalls den Begriff der individuellen Persönlichkeit in seinem System der Kulturgüter einen hervorragenden Stellenwert zugemessen. Während das soziale Leben (zu dem Rickert das Leben in Ehe, Familie, Staat, Nation und Kulturmenschheit und in der Wissenschaft rechnet) dadurch ausgezeichnet sei, dass darin das persönliche Leben »nie in dem Sinne ethisch voll-endet sein«[49] könne, bestehe der Sinn des persönlichen Gegenwartslebens in Liebe, Freundschaft, Geselligkeit, Spiel und Kunst gerade darin, dieses Moment der Erfüllung als eine je *gegenwärtige* zu ermöglichen. In der Religion, so führt Rickert weiter aus, wird die in der Gegenwart nur punktuell mögliche Vollendung prinzipiell erfasst:

> »Die Beziehung zur Gottheit als der voll-endlichen Total-Persönlichkeit befreit das endliche Dasein [...] von Unvollkommenheiten [...] durch persönliche Anteilnahme am [...] Ewigen, das wir lieben und von dem wir uns geliebt glauben dürfen. [...] Diese Religion stützt und befestigt das Leben in Gegenwart und Zukunft, indem sie ihm einen Wert gibt, den es aus eigener partikularer Kraft nicht aufzubringen vermag.«[50]

l'historie, in: P. Gisel (Hg.), Histoire et théologie chez Ernst Troeltsch, Genf 1992, 63–99.

46 Vgl. dazu Krech, Volkhard: Wissenschaft und Religion, Tübingen 2002, 241–249.

47 Vgl. Scheliha: Dogmatik, »ihre Zeit in Gedanken gefaßt«?, 61–65.

48 Zu Georg Simmel vgl. Krech, Volkhard: Georg Simmels Religionstheorie, Tübingen 1998. Zu Ernst Cassirer und Hermann Cohen vgl. Moxter, Michael: Kultur als Lebenswelt, Tübingen 2000, 102–188.

49 Rickert, Heinrich: Vom System der Werte (1913), in: Ders., Philosophische Aufsätze, hg. von R.A. Bast, Tübingen 1999, 73–105: 91.

50 Rickert: Vom System der Werte, 98f.

Religion dient im System der Kulturwerte der Stabilisierung einer sittlichen Persönlichkeitskultur, die die Erfahrung von Sinnwidrigkeit und Fragmentarizität in den anderen Kultursphären kompensiert. Indem Rickert den Kultursphären die Möglichkeit zu vollendeter Persönlichkeitsbildung abspricht, argumentiert er kulturkritisch und beansprucht dafür die kulturelle Funktion von Religion.

3. Theologische Kulturkritik

Die Erfahrung des Ersten Weltkrieges und der sich an das Kriegsende anschließenden Umbrüche forciert den Gebrauch der Krisensemantik und hebt die theologische Kulturreflexion auf eine grundsätzliche Ebene. Zur Debatte steht jetzt das Verhältnis von Religion und Kultur als Ganzes. Dabei werden insbesondere auf Seiten der sog. Dialektischen Theologie radikale Thesen nicht gescheut, indem nun »der Gegensatz«[51] von Religion und Kultur betont, der Glaube als Exekutor der Kulturkrise aufgebaut[52] und die Eschatologie als Kulturkritik verstanden wird. Dem »liberalen« und »positiven« Kulturprotestantismus gegenüber« gälte »es heute auf die andere Seite zu treten«.[53] Barth lehnt es ab, den Begriff der Kultur in einem allgemeinen Sinne überhaupt aufzugreifen. Vielmehr sei er in genuin theologischer Perspektive zu thematisieren. Die entsprechende dogmatische Kategorie ist die »Sünde«, weil in ihr das Leben in der Welt gedeutet wird. Barths allgemeine Definition lautet: »Die Kultur ist die durch das Wort Gottes gestellte Aufgabe der in der Einheit von Seele und Leib zu verwirklichenden Bestimmung des Menschen.«[54] Auf diese Synthese sei der Mensch zwar »gerichtet«,[55] zugleich verfehle er sie, und ebendies werde im Glauben

51 Bultmann, Rudolf: Religion und Kultur (1920), in: J. Moltmann (Hg.), Anfänge der dialektischen Theologie. Bd. 2, München 1987, 11–29: 17.

52 »Das heißt, um es gleich in aller Deutlichkeit und Konkretheit zu sagen: wir vollziehen [...] die Krisis der Kultur, die einzige, die für uns als Religiöse in Betracht kommt, die aber auch für uns als Religiöse notwendig ist, ja, die geradezu das Kriterium dafür ist, ob wir diese Welt und ihr Geschehen in Gottes Licht sehen können.« Gogarten, Friedrich: Die Krisis unserer Kultur (1920), in: J. Moltmann (Hg.), Anfänge der dialektischen Theologie. Bd. 2, München 1987, 101–121, 106f.

53 Barth, Karl: Die Kirche und die Kultur (1926), in: Ders., Vorträge und kleinere Arbeiten 1925–1930, hg. von H. Schmidt, Zürich 1994, 6–40, 39.

54 Barth: Die Kirche und die Kultur, 15.

55 Barth: Die Kirche und die Kultur, 17.

einerseits bewusst, andererseits bewältigt. Kultur in diesem Sinne »heißt Entbehren und (nicht) Gewißwerden, Suchen und nicht Finden der Einheit Gottes durch den Menschen. Unerbittlich zeigt uns der Spiegel unserer Doppelexistenz, den uns das Wort Gottes vorhält, beides, die Dringlichkeit und die Schrecklichkeit des Problems der Kultur.«[56] Dieses Problem sei aber für die dogmatische Entfaltung des Glaubens deswegen nicht konstitutiv, weil es in ihm als immer schon überwunden gelte. Jede Kulturarbeit stehe unter dem »eschatologischen Vorbehalt«[57] des göttlichen Wortes. Das erklärt, warum Barth für Differenzierungen im Begriff kein Interesse aufbringt. Immerhin wendet Barth seinen theologischen Kulturbegriff auch auf die Kirche an. An ihr nimmt die theologische Dialektik der Kultur selbst kulturelle Gestalt an: »Die Kirche schwimmt auf der ganzen Linie mit im Strom der Kultur.«[58]

Mit der Betonung der Unverzichtbarkeit einer theologischen Perspektive hat die Dialektische Theologie der Debatte um das Verhältnis von Religion und Kultur ein Merkmal beigesteuert, das – in dogmatisch freilich entfrachteter Form – im gegenwärtigen Diskurs als kulturtheologisch unverzichtbare Beteiligungsperspektive präsent ist. Das Selbstverständnis der Religion im Blick auf die Kultur muss schon deshalb methodisch berücksichtigt werden, weil – wie die Religionsgeschichte zeigt – die schon kulturell unterschiedlich geprägten Religionen die mentale Einstellung der Menschen ganz unterschiedlich gestaltet haben. Die harmatiologische Stilisierung der kulturellen Distanz des christlichen Glaubens durch die wirkungskräftigen Theologien der zwanziger Jahre aber dürfte nicht anders denn als verhängnisvoll zu bewerten sein. Die eschatologische Abwertung der Kultur war so wirksam, dass nicht nur die Phänomene der modernen Lebenswelt als solche aus dem Blick gerieten, sondern dass auch die partiellen Revisionen etwa Gogartens[59] oder Karl Barths[60] kaum oder nur mit erheblichem interpretatorischen Aufwand kulturtheologisch erkennbar wurden und fruchtbar gemacht werden können. Faktisch erfolgte die

56 Barth: Die Kirche und die Kultur, 18.
57 Barth: Die Kirche und die Kultur, 32.
58 Barth: Die Kirche und die Kultur, 35.
59 Vgl. Gogarten, Friedrich: Verhängnis und Hoffnung der Neuzeit, Stuttgart 1953; dazu Fischer, Hermann: Protestantische Theologie im 20. Jahrhundert, Stuttgart 2002, 113–119.
60 Vgl. Moxter: Kultur als Lebenswelt, 174–273.

Wiedergewinnung des theologischen Kulturbegriffs vor allem aus Anlass der ethischen Diskurse in der frühen Bundesrepublik und insbesondere durch die Praktische Theologie, in der man vergleichsweise früh auf die tief greifenden Veränderungen in der Lebenswelt aufmerksam wurde und sich den human- und kulturwissenschaftlichen Diskursen öffnete. In kategorialer Hinsicht besann man sich auf die Einsichten vor allem Schleiermachers, Troeltschs und Tillichs, so dass im interdisziplinären Diskurs der Gegenwart zum Verhältnis von Religion und Kultur die Rolle der Dialektischen Theologie ausgespielt sein dürfte.

4. Kulturtheologie

In seiner zeitgleich zur Dialektischen Theologie erarbeiteten Kulturtheologie teilt Paul Tillich deren Anliegen, das Verhältnis von Kultur und Religion umfassend zu bestimmen und darin den Eigensinn der religiösen Perspektive zur Geltung zu bringen. Schon in seinem Beitrag »Über die Idee einer Theologie der Kultur« (1919) hat Tillich ein Feld abgesteckt, das bis heute nicht vollständig bestellt ist. Er differenziert Troeltschs religionstheoretischen Ansatz aus und radikalisiert dessen Einsicht von der kulturellen Vielspältigkeit der christlichen Religionskultur. Durch die komplexen, von der Forschung nur im Ansatz erschlossenen sinntheoretischen Grundannahmen[61] raffiniert Tillich die kategorialen und diagnostischen Möglichkeiten, so dass nun Religion »in allen Provinzen des Geistigen«[62] identifiziert werden kann. Seine Formel »Religion ist die Substanz der Kultur, und Kultur ist die Form der Religion«[63] gibt die eigentümliche Verschränkung, die Tillich vor Augen hatte, zu erkennen. Sein Programm ist eingebettet in ein wissen-

61 Vgl. Amelung, Eberhard: Die Gestalt der Liebe. Paul Tillichs Theologie der Kultur, Gütersloh 1972; Barth, Ulrich: Religion in der Moderne, Tübingen 2003, 89–123.

62 Tillich, Paul: Über die Idee einer Theologie der Kultur (1919), in: Die religiöse Substanz der Kultur. Schriften zur Theologie der Kultur, Stuttgart 1967 (Gesammelte Werke; Bd. 9), 13–31: 17.

63 Tillich, Paul: Aspekte einer religiösen Analyse der Kultur (1959), in: Die religiöse Substanz der Kultur. Schriften zur Theologie der Kultur, Stuttgart 1967 (Gesammelte Werke; Bd. 9), 100–109; 101f; vgl. ders.: Religion und Kultur (1950), in: Die religiöse Substanz der Kultur. Schriften zur Theologie der Kultur, Stuttgart 1967 (Gesammelte Werke; Bd. 9), 82–93: 84.

schaftstheoretisches Konzept, in dem die Theologie als Teil der von ihm sog. systematischen Kulturwissenschaft zu stehen kommt, die sich als »konkret-normative Religionswissenschaft«[64] der Religion im Geistesleben der jeweiligen Gegenwart zuwendet. Sie setzt dabei eine als allgemeine Kategorienlehre verstandene Religionsphilosophie und die Religionsgeschichte voraus, in der das kulturspezifische Gewordensein der konfessionell geprägten Religionen beschrieben wird. Die Aufgabe der Kulturtheologie besteht nach Tillich darin, den Prozess der Inkulturation von Religion »in allen Gebieten [...] der Kultur zu verfolgen und zum Ausdruck zu bringen«.[65]

Der Sinnbegriff markiert die kategoriale Ebene, auf der die Zusammengehörigkeit und Differenz von Religion und Kultur bestimmt wird. Dabei wird der Religionsbegriff doppelt dimensioniert.[66] Die erste Dimension ist der intentionale Gehalt von Religion, von Tillich später auch »Religion A« genannt. Religion richtet sich auf die Unbedingtheit von Sinn bzw. die Unendlichkeit von Sinnbarem. »Von einem unbedingten Sinn reden, heißt, von etwas reden, das dem bloßen Werden, dem bloßen Schreiten aus der Vergangenheit in die Zukunft enthoben ist, heißt, von etwas reden, das zwar die Zeiten trägt, selbst aber nicht den Zeiten unterworfen ist.«[67] Religion ist also genuin keine kulturelle Sinnagentur, sondern primär das Bezogensein auf »die letzte, tiefste, alles erschütternde und alles neu bauende Sinnwirklichkeit«,[68] die sich dem fortlaufend Sinn produzierenden Menschen in der Differenz von Sinngrund und Sinnabgrund mitteilt.[69] In diesem Sinne gilt Religion als die »Substanz«, der »Grund«,[70] die »Tiefendimension«[71] oder als die Sinnunendlichkeitsdimension.[72]

64 Tillich: Theologie der Kultur, 14.

65 Tillich: Theologie der Kultur, 19.

66 Vgl. Barth: Religion in der Moderne, 121–123.

67 Tillich, Paul: Die religiöse Lage der Gegenwart (1926), in: Die religiöse Deutung der Gegenwart. Schriften zur Zeitkritik, Stuttgart 1968 (Gesammelte Werke. Bd. 10), 9–93: 12.

68 Tillich: Theologie der Kultur, 18.

69 Vgl. Tillich, Paul: Kirche und Kultur (1924), in: Die religiöse Substanz der Kultur. Schriften zur Theologie der Kultur, Stuttgart 1967 (Gesammelte Werke. Bd. 9), 32–46: 33f, 41f.

70 Tillich, Paul: Über die Grenzen von Religion und Kultur (1954), in: Die religiöse Substanz der Kultur. Schriften zur Theologie der Kultur, Stuttgart 1967 (Gesammelte Werke. Bd. 9), 94–99: 94.

71 Tillich: Über die Grenzen von Religion und Kultur, 95.

72 »Die Tiefe des Religiösen gibt der Kultur einen unendlichen Sinn« (Tillich: Über

Neben die religionstheoretische tritt die kulturtheoretische Ebene, die Tillich so anlegt, dass sich Anschlussmöglichkeiten für wissenssoziologische, kulturgeschichtliche und zeitdiagnostische Analysen ergeben. Sie werden an der zweiten Dimension des Religionsbegriffs deutlich, von Tillich später »Religion B« genannt, die ihre mentale und soziale Struktur betrifft. In dieser Perspektive ist Religion als kulturelles Phänomen anzusprechen, denn »nur in der Verbindung mit außerreligiösen Kulturfunktionen hat das religiöse Prinzip Existenz«.[73] Hervorragendes Beispiel dafür ist die Verwendung der kulturell je vorformatierten Sprache und Symbolkultur. »Religiöse Symbole benutzen eine endliche Wirklichkeit, um unsere Beziehung zum Unendlichen auszudrücken.«[74] Die »Religion B« tritt in der Regel als »›organisierte Religion‹«[75] auf und differenziert sich in einer bestimmten religiösen Vorstellungswelt (Dogmatik), in Handlungsanweisungen (Ethik) und Kult (Gottesdienst etc.). Religion ist also einerseits Bestandteil der Kultur, andererseits von den Kultursphären unterschieden. Diese Differenz deutet Tillich als dynamische Konfliktsituation, die die Kulturgeschichte bewegt. »In unserer Wirklichkeit [...] haben wir eine Spaltung des Religiösen und des Profanen.«[76] Die Religion drängt auf Grund ihrer Sinnüberschussfunktion auf Steuerung der Kultur (Heteronomie), wohingegen die Kultursphären danach streben, sich von religiösen Sinnvorgaben zu emanzipieren und die Sinnhorizonte hinauszuschieben (Autonomie). So ist das Verhältnis von Religion und Kultur durch den Antagonismus von Heteronomie und Autonomie gekennzeichnet.

Die kulturtheologische Analyse setzt bei der Transzendenzintention der Religion ein, der »wesensmäßig im Gegensatz zu einer Kultur, deren Prinzip die in sich ruhende Endlichkeit ist«,[77] steht. Da es diese Transzendenzintention aber nicht extrakulturell, sondern nur inkulturiert gibt, erfolgt die Analyse nicht von einer Position außerhalb der

die Grenzen von Religion und Kultur, 99). An anderer Stelle formuliert Tillich zugespitzt: In der Religion geht es um die »Heiligung des Kulturlebens« (Christentum und Sozialismus, in: Christentum und Soziale Gestaltung, Stuttgart 1962 [Gesammelte Werke. Bd. 2], 21–33: 27).

73 Tillich: Theologie der Kultur, 17.

74 Tillich: Religion und Kultur, 89.

75 Tillich: Religion und Kultur, 86.

76 Tillich: Über die Grenzen von Religion und Kultur, 96.

77 Tillich: Die religiöse Lage der Gegenwart, 65.

Kultur, sondern so, dass sie in ihr selbst identifiziert wird. Religion ist also der Kultur nicht äußerlich, sondern ein Kulturphänomen, das auf Grund seiner spezifischen Intentionalität für die kulturelle Prinzipienreflexion zuständig ist und die Kultur darin stets überschreitet. Da sie darin aber an kulturelle Formen gebunden bleibt, kann sie sich grundsätzlich mit allen Kulturgütern verbinden. Gegenstand der Kulturtheologie ist also die Inkulturation von Religion in allen Kulturgebilden. Sie ist kulturkritisch, wo die kulturellen Formen ins Leere laufen, sich mit beliebigen Inhalten verbinden und jede Transparenz der Dialektik von Sinngrund und Abgrund vermissen lassen. Sie ist normativ, indem sie diese Transparenz einklagt. Die Kulturtheologie formuliert »den idealen Entwurf einer religiös erfüllten Kultur«.[78] Dieses Ideal besteht in einer auf das Unbedingte hin transparenten, also ihr sinn(ab)gründiges Fundament sich selbstreflexiv vergegenwärtigenden Kultur.[79] Dieses Ideal bezeichnet Tillich auch als »theonome Kultur«, in der der Konflikt von kultureller Heteronomie und Autonomie im Prinzip überwunden ist.

Tillich hat seine kulturtheologischen Analysen der Gegenwart breit entfaltet. Die erste Gesamtschau liegt in der Schrift »Die religiöse Lage der Gegenwart« von 1926 vor. Besonderes Gewicht hat er dabei auf die ästhetische Hochkultur,[80] die Wissenschaft,[81] die Ökonomie,[82] die technische Kultur[83] und den Staat[84] gelegt. Nach seiner Diagnose hatte sich die bürgerliche Kultur des 18. und 19. Jh. in ihrer ökonomisch bestimmten, wissenschaftlichen und technischen Kultur gegen die Di-

78 Tillich: Theologie der Kultur, 20.

79 Das kulturtheologische Ideal »fordert eine Kultur, in der [...] ein einheitlicher Gehalt, eine unmittelbare geistige Substanz die gesamte Kulturbewegung erfüllt und sie dadurch zum Ausdruck eines allumfassenden religiösen Geistes macht, dessen Kontinuität eins ist mit der Kontinuität der Kultur selbst« (Tillich: Theologie der Kultur, 29). »Eine theonome Kultur [...] drückt in ihren Schöpfungen etwas aus, das uns unbedingt angeht, einen transzendenten Sinn, nicht als etwas ihr Fremdes, sondern als ihren eigenen geistigen Grund« (Tillich: Religion und Kultur, 84).

80 Zur Malerei des Expressionismus vgl. Tillich: Über die Grenzen der Kultur, 22f; Tillich: Die religiöse Lage der Gegenwart, 33f.

81 Vgl. Tillich: Theologie der Kultur, 23f; ders.: Die religiöse Lage der Gegenwart, 41ff.

82 Vgl. Tillich: Die religiöse Lage der Gegenwart, 15ff.

83 Vgl. Tillich: Aspekte einer religiösen Analyse der Kultur, 102ff.

84 Vgl. Tillich: Theologie der Kultur, 25f.; Ders.: Die religiöse Lage der Gegenwart, 49–53.

alektik von Sinngrund und Abgrund abgekapselt und die »Transparenz für das Ewige«[85] verloren. Sie ruhte gänzlich in ihrer »eigenen Form«,[86] überschätzte ihre Leistungsfähigkeit und war ideologieanfällig. Der »Geist des Kapitalismus« ist für Tillich das »stärkste Symbol der in sich ruhenden Endlichkeit«.[87] Freilich vermag Tillich auch kulturelle Gegenströmungen zu identifizieren. Zu ihnen gehört weniger die organisierte Religion. Tillich wirft den Kirchen eine widerspruchsvolle Haltung vor[88] und traut ihr nicht viel zu: Die »wichtigsten religiösen Bewegungen vollziehen sich außerhalb der Religion.«[89] Vielmehr sind es philosophische, wissenschaftliche, politische, ästhetische und religiöse Gegenströmungen und Submilieus, die Tillich insbesondere an den Auf- und Umbrüchen der zwanziger Jahre festmacht, die gegen die Profanisierung und Enthumanisierung der Kultur protestieren, zur »Enthüllung der Situation des Menschen«[90] beitragen, und kulturimmanent die Frage nach der religiösen Substanz der Kultur neu zur Geltung bringen. Zusammenfassend hat Tillich seine Gegenwart als ein Übergangszeitalter charakterisiert:

> »Wir kommen aus einer Zeit des auf sich selbst gerichteten Daseins, der in sich selbst ruhenden und dem Ewigen gegenüber sich absperrenden Lebensformen. [...] Dieser Zustand ist zerbrochen. Die Zeit hat Erschütterungen erfahren, die sie nicht überwinden, deren Wirkungen sie nicht abstoßen oder entheiligen konnte. [...]. Wie es die außerkirchliche Kultur war, die im vorigen Jahrhundert fast ausschließlich die Führung hatte, so war sie es auch, aus der im 20. Jahrhundert die Gegenbewegungen hervorgingen [...] An allen Punkten erheben sich Fragen und Fragwürdigkeiten, die in eine Jenseitigkeit des Zeitlichen weisen und die Sicherheit der vom Ewigen her gelösten Gegenwart bedrohen.«[91]

Die Aufgabe der Kirche besteht darin, »die in der Kulturgemeinschaft lebendigen religiösen Elemente durch Schaffung einer spezifisch religiösen Sphäre dem Zufall zu entziehen, sie zu sammeln, zu konzentrieren, theoretisch und praktisch, und sie dadurch zu einem kraftvollen, ja

85 Tillich: Aspekte einer religiösen Analyse der Kultur, 103.
86 Tillich: Die religiöse Lage der Gegenwart, 17.
87 Tillich: Die religiöse Lage der Gegenwart, 46.
88 Vgl. Tillich: Aspekte einer religiösen Analyse der Kultur, 104.
89 Tillich: Die religiöse Lage der Gegenwart, 64; zur Kirchenkritik vgl. Tillich: Die religiöse Lage der Gegenwart, 75–93.
90 Tillich: Aspekte einer religiösen Analyse der Kultur, 105.
91 Tillich: Die religiöse Lage der Gegenwart, 19f.

dem kraftvollsten, alles tragenden Kulturfaktor zu machen«.[92] Auf diese Weise könne sie der »Profanisierung, Entleerung und Zerspaltung der Kultur«[93] entgegenwirken. In diesem Sinne spricht Tillich später auch von einer »prophetischen Rolle«[94] und einem Wächteramt der Kirche. Freilich warnt er auch vor einer kulturkritischen Überschätzung der Kirche. »Kulturelle Veränderungen entstehen durch die innere Dynamik der Kultur selbst.«[95] Die Kirche deutet die religiösen Aufbauelemente der Kultur, aber sie ist selbst nicht kulturkreativ.

Tillichs sinntheoretischen Grundannahmen, sein kulturtheologischer Weitblick und seine kritische Offenheit für Modernitätsphänomene sind noch heute für die Bearbeitung des Verhältnisses von Kultur und Religion richtungsweisend. Seine eigene Durchführung fällt jedoch schematisch aus und verfolgt in seiner Theonomie-These »einer integrationalistischen Weltsicht«[96] die den Eigenwert der kulturellen Antagonismen ebenso wenig berücksichtigt wie den gesellschaftlichen Pluralismus und überdies bestimmte Phänomene wie Sport, Medien und Unterhaltungskultur gar nicht in den Blick nimmt.

5. *Inkulturation religiöser Sinnstrukturen*

In der kulturtheologischen Debatte der Gegenwart folgt man der sinntheoretischen Vorgabe Paul Tillichs, auch deshalb, weil die moderne Religionssoziologie den Sinnbegriff aufgegriffen hat,[97] so dass sich hier weitreichende Anknüpfungsmöglichkeiten ergeben. In der Wissenssoziologie wird der Religion deshalb eine Schlüsselstellung zugewiesen, weil ihr »im Hinblick auf die ideelle Organisation von Sinn eine maß-

92 Tillich: Theologie der Kultur, 30.

93 Tillich: Theologie der Kultur, 31.

94 Tillich: Aspekte einer religiösen Analyse der Kultur, 108.

95 Tillich: Aspekte einer religiösen Analyse der Kultur, 108.

96 Gräb, Wilhelm: Sinn fürs Unendliche. Religion in der Mediengesellschaft, Gütersloh 2002, 32

97 Vgl. Lübbe, Heinrich: Religion nach der Aufklärung, Graz/Wien/Köln [2]1990; Luckmann, Thomas: Die unsichtbare Religion, Frankfurt am Main 1991; Luhmann, Niklas: Die Religion der Gesellschaft, Frankfurt am Main 2000; Knoblauch, Hubert: Religionssoziologie, Berlin/New York 1999; Daiber, Karl-Fritz: Religion in Kirche und Gesellschaft, Stuttgart 1997, 155ff; Gräb: Sinn fürs Unendliche, 70ff; Barth: Religion in der Moderne, 31–87.

gebliche Rolle«[98] zukommt. Die Theologie hat sich dem Thema »Religion und Kultur« in einer Weise angenommen, dass man bereits teils programmatisch teils warnend von einem neuen oder zweiten Kulturprotestantismus spricht.[99] Gegenüber Tillichs Sinnkonzept sind drei Fortschreibungen erkennbar, die die Ausführungen zum gegenwärtigen Stand der Debatte gliedern.

5.1. Forcierung der Dialektik von »Gestaltung und Kritik« zu einer kirchlichen Kulturkritik

Die Evangelische Kirche in Deutschland (EKD) hat sich im Jahr 1999 mit ihrem sog. Impulspapier »Gestaltung und Kritik. Zum Verhältnis von Protestantismus und Kultur im neuen Jahrhundert« ihren kulturellen Außenrelationen gegenüber geöffnet und den Beginn eines noch unabgeschlossenen Konsultationsprozesses markiert. Die beiden Leitbegriffe »Gestaltung« und »Kritik« sind der Protestantismus-Bedeutung Tillichs entnommen.[100] Die Vertauschung der Reihenfolge – Tillich hatte das kritische dem gestaltenden Prinzip vorgeordnet – gibt eine Akzentverschiebung nur vor. Faktisch wird das Erbe der theologischen Religions- und Kulturkritik der Dialektischen Theologie angetreten,[101] der aber die konsequente Selbstanwendung auf die Inkulturation des Evangeliums in der organisierten Religion versagt wird. Der kulturkritische Impuls wird nicht in die Distanz zur Kultur getrieben, vielmehr sei die »Kirche [...] zur kritischen Teilnahme an der kulturellen Entwicklung der eigenen Gegenwart verpflichtet,«[102] die auf den problematischen Begriff der kulturellen Diakonie gebracht wird.[103]

98 Barth: Religion in der Moderne, 160.

99 Vgl. Korsch, Dietrich: Kulturprotestantismus als Kulturhermeneutik, in: B. Heller (Hg.), Kulturtheologie heute?, Hofgeismar 1997, 7–32; Körtner: Der fehlende Mut, von Gott zu reden, 49; Moxter, Michael: Protestantische Wahrnehmung kultureller Praxis, in: W. Gräb/B. Weyel (Hg.), Praktische Theologie und protestantische Kultur, Gütersloh 2002, 52–66: 54; Schröer, Henning: Poetischer Schöpfer. Die künstlerischen Möglichkeiten der Rede von Gott, EK 30 (1997), 700–702: 700.

100 Vgl. Tillich, Paul: Der Protestantismus als Kritik und Gestaltung. Schriften zur Theologie I, Stuttgart 1962 (Gesammelte Werke. Bd. 7).

101 Vgl. Gestaltung und Kritik. Zum Verhältnis von Protestantismus und Kultur im neuen Jahrhundert, hg. vom Kirchenamt der Evangelischen Kirche in Deutschland (EKD) und der Geschäftsstelle der Vereinigung Evangelischer Freikirchen (VEF), Hannover 1999, II.1.

102 Gestaltung und Kritik, I.3.6.

103 Vgl. Gestaltung und Kritik, I.3.6.

Kultur wird umfassend definiert als der »Inbegriff derjenigen gesellschaftlichen Bereiche, für die Sprache und Ausdruckshandeln die Leitmedien sind.«[104] Bei der Analyse der Begegnungsfelder Religion, Gedenkkultur, Kunst, Jugendkultur, Bildung und Wissenschaft, Medien, Sport und Spiel sowie Alltag und Sonntag aber bleiben Politik, Wirtschaft und Recht ausgespart.

Bei der Erläuterung der »Gestaltung« beschränkt man sich auf allgemeine kulturgeschichtliche Bemerkungen. Für die Gegenwart wird der Begriff der Verantwortung nominiert, der aber direkt zur »Kritik« überleitet, deren Perspektive dominiert. Man greift die methodisch hochproblematische Säkularisierungsthese auf und analysiert die Gegenwartskultur unter dem Gesichtspunkt des Verfalls.[105] Es nimmt daher nicht Wunder, dass in allen kulturellen Sphären »Phänomene säkularen Religionsersatzes«,[106] Vermassungsphänomene und mit ihnen verbundene Verflachungstendenzen identifiziert werden. Der Ton der Studie ist auf Larmoyanz gestimmt und im abschätzigen Gestus wird die »Fremdheit«[107] der christlichen Botschaft »gegen die Selbstverliebtheit des Menschen«[108] in Stellung gebracht, der durch die kirchliche »Unterscheidung der Geister« »nicht dem Irrtum überlassen«, sondern über seine Kulturseligkeit aufgeklärt wird. Es geht also nicht um »die kleine Münze religiöser Stabilisierung«,[109] sondern – im Kern – um kirchliche Kulturkritik.

5.2. Formalisierung der Grund- Abgrunddialektik zu einer pneumatologischen Differenzreflexion

Um den kirchentheologischen »Gestus ideologiekritischer Desillusionierung des Kulturthemas«[110] schon im Ansatz zu vermeiden, formalisiert Michael Moxter zur Begründung seiner »trinitarischen Strukturierung der Kulturtheologie«[111] die Tillichsche Dialektik von Sinngrund und Abgrund zu einer Theorie der Differenz, und zwar mit einer Theoriesynthese aus Semiotik und Phänomenologie. Kultur ist der »Inbe-

104 Gestaltung und Kritik, I.3.1.
105 Vgl. Gestaltung und Kritik, I.1.2.
106 Gestaltung und Kritik, II.1.1.
107 Gestaltung und Kritik, III.1.1.
108 Gestaltung und Kritik, III.1.1.
109 Gestaltung und Kritik, III.1.1.
110 Moxter: Kultur als Lebenswelt, 400.
111 Moxter: Kultur als Lebenswelt, 385.

griff der Bedingungen, unter denen Leben sich selbst gegeben und also als menschliches Leben möglich ist«.[112] Der für die Kulturentwicklung charakteristische Prozess wird von Moxter als permanente Grenzdialektik »zwischen Vertrautem und Fremdem, aber auch zwischen Ordnung und Anomie«[113] beschrieben. Anthropologisch bringt Moxter den Charakter menschlichen Lebens als Selbsttranszendenz ins Spiel, die sich durch fortgesetzten Zeichengebrauch vollzieht, der zu Umbesetzungen von Bedeutungen und Sinnverschiebungen führt. Kultur lebt also von permanenter Freisetzung von Unbestimmtheitspotential in »kreativer Variantenbildung«[114]. Sie verläuft nicht harmonisch, sondern konfliktträchtig. Insofern »erscheint Kultur als Arbeit an Konflikten, ohne daß die Suggestion glaubhaft wäre, es handele sich in ihr um Konfliktüberwindungen«.[115] Moxter versteht nun die Pneumatologie in diesem Sinne als serielle Produktion von differentem Anschlusssinn. Das Werk des Geistes ist nach dem Abgang Jesu Christi »Fortbestimmung im Medium des Andersseins«[116], so dass in der Kultur des Christentums »Differenzbildung als Prinzip von Kontinuierung«[117] als vom Geist ermöglicht und begründet gilt.

Weil die Begrenztheit und Ambivalenz der als permanente Differenzproduktion durchschauten Kulturprozesse erkannt und anerkannt ist, entfallen die Möglichkeiten, das Verhältnis von Religion und Kultur als Kritik, Überformung, Versöhnung oder Ergänzung zu beschreiben. Dies gilt schon deshalb, weil auch die historische Kultur des Christentums grundsätzlich überholbar ist. Die Prozesse kultureller Variantengenerierung und christlicher Selbstauslegung verlaufen grundsätzlich synchron, können sich aber auch diachron aufeinander beziehen.[118] Die Aufgabe einer kulturtheologisch aufmerksamen Dogmatik besteht darin, in »riskanten Kombinationen kategorialer Hinsichten«[119] das Christliche lebensweltlich verstehbar zu machen. Sie ist damit aber selbst in den iterativen Prozess von Differenzerzeugung hineingestellt. Der kulturelle »Mehrwert« des Glaubens besteht daher in

112 Moxter: Kultur als Lebenswelt, 385.
113 Moxter: Kultur als Lebenswelt, 398.
114 Moxter: Kultur als Lebenswelt, 404.
115 Moxter: Kultur als Lebenswelt, 401.
116 Moxter: Kultur als Lebenswelt, 403.
117 Moxter: Kultur als Lebenswelt, 402.
118 Vgl. Moxter: Kultur als Lebenswelt, 407.
119 Moxter: Kultur als Lebenswelt, 407.

der auf Dauer gestellten »Reflexion dieses Prozesses, indem er die unhintergehbaren symbolischen Formen als Darstellungsformen von Differenzbewusstsein begreift und sie entsprechend gebraucht.«[120]

5.3. Deutungstheoretische Bestimmung der Begriffe »Kultur« und »Religion« zu einer religionstheologischen Kulturhermeneutik

Moxter betrachtet das Thema »Religion und Kultur« nicht als Anwendungsproblem, sondern als dogmatische Kernaufgabe, die von der Gotteslehre aus angegangen gelöst wird. Im Horizont der klassischen dogmatischen Loci werden die Räume für kulturtheologisch »riskante Kombinationen« kategorial bestimmt. Aber auf der hochformalen Ebene des Differenzbegriffs kann nur schwerlich deutlich werden, wann, wo, weshalb und wie die synchrone Differenzproduktionen von Kultur und Religion diachron aufeinander verweisen außer in demjenigen Fall, in dem sie es faktisch tun. Daher wird in der religionstheologischen Kulturhermeneutik die Diachronie von Kultur und Religion einerseits modernitätsdiagnostisch und andererseits mit Tillichs Begriff des Sinnunbedingten angereichert. Dazu wird die auf Schleiermacher, Troeltsch und Tillich zurückgehende religionstheoretische Theorietradition mobilisiert und deutungstheoretisch weiterentwickelt. Ulrich Barth unterscheidet Kultur und Religion nach *genus proximum* und *differentia specifica* voneinander. Unter »Kultur« werden alle in physische oder ideelle Güter »eingegangenen Bedeutungskomponenten« und die »darauf gerichteten Deutungsleistungen«[121] der Menschen verstanden. Der Begriff bezieht sich nicht nur auf die ästhetische Hochkultur, sondern auf alle Formen der Sinnstiftung bis hinein in den Bereich der sog. Trivialkultur und gesellschaftlichen Subkulturen. Die Religion ist dagegen nicht für Sinnstiftung zuständig, sondern nur für ihre Sinnunbedingtheit. Sie »tritt überall dort zutage, wo die Wirklichkeit nach ihrer Unendlichkeits-, Ganzheits-, Ewigkeits- und Notwendigkeitsdimension thematisch wird«.[122]

Dieser Ansatz wird mit einer Modernitätsdiagnose verknüpft. An den historischen, sozialen und zivilisatorisch bedingten Differenzen dieser Bedeutungen und Deutungsleistungen lässt sich der kulturelle Wandel jeweils bestimmen. Dazu gehört auch, dass der in der moder-

120 Moxter: Kultur als Lebenswelt, 408.
121 Barth: Religion in der Moderne, 35.
122 Barth: Religion in der Moderne, 70.

nen Welt beschleunigten und vervielfältigten Medienbestimmtheit von Sinnvermittlung und -stiftung höchste Beachtung zugemessen wird. Zu Tillichs Feststellung, dass die Kirchen das Deutungsmonopol für die ideelle Organisation von Sinn verloren und mit religiös organisierter Konkurrenz ebenso zu rechnen haben wie mit inkulturierter Religion, wird dem eigentümlichen Sachverhalt Beachtung zu Teil, dass sich die Umformung der Religion nicht nur auf ihre Sozialgestalt, Dogmatik und Ethik, sondern auch auf die mentale Einstellung der Individuen erstreckt. Religion liegt schon »unterhalb« eines emphatischen Glaubensverständnisses vor,[123] nämlich dort, wo sich Sinn mit der Suche nach einem Lebensziel verbindet, »in der Spannung von Bedürfnis und Befriedigung, Suchen und Finden, Frage und Antwort, Intention und Erfüllung«.[124] Hinzu kommt, dass die Sinnroutinen und kulturell vorformatierten Rollenvorgaben in der Regel stabil sind, so dass die Sinnunbedingtheitsdimension für die Individuen die Bedeutung eines Hintergrundthemas hat und nur kasuell explizit wird. Das dürfte vor allem dann erreicht sein, wenn ein Sinnüberschuss gegenwärtig wird, der nicht mehr an vorliegende Sinngefüge angeschlossen werden kann. Die Kontingenz bestehender Sinngefüge wird dann ebenso thematisch wie die Unbedingtheit innovativer Sinnaffirmation.[125] Diese Dimension muss sich nicht – wie in den zwanziger Jahren unterstellt – ausschließlich als Sinn- oder Kulturkrise zeigen, sondern kann sich – eine Anregung Holls aufgreifend – als Sublimierung des Sinnumgangs an jedem Sinngefüge inkulturieren. Sie zu identifizieren ist Aufgabe der kulturtheologischen Hermeneutik.

5.4. Methodische Fragen religionstheologischer Kulturhermeneutik

In der gegenwärtigen kulturtheologischen Debatte ist die Feinjustierung methodisch strittig. Gegen einen anthropologisch-funktionalen Religionsbegriff[126] wird eingewendet, dass er aus einer Außenperspektive Sachverhalte und Sinneinstellungen als religiös identifiziere, die sich als solche nicht wissen. Demgegenüber setzt die phänomenologische

123 Vgl. dazu Scheliha: Dogmatik, »ihre Zeit in Gedanken gefaßt«?, 73–77.

124 Barth: Religion in der Moderne, 49.

125 Vgl. Scheliha, Arnulf von: Der Glaube an die göttliche Vorsehung. Eine religionssoziologische, geschichtsphilosophische und theologiegeschichtliche Untersuchung, Stuttgart 1999, 335–352.

126 Vgl. Luckmann: Unsichtbare Religion; Knoblauch: Religionssoziologie.

Theorie gelebter Religion[127] bei der Wahrnehmung religiöser Einstellungen in der Alltagskultur ein, die sich insbesondere in der kirchlich vermittelten »bewussten Verarbeitung der Umbrüche, in der rituellen Ausgestaltung der Zwischenräume, vor allem in Schritten, die die Fragilität des Alltags ausdrücklich machen«[128] zeigt. Bindet man die religiöse Einstellung an ein bestimmtes »Sich-selbst-als-religiös-Wissen«, an traditionelle dogmatische Inhalte,[129] an bestimmte religiöse Sprach-, Symbol- oder Ausdruckskultur[130] oder an anderweitig vorliegende religiöse »Substanz«,[131] befindet man sich aber immer schon in einem Gegensatz zwischen Religion und Kultur, der dann nur nachträglich überwunden werden kann. Indem Wilhelm Gräb Religion bestimmt als »die sinnbestimmte Beziehung des Menschen auf den sinntranszendenten Grund und Abgrund seines Selbst- und Weltumgangs, der sich dem distanzierend-objektivierenden Zuschauer prinzipiell entzieht«,[132] stellt er seine religionstheologische Kulturhermeneutik auf diejenigen Medien der symbolischen Kommunikation ein, die diese religiöse Sinndimension in der modernen Welt an sich ziehen. Folkart Wittekind merkt dazu an, dass das dafür vorauszusetzende religiöse Subjekt gerade nicht vorausgesetzt werden könne, weil das postmoderne Personalitätskonzept sich von den »Leitbegriffen Sinn, Geschichte und Identität« abgelöst habe und »nach einer Neubestimmung«[133] suche. Dafür sei ein postfunktionaler Religionsbegriff[134] zuständig, der »reflexiv sinnorientiert«[135] expliziert wird.

> Der »religiöse Kern der Kultur [wird] dort wirklich, wo durch die pluralen kulturellen Deutungsangebote der Wirklichkeit […] hindurch sich indivi-

127 Vgl. Failing, Wolf-Eckart/Heimbrock, Hans-Günter: Gelebte Religion wahrnehmen. Lebenswelt – Alltagskultur – Religionspraxis, Stuttgart 1998.

128 Failing/Heimbrock: Gelebte Religion wahrnehmen, 30.

129 Vgl. Kirsner, Inge: Erlösung im Film. Praktisch-theologische Interpretationen, Stuttgart 1996; Kuschel, Karl Josef: Jesus in der deutschsprachigen Gegenwartsliteratur, Zürich/Köln/Gütersloh [3]1979.

130 Vgl. Moxter: Protestantische Wahrnehmung kultureller Praxis, 60f.

131 Vgl. Meyer-Blanck, Michael: Religion mit Substanz, EvTh 63 (2003), 468–479.

132 Gräb: Wahrnehmen und Deuten, 44.

133 Wittekind, Folkart: Verlust des Ich? Methodische Bemerkungen zur theologischen Wahrnehmung postmoderner Lebenswelten, in: A. Grözinger/G. Pfleiderer (Hg.), ›Gelebte Religion‹ als Programmbegriff Systematischer und Praktischer Theologie, Zürich 2002, 131–159: 147.

134 Vgl. Wittekind, Folkart: Kirche oder Kultur?, IJPT 2 (1999), 157–184: 157.

135 Wittekind: Kirche oder Kultur?, 157

> duell angeeigneter evidenter Wirklichkeitsbezug einstellt und ein bestimmter Lebenssinn dem einzelnen unmittelbar gewiss wird. In diesem Prozeß individueller Evidenz ereignet sich die wahrhafte Deutung des Lebens, und diese Deutung bleibt bezogen auf die Vermittlung möglichen Sinns durch die kulturelle Kommunikation der modernen Gesellschaft.«[136]

Die kulturellen Inhalte und Medien, an denen sich evidenter Lebenssinn einstellt, können so in ihrem Eigensinn gewürdigt werden. Religiös an ihnen sei die freie und selbstbewusste Aneignung sowie die damit verbundene »Reflexivität der Symbolverwendung«.[137] Zu dieser Einlagerung von Religion in die Evidenz eines reflektierten Umgangs mit den kulturell bereitgestellten Möglichkeiten der Selbstdeutung stellt Friedemann Voigt fest, dass »es verschiedene Artikulationen solcher Evidenz gibt«.[138] Er schlägt daher eine »›postsubstantielle‹ Religionstheorie«[139] vor, die bei dem inneren Zusammenhang von religiöser Erfahrung und einer bestimmten Struktur ihrer Artikulation einsetzt,[140] um die »Differenz der religiösen Selbstbeschreibung zur Beobachterperspektive […] möglichst klein«[141] zu halten und um am Maßstab eines an die Kulturgeschichte des Christentums zurückgebundenen Freiheitsbegriffs religiöse Inkulturationen kritisch sichten zu können.

5.5. Gebiete religiöser Inkulturation

Vornehmster Ort der Inkulturation von Religion dürfte gegenwärtig der Privatbereich sein. Dass Religion der sozialen Kontrolle entzogen, zur Privatsache und damit zu ihrer eigentlichen Aufgabe befreit wurde, dürfte eine der wichtigsten Errungenschaften der modernen Kultur sein. Die Individualisierung von Religion, der selbstverantwortliche und selbstverantwortete Umgang mit der Erfahrung des Sinnunbedingten ist ein Grunddatum der neuzeitlichen Religionskultur. Dazu gehört ebenso die Freiheit, sich die Frage nach der Unbedingtheitsdi-

136 Wittekind: Kirche oder Kultur?, 173f.

137 Wittekind: Verlust des Ich?, 155.

138 Voigt, Friedemann: Vorüberlegungen zu einer postsubstantiellen Religionstheorie in theologischer Absicht, in: C. Albrecht/F. Voigt (Hg.), Vermittlungstheologie als Christentumstheorie, Hannover 2001, 173–194: 190.

139 Voigt: Vorüberlegungen zu einer postsubstantiellen Religionstheorie, 190.

140 Darauf weist – unter etwas anderen theoretischen Voraussetzungen – auch Moxter hin, wenn er fordert, dass der Religionsbegriff der Komplementarität von expressivem Ausdruck und seiner Deutung gerecht werden muss (vgl. Moxter: Protestantische Wahrnehmung, 59–61).

141 Voigt: Vorüberlegungen zu einer postsubstantiellen Religionstheorie, 193.

mension von Sinn gar nicht zu stellen wie die Möglichkeit, die Antworten aus unterschiedlichen religiösen Traditionen zu kombinieren. Religiöser Pluralismus ist die Kehrseite von religiösem Individualismus, in dessen Konsequenz zunehmend mit religiösen Synkretismen zu rechnen ist.[142]

Freilich baut sich auch die private Religionskultur durch die öffentliche Religionskultur auf. Daher präformatiert der gesamtgesellschaftliche Zusammenhang von Religion und Kultur das, was individuell möglich ist. Institutionen der Außenstützung der privaten Religionskultur sind die als Kirche oder Verein organisierten Religionsgemeinschaften, die in Deutschland durch die Diözesen der römisch-katholischen Kirche, durch die evangelischen Landes- und Freikirchen sowie zunehmend durch die jüdischen und islamischen Gemeinden geprägt sind. Trotz Individualisierung, Pluralisierung, partieller Ökumene und Synkretismen steht die organisierte Religion für die öffentliche und mediale Wahrnehmung der Religionskultur ein. Ihr faktischer Einfluss auf die individuelle Religion ist jedoch »gefiltert« durch den privatisierten Anerkennungs- und Partizipationsakt, der von den Vorgaben und Angeboten der religiösen Gesellschaften selektiven Gebrauch macht. Insofern hat man zu Recht von der »private[n] Signatur der kirchlichen Religionskultur«[143] gesprochen.

»Traditioneller Partner der Religion«[144] ist die ästhetische Kultur. Beide weisen »tiefgreifende Strukturisomorphien«[145] auf, so dass die theologische Kulturhermeneutik auf diesem Gebiet ein reiches Betätigungsfeld findet auch und gerade dort, wo beide »Kulturen der Selbstdeutung«[146] sich inhaltlich und symbolisch auseinander entwickelt haben. So kann der Ästhetik sogar fundamentaltheologische Bedeutung zugemessen werden.[147] Während wie im klassischen Kulturprotestantismus auch gegenwärtig die ästhetische Hochkultur wie Musik, Male-

142 Vgl. Scheliha, Arnulf von: Der Islam im Kontext der christlichen Religion, Münster 2004, 95–107.

143 Steck, Wolfgang: Praktische Theologie. Bd. 1, Stuttgart 2000, 308.

144 Barth, Ulrich: Religion und ästhetische Erfahrung, in: K.-M. Kodalle/A.M. Steinmeier (Hg.), Subjektiver Geist. Reflexion und Erfahrung im Glauben, Würzburg 2002, 103–126: 103.

145 Barth: Religion und ästhetische Erfahrung, 125.

146 Gräb, Wilhelm: Lebenskulturen von Selbstdeutungen. Religion und Kunst, in: D. Korsch/J. Dierken (Hg.), Subjektivität im Kontext, Tübingen 2004, 127–142: 132.

147 Vgl. Grözinger: Praktische Theologie und Ästhetik.

rei, bildende Kunst, Literatur, Dramatik, Poesie und Architektur kulturtheologisch ausgewertet werden,[148] wendet sich die religiöse Kulturhermeneutik nun auch der Alltagskultur[149] und der populären Kultur wie Belletristik,[150] Comic,[151] Popmusik,[152] Sport,[153] Spiel,[154] dem Film,[155] Rundfunk,[156] TV,[157] Internet,[158] Werbung[159] oder dem Graffiti[160] zu. Besondere Aufmerksamkeit verdienen die modernen elektronischen Medien als Träger wie als eigentümlicher Modus der Entfaltung des Religiösen.[161]

Ein weiterer Bereich religiöser Inkulturation ist die Begründung und Entfaltung der Werte-Einstellung der Individuen. Dies gilt im Bereich der individuellen Lebensführung (z.B. sexuelle Selbstbestimmung, Lebensformen, Karriere) und für die Akzeptanz der von der christlichen Kultur hervorgebrachten Werte in einem »neuen Kulturchristen-

148 Vgl. z.B. Herrmann, Jörg/Mertin, Andreas/Valtink, Eveline (Hg.): Die Gegenwart der Kunst, München 1998; Mädler, Inken: Kirche und bildende Kunst in der Moderne, Tübingen 1997; Drehsen, Volker/Gräb, Wilhelm/Korsch, Dietrich (Hg.): Protestantische Ästhetik, Gütersloh 2001.

149 Vgl. z.B. Heumann, Jürgen/Müller, Wolfgang E. (Hg.): Auf der Suche nach Wirklichkeit, Frankfurt am Main 1996; Korczak, Dieter/Rosenau, Hartmut (Hg.): Rummel, Ritus, Religion, Neukirchen-Vluyn 2003.

150 Vgl. z.B. Wittekind, Folkart: Das Diesseits der Erinnerung. Religiöse Deutungsmuster des Lebens in Rosamunde Pilchers Roman »Die Muschelsucher«, PTh 30 (1995), 187–198.

151 Vgl. z.B. Brinkmann, Frank Thomas: Comics und Religion, Stuttgart 1999.

152 Vgl. z.B. Schwarze, Bernd: Die Religion in der Pop- und Rockmusik, Stuttgart 1997.

153 Vgl. z.B. Herms, Eilert: Sport, Hannover 1993

154 Vgl. z.B. Roth, Michael: Sinn und Geschmack fürs Endliche. Überlegungen zur Lust an der Schöpfung und der Freude am Spiel, Leipzig 2002.

155 Vgl. z.B. Kirsner: Erlösung im Film; Herrmann, Jörg: Sinnmaschine Kino, Gütersloh 2001; Laube, Martin (Hg.): Himmel, Hölle, Hollywood, Münster 2002; Claudy, Tobias: Die Gegenwart – das unentdeckte Land. Systematisch-theologische Hermeneutik populärer Filmkultur, Leipzig 2005.

156 Vgl. z.B. Schieder, Rolf: Der Beitrag des Rundfunks zur Aufweichung konfessioneller Milieus, in: V. Drehsen/W. Gräb/D. Korsch (Hg.), Protestantische Ästhetik, Gütersloh 2001, 31–47.

157 Vgl. z.B. Thomas, Günter: Medien – Ritual – Religion. Zur religiösen Funktion des Fernsehens, Frankfurt am Main 1998.

158 Vgl. z.B. Gräb: Sinn fürs Unendliche, 238–242.

159 Vgl. z.B. Gottwald, Eckart: Ritus und Religion in der Werbung, in: D. Korczak/H. Rosenau (Hg.), Rummel, Ritus, Religion, 47–68.

160 Vgl. z.B. Heumann/Müller (Hg.): Auf der Suche nach Wirklichkeit, 149ff.

161 Vgl. grundlegend Gräb: Sinn fürs Unendliche; Klie, Thomas (Hg.): Darstellung und Wahrnehmung. Religion im medialen Crossover, Münster 2000.

tum«[162], das sich jenseits kirchlicher Anbindung und in kritischer Distanz zu den repressiven Seiten der Kirchengeschichte aufhält. Inkulturierte Religion lässt sich auch an den großen gesellschaftlichen Debatten zur Ökologie, Ökonomie, Bio- und Medizintechnik namhaft machen. Hier zeigt sich die Sinnunbedingtheitsdimension ethischer Argumente nicht allein in der religiösen Begründung bestimmter Positionen, sondern auch darin, dass mit der eigenen Position zugleich die mögliche Position des Anderen mitgesetzt wird, diskursive Spielräume für Differenzen eröffnet, Umorientierungen angebahnt und Verfahren zur Herstellung von Kompromissen eingeleitet werden. So ist etwa in die Kultur der Sozialen Marktwirtschaft ein komplexes religiöses und sittliches Gefüge eingegangen, das gegenwärtig zur sittlichen und politischen Arrondierung der sich global entschränkenden Märkte neu mobilisiert und arrangiert wird.[163]

Ein weiteres Feld zur Inkulturation der Religion ist das Gebiet der Politik. Trotz – oder gerade wegen – der verfassungsmäßigen Trennung von Staat und Kirche ist die politische Kultur religiös mitbestimmt. Auch wenn die Bedeutung der »civil religion« in Deutschland anders als etwa in den USA oder Frankreich ausgeprägt ist, so hat es doch keinen Sinn, das Phänomen der staatlichen Zivilreligion dogmatisch zu denunzieren.[164] Faktisch üben nicht nur die großen Volkskirchen in Deutschland eine zivilreligiöse Funktion aus,[165] sondern auch der ganze – vom Staat weitgehend geförderte – Kultur- und Bildungsbetrieb übernimmt Verantwortung für die politische Kultur im freiheitlich-demokratischen Staat. Zur Zivilreligion gehört, dass die Sinnunbedingtheitsdimension staatlich internalisiert ist und dafür bis in die Formulierung von Verfassungstexten hinein selbständige Ausdrucksformen gefunden wurden.[166] Die aktuellen Diskurse um die Grundrechte-Charta und die Verfassung der EU zeigen, dass zwar auch hier die Bezüge auf bestimmte religiöse Vorstellungen verflüssigt werden.

162 Vgl. Berndt, Susanne/Grabner-Haider, Anton: Das neue Kulturchristentum, Münster 2002.

163 Vgl. Dierken, Jörg: Universalität und Individualität. Überlegungen zur Globalisierung aus der Perspektive christlicher Ethik, in: Veröffentlichungen der Jungius-Gesellschaft Hamburg 95 (2003), 171–197.

164 Vgl. Herms, Eilert: Zivilreligion, ThQ 183 (2003), 97–127: 124–127.

165 Vgl. Schieder, Rolf: Wieviel Religion verträgt Deutschland, Frankfurt am Main 2001.

166 Vgl. Lübbe: Religion nach der Aufklärung, 306ff.

Dies geschieht aber um der religiösen Toleranz und um der Integration unterschiedlicher Religionskulturen willen, so dass man hier weniger von Religionsschwund sprechen kann als vielmehr von der Möglichkeit zur Begründung einer zivilgesellschaftlich ebenso reichen, weil pluralen und damit einflussreichen Religionskultur.[167]

Religion und Kultur sind so ineinander verschränkt, dass jede religiöse Kulturhermeneutik historisch, kategorial, methodisch und inhaltlich immer schon mit dem verwoben ist, was sie sich zur Analyse vorlegt. Jedes Zwischenergebnis muss daher dessen eingedenk sein, dass es sich einer Konstruktion verdankt, die inkulturierte Religion erkennt, aber nicht ersetzt. Überdies kann das Strukturvorkommen inkulturierter Religion den Einzelnen nicht von der Erfahrung des Sinnunbedingten entlasten, unabhängig von der Frage, an was die religiöse Dimension von Sinn sich aufbaut und mit welchem Deuteschema sie symbolisiert wird. Dass die moderne Kultur bisweilen irritierend vielfältige Optionen bereithält, darin besteht eine Chance. In ihr liegt aber auch das Risiko, dass die religiöse Tiefendimension wieder verschüttet wird, Evidenz sich nicht einstellt und Symbole nicht mehr tragen. Es mag daher hilfreich sein daran zu erinnern, dass die christliche Religion in ihrem zentralen Symbol die »Selbstaufhebung«[168] religiöser Symbolkultur darstellt. Sie transzendiert als Religion alle Religionskulturen, auch die von ihr gestiftete und gelangt darin ganz zu sich selbst.

167 Vgl. Scheliha: Der Islam im Kontext der christlichen Religion, 134–152.
168 Tillich: Kirche und Kultur, 42.

Sozialität und Religion

Volker Drehsen

Protestantische Subjektivität – individualisierte Religion aus eigenem Recht? Protestantizität am Beispiel Thomas Manns

1.

»Religiosität, die ich als keineswegs meinem Herzen fremd betrachte, ist sicherlich etwas anderes als positive und konfessionell gebundene Religion.«[1] Diese in ihrem institutionskritischen Akzent unverkennbar protestantisch imprägnierte Einsicht gibt der Erzähler Dr. Serenus Zeitblom in Thomas Manns Roman »Doktor Faustus«, in jener »sonderbaren Art von übertragener Autobiographie« kund, die zugleich und vor allem die Lebensbeschreibung des ehemaligen Theologiestudenten und jetzigen Tonsetzers Adrian Leverkühn enthält. Welcher Art die Vorstellungen des erzählenden klassischen Philologen Zeitblom von den Alternativen zur »positiv und konfessionell gebundenen Religion« sind, darüber hatte er sich kurz zuvor geäußert, indem er sich auf einen seiner wissenschaftlichen Ahnen, auf den Humanisten Crotus Rubianus berief, »der um 1530 zu Halle Canonicus war, und den Luther nicht anders als den ›Epikuräer Crotus‹ oder auch ›Dr. Kröte, des Cardinals zu Mainz Tellerlecker‹ nannte«, der jedoch trotz dieser Invektiven des Reformators, eines ohnehin notorisch bekannten »unleidlichen Grobians«, mit der reformatorischen Bewegung sympathisiert habe – unbeirrt sympathisiert habe, »weil sie einen Einbruch subjektiver Willkür in die objektiven Satzungen und Ordnungen der Kirche in ihr sahen.«[2] Nicht also objektive Religion, sondern subjektive Religiosität begründet die sympathisierende Wahlverwandtschaft zwischen den beiden Humanisten Crotus Rubianus und Serenus Zeitblom, reicht

1 Mann, Thomas: Doktor Faustus. Das Leben des deutschen Tonsetzers Adrian Leverkühn erzählt von einem Freunde, Frankfurt am Main 1996, 122.

2 Mann: Doktor Faustus, 120.

aber ihrerseits – wie der Erzähler sogleich versichert – weit über ein Verhältnis »subjektiver Willkür« hinaus. Denn die Subjektivierung der Religion zieht sich wie ein Leitmotiv durch die Geschichte des Protestantismus:

> »Was aber damals im Schoße der Weltkirche sich ereignete, der Aufstand subjektiver Willkür nämlich gegen die objektive Bindung, das sollte sich hundert und einige Jahre später innerhalb des Protestantismus selbst wiederholen: als Revolution der frommen Gefühle und der inneren himmlischen Freude gegen eine versteinerte Orthodoxie, von welcher freilich kein Bettelmann mehr ein Stück Brot hatte nehmen wollen; als Pietismus also [...]. Auch er [...] wie einst das Luthertum, eine Erneuerung der Kirche, eine reformatorische Wiederbelebung der schon absterbenden, schon allgemeiner Gleichgültigkeit verfallenden Religion.«[3] Und der Humanist Zeitblom fragt sich, ob nicht eben »diese immer wiederkehrenden Lebensrettungen eines schon zu Grabe sich Neigenden unter dem kulturellen Gesichtspunkt eigentlich zu begrüßen« seien.[4]

Was bedeutet hier die »protestantische Subjektivität«, die dem Herzen des geschichtsbewußten Erzählers nicht fremd ist? Herzensfrömmigkeit und Innerlichkeit, gar urdeutsche Innerlichkeit? Subjektive Willkür gegen objektive Bindung? Der Aufstand der »subjektiven Idee eines höchsten Wesens« gegen die gemeinverbindliche Statuierung seines objektiven Daseins?[5] »Der Zwang zur Häresie« als Opposition zu erstarrter Orthodoxie?[6] Die individuell schöpferische Anverwandlung anstelle einer dezidierten Indifferenz gegen gesellschaftliche Institutionalisierung? Kulturelle Prägekraft statt der Apartheit eines selbstgenügsamen, eindeutig abgezirkelten Frömmigkeitsmilieus? Religiöse Innovation statt kirchlich-bürokratischer Stagnation? Der Widerstand des Charismas gegen die drohende eigene Routinisierung? Der »Sinn und Geschmak fürs Unendliche«[7] im dezidierten Gegenüber zum »offenbarungsfeindlichen Geist« einer ebenso dogmatisch exakt vermessenden wie eben darin vermessenen Theologie, die längst »ihr Leben gefristet« hat?[8] Zeitblom selbst scheint mehr an der Abgrenzung seiner Religion

3 Mann: Doktor Faustus, 121.

4 Mann: Doktor Faustus, 121.

5 Mann: Doktor Faustus, 122.

6 Berger, Peter L.: Der Zwang zur Häresie. Religion in der pluralistischen Gesellschaft, Frankfurt am Main 1980.

7 Schleiermacher, Friedrich: Über die Religion. Reden an die Gebildeten unter ihren Verächtern (1799), hg. von G. Meckenstock, Berlin/New York 1999, 80.

8 Mann: Doktor Faustus, 123.

der subjektiven Herzensnähe interessiert zu sein als an ihrer näheren Bestimmung. Und so entwirft er vor allem ein kritisches Kontrastbild zu jenen religiösen Positionen, zu denen er unerschrocken auf Distanz geht. Es sind dies gleichermaßen religiöse Positionen, die sich in ihrem theologischen Denken entweder irrationalen Strömungen verbündet oder sich andererseits der neuzeitlichen Wissenschaftsrationalität preisgegeben haben. Auf der einen Seite wendet er sich gegen »die Infiltration des theologischen Denkens durch irrationale Strömungen der Philosophie, in deren Bereich ja längst das Untheoretische, das Vitale, der Wille oder Trieb, kurz [...] das Dämonische zum Hauptthema der Theologie geworden ist«, namentlich erwähnt er hier aus dem römisch-katholischen Bereich den Neu-Thomismus und die Neu-Scholastik, die dem »gesitteten Menschengeist [...], nenne man ihn nun bürgerlich oder lasse ihn eben einfach als gesittet gelten«, das »Gefühl des Unheimlichen« einflösse: »Denn die Theologie, in Verbindung gebracht mit dem Geist der Lebensphilosophie, dem Irrationalismus, läuft ihrer Natur nach Gefahr, zur Dämonologie zu werden«[9] – eine Gefahr, gegen die offensichtlich auch der Protestantismus nicht gefeit zu sein scheint.

Auf der anderen Seite inkriminiert ausgerechnet der Altphilologe Dr. Zeitblom das innerprotestantische Eindringen der »historisch-kritischen Methode der profanen Geschichtswissenschaft«, wodurch die Theologie die wichtigsten Inhalte der biblischen Religion, »den Wunderglauben, erhebliche Teile der Christologie, die leibhaftige Auferstehung Jesu und was nicht noch, der wissenschaftlichen Kritik ›preisgegeben‹« habe.[10] »Was für eine Wissenschaft ist aber das«, fragt Zeitblom rhetorisch, »die zur Vernunft in einem so prekären, nötigungsvollen Verhältnis steht und an den Kompromissen, die sie mit ihr schließt, immer zugrunde zu gehen droht?« Und er selbst gibt zur Antwort:

> »[I]hre theologische Position sei schwach, denn ihrem Moralismus und Humanismus mangle die Einsicht in den dämonischen Charakter der menschlichen Existenz. Sie sei zwar gebildet, aber seicht, und von dem wahren Verständnis der menschlichen Natur und der Tragik des Lebens habe die konservative Tradition sich im Grunde weit mehr bewahrt, habe darum aber auch zur Kultur ein tieferes, bedeutenderes Verhältnis als die fortschrittlich-bürgerliche Ideologie.«[11]

9 MANN: Doktor Faustus, 124f.
10 MANN: Doktor Faustus, 123f.
11 MANN: Doktor Faustus, 124.

Es liegt eine hintergründige Ironie darin, dass Zeitblom – mehr oder weniger vom Missverständnis verleitet – diesem Verdikt nun ausgerechnet jene »liberale Theologie« zurechnet, die wie keine andere den »Einbruch subjektiver Willkür in die objektiven Satzungen und Ordnungen der Kirche« nach innen verteidigt, emphatisch begrüßt und in ihren kulturellen Auswirkungen konsequent zu Ende gedacht hat, dem Zeitblom nicht zuletzt doch deswegen so große Sympathie entgegenbringt, weil er in ihm einen willkommenen Ausdruck der eigenen Religiosität zu erkennen vermag. Es scheint denn auch, als habe Zeitblom nur eine Karikatur der »liberalen Theologie« vor Augen, wenn er sie wie folgt charakterisiert:

> »Nach meinem Dafürhalten ist ›liberale Theologie‹ ein hölzernes Eisen, eine contradictio in adjecto. Kulturbejahend und willig zur Anpassung an die Ideale der bürgerlichen Gesellschaft, wie sie ist, setzt sie das Religiöse zur Funktion der menschlichen Humanität herab und verwässert das Ekstatische und Paradoxe, das dem religiösen Genius wesentlich ist, zu einer ethischen Fortschrittlichkeit. Das Religiöse geht im bloß Ethischen nicht auf [...].«[12]

Eine Verzeichnung, ein Vorurteil mag hier mit im Spiele sein, weil die so genannte liberale Theologie selbst keineswegs plane Anpassung protestantischer Religiosität an die Ideale der bürgerlichen Gesellschaft im Sinne hatte, sondern gerade am Leitfaden »protestantischer Subjektivität« von einem intrikaten Wechselverhältnis ausging, für dessen Beschreibung Begriffe wie Affinität oder Kongenialität, Wahlverwandtschaft oder Kompatibilität sachlich angemessener erschienen als ein einseitiger Anpassungsbegriff. Es ging der liberalen Theologie vorrangig gerade darum, das eigene Modernisierungs-, Rationalisierungs- und Individualisierungspotential protestantischer Religiosität aufzuweisen, die religiösen Impulse offen zu legen, denen der moderne Geist seine Genese und Gestalt zumindest mitverdankt und schließlich »die Moderne« nicht als gegebenes Faktum zu nehmen, sondern ihrerseits als selbstreflexives Konstrukt verstehender Bemühungen zu begreifen, die an der Moderne und ihren Bastardisierungsformen ein wie auch immer religiös geartetes Interesse nehmen.

12 Mann: Doktor Faustus, 124.

2.

In der Selbstbesinnung des neuzeitlichen Protestantismus ist »protestantische Subjektivität« eine Programmformel, nach deren Maßgabe er sich zum Selbstverständnis der Moderne in ein produktives Verhältnis zu setzen sucht. »Protestantische Subjektivität« bezeichnet gleichermaßen das protestantische Selbstverständnis wie den übergreifenden Bedeutungshorizont, innerhalb dessen es seine Positionierung zu finden hofft. Dabei wird der Subjektivitätsbegriff in doppelter Weise bestimmend: »Modernität« ist ihrerseits das begriffliche Konstrukt einer Subjektivitätsleistung, wie andererseits Subjektivität ein konstitutives Merkmal der Modernität ist, an deren Hervorbringung der Protestantismus wesentlich mitbeteiligt war. In seinem Versuch aus dem Jahre 1907, das »Wesen des modernen Geistes« zu bestimmen[13], mißt der Heidelberger liberale Theologe und Philosoph Ernst Troeltsch der »Subjektivität« im doppelten Sinne eine inauguratorische Bedeutung zu: Zum einen macht er deutlich, dass der vorliegende eigene Versuch, das Wesen des modernen Geistes in seiner grundlegenden Textur zu erfassen, seinerseits als Resultat einer Leistung zu begreifen ist, die nurmehr als eine solche des Subjektes denkbar und möglich ist; das Verstehen der Moderne kann sich nur noch in der Perspektive des Subjektiven vollziehen. Was dazu an »Zergliederung und Zusammenschau« vonnöten ist, kann den Anspruch auf objektive Geltung nicht mehr erheben, sondern sich nur noch unter dem Vorzeichen eines subjektiven Wagnisses darstellen: Die moderne Geisteswelt »als eine geistige Einheit darzustellen«, bedeute nichts anderes, als »selbst erst einen Versuch der Einheitsstiftung und Zusammenschmelzung« zu riskieren;[14] die Charakterisierung der Moderne gehöre somit in »das Reich des stark Subjektiven und Persönlichen. Es sind immer mehr oder minder gewaltsame Deutungen von einem einzelnen Bestandteil aus, der dem betreffenden Denker sich überwältigend aufdrängt und von dem aus er das Übrige zu bewältigen strebt.«[15] Fünfzehn Jahre später wird Troeltsch in seiner Kritik am Historismus daraus die Konsequenz ziehen, dass unserer Zeit nichts anderes übrig bleibe als der positiv resigna-

13 Troeltsch, Ernst: Das Wesen des modernen Geistes (1907), Gesammelte Schriften, Bd. IV, Tübingen 1925, 297–338.

14 Troeltsch: Das Wesen des modernen Geistes, 300.

15 Troeltsch: Das Wesen des modernen Geistes, 301.

tive, weil sich seiner Subjektivität und Relativität bewusste, aber eben darin auch seine Endlichkeit und Begrenztheit produktiv anerkennende Versuch, »Geschichte durch Geschichte [zu] überwinden«[16], mithin »vom Historisch-Relativen den Weg zu geltenden Kulturwerten zu finden«, statt sich in ein übergeschichtliches Nirwana zu flüchten.[17]

Zum anderen hält Troeltsch aber auch das Moment der Subjektivität für ein konstitutives Element der von ihm im Wagnis beschriebenen Moderne selbst fest. Subjektivität ist hier eines ihrer unhintergehbaren Merkmale, so dass Modernität – zwar in vielen Einzelaspekten zergliedert – beschrieben werden *muß*, aber doch nicht unter Absehung von jenem Moment der Subjektivität beschrieben werden *kann*, das zu ihr gehört wie der Glaube zur Kirche. Subjektivität ist ein unhintergehbares Moment im Selbstverständnis und in der Selbstbestimmung der Moderne, ist eines ihrer Epochenindices, zugleich aber auch die hermeneutische Voraussetzung ihrer Wahrnehmung und Beschreibung. Und »protestantische Subjektivität« ist eine Reflexionskategorie, die als solche unbegriffen bleibt, wenn sie von den historisch-sozialen Bedingungen absieht, unter denen sie möglich und verständlich erscheint. Eben deshalb ist es unzureichend, den neuzeitlichen Protestantismus allein nach seinen konfessorisch-positionellen Bestimmungsmomenten beschreiben zu wollen, ohne nicht auch seine »Kulturbedeutung« in die Bestimmung konstitutiv mit einzubeziehen. So hat Troeltsch seine Rekonstruktion der protestantischen Subjektivität in den Rahmen einer Theorie des Neuprotestantismus eingezeichnet: Protestantische Subjektivität meint ein Selbstverständnis des Protestantismus im Kontext der modernen Gesellschaftskultur, das sich zu einem es selbst konstituierenden Bedeutungshorizont der Moderne in ein reflexives wie produktives Verhältnis setzt.

Der Geist der Neuzeitkultur ist nach der Theorie Troeltschs das Resultat eines komplexen Entwicklungsprozesses, an dem die lutherische Reformation ursprünglich nur indirekt beteiligt war. Die Neuzeit verdankt sich zwar auf dem genuin religiösen Gebiet des Glaubens- und Gnadenbegriffs, der religiösen Individualisierung, der Herausbildung einer persönlichen Gesinnungsethik, der faktischen Konfessionalisierung und damit Pluralisierung der Religion sowie der Profanisierung

16 Troeltsch, Ernst: Der Historismus und seine Probleme (1922), Gesammelte Schriften, Bd. 3, Tübingen 1922, 772.

17 Troeltsch, Ernst: Meine Bücher (1922), Gesammelte Schriften, Bd. 4, 14.

der »Welt« und des gläubigen Realismus mehr unbeabsichtigt der Vorbereitung durch die Reformation; direkter wurde die Neuzeit hingegen präfiguriert durch die vor- und nebenreformatorischen Strömungen und deren religiöse Nachfolgebewegungen, durch welche die religiöse Koalitionsfreiheit, der Schutz persönlicher Glaubensüberzeugung und Gewissensentscheidung in Staat und Gesellschaft rechtlich in Anspruch genommen, staatsfreie, vereinskirchliche Gemeindebildung unabhängig von staats- oder volkskirchlichen Verhältnissen realisiert und damit eine durchsetzungsfähige religiös homogene und kirchlich hegemonialisierte Einheitskultur zugunsten unterschiedlicher Individualisierungs- und Pluralisierungsprozesse definitiv verabschiedet wurden. Insgesamt aber gewinnt die Neuzeit ihr eigenartiges Profil erst eigentlich in der Entfaltung einer Eigendynamik, die sich wegen ihrer Uneinheitlichkeit und Widersprüchlichkeit anders als im kontrastierenden Gegensatz zur vorausgehenden Epoche des Mittelalters nicht beschreiben lässt. Die Neuzeit macht im wesentlichen das aus, was sich durch die »Abhebung gegen die vorausgehenden Perioden« bestimmen lässt: »Es sind wesentlich negative Bestimmungen, wie denn auch die beginnende moderne Kultur vor allem sich durch den Gegensatz gegen das Bisherige neu empfand und in den positiven Neuschöpfungen aufs mannigfaltigste experimentierte«.[18] Die Emanzipationssignatur der Neuzeit lässt sich denn ihrerseits nicht aus einem einheitlichen Konstruktionsprinzip heraus rekonstruieren, sondern gewinnt ihre Konturen erst aus einer idealtypischen »Zusammenfassung der Gegenwart zu einem ihr Wesen charakterisierenden Begriff und die Beziehung dieses Ganzen auf die Vergangenheit als auf eine Gruppe von geschichtlichen Mächten und Tendenzen, die ebenfalls mit allgemeinen Begriffen bezeichnet und charakterisiert werden müssen«.[19]

Im Gegensatz zur zeitgenössischen historiographischen Sicht, die Neuzeit mit Reformation und Renaissance beginnen zu lassen[20], rechnet Troeltsch die lutherische Reformation jedoch noch weitgehend der mittelalterlichen Kulturform zu, die eine »auf dem Supranaturalismus der Erlösung und Kirchenstiftung erbaute, kirchlich geleitete Kultur«

18 Troeltsch, Ernst: Die Bedeutung des Protestantismus für die Entstehung der modernen Welt, München/Berlin [3]1924, 9 (= Kritische Gesamtausgabe, Bd. 8, 208).

19 Troeltsch: Die Bedeutung des Protestantismus, 6 (=Kritische Gesamtausgabe, Bd. 8, 205).

20 Vgl. hierzu insgesamt Skalweit, Stephan: Der Beginn der Neuzeit, Darmstadt 1982, 76ff.

als umfassende Einheitskultur repräsentierte[21]: Der Protestantismus ist zunächst nichts anderes als eine Umformung der mittelalterlichen Idee, bietet nur neue Lösungen für alte Probleme. Darauf beruht der gesellschaftsgeschichtliche Übergangscharakter der Reformation mit ihrer Janusköpfigkeit aus residualen mittelalterlichen wie embryonalen neuzeitlichen Kulturmomenten. Darum kann auch nicht von einer ursprünglich erzeugenden, allenfalls von einer vorbereitenden Rolle der Reformation bei der Geburt der Neuzeit gesprochen werden. Wie die älteste christliche Kirche und der Katholizismus ging auch das protestantische Kirchentum »von der Voraussetzung einer schlechthin einheitlichen religiösen Wahrheit, Bestimmung und Organisation der Menschheit aus«[22], die auf der besonderen Fassung des reformatorischen Gnaden- und Glaubensbegriffs, des ethischen Kulturideals, des Staatskirchenverständnisses und der Auffassung einer supranatural abgestützten Kirchenautorität beruhten.

Zwar wird von Luther das Gnadenverständnis radikal entdinglicht und entsinnlicht, von allem magischen Sakramentszauber ebenso wie von aller menschlichen Werk- und Leistungsgerechtigkeit, Willensanstrengung und Selbstermächtigung entbunden, zwar wird mithin die Heilsgewißheit ganz und gar an den durch Wort und Geist formierten Innerlichkeitsbereich des Glaubens an die »durch Gott im Sünder alleinwirkende Gnade« verwiesen, gleichzeitig aber hält Luther am paulinisch-augustinischen Sündenpessimismus fest, der sich in den mittelalterlichen Lehrelementen vom stellvertretenden Strafleiden, Satisfaktions- und Versöhnungstod Christi, von der Prädestination sowie in den Loci der Trinitäts-, Urstands-, Zwei-Naturen- und Wiederkunftslehre ausdrückt. Auch im Hinblick auf das ethische Kulturideal wird die Weltabstinenz der altkirchlichen Bergpredigt nur transformiert in eine innerweltliche, wenngleich zutiefst religiös durchdrungenen Berufsethik:

> »Die christliche Tugend der Selbst- und Weltverleugnung und der Bruderliebe sollte geübt werden mitten in der Welt und in den Formen des ständigen Berufs, dem ein jeder nach seiner Herkunft treu bleiben sollte [...] Denn ein jeder führte nun das Doppelleben der persönlichen christlichen Tugend der

21 Zum Folgenden vgl. Drehsen, Volker: Art.: »Neuprotestantismus«; in: TRE 24, Berlin/New York 1994, 368ff.

22 Troeltsch, Ernst: Luther, der Protestantismus und die moderne Welt (1908), Gesammelte Schriften, Bd. 4, 205.

> Selbstverleugnung, Leidensfreude und Bruderliebe einerseits, der weltlichen Standes- und Berufspflichten andererseits«[23].

Dies bedeutet nicht nur eine Säkularisierung der Ethik, sondern auch eine Sanktionierung des Säkularen, die den vorgegebenen ständisch-patriarchalischen Gesamtzustand quietistisch konserviert. Im Staatskirchenverständnis bleibt die Reformation unbeschadet einiger Nuancierungen nicht minder der Tradition verhaftet: Zwar wird dem Staat naturrechtlich und sittengesetzlich eine gewisse Selbständigkeit zugestanden, zugleich bleibt er aufgrund der Zwei-Reiche-Lehre der Kirche funktional zugeordnet, indem ihm die Reinerhaltung der Lehre, die Aufrechterhaltung der Sittlichkeit und damit weiterhin die Stabilisierung einer christlich einheitlich-geschlossenen Zwangskultur obliegt. Schließlich versteht sich die reformatorische Kirche nicht länger als hierarchisch-klerikale und magisch-sakramentale Heilsanstalt, nicht mehr als Vermittlungsinstanz »der dinglich an gewissen Personen und Vornahmen haftenden Heilsgnade«, sondern als »Seelengemeinschaft in gemeinsamer Gewißheit und Lebensrichtung«; doch bleibt die Idee der Kirche als Volks- und Einheitskirche bestehen – die Idee einer »in die verlorene Sündenwelt durch Gott hineingebauten Heilsanstalt«, deren supranatural legitimierte kultur- und gesellschaftsaparte Existenz in Predigtdienst und Sakramentsübung sichtbar unterschieden bleibt: »Papst, Hierarchie und Sakrament im alten Sinne sind verschwunden, an ihre Stelle tritt die Schrift als norma doctrinae und medium gratiae«.[24] Dies ist sozusagen die Pointe der Bilanz, die Troeltsch angesichts des mittelalterlichen Charakters der Reformation zieht, auf dessen Kontrastfolie sich dann die Bestimmungsmomente der Neuzeit abheben.

Denn auf der anderen Seite kommen bei der Frage nach der reformationsgeschichtlichen Genese der neuzeitlichen Gegenwartskultur auch innovative Impulse in Betracht, bleiben aber weitgehend auf das religiöse Gebiet beschränkt. Eine zentrale Bedeutung erhält dabei die Verwandlung der katholischen Sakramentskirche in eine Geistes-, Glaubens- und Gewissensreligion und damit die Freisetzung religiöser Subjektivität, wodurch die lutherische Reformation über ihre mittelalterliche Herkunft hinauswächst: Insbesondere die Leitwerte der Innerlichkeit und Geistigkeit des Glaubens, der religiösen Persönlichkeit,

23 Troeltsch: Luther, 210.
24 Troeltsch: Luther, 208.

Autonomie und Freiheit, der Sittlichkeit und Weihung alles Natürlichen als gottgewollter Schöpfung sowie des immanenten Fortschrittsglaubens an die Überwindung des Bösen rein durch die Erkenntnis des göttlichen Heiligkeits- und Gnadenwillens tragen unverkennbar schon transmittelalterliche Züge, ohne damit bereits auch den Geist der Neuzeit ursächlich hervorzubringen. Wohl aber stellen diese Grundzüge im einzelnen ein Sozialisationspotential dar, das es dem späteren neuprotestantischen Menschen ermöglicht, sich vorbehaltloser auf die Signatur der Neuzeit einlassen zu können, als es unter anderen – katholischen und altprotestantischen – Vorzeichen der Fall war.

Im Unterschied zu einer an sinnlich-natürlichen Mitteln und Trägern der übernatürlichen, geistlichen Heilsgüter haftenden Sakramentsreligion stellt sich der lutherische Protestantismus als eine hoch intellektualisierte Geistes- und Glaubensreligion dar: »Ein durchsichtiger und einheitlicher Gedanke von Gott und nicht ein dunkles Mysterium sinnlich-übersinnlicher Gnadeneinflößung durch priesterliche Hand, das ist der Kern des religiösen Vorganges«.[25] Anstelle der gehorsamen Unterwerfung unter kirchliches Lehrdogma und priesterliche Vermittlungsautorität tritt im Protestantismus im Prinzip die individuelle Glaubensgewißheit und persönliche Überzeugung, wodurch der Gesamtcharakter der Religiosität einen enormen Individualisierungsschub ausgesetzt wird:

> »Jedes Individuum steht nicht bloß unmittelbar in Geist und Gedanken seinem Gott gegenüber, sondern es steht auch auf eigene Weise und in eigenem Sinne Gott gegenüber«;[26] der Einzelne ist emanzipiert »von der Gewalt der Kirche und des Priestertums, wenn auch nicht von der Macht der Ueberlieferung und dem Einfluß des Gemeinlebens. Aber diesem steht der Glaube frei gegenüber und nimmt aus ihm heraus, was dem Gewissen und der ernsten religiösen Arbeit als bezwingend und befreiend sich darstellt«;[27] »nicht Unterwerfung unter ein Kirchengesetz der Lehre ist die religiöse Erkenntnis, sondern freie vertrauensvolle Bejahung der religiösen Idee, die aus Ueberlieferung und Leben uns entgegentritt und die an ihrer erlösenden Kraft und gewissensstillenden Wirkung erkennbar ist«.[28]

Damit entfällt auch jeder Grund zu normativer Fremdsteuerung oder kasuistisch kontrolliertem Gesetzes- und Regelverhalten. An deren

25 Troeltsch: Luther, 218.
26 Troeltsch: Luther, 220.
27 Troeltsch: Luther, 220.
28 Troeltsch: Luther, 221.

Stelle tritt eine Gesinnungsethik, die als eine aus dem Grund persönlicher Überzeugung und individueller Gewißheit resultierende Gesamtlebenshaltung das orientierende und regulierende Integrationszentrum der freien Persönlichkeit gewährleistet: Nicht einzelne Werke und Leistungen sind dabei von Gewicht, »sondern die Auswirkung einer einheitlichen Gesinnung in einer einheitlichen Lebenshaltung und einem einheitlichen Lebenswerk«.[29] Schließlich tritt in der Frömmigkeitspraxis an die Stelle der am weltflüchtigen Mönchsideal orientierten Askese und Mystik das Ethos einer innerweltlichen Askese, die sich dem reformatorischen »Pathos der Profanität« (P. Tillich), der »Weltlichkeit des Glaubens« verdankt, die in Arbeit und Beruf sowie im karitativen Engagement paradigmatische Bewährungsfelder für »das völlige Eingehen auf die natürlichen Lebensverhältnisse und die geschichtlichen Kulturbildungen« finden.[30]

3.

Protestantische Subjektivität erschöpft sich also nicht in einer Kultur der Innerlichkeit, sondern umfasst stets auch ein Ethos, einen Habitus der Weltgestaltung, der Kulturbildung und der individuellen Lebensführung unter den spezifisch historisch-gesellschaftlichen Bedingungen der Moderne. Insgesamt gesehen bestand nach Troeltschs Einschätzung Luthers Beitrag zur Vorbereitung der Neuzeit in einer Flexibilisierung des religiösen Weltbildes, die es erlaubte, die neue Religiosität in das heraufziehende Gefüge der bürgerlichen Gesellschaft zu transplantieren: Anstelle der frühmittelalterlichen Symbiose aus Rittertum und Mönchstum tritt »jetzt die Verschmelzung von Bürger und Christ« in den »Mittelpunkt eines geschlossenen Lebenskreises. Ein verinnerlichtes, verpersönlichtes und verbürgerlichtes, in seiner religiösen Tiefe bis zum höchsten Glauben und bis zum Fanatismus neu erregtes Spätmittelalter steht hier vor uns.«[31] Erst unter den Bedingungen einer davon emanzipierten Neuzeit konnte sich ein vom Altprotestantismus unterschiedener Neuprotestantismus als tatsächliche Fortentwicklung statt bloßer Fortsetzung der Reformation entfalten, als

29 Troeltsch: Luther, 222.
30 Troeltsch: Luther, 223.
31 Troeltsch: Luther, 215.

»die Einigung mit dem Prinzip des Individualismus, der Autonomie, der Eigenüberzeugung einerseits und die Einigung mit dem Prinzip der Immanenz des Göttlichen in der Welt, der Selbstwertigkeit der großen Kulturzwecke, des aufsteigenden Werdens durch die relativen Zwecke hindurch im Kampfe mit Sünde und Trägheit in der Richtung auf das vollendete religiöse Lebensziel andererseits«.[32]

Neuprotestantismus ist die den grundlegenden Strukturmomenten der Neuzeit amalgamierte Form des Protestantismus. So manifestiert sich in Troeltschs Unterscheidung von Alt- und Neuprotestantismus das Interesse an einer theologischen Modernisierungstheorie, in der sich die Genese und Geltung der neuzeitlichen Kultur in ihrem positiven wie negativen Verhältnis zur Religionsgeschichte des Protestantismus rekonstruiert finden. Sie dient der Beschreibung der Eigenart neuzeitlicher Geistes- und Gesellschaftskultur in ihrem protestantisch mitgeprägtem Erbe ebenso wie der Charakterisierung ihrer eigendynamischen Fortentwicklung, die ihrerseits wieder fermentierend auf das Gesamterscheinungsbild des Protestantismus zurückwirkt:

Erst »jetzt vollzieht sich jene Verschmelzung des Protestantismus mit den subjektivistisch-individualistischen, dogmatisch nicht autoritativ gebundenen Trägern einer Gefühls- und Überzeugungsreligion ohne dogmatischen Zwang, mit freier, vom Staat unabhängiger Kirchenbildung und mit einer von allen rationellen Beweisen unabhängigen inneren Gefühlsgewißheit«.[33]

Diese Subjektivität ist es, die den Neuprotestantismus nicht mehr als einheitliche Größe erscheinen lässt, sondern angesichts der zunehmenden Entkirchlichung der allgemeinen Kultur eine Christentumsauffassung, einschließlich eines protestantischen Kulturideals, ausformuliert und nach Möglichkeit zu verwirklichen sucht, was nunmehr zu einer Sache der religiösen Gruppen wird, die in ihrer Grundprägung konservativ-lutherische, modern-liberale, demokratisch-sozialreformerische, selbst außerkirchlich-bildungsreligiöse Orientierungen umfassen, kurzum alle »freien, kirchlich nicht gebundenen protestantischen Denkweisen derer, die irgend eine neue Verbindung der modernen Kultur und des Protestantismus erhoffen und an ihrem Teil zu erarbei-

32 Troeltsch: Luther, 230.

33 Troeltsch: Bedeutung des Protestantismus, 97 (= Kritische Gesamtausgabe Bd. 8, 308f).

ten streben«, aufweisen.[34] Die sich in solcher Pluralität realisierende protestantische Subjektivität

> »ist nicht ein Gegensatz oder eine Abirrung gegenüber der kirchlichen Kultur, sondern deren Nachfolgerin und Erbin [...], die nun all das in tausend Mischungen und Kreuzungen zu einem relativ einheitlichen Ganzen zusammenlebt, dessen innere Spannungen und Gegensätze doch überall kenntlich sind und immer von neuem aufspringen [...]. So bleibt für den Versuch einer positiven Charakteristik, die zu der negativen als Bruch mit der kirchlichen Autoritätskultur hinzutreten will, nur als Möglichkeit, aus den neuen Verhältnissen und Strebungen die beherrschenden Hauptzüge herauszuheben, die untereinander nur durch den gemeinsamen Ursprung im befreiten Individualismus, durch die dagegen als Ordnungsprinzip aufgebotene Regelung der Dinge aus möglichst allgemeinen Begriffen und durch die allmähliche gegenseitige Ausgleichung und Verschmelzung verbunden sind«.[35]

Auch hier beschließt Troeltsch seine Analyse mit einer Resignationsformel: Nichts anderes bleibe übrig, »als einen sehr weitgehenden Einfluß diesem modernen Individualismus und Subjektivismus einzuräumen« und man müsse es »prinzipiell und mit gutem Gewissen tun.«[36]

4.

Troeltsch kann sich mit seiner Diagnose einer prinzipiell theologischen Unhintergehbarkeit der neuzeitlichen Subjektivität auf einen anderen Heidelberger Theologen berufen, der ein halbes Jh. zuvor den liberalen Deutschen Protestantenverein mit begründet hatte (1863) und vor allem in dessen Gründungsphase dessen maßgeblicher spiritus rector war: Richard Rothe (1799–1867). Rothe war es vor allem, der nach Troeltsch »den früher so beklagten protestantischen Subjektivismus mit neuen Augen an[sah], indem er in ihm die Rückkehr der Kirche zu einer freien, innerlichen, persönlichen und mit dem Gesamtleben sich leichter verschmelzenden Form und in seiner kirchlichen Schwäche die notwendige Folge dieser religiös-sittlichen Vorzüge verstehen lernte«.[37]

34 Troeltsch, Ernst: Das Verhältnis des Protestantismus zur Kultur (1913), in: Gesammelte Schriften, Bd. 4, 202.

35 Troeltsch: Das Wesen des modernen Geistes, 336.

36 Troeltsch, Ernst: Religiöser Individualismus und Kirche (1910), Gesammelte Schriften, Bd. 2, Tübingen 1922, 121.

37 Troeltsch, Ernst: Richard Rothe, in: ChW 13 (1899), 78.

Und der Protestantenverein hat eben diese Durchsetzung protestantischer Subjektivität zum kultur- und kirchenpolitischen Programm erhoben. Der Altphilologe Zeitblom mochte denn auch vor allem die Theologie Richard Rothes und seines Protestantenvereins im Auge gehabt haben, als er darauf bestand, dass sich das Religiöse doch nicht im Ethischen erschöpfe. Denn mit eben dieser (in der protestantischen Öffentlichkeit meist nur verkürzt rezipierten) These vom Übergang des dogmatischen Christentums in sein ethisches Zeitalter hatte Rothe Furore gemacht.

Demnach zeichnet sich der neuzeitliche Protestantismus dadurch aus, dass er aus seinem dogmatisch-konfessionell-kirchlichen Zeitalter in seine ethisch-politische Ära fortgeschritten sei. Das Christentum, jedenfalls soweit es sich auf der Höhe der Zeit befand, sei aus seinem kirchlichen Verfassungs- und Organisationskorsett ins weite Feld der »christlichen Welt« ausgewandert, einer Christentumskultur, die – ihrer Christlichkeit bewusst oder auch nur unbewusst – in der emanzipierten Bildungskultur des Bürgertums aufgehe, sich im christlichen Kulturstaat verwirkliche und hier in Erfüllung des biblischen Herrschaftsauftrags als cooperator Dei den Geist durch Kultur und die Natur durch Technik zu beherrschen und in den Dienst einer allgemeinen Humanisierungspraxis zu stellen gelernt habe. Christentum, wie Rothe es verstand, hat seinen Ort nicht mehr in der Kirche, nicht mehr in der aparten »Absperrung des Christlichen gegen das Natürlich-Menschliche«[38], sondern in der sich zunehmend christlich versittlichenden Kultur:

> »Gestehen wir's uns nur ehrlich ein, die Entwicklung des Christentums hat einen Umschwung der Dinge herbeigeführt; heute zu Tage dürfen wir die christlichen Heiligen nicht mehr in der Kirche suchen. Selbst wo sie uns etwa im Klerus begegnen [...], sind es Männer, deren außerordentliche religiöse Wirksamkeit sich vorzugsweise durch außerkirchliche Mittel und eine Tätigkeit auf außerkirchlichen Gebieten vermittelt und die überhaupt den Laienmantel über den Kirchenrock tragen.«[39]

Weil dem aber so ist, muß zwischen Kirche und Christentum nicht nur empirisch, sondern in prinzipieller Weise unterschieden werden: Im Christentum vollzieht und verwirklicht sich sozusagen weitgehend

38 ROTHE, RICHARD: Vorlesungen über Kirchengeschichte und Geschichte des christlich-kirchlichen Lebens, Bd. 1, Heidelberg 1875, 100.

39 ROTHE, RICHARD: Theologische Ethik, Bd. 5, Wittenberg 1870, 398.

ohne Hemmnis und Hindernis das protestantische Prinzip der mündigen Subjektivität, während dieses in der institutionell verfassten Kirche immer wieder noch restriktiven Einschränkungen unterliegt. Tatsächlich aber sei das Subjektivitätsprinzip innerhalb wie außerhalb der Kirche unwiderrufbar und unumkehrbar:

»Das Individuum hat das Bedürfnis, in den sittlichen Verhältnissen, welche es für sich gegeben vorfindet, sich als in durch sein eigenes vernünftiges Selbstbewußtsein und seine eigene freie Selbsttätigkeit gesetzten zu bewegen. [...] Es will, die ihm objektiven sittlichen Ordnungen sollen ihm nichts Fremdes bleiben, keine bloß äußere Auktorität, sondern sie sollen von ihm innerlich aufgenommen, von ihm selbst aus eigener Überzeugung und auf freie Weise ausdrücklich sanktioniert werden. Dieses Prinzip der Subjektivität schließt wesentlich das Bewußtsein der Mündigkeit mit ein und das Verlangen der einzelnen nach einem bestimmten persönlichen Antheil an den Lebensfunktionen des Organismus der Gemeinschaft.«[40]

Die protestantische Subjektivität gründet demnach auf der unmittelbaren, frommen Erfahrung sowie auf dem Recht, der individuell gewonnenen Überzeugung in allem authentischen Ausdruck geben zu können, sei es im Denken, im Kommunizieren, im Handeln oder im Verhalten. Autonome Selbstbestimmung tritt an die Stelle heteronomer Fremdbestimmung, verinnerlichtes Transzendenzbewusstsein anstelle des objektiven Konformitätszwangs, frommes Selbstbewusstsein an die Stelle kirchlicher Habitualisierung, ethische und ästhetische Selbstreflexion anstelle allen statuarischen Denkens in verselbständigten Dogmen. Sowohl in ihren Aneignungsprozessen als auch in ihren Ausdrucksgestalten begründet Rothe das Recht der protestantischen Subjektivität als »Befreiung des Individuums zu originaler und autonomer Schaffenskraft« innerhalb der je eigenen kulturellen Lebenswelt. Protestantische Subjektivität wird zum Inbegriff authentischer Erfahrung, individueller Überzeugung und persönlicher Wahrhaftigkeit, Frömmigkeit wird zum genuinen Ausdruck der Individualität, wie es denn im Anschluss an Rothe der spätere liberale Theologe Otto Baumgarten formuliert hat:

»Nur die Überzeugung fruchtet [dem modernen Menschen], die unter Kampf und Widerspruch tief in der eigenen Seele reift, als ihre Wahrheit im Unterschied von der Wahrheit anderer, als ihre heutige Wahrheit im Gegen-

40 Rothe, Richard: Theologische Ethik, Bd. 4, Wittenberg 1870, 283f.

> satz zu der, die ihr früher gewiß war. Selbst erlebt, selbst erlitten, immer neu erkämpft will diese innere Wahrheit werden.«[41]

Damit wird die protestantische Subjektivität auch zum kritischen Maßstab des Umgangs mit der Überlieferung, zum Auswahlregulativ der anverwandelten Traditionen, des individuellen Glaubensgewinns und Glaubensausdrucks, zu einer persönlichen »Leistung«, zur individuell verantworteten Kultivierung der frommen Persönlichkeit, zur religiösen Bildung im emphatischen Sinne. Diese Auffassung entspricht der Grundüberzeugung Rothes, »daß die Menschen mündig sind, daß die moralische Selbstbestimmung der Subjektivität zugleich die schlechthin entscheidende Grundaufgabe des neuzeitlichen Menschen und die Weise ist, in der er seiner Bestimmung als Mensch überhaupt entspricht.«[42] Rothe schiebt die Grenzen der christlichen Kulturentäußerung soweit hinaus, dass er selbst die technischen Errungenschaften des 19. Jh. noch als einen Triumph der subjektiven Frömmigkeit feiern kann: »Ich lebe [...] der festen Überzeugung, daß dem Reiche Christi die Erfindung der Dampfwagen und der Schienenbahnen eine weit bedeutendere positive Förderung geleistet hat, als die Ausklügelung der Dogmen von Nicäa und von Chalcedon.«[43] Protestantische Subjektivität, die ihren erfahrungsauthentische Ausdruck außerhalb der Kirche in einer sich freilich ihrer Christlichkeit nicht immer auch bewussten Kultur der »christlichen Welt« findet, ist kein Derivat, keine Abirrung, sondern in der Perspektive eines die mündige Subjektivität emphatisch bejahenden Neuprotestantismus: die legitime, religiös selbstbestimmte Fortschreibung und Fortsetzung der reformatorischen Wirkungsgeschichte unter modern-neuzeitlichen Bedingungen.

Es gibt für Rothe nur einen Ort, wo sich die protestantische Subjektivität ihrer Unmittelbarkeit ansichtig wird, und das ist der Kult. Hier im Gottesdienst vergewissert sich die Subjektivität des protestantischen Glaubens ihres Ermöglichungs- und Daseinsgrundes unmittelbar, ohne dass irgendeine Form der Welt reflektierenden, belehrenden, klerikal bevormundenden oder auch nur hermeneutischen Vermittlung dazwischentreten soll: »Gottesdienste ohne predigtartige Vorträge wür-

41 Baumgarten, Otto: Der Aufbau der Volkskirche, Tübingen 1920, 24.

42 Rössler, Dietrich: Richard Rothe (1799–1867), in: M. Greschat (Hg.), Theologen des Protestantismus im 19. und 20. Jahrhundert, Bd. 1, Stuttgart 1978, 82.

43 Rothe, Richard: Stille Stunden. Aphorismen aus Richard Rothe's handschriftlichem Nachlaß, Wittenberg 1872, 340.

den uns heute zu Tage ein wahres Labsal sein.«[44] Der Kult ist der genuine Ort der Erbauung, der Vergewisserung und Stärkung, wo sich der individuell christliche Kulturmensch seiner Christlichkeit unmittelbar religiös versichert: Der Kultus ist »die einzige rein-religiöse Funktion, die es überhaupt gibt. Hervorgehend aus dem Bedürfnis des frommen Individuums nach einem Zurückgehen auf das ihm zugrunde liegende Prinzip und einen unmittelbaren Verkehr mit dem Göttlichen, ist der Kultus zugleich das Mittel, durch das sich die rein-religiöse Gemeinschaft realisiert«[45], solange jedenfalls das Reich Gottes auf Erden noch nicht verwirklicht ist. Zugleich spielt sich hier die religiöse Kommunikation in ihrer Ursprünglichkeit, Authentizität und Unmittelbarkeit ab:

> Im Kultus tritt die religiöse Erfahrung »aus dem Bewußtsein heraus in die Erscheinung, wird dadurch aufnehmbar für alle, so daß alle für einander ihren religiösen Besitz ausstellen und ihn eben dadurch mitteilen. Wenn aber dieses Heraustreten uns mitgeteilt werden soll, ohne daß seine Unmittelbarkeit durch dazwischentretende Reflexion aufgehoben wird, also als Gefühl und in Form des Gefühls, so gibt es hierfür nur eine Gattung des menschlichen Handelns, nämlich das künstlerische; denn diese ist seiner Natur nach der unmittelbare (nicht durch zweckgerichtete Reflexion vermittelte) Ausdruck des Innern im Äußern, des Geistes in der Materie«;[46] der Kultus bildet gleichsam die ästhetische Variante des universal sich vollziehenden Versittlichungs- und Verchristlichungsprozesses in seiner rein religiösen Form.

5.

Nun ist die Auffassung Rothes nicht dahin misszuverstehen, als sei die Kunst, nur sofern sie im Kult beheimatet ist, ihre einzig legitime Ausdrucksgestalt. Im Gegenteil: Sie ist zugleich Teil eines Christentums nicht nur außerhalb der Kirche, sondern auch außerhalb des Kultes und kann hier als Weise des individuellen Symbolisierens, mithin in ihrer rein darstellenden, auf keine notwendig bestimmte Reproduktionsfunktion oder Reflexion verpflichtete Ausdrucksgestalt geradezu als Paradigma protestantischer Subjektivitätsäußerung gelten, ja wird

44 Rothe: Theologische Ethik, Bd. 5, 467.

45 Bassermann, Heinrich: Richard Rothe als praktischer Theologe, Freiburg 1899, 32.

46 Bassermann: Richard Rothe als praktischer Theologe, 32f.

durch die kirchliche und dogmatische Unbestimmtheit des subjektiven Christentums zu ihrer eigenen Autonomie freigesetzt, zu ihrer eigenen Inspiration und Imagination evoziert. Der Stuttgarter Literaturwissenschaftler Heinz Schlaffer hat in seiner jüngst erschienenen »Kurzen Geschichte der deutschen Literatur« die These vertreten, dass sich der geglückte Anfang der deutschen Literatur im 18. Jh. und ihre Entfaltung im 19. Jh. vor allem auch aus dem Geist protestantischer Subjektivität erkläre.[47] Gewissermaßen variiert er damit eine These für die Literaturgeschichte, die der Hamburger Kunsthistoriker Werner Hofmann bereits 1983 für die Entwicklung der Bildenden Kunst vertreten hat.[48] Ihre Kurzform lautet: Indem der Reformator Martin Luther in seiner Konzentration auf die Predigt als entscheidendem Medium der Heilsvermittlung alle anderen Kommunikationsformen zu Adiaphora, zu jenen Mitteldingen, die dem Glauben per se weder schaden noch nützen, erklärt habe, bestenfalls wie die Musik als eine andere Gestalt der Wortverkündigung oder wie die Bildende Kunst als deren didaktisches Hilfsmittel herangezogen, diese aber nicht insgesamt einem kirchlichen Primatanspruch unterstellt habe, ist die Kunst im Prinzip aus dem kirchlichen Normierungsanspruch entlassen worden und konnte sich in der Auswahl ihrer Motive, Themen, Stile und Verwertungskontexte frei und eigendynamisch entfalten. In der Literaturgeschichte war dieser Ablösungsprozess gewissermaßen zähflüssiger, trugen die Schriftsteller des 18. und 19. Jh., größtenteils ohnehin Pfarrerssöhne, noch lange Zeit das literarische Sozialisationserbe des evangelischen Pfarrhauses mit sich herum, jenes »begünstigten Ortes einer nachhaltigen [literarischen] Bildung«[49], der in doppelter Hinsicht ein Ort der Sprach- und Poesie-Schulung, der Einübung in die Wortkultur war; denn hier diente zum einen die Bibel in Luthers Übersetzung als Vorschule medialen Sprachverhaltens, zum anderen war das evangelische Pfarrhaus zugleich ein Hort klassisch-humanistischer Bildung, so dass – begünstigt, ja geradezu herausgefordert durch die Lakonik der Bibel – die Gleichnisse und Metaphern aus der antiken Welt den kargen Berichten, Sprüchen und Lehren der Bibel »eine zweite Sinnlichkeit« verliehen: »die der Imagination«, die sich zunächst eben vor allem

47 Schlaffer, Heinz: Die kurze Geschichte der deutschen Literatur, München/Wien 2002.

48 Hofmann, Werner: Luther und die Folgen für die Kunst, München 1983.

49 Schlaffer: Die kurze Geschichte, 55.

an den Werken der klassisch-antiken Poesie, später unter dem Einfluss des Pietismus auch aus dem sprachschöpferischen Fundus subjektiver Frömmigkeitserfahrungen speisen und erproben konnte.[50] So lernten die Pfarrerssöhne wie alle durch die Schule des evangelischen Pfarrhauses gegangenen Zöglinge schon früh Beispiele der schönen Literatur antiker Poesie kennen, die Epen Homers galten ihnen als gleichursprünglich mit dem Alten Testament und »Werther liest Homer als wäre es die Bibel«.[51] Und später konzentrierten sich die pietistischen Gemeinden und Zirkel

> »auf religiöse Erfahrungen, die dem einzelnen unvorhersehbar, wie eine Inspiration, zufielen und von denen er in unwillkürlichem Sprechen, ekstatischen Gesängen, intimen Bekenntnissen mündlich und schriftlich Zeugnis ablegte. In diesem pietistischen Umgang mit dem Wort sind reichhaltigere und moderne Möglichkeiten der Dichtung enthalten als in der lutherischen Tradition«[52],

so dass Gottfried August Bürger Goethes Sprachvirtuosität des Werther ganz unbefangen in pietistischer Manier als »innres Seelenstückchen« feiern konnte.[53] Die Ablösung, gleichsam die Travestie begann in dem Moment, als das religiöse Sprachpotential bei zunehmender Entkirchlichung der Alltagskultur in ein ästhetisches verwandelt wurde, die Kirche sich also durch den Musentempel und der Kirchgang sich durch den Museumsbesuch ersetzt fanden. Ebenso enthusiastisch wie prophetisch stimmte der Pfarrerssohn Jean Paul auf diese Entwicklung in seiner »Vorschule der Ästhetik« den Lobgesang an: »Ist einst keine Religion mehr und jeder Tempel der Gottheit verfallen oder ausgeleert, dann wird noch im Musentempel der Gottesdienst gehalten werden.«[54] Hier wird deutlich, was sich Richard Rothe unter einer christlichen Kultur jenseits der Kirchlichkeit vorgestellt haben mag. Doch bleibt zweifelhaft, ob die Ablösungs- und Übertragungsthese den von Rothe gemeinten Sachverhalt hinreichend trifft. Denn für ihn war die profane Kultur mit der »christlichen Welt« deckungsgleich und nicht etwa deren funktionales Äquivalent. Die profane Kultur der »christlichen Welt« galt ihm als genuiner, wenngleich die überkommenen kirchlich-christli-

50 Schlaffer: Die kurze Geschichte, 55.
51 Schlaffer: Die kurze Geschichte, 56.
52 Schlaffer: Die kurze Geschichte, 61.
53 Schlaffer: Die kurze Geschichte, 62.
54 Zitiert nach Schlaffer: Die kurze Geschichte, 59.

chen Traditionen transformierender Ausdruck einer protestantischen Subjektivitätskultur, nicht als Übertragung oder Übersetzung, geschweige denn als Äquivalent oder Substitut, sondern als Umformung, als Metamorphose! Dies lässt sich für die heutige Kultur wohl noch schwerer nachvollziehen, als es bereits für die Zeitgenossen Rothes möglich war. Doch gibt es einen Ort, an dem zwar immer wieder die Distanz zur konfessionellen Kirchlichkeit praktiziert, nicht aber unbedingt auch religiöse Subjektivität als geistige Lebensform verabschiedet wird. Für den Bereich des Protestantismus heißt das: Es ist dort der Fall, wo der einer protestantischen Sozialisation entstammende, wenngleich ihr auch vielfach entfremdete Künstler auf die Rechtfertigung seiner künstlerischen Existenz als Beruf und als literarisierte Lebensgeschichte reflektiert. Dies kann etwa am Beispiel der Genese und des Selbstverständnisses von Thomas Manns »Doktor Faustus« erläutert werden.[55]

Über die autobiographische Bedeutung dieses Romans für Thomas Mann kann kein Zweifel bestehen; sie erhellt sich bereits aus seinem werkgeschichtlichen Zusammenhang. Die erste dreizeilig festgehaltene Idee des Romans geht auf das Jahr 1901 zurück, verschwindet dann, bis sie im Mai 1941 wieder auftaucht. Nach mehreren Anläufen beginnt Thomas Mann am Sonntagmorgen, den 23. Mai 1943, mit der Niederschrift und notiert am 29. Januar 1947 in seinem Tagebuch: »Schrieb um 12 Uhr die letzten Worte des »Dr. Faustus«. Bewegt immerhin.«[56] Es ist nicht schwer, sich den Grund seiner Bewegtheit vorzustellen: Mit siebzig Jahren hat der Verfasser »sein ›wildestes Buch‹« zu Ende gebracht, ein Buch, dessen Idee ihn nicht nur fast über eine halbes Jh. hinweg beschäftigt hatte und nun den Charakter einer Summe von Lebenserfahrungen enthielt, sondern das zugleich ein Kommentar zu seinem »großen Erzählwerk« bildet, das ihn »durch all diese Jahre des Exils, die Einheit meines Lebens gewährleistend, begleitet hatte.«[57] So wichtig erscheint ihm gerade dieser Roman, dass er zwei Jahre später eine Schilderung seiner Genese nachschiebt: »Die Entste-

55 Zum Folgenden vgl. Albrecht, Christian: Protestantismusdeutung und protestantisches Erbe in Thomas Manns Roman »Doktor Faustus«; in: ZThK 95 (1998), 410–428; Rohls, Jan: Thomas Mann und der Protestantismus; in: ZThK 99 (2002), 351–378.

56 Mann, Thomas: Tagebücher 28.5.1946–31.2.1948, hg. von I. Jens, Frankfurt am Main 1989, 92.

57 Mann, Thomas: Die Entstehung des Doktor Faustus. Roman eines Romans, Frankfurt am Main 1995, 13.

hung des Doktor Faustus. Roman eines Romans.« Darin findet sich schließlich die aufschlussreiche Bemerkung, dass sein Vortrag aus dem Jahr 1947 mit dem Titel »Nietzsche im Lichte unserer Erfahrung«[58], der so unverkennbar auch eine autobiographisch intime Auseinandersetzung mit dem Philosophen enthält, nichts anderes als »das essayistische Nachspiel zum ›Faustus‹« sei.[59] Am Ende zeigt sich der Verfasser selbst in einer »Verdutztheit durch das Unromanhafte, sonderbar real Biographische, das doch Fiktion ist.«[60] Ein entscheidender Gesichtspunkt zum Thema protestantische Subjektivität lässt sich hieran illustrieren: Protestantische Subjektivität realisiert sich – wenn auch häufig gleichsam nur hinterrücks – in kulturellen Transformationsgestalten einer solchen individuellen Prägung, deren lebensgeschichtliche Selbstreflexion auf die Rechtfertigung ihrer künstlerischen Existenz in der modernen Gesellschaftskultur abzielt.

1. Thomas Mann leugnet seine Herkunft aus dem Protestantismus nicht, gibt sich dabei jedoch als ausgesprochen Kirchendistanzierter zu erkennen, erhebt also nie den Anspruch, Protestantismus in irgendeiner sozial aparten konfessionellen Milieuprägung zu repräsentieren, hält aber sehr wohl sein spezifisch religiöses Sozialisationserbe für erwähnenswert. Einige Äußerungen mögen dies belegen. 1904 bekennt er von sich: »Protestantische, moralische, puritanische Neigungen sitzen mir, wer weiß, woher, im Blute.«[61] Zwanzig Jahre später (1923) heißt es: »Meine Welt ist [...] gesellschaftlich gesprochen, diejenige patrizischer Bürgerlichkeit, geistig gesprochen die eines Individualismus protestantischer Innerlichkeit.« Abermals dreißig Jahre später (1953): »Mein Protestantismus ist bloße Kultur, nicht Religion.« Die bei weitem aufschlussreichste Selbstauskunft findet sich in einem Brief an Pierre-Paul Sagave aus dem Jahre 1937:

> »Ein direktes Verhältnis zur Kirche, und zwar zur protestantischen, besitze ich kaum, und es tritt dergleichen wohl nirgends in meiner Lebens-Arbeit hervor. Dagegen habe ich mich zeit meines Lebens als Protestant insofern gefühlt, als ich den Protestantismus als das Grundelement der deutschen Kultur selbst empfinde und auch Goethe und Nietzsche wesentlich als Pro-

58 Mann, Thomas: Nietzsches Philosophie im Lichte unserer Erfahrung (1947), in: Essays, Bd. 6: Meine Zeit 1945–1955, Frankfurt am Main 1997, 56–92.

59 Mann: Die Entstehung des Doktor Faustus, 156.

60 Mann: Die Entstehung des Doktor Faustus, 99.

61 Mann, Thomas: GW X, 837; zitiert nach Albrecht: Protestantismusdeutung, 424.

testanten sehe. Ich darf Sie ferner hinweisen auf die Figur des Thomas Buddenbrook in meinem Jugendroman, bei dem dieses Element, wenn auch in ethisch säkularisierter Form, wohl am stärksten hervortritt. Ich bin selbst in dem Buch ›Betrachtungen eines Unpolitischen‹ auf die eigentümlichen Beziehungen zu sprechen gekommen, welche zwischen dieser Figur und gewissen soziologischen Theorien bestehen, welche, hauptsächlich von Max Weber vertreten, den Zusammenhang von Protestantismus und kapitalistischem Bürgertum aufzuweisen suchen.«[62]

Von besonderem Interesse ist es, dass Mann sich hier trotz seiner ausgesprochenen Distanziertheit zur Kirche sozusagen in Wahrnehmung seiner Subjektivität ein Protestantismusverständnis zuschreibt, auf das er selbst noch einen Goethe und Nietzsche zu konfirmieren weiß. Ebenso interessant ist es, dass Thomas Mann sich in einem geistesgeschichtlichen Bedeutungskontext verortet, der durch die Webersche und Troeltsch'sche Frage nach den Kulturwirkungen des neuzeitlichen Protestantismus bestimmt ist, ja er beansprucht hier gewissermaßen ein Urheberrecht für sich. Tatsächlich hatte er in den »Betrachtungen eines Unpolitischen« selbstbewusst notiert:

»Ich lege einigen Wert auf die Feststellung, daß ich den Gedanken, der modern-kapitalistische Erwerbsmensch, der Bourgeois mit seiner asketischen Idee der Berufspflicht sei ein Geschöpf protestantischer Ethik, des Puritanismus und Kalvinismus, völlig auf eigene Hand, ohne Lektüre, durch unmittelbare Einsicht erfühlte und erfand und erst nachträglich, vor kurzem, bemerkt habe, daß er gleichzeitig von gelehrten Denkern gedacht und ausgesprochen worden. Max Weber in Heidelberg und nach ihm Ernst Troeltsch haben über ›die protestantische Ethik und den Geist des Kapitalismus‹ gehandelt«.[63]

Bedenkt man, dass sich der Bogen dieser Perspektive von den »Buddenbrooks« über den »Zauberberg« bis hin zum »Doktor Faustus« ausspannt, bedenkt man ferner, dass sich hierin ein Problem zu Wort meldet, das sich in seinem Selbstverständnis immer wieder auf's Neue stellte, dann wird deutlich, wie die Tiefe und der Reichtum, aber auch die Widersprüchlichkeit und das Leiden von Manns Individualität ihre Wurzeln gleichsam außerhalb ihrer selbst haben und in einem religiösgeschichtlichen Erbe gründen, dessen ambivalente Folgen einen we-

62 Zitiert nach Lepenies, Wolf: Thomas Buddenbrook und der Taugenichts. Motive Max Webers im Werk von Thomas Mann, in: Frankfurter Allgemeine Zeitung vom 23. Oktober 1985.

63 Mann, Thomas: Betrachtungen eines Unpolitischen, Frankfurt am Main 1988, 137.

sentlichen Teil seines künstlerischen Identitätsverständnisses ausmachen.

2. Der Literaturwissenschaftler Hans Mayer hat in einer eingehenden Analyse des »Doktor Faustus« gezeigt, dass hier vor allem das Rechtfertigungsmotiv eine entscheidende Rolle spielt. Thomas Mann rückt »die unmittelbare Bilanz seines Lebens« in den Mittelpunkt, der Roman ist Selbstprüfung und Abrechnung, Gewissenserforschung und Konfession, lebensgeschichtliches Dokument und Zeugnis biographischer Selbstreflexion, »Autobiographie also und Lebensbeichte«[64], gespiegelt und verfremdet im Medium fiktionaler Literatur: Sie erzählt die »Lebensgeschichte des genialisch-unseligen Musikers« Adrian Leverkühn, aber auch die seiner erzählenden Gegenfigur Zeitblom; es ist ein Künstlerroman und ein Roman über die Möglichkeiten der Kunst überhaupt; es ist der Roman einer Konstellation, die der Verfasser für typisch deutsch hält: der Widerstreit zwischen unpolitischer Innerlichkeit und politischem Katastrophen-Hang, von Humanismus und Reformation, von Theologie und Musik, von Exaktheit und Ekstase, von Gesittung und Gewalt, von Rationalität und entfesselter Irrationalität, von Ästhetik und Moral, von Anstand und Dämonie, von Traditionsfrömmigkeit und Revolution, von Kulturkrise und Teufelspakt. Immer wieder spielt bei der Behandlung und Bearbeitung dieser Themen das religiöse Motiv, wenn man so will: die protestantische Subjektivität hinein. Religion ist demnach nicht reine Innerlichkeit, sondern auch künstlerisch-kulturelle Gestaltungsmacht. Und die Biographie gewinnt ihre Bedeutung offenbar dadurch, »Illustration der Prozesse zu sein, in denen subjektive Religiosität zur Kraft greifbarer Weltgestaltung geworden ist.«[65] Um eine Lebensbeichte im autobiographischen Sinne handelt es sich bei Thomas Mann allemal, weil hier höchst persönliche Erlebnisformen in eine typische Geschichte eingetragen werden, die »als stellvertretender Lebenslauf« anzusehen ist, als Einzelschicksal eines Künstlers in seiner »Auseinandersetzung mit dem gesellschaftlichen Gesamtprozeß«.[66] Wie er sein »extravagantes Dasein«

64 Mayer, Hans: Thomas Manns »Doktor Faustus«. Roman einer Endzeit und Endzeit des Romans (1959), in: R. Wolff (Hg.), Thomas Manns Dr. Faustus und die Wirkung, 1. Teil, Bonn 1983, 106–123: 115.

65 Rössler, Dietrich: Gelebte Religion als Frage an wissenschaftliche Theologie, in: J. Hanselmann/D. Rössler (Hg.), Gelebte Religion, München 1978, 10.

66 Mayer: Thomas Manns »Doktor Faustus«, 116.

als Künstler – ein anständiger Mensch wird nicht Künstler, ein anständiger Mensch wird Kaufmann –, wie er trotzdem sein Künstler-Dasein rechtfertigt, ohne »die Tugend des Weltverächters oder des Gesellschaftskritikers par excellence« zu kultivieren (Jochen Schmidt), wie sich im Medium der künstlerisch-autobiographischen Selbstrechtfertigung zugleich die lebensgeschichtliche Sinn-Reflexion vollzieht, wie sich die Kontingenz der erlebten, erlittenen Widerfahrnisse und die Risikohaftigkeit der Stellungnahmen zu ihnen, wie sich künstlerisch-ironischer Distanzgewinn und die begrenzten, weithin verbrauchten Möglichkeiten genialen Schöpfertums, wie sich die Unmittelbarkeit des Erlebens und die Abstraktheit der reinen Geistigkeit, das sacrificium intellectus und die Sterilität, das décadence-Bewusstsein und der Glaube an die Humanität überhaupt zu einer halbwegs stimmigen Lebensgeschichte zusammenzufügen vermögen, all das kann man am »Doktor Faustus« studieren und dabei hat sich Mann in ständiger Auseinandersetzung vor allem mit Nietzsche herumgeplagt. Wie Niccolò Machiavelli während seiner Verbannung Zwiegespräche mit der Ahnengalerie auf seinem Landgut San Casciano in Percussina zu führen beginnt und dabei seinen »Fürsten« entwickelt, so scheint der exilierte Verfasser des »Doktor Faustus« in ständiger Auseinandersetzung mit dem zum Protestanten getauften Pfarrerssohn Friedrich Nietzsche gestanden zu haben, an dessen Vorgaben Mann in These und Antithese die eigene Identitätsproblematik durcharbeitet:

> »Eine erneute direkte Beschäftigung mit den Nietzsche'schen Schriften hat mich der Continuität und Einheit sowohl wie der unzweifelhaften Entartung seines Denkens recht innewerden lassen. Von Anfang an ist die Idee von der alleinigen Rechtfertigung des Lebens als eines ästhetischen Phänomens und von seinem notwendig perspektivischen, illusionären Charakter bestimmend, die den ganzen späteren Anti-Moralismus in sich schließt und, sicher unter Einfluß des Hirngiftes, in eine hektische und jammervolle Verherrlichung des Bösen ausartet, – ganz unmöglich und oft geradezu lächerlich für uns Heutige, die wir das Böse in seinem ganzen ordinären Schwachsinn kennen gelernt haben.«[67]

3. Schließlich erscheint noch ein dritter Charakterzug bezeichnend, durch den sich das neuzeitliche Subjektivitätsbewusstsein bei Thomas Mann zur Geltung bringt: Das künstlerische Ich, das mit Thomas

67 Mann, Thomas: Brief an Ernst Heimeran vom 23.3.1946; zitiert nach Essays, Bd. 6, 401.

Mann zutage tritt, versteht die eigene künstlerische Existenz als Beruf und Berufung. Es ist das exemplarische Ich, das durch seine Repräsentativität einen Dienst für die Allgemeinheit, für das Publikum, für die Leserschaft verrichtet: »In mir lebt der Glaube, daß ich nur von mir zu erzählen brauche, um auch der Zeit, der Allgemeinheit die Zunge zu lösen, und ohne diesen Glauben könnte ich mich der Mühen des Produzierens entschlagen«.[68] Auch darin stellt Mann seinen Lebenslauf als repräsentativen dar, dass im Erleben und Erleiden dieser »Mühen des Produzierens« er sich einerseits selbst aufs Spiel setzt: »Ein schweres Kunstwerk bringt, wie etwa Schlacht, Seenot, Lebensgefahr, Gott am nächsten, indem es den frommen Aufblick nach Segen, Hilfe, Gnade, eine religiöse Seelenstimmung erzeugt.«[69] Andererseits sieht er in der unentrinnbaren Selbstentäußerung in seinem Beruf so etwas wie eine moralische »Heimsuchung«, die zu bestehen er für ethisch geboten hält. Es ist dies ein entscheidender Punkt, an dem Mann vom dionysischen Ästhetizismus des protestantischen Renegaten Nietzsche ausdrücklich abrückt: »Eine ästhetische Weltanschauung ist schlechterdings unfähig, den Problemen gerecht zu werden, deren Lösung uns obliegt.«[70] Weder der Pessimismus der Lebensverleugner und Fürsprecher des Jenseits, noch der Optimismus der Fortschrittsvernünftler und Weltreformer können hier gangbare Auswege bieten. Als einzig mögliche Option erscheint Thomas Mann – und darin bekundet er seine Sympathie und Wahlverwandtschaft mit Max Weber und Ernst Troeltsch – allein das Ausharren bei der in subjektiver Sinnstiftung gewonnenen individuellen Berufung, den Verzicht auf »faustische Allseitigkeit« (M. Weber), die Überwindung des natürlichen Hangs zum Eskapismus, kurzum: die Position einer Humanität als »der Entschluß zum Lebensdienste«, wie es im »Zauberberg« heißt, der »viel erfahren, durch vieles hindurchgegangen, alles Wissen ums Untere und Dämonische hineinnähme in seine Ehrung des menschlichen Geheimnisses. Religion ist Ehrfurcht, – die Ehrfurcht zuerst vor dem Geheimnis, das der Mensch ist«.[71]

68 Mann, Thomas: GW XI, 571; zitiert nach Albrecht: Protestantismusdeutung.
69 Mann: Die Entstehung des Doktor Faustus, 46.
70 Mann: Essays, Bd. 6, 91.
71 Mann: Essays, Bd. 6, 92.

Zivilgesellschaft und Religion

Rolf Schieder

Wer sich bisher unter der erstmals von Michel de Certeau gebrauchten Wendung »Faire de l'histoire«[1] nichts vorstellen konnte, der erhielt bei den Olympischen Spielen von Athen im Jahre 2004 hinreichend Anschauungsmaterial für die These, dass Geschichte gemacht wird, um Differenz zu minimieren und Kontinuität zu konstruieren. Das Bemühen sowohl bei der Eröffnungsfeier als auch bei den Medaillienverleihungsritualen, die heutigen Olympischen Spiele mit denen der Antike zu verbinden, war offensichtlich. Die Inszenierung von Geschichte gehört mittlerweile zu den wichtigsten kollektiven Repräsentationsmechanismen. Erinnerung und Gedächtnis dienen weder der reinen Information noch der bloßen Unterhaltung, sie wirken vielmehr als Verpflichtungsdiskurs. Die Einladung zur Identifikation zielt darauf, das Wertvolle der repräsentierten Tradition weiterzuführen: »Pass the torch!«

Aufgabe einer kritischen Religionstheorie ist in einem solchen Falle, Differenzen zu markieren und den imaginären Charakter solcher Gedächtnisinszenierungen offen zu legen. Damit ist noch nichts darüber gesagt, ob man die intendierte Tradition nicht doch unterstützen will. Aber die Unterbrechung der unmittelbaren Identifikation im Interesse eines (selbst-)kritischen Umgangs mit kollektiven Inszenierungen bleibt angesichts der Inflation solcher Events Aufgabe wissenschaftlichen Weltumgangs. Dabei darf durchaus eine gewisse Lust an der Subversion mitspielen. Der zur Zeit so beliebte Gebrauch der Geschichte zum Zwecke des Gedächtnisses und des Erinnerns erntete noch vor ihrem Boom in Deutschland zu Beginn der siebziger Jahre des vergangenen Jh. den beißenden Spott des französischen Philosophen Michel Foucault: »Es geht darum, aus der Historie ein Gegen-Gedächtnis zu

1 Die durch Pierre Nora und Jacques LeGoff übernommene und popularisierte Formulierung hat Michel de Certeau erstmals in dem gleichnamigen Essay aus dem Jahre 1970 geprägt.

machen und in ihr eine ganz andere Form der Zeit zu entfalten.«[2] Gegen den gespielten Ernst der Erinnerungskultur gelte es, die Historie als Parodie und Possenspiel zu inszenieren.

> »Der Französischen Revolution hat man die römische Toga umgehängt, der Romantik die Waffenrüstung des Ritters, der Wagnerepoche das Schwert des germanischen Helden. All das ist nur Flitterwerk, dessen Unwirklichkeit unsere eigene Unwirklichkeit durchscheinen lässt. Es sei niemandem benommen, diese Religionen zu verehren und in Bayreuth das Gedächtnis eines neuen Jenseits zu feiern; es sei jedem freigestellt, sich auf dem Trödelmarkt fehlender Identitäten zu betätigen. Der gute Historiker, der Genealoge weiß, was er von dieser Maskerade zu halten hat. Nicht, dass er sie zurückweist, weil sie ihm zu wenig ernst ist; vielmehr möchte er sie bis zum Äußersten treiben: er möchte einen großen Karneval der Zeit veranstalten, in dem die Masken unaufhörlich wiederkehren. Anstatt unsere blasse Individualität mit den starken Identitäten der Vergangenheit zu identifizieren, geht es darum, uns in so vielen wiedererstandenen Identitäten zu entwirklichen.«[3]

»Entwirklichung« befreit von Zwang zur Selbsthypostasierung. Sie befördert die Einsicht, dass die Inanspruchnahme der Vergangenheit unserer Gegenwart nur scheinbar mehr Glanz verleiht, dafür aber die Gefahr der Vergöttlichung des Menschen und seine Selbstanbetung erheblich steigert. Mediale Inszenierungen haben diese Gefahren nicht verringert, sondern vermehrt.

1. Der »Olympische Eid« als zivilreligiöse Inszenierung

Der Versuch, zwischen den Olympischen Spielen der Antike und denen der Neuzeit einen Zusammenhang herzustellen, hat angesichts der Veränderungen, denen die Spiele bereits in den letzten hundert Jahren unterlagen, fast schon etwas Rührendes. Am Wandel des so genannten Olympischen Eides lassen sich signifikante Veränderungen des Charakters der Olympischen Spiele zeigen. Die Idee eines Olympischen Eides entstand in der Zwischenkriegszeit. Von 1920 bis 1960 lautete der Eid eines Sportler des gastgebenden Landes: »Wir schwören, dass wir an den Olympischen Spielen *als ehrenwerte Kämpfer* teilnehmen, die Re-

2 Foucault, Michel: Von der Subversion des Wissens (1974), Frankfurt am Main 1987, 85.

3 Foucault: Subversions des Wissens, 85.

geln der Spiele achten und uns bemühen werden, *ritterliche Gesinnung* zu zeigen, *zur Ehre unseres Vaterlandes* und *zum Ruhme des Sports.*« Selbstverständlich hatten etwa die deutschen Sportler bei den Olympischen Spielen 1936 keine Probleme, diesen Eid mit reinem Herzen zu sprechen. »Kampf, Ritterlichkeit, Ehre, Vaterland, Ruhm« – das war eine semantische Kette, die Faschismus und Sport kongenial erscheinen ließen. Der Sport war Kriegsersatz zum Ruhm des Vaterlandes im fairen Kampf Mann gegen Mann; ein Triumph des Willens und der Kraft.

Die Neuformulierung des Eides im Jahre 1964 markiert eine soziokulturelle und politische Zäsur. Er lautete nun folgendermaßen: »Im Namen aller Teilnehmer verspreche ich, dass wir uns bei den Olympischen Spielen als loyale Wettkämpfer erweisen, ihre Regeln achten und teilnehmen im ritterlichen Geist zum Ruhme des Sports und zur Ehre unserer Mannschaften.« Der »ehrenwerte Kämpfer« wurde zum »loyalen Wettkämpfer« transformiert. In Zeiten des Kalten Krieges und angesichts einer ganzen Reihe von geteilten oder zerstörten Vaterländern erschien auch die »Ehre des Vaterlandes« anachronistisch. Das Vaterland wurde durch »unsere Mannschaften« ersetzt. Ganz im Sinne der Systemtheorie von einer zunehmenden Ausdifferenzierung der Gesellschaft treten die Sportorganisationen, also die »Mannschaften« an die Stelle der Vaterländer als identifizierbare und Identität stiftende Kollektive. Auch die Individualisierungstheorie findet an dieser Miniatur ihre Bestätigung. Nicht mehr ein kollektives »Wir«, sondern ein »Ich« legt ein Versprechen ab. Es tut dies zwar »im Namen aller« – man hört mit, dass dieser Einzelne nicht mehr wagt, vorbehaltlos für das Kollektiv zu sprechen. »Im Namen aller Teilnehmer« klingt ein wenig wie: »Im Namen aller Teilnehmer, für deren aufrichtigen Willen ich allerdings keine Verantwortung übernehmen kann«. Die religiöse Konnotation, die ein öffentlicher Schwur unweigerlich bei sich trägt, wurde zu einem Versprechen ermäßigt. Auch das allmähliche Verblassen der Präsenz der Religion im öffentlichen Raum ließe sich also am Wandel dieser Eidesformel zeigen.

Bei den Olympischen Sommerspielen im Jahre 2000 gab es eine erneute Reform der Eidesformel: »Im Namen aller Athleten verspreche ich, dass wir an den Olympischen Spielen teilnehmen und dabei die gültigen Regeln respektieren und befolgen und uns dabei einem Sport ohne Doping und ohne Drogen verpflichten, im wahren Geist der Sportlichkeit, für den Ruhm des Sports und die Ehre unserer Mannschaft.«

Der Schwundstufencharakter dieser Formel ist schwer zu übersehen. Man verspricht die Teilnahme – angesichts der Tatsache, dass man ja schon da ist, eigentlich eine Banalität; andererseits und immerhin: man könnte ja jederzeit seine Koffer packen. Der Versprechende bestimmt sich und seine Rolle als der, der »im Namen aller Athleten« spricht. Weniger ein Ideal, als der zu vermeidende Missbrauch wird beschworen. Die Ritterlichkeit ist getilgt, »unsere Mannschaften« werden zu »unserer Mannschaft«. Der Ausdifferenzierungs- und der Individualisierungsprozess sind weiter vorangeschritten. Das Individuum rückt jetzt als potentieller Dopingsünder und als in dieser Hinsicht immer genauer zu Überprüfender in den Mittelpunkt. Der Preis der Individualität ist der dauernde Deviationsverdacht.

2. Der Sport als zivilgesellschaftlicher Akteur

Die Überwachung des Körpers ist eine der frühesten Disziplinartechniken der Neuzeit gewesen und sie hat im Gefolge des medizinisch-technischen Fortschritts zugenommen. Von der Wiege bis zur Bahre wird das Individuum in modernen Gesellschaften gewogen und gemessen, auf Anormalität hin überprüft und permanenter Selektion unterworfen. Die sportlich erfolgreichsten Nationen sind diejenigen, die so früh wie möglich Spezialistinnen und Spezialisten für die jeweiligen Disziplinen aussondern und einem langjährigen harten Training unterwerfen. Die Bedeutung von »Biopolitik« lässt sich bei internationalen Sportwettkämpfen gut studieren.

Obwohl aus der Eidesformel alle Bezüge auf das Nationale getilgt sind, spielt bei den Olympischen Spielen der Bezug auf die Nation eine zentrale Rolle. Die so genannten Medaillenspiegel sind für das Selbstbewusstsein der nationalen Öffentlichkeiten von enormer Bedeutung: man will wissen, welche Position man im Vergleich mit anderen Nationen einnimmt. Wie beim PISA-Ranking kann die Kränkung sehr tief gehen, wenn zwischen der nationalen Selbsteinschätzung und den tatsächlichen Ergebnissen eine Lücke klafft. Doch auch bei den Siegerehrungen, bei denen die Nationalhymnen gespielt und die Nationalflagge gehisst wird, zeigt sich, dass das Identifikationspotential des Nationalen nach wie vor groß ist. Tränen der Rührung sind nicht selten, der Nationalstolz der Zuschauerinnen und Zuschauer wird hemmungslos. So sehr die einzelnen Sportler für ihre Leistungen geehrt werden, so selbstverständlich werden sie ins nationale Kollektiv integriert. Aber auch für den Einzelnen gilt, dass die Integration in ein größeres Ganzes als lustvoll erlebt wird und zu einer Steigerung der eigenen Leistungen führen kann. Das Erlebnis kollektiver Efferveszenz stabilisiert das Gemeinwesen ebenso, wie es den Einzelnen an das Gemeinwesen bindet.

Wenn der Sport in den einzelnen Ländern auch vom Staat massiv gefördert wird, so sind die Sportvereine und die Sportverbände zum so genannten Dritten Sektor zu rechnen, also zu jenen sozialen Organisationen, die weder staatlicher noch ökonomischer Natur sind, sondern die jenseits politischer oder wirtschaftlicher Interessen das soziale Leben prägen. Mit der wachsenden Bedeutung dieses Bereiches hat sich ein politikwissenschaftlicher Neologismus durchgesetzt, der nicht ohne pleonastische Anmutung ist: der Begriff der Zivilgesellschaft. Da in der deutschen politischen Tradition die Gesellschaft als Oppositionsbegriff zum Staat ohnehin ein programmatischer Begriff des liberalen Bürgertums war, ist der aus der angelsächsischen Tradition importierte Zusatz des Zivilen als des Staatsbürgerlichen eine Verdoppelung des bereits mit dem Gesellschaftsbegriff Intendierten. Da aber die Begriffsgeschichte nicht in Deutschland ihren Anfang nahm und die Übertragung ins Deutsche gerade durch ihre Künstlichkeit die Erinnerung an den Import des Begriffs wach hält, gibt es doch einen guten Grund, sich der Verwendung des Begriffs bei aller Problematik nicht zu verweigern.

3. Was ist eine Zivilgesellschaft?

Seit Bundeskanzler Schröder im Jahre 2000 die Deutschen dazu aufforderte, doch mehr zivilgesellschaftliches Engagement zu zeigen, ist die deutschen Variante einer Zivilgesellschaft sehr deutlich zu Tage getreten: Obwohl der Begriff der Zivilgesellschaft durch seine Distanz zum Staat, zumal seiner Exekutive, bestimmt ist, sieht der höchste Vertreter der Exekutive in Deutschland kein Problem darin, sich des Begriffs zu bemächtigen. Das kann man als Ausdruck eines typisch deutschen Etatismus deuten: Reformen werden von oben verordnet, Bürgersinn wird von den Herrschenden eingeflößt. Es gibt allerdings eine ganze Reihe neuer politischer Herausforderungen, die die Exekutive veranlassen, den Zivilgesellschaftsbegriff so stark zu machen. Der Politikwissenschaftler Herfried Münkler sieht dafür folgende Motive: Erstens stehe der Begriff für die wachsende Einsicht in die Grenzen staatlichen Handelns. Die massiven staatlichen Steuerungs- und Integrationsprobleme könnten so nicht nur als Defizit, sondern als anspruchsvolle Reformpolitik dargestellt werden. Zweitens verdanke sich die Karriere des Begriffs dem verzweifelten Wunschdenken, dass überall dort, wo dem Wohlfahrtsstaat das finanzielle Aus drohe, eine imaginierte Zivilgesellschaft als billigere Möglichkeit ins Spiel gebracht werden könne. Und drittens sei die Karriere des Zivilgesellschaftsbegriffs eng mit der Krise der politischen Linken in Deutschland verbunden. »Diese Linke hat mit dem Staat bzw. infolge dessen Krise den wesentlichen politischen Adressaten ihrer Forderungen verloren. Dementsprechend wurden gerade aus den Reihen der Linken zeitweilig dramatisch überdimensionierte Erwartungen in die Zivilgesellschaft hineinprojiziert.«[4] Daraus lässt sich auch die Skepsis liberaler Gesellschaftswissenschaftler gegen den Zivilgesellschaftsbegriff erklären: Sie befürchteten eine erneute Bevormundung und Überforderung der Bürger. Mittlerweile kann aber auch das liberale Lager dem Zivilgesellschaftsbegriff vieles abgewinnen, weil sich damit die Forderung nach einem »schlanken Staat« und mehr »Selbstverantwortung der Bürger« verbinden lässt.

Bei aller Differenz im Detail sind sich die Sozialwissenschaften in der Minimaldefinition einig, dass man unter Zivilgesellschaft ein von Staat und Markt apartes Feld sozio-politischer Ordnung zu verstehen hat, dessen Bedeutung angesichts von ökonomischen Globalisierungsprozessen und der Krise des Sozialstaats zunehmen wird. Die entscheidende Ressource dieses sozio-politischen Feldes ist der Bürger selbst. Weder in seiner Rolle als Untertan noch als Bürokrat, weder als Konsument noch als Nutzen maximierender Unternehmer, sondern als für sein Gemeinwesen verantwortlicher Bürger ist das Individuum in der Zivilgesellschaft gefordert. Als solches muss es sich der Tatsache bewusst sein, dass politische Partizipation und gesellschaftliche Solidarität zwar anstrengend sind, dass aber ihre Verweigerung weitaus problematischere Folgen nach sich ziehen würde.

Die »Ressource Bürgersinn« steht aber nicht einfach zur Verfügung. Der Mensch muss zum Bürger erst gebildet werden. Bloße Appelle an

4 MÜNKLER, HERFRIED: Die Bürgergesellschaft – Kampfbegriff oder Friedensformel? Potenzial und Reichweite einer Modeterminologie, in: Vorgänge. Zeitschrift für Bürgerrechte und Gesellschaftspolitik, Heft 2, Juni 2002, 115–125, 116. Zur Karriere des Begriffs Zivilgesellschaft vgl. KLEIN, ANSGAR: Der Diskurs der Zivilgesellschaft. Politische Hintergründe und demokratietheoretische Folgen, Opladen 2001.

mehr Gemeinsinn und weniger Egoismus sind zwar gut gemeint, gehen aber in der Regel ins Leere. Denn die Prozesse der gesellschaftlichen Differenzierung, der Spezialisierung und der Professionalisierung sind mächtige Faktoren, die bereits die Imagination von so etwas wie einem gemeinsamen gesellschaftlichen Ganzen behindern. Dementsprechend wenden die Skeptiker ein, dass das Konzept einer Zivilgesellschaft die Dynamik der Ausdifferenzierungsprozesse in modernen globalisierten Gesellschaften unterschätzt. Vertreter des Zivil- oder Bürgergesellschaftsmodells machen dagegen geltend, dass eine ungebremste Ausdifferenzierung der Gesellschaft letztlich selbstzerstörerisch sei und Kompensationsinstanzen notwendig mache. Angesichts von immer kleiner werdenden Handlungsspielräumen des Staates, komme es für die Bürgergesellschaft darauf an, das »Ethos der Bürger«[5] zu stärken. Sie sollen nicht nur ihren eigenen Nutzen suchen, sondern durch Partizipation ihr Interesse am Gemeinwesen bekunden.

Diesem normativ-programmatischen Verständnis von Zivilgesellschaft steht eine Wirklichkeit gegenüber, die damit nicht unbedingt kompatibel ist. Fragilität, Singularität und Partikularität von Bürgerinitiativen sind häufig bemängelt und als *Nimby*-Haltung (»*Not in my backyard!*«) kritisiert worden. Auch die Hoffnung, dass die großen internationalen zivilgesellschaftlichen Akteure wie Greenpeace, Rotes Kreuz, aber auch Attac so etwas wie eine internationale Zivilgesellschaft etablieren könnten, ist nicht realistisch. Man kann freilich dieser Spannung zwischen einem utopischen Entwurf und der nüchternen Analyse des so genannten Dritten Sektors auch etwas Positives abgewinnen. Unter dem dritten Sektor versteht die Soziologie weder staatlich organisierte noch aus wirtschaftlichem Interesse unterhaltene Stiftungen, Vereine, Verbände, sowie die international tätigen Hilfs- und Ökologiebewegungen und die so genannten NGOs (Non-Governemental Organisations). Wenn es beim Projekt der Zivilgesellschaft um mehr Partizipation der Bürger einerseits und um mehr Gerechtigkeit auf nationaler und internationaler Ebene andererseits geht, dann müssen die den Titel »zivilgesellschaftlich« tragenden Initiativen sich daraufhin befragen lassen, ob sie diesen Kriterien auch genügen.

5 Klein: Zivilgesellschaft, 122.

4. Zivilgesellschaft und Zivilreligion

Während die organisationssoziologischen Forschungen die kirchlichen Wohlfahrtsverbände und die kirchlichen Entwicklungshilfeorganisationen ganz selbstverständlich zum Kreis der zivilgesellschaftlichen Akteure zählen,[6] bleibt im politikwissenschaftlichen Diskurs der Bereich des Religiösen abgeschattet. Man spricht zwar von Bürgertugend oder den sozio-moralischen Implikationen des Begriffs, ein ausdrücklicher Bezug auf eine die Zivilgesellschaft stützende Zivilreligion und deren Verhältnis zu den Kirchen und anderen Weltanschauungsverbänden wird in der Regel vermieden.

Weitaus unverkrampfter gehen angelsächsische Zivilgesellschaftstheoretiker mit dem Religionsthema um. Michael Walzer etwa zählt die Kirchen ganz selbstverständlich zu den zivilgesellschaftlichen Assoziationen: »The words ›civil society‹ name the space of uncoerced human association and also the set of relational networks – formed for the sake of family, faith, interest, and ideology – that fill this space.«[7] Diese Assoziationen und Netzwerke würden jene soziale Ressource produzieren, von der eine Zivilgesellschaft zehre, nämlich Zivilität (*civility)*. Als Respekt zwischen Personen und Gruppen, als die Akzeptanz von Differenz nimmt der Begriff der Zivilität im englischsprachigen Diskurs über Zivilgesellschaft einen gewichtigen Platz ein.[8]

Auch der englische Soziologe Edward Shils hält die Religion für ein unverzichtbares Element einer Zivilgesellschaft – und zwar in einer doppelten Hinsicht. Zum einen bestehe das Besondere einer *civil society* darin, »dass ihre einzelnen Komponenten untereinander durch das Kollektivbewusstsein einer gemeinsamen Teilhabe an der Gesellschaft verknüpft sind«.[9] Bürgersinn als die charakteristische Denk- und Verhaltensweise in einer *civil society* entspringe letztlich der Teilhabe des

6 Vgl. etwa: Zivilgesellschaft international. Alte und neue NGOs, hg. von Christiane Frantz und Annette Zimmer, Opladen 2002.

7 Walzer, Michael: The Concept of Civil Society, in: Toward a Global Civil Society, hg. von Michael Walzer, Providence, RI, 1995, 7–28, 7.

8 Vgl. neben Walzer auch Bryant, Christopher G.A.: Civic Nation, Civil Society, Civil Religion, in: Civil Society. Theory, History, Comparison, hg. von John A. Hall, Oxford 1995, 136–157.

9 Shils, Edward: Was ist eine *Civil Society*?, in: Europa und die Civil Society, hg. von K. Michalski, Stuttgart 1991, 13–51: 15.

einzelnen am Kollektivbewusstsein der *civil society*. Dieses Kollektivbewusstsein aber habe eine religiöse Dimension.

> »Eine *civil society* muß eine Idee von einem höheren Recht haben, einer Norm oder einem Kriterium für das Gute und Richtige jenseits gegenwärtiger Maßstäbe und jenseits dessen, was einzelne Individuen und Gruppen für sich anstreben. [...] Die letzte Legitimation eines jeden Regimes, selbst bei einer *civil society*, liegt wahrscheinlich in der Sphäre des Transzendenten. Wir werden also die Frage, ob die *civil society* ein Element des Heiligen enthält, offenbar bejahen müssen.«[10]

Zum anderen aber überschreiten die großen Konfessionen die Grenzen einer Gesellschaft und bringen auf diese Weise ein weiteres transzendierendes Element zum Zuge. Sie fordern als Teil der Zivilgesellschaft vom Staat Religionsfreiheit, sind dafür aber ihrerseits bereit, am gesellschaftlichen Gemeinwohl und der Entwicklung von Zivilität mitzuarbeiten.

Im Zivilgesellschaftsbegriff der Dissidenten des Ostblocks wie György Konrad oder Václav Havel sind ebenfalls (zivil-)religiöse Obertöne zu vernehmen. Anlässlich der Verleihung der Ehrendoktorwürde durch die Universität von Toulouse im Jahre 1984 verfasste Havel einen Essay mit dem Titel »Anti-Political Politics«.[11] Von einem tiefen Misstrauen gegenüber einer technokratisch-macchiavellistischen Politik durchdrungen plädierte er für eine neue Politik der Achtung der vorpolitischen Grundlagen des Politischen:

> »We must honour with the humility of the wise the bounds of that natural world and the mystery which lies beyond them, admitting that there is something in the order of Being which evidently exceeds all our competence. We must relate constantly to the absolute horizon of our existence which, if we but will, we shall constantly rediscover and experience. «[12]

Es war aber insbesondere der amerikanische Soziologe Robert N. Bellah, der mit seiner Wortschöpfung *civil religion* auf das Angewiesensein der Zivilgesellschaft auf eine Zivilreligion hinwies.[13] Max Webers These, dass es ohne Sinn kein soziales Handeln geben könne, und Emile Durkheims Axiom, dass eine Gesellschaft keine materiale, sondern eine

10 Shils: Civil Society, 42.

11 Havel, Václav: Anti-Political Politics, in: Civil Society and the State, hg. von John Keane, London 1993, 381–398.

12 Havel: Anti-Political Politics, 395.

13 Bellah, Robert N. : Beyond Belief, New York 1970; ders./Hammond, Phillip E.: Varieties of Civil Religion, San Francisco 1980.

moralische Entität sei, verband Bellah zu der These, dass jede Gesellschaft eine symbolische Vorstellung von sich selbst brauche, um handlungsfähig zu sein. Der Selbstsymbolisierungsbedarf nimmt in Gesellschaften mit hohem sozialem und ökonomischem Wandel zu, weil ständig neue Anpassungsleistungen zu erbringen sind.

Gelingender gesellschaftlicher Wandel erfordere dann aber ein sich ebenfalls wandelndes Religions- oder Weltanschauungssystem. Dieses habe zwischen den Identitätsbedürfnissen der Individuen und den Veränderungsnotwendigkeiten einer Gesellschaft zu vermitteln. Die großen Modernisierungsideologien der westlichen Welt waren für Bellah der Sozialismus, der Nationalismus, der Liberalismus und der Protestantismus. Während Sozialismus und Nationalismus verbraucht seien, blieben heute nur der Liberalismus auf der einen und der Protestantismus[14] auf der anderen Seite als Alternativen übrig. Ein grenzenloser Liberalismus offenbare aber immer mehr seine selbstzerstörerische Kraft. Ein Gemeinwesen, das allein auf das Eigeninteresse und die Gewinnmaximierungsbedürfnisse der Bürger baue, sei nicht lebensfähig. Die liberale Ideologie habe immer davon gelebt, dass sich die Mehrheit der Bevölkerung gerade nicht liberalismuskonform verhielt. Der Liberalismus sei deshalb »die absolut utopischste Idee in der Geschichte politischen Denkens, nämlich, dass eine gute Gesellschaft aus den von reinem Eigeninteresse geleiteten Handlungen der Bürger entstehen kann.«[15]

Mit seiner Wortschöpfung *civil religion* ging es Bellah vor allem darum, auf die gesellschaftliche Notwendigkeit einer politischen Moral hinzuweisen. Ohne eine Zivilreligion verfalle die politische Moral, denn moralisches Handeln brauche die Vision von einer freien und gerechten Gesellschaft. Korruption, Zynismus und Bürokratisierung auf der einen Seite, Privatisierung und Konsumdenken auf der anderen zerstörten das moralische Fundament der Gesellschaft. An die Stelle eines selbstzerstörerischen Liberalismus müsse die Idee einer kommunitären Gesellschaft treten. Die Remoralisierung politischer und ökonomischer Handlungsvollzüge sei überfällig.

In ausdifferenzierten Gesellschaften kommt eine solche Zivilreligion, wie sie Bellah vorschwebte, freilich nicht mehr als alle Teilsysteme

14 Da der Katholizismus aus soziologischer Sicht immer ›protestantischer‹ werde und vor allem die Individualisierung und Pluralisierung von Religion akzeptiere, sieht Bellah im Protestantismus die christliche Leitkultur in der modernen Welt.

15 Bellah: Beyond Belief, 9.

der Gesellschaft umfassender Weltanschauungshorizont zur Geltung – das wäre mit dem Grundsatz der Religions- und Weltanschauungsfreiheit nicht vereinbar. Vielmehr ist das politische System einer Gesellschaft darauf angewiesen, dass die jeweils vertretenen Religionen in einer Gesellschaft diese auch aus religiösen Gründen für anerkennungswürdig halten. Die zivilreligiöse Frage kann deshalb auch als die Frage nach der religiösen Zustimmungsbedürftigkeit und Zustimmungsfähigkeit des Gemeinwesens unter den Bedingungen von Religionsfreiheit und religiöser Pluralität gefasst werden. Die Politik ist nicht nur von den reproduktiven und ökonomischen, sondern auch von den religiös-sittlichen Leistungen der Bürgerinnen und Bürger abhängig. Da Bürger zugleich Christen, Juden, Muslime, Atheisten sind, ist das Verhältnis der jeweiligen Konfession und Weltanschauung zum Gemeinwesen für den Zuschnitt des zivilreligiösen Bewusstseins des einzelnen Bürgers entscheidend. Eine von den Konfessionen losgelöste Zivilreligion kann es nicht geben. Sie schöpft vielmehr aus den Quellen der politischen Theologien und Ethiken der jeweiligen Konfessionen. In einer multikonfessionellen Gesellschaft muss man also mit der Existenz einer Vielzahl von Fassungen des zivilreligiösen Konsenses rechnen. Umgekehrt gilt aber auch der Satz, dass jede Religion immer auch Zivilreligion ist. Jedes religiöse Subjekt ist immer auch Bürger und muss als solches Stellung zu seinem politischen Gemeinwesen nehmen.

5. Staatliche oder zivilgesellschaftliche Zivilreligion?

Es gibt Anzeichen dafür, dass der Staat zwar die ihm auferlegte religiösweltanschauliche Neutralität im Blick auf die Konfessionen beachtet, dass er aber im Blick auf seine zivilreligiöse Bedürftigkeit zunehmend zur »legitimatorischen Selbstbedienung« neigt. Vor allem in den Schulen versucht der Staat über eine so genannte »Werteerziehung« sein zivilreligiöses Fundament selbst zu sichern. Deshalb weist der Tübinger Theologe Eilert Herms nicht zu Unrecht darauf hin, dass die Frage, ob sich in den westlichen Gesellschaften eher eine freie oder aber eine staatliche Zivilreligion durchsetze, noch nicht entschieden sei:

> »Die Manifestationen von Religion/Weltanschauung als Zivilreligion schwanken in den westlichen Gesellschaften zwischen zwei Typen, je nachdem, wo das Fundament derjenigen Religions- bzw. Weltanschauung ge-

> sucht wird und tatsächlich liegt, die sich zivilreligiös (also als zielwahl-orientierende Motivation und Orientierung für die Teilnahme am staatlichen Leben) manifestiert, in staatsunabhängiger oder in staatlich veranstalteter und geleiteter Religions- und Weltanschauungskommunikation.«[16] Herms fordert, »im staatlichen Handeln entschlossen auf jeden Versuch zu verzichten, die Überzeugungsfundamente des staatstragenden Ethos durch eigene staatliche Aktivitäten zu sichern, also der Verzicht auf jede staatliche Pflege einer staatlichen Zivilreligion zugunsten der unumwundenen Anerkennung der definitiven Abhängigkeit des staatlichen Lebens von den zivilreligiösen Effekten der freien Gewissheitskommunikation in den Religions- und Weltanschauungsgemeinschaften.«[17]

Während das Bundesverfassungsgericht dieser Intention durch das Kruzifix- wie auch durch das Kopftuchurteil Rechnung trug, zeigt die Reaktion der Schulbehörden und Länderparlamente ein völlig unterentwickeltes Bewusstsein für das von Herms aufgeworfene Problem. Das christliche Kreuz wird im Staatsinteresse flugs kulturalistisch vereinnahmt – und das islamische Kopftuch ausgeschlossen.

Wer aber eine Zivilgesellschaft will, der muss auch religiöse Vielfalt wollen – und so lange der Staat zwar die Aufsicht über das Schulwesen hat, unsere Schulen sich aber als öffentliche Schulen verstehen, ist die Verbannung des Kopftuches aus dem öffentlichen Raum ein begründungspflichtiger Übergriff des Staates auf ein elementares Freiheitsrecht. In England und Kanada tragen Polizistinnen und Lehrerinnen ganz selbstverständlich Kopftücher, sofern sie das aus religiösen oder aus modischen Gründen bevorzugen. Auch in Österreich hat man keine Probleme mit Kopftuch tragenden Lehrerinnen – die Tradition der alten multiethnischen Donaumonarchie hat offenbar Toleranz gelehrt. Im laizistischen Frankreich dagegen ist selbst Schülerinnen das Tragen eines *»foulard«* untersagt. Seit den Trennungsgesetzen von 1905 werden in Frankreich die Religionsgemeinschaften aus dem öffentlichen Leben verdrängt. Damit setzt Frankreich seine antipluralistische Religionspolitik fort, die mit der Vertreibung der Hugenotten ihren Anfang nahm und die über die Französische Revolution hinaus immer auf eine staatlich gelenkte und kontrollierte öffentliche Weltanschauung hinauslief. Die Republik ist der Hegemon auf dem zivilreligiösen Feld. Es ist bedenklich, wenn deutsche Politiker das französische Modell für moder-

16 Herms, Eilert: Zivilreligion. Systematische Aspekte einer geschichtlichen Realität, in: Theologische Quartalsschrift 183 (2003), 97–127: 123f.

17 Herms: Zivilreligion, 126.

ner und konsequenter halten als das deutsche. Das deutsche Modell hat die Erfahrungen mit der politischen Religion des Nationalsozialismus verarbeitet und deshalb der Pflege einer staatseigenen Zivilreligion enge Grenzen gesetzt, dafür aber alle zivilgesellschaftlichen Akteure dazu aufgefordert, am zivilreligiösen Konsens mitzuarbeiten.

Das Argument von der religiös-weltanschaulichen Neutralität des Staates verliert seine Legitimität, wenn es unter der Hand zur Durchsetzung zivilreligiöser Ansprüche des Staates gegenüber den Konfessionen verwendet wird. An französischen Schulen herrscht Konsens unter den *»instructeurs«*, dass die *laïcité* als weltanschaulicher Horizont der französischen Schulen Geltung besitzt. Die *laïcité* zielt auf die dauerhafte Privatisierung aller Religionen und auf die öffentliche Geltung eines rationalistischen und positivistischen Weltbildes. Wer diese Überzeugung nicht teilt, schickt sein Kind auf eine Schule in freier Trägerschaft. Zwanzig Prozent der französischen Schulen sind katholische Privatschulen. Auch in Deutschland gibt es eine ganze Reihe von Anhängern dieses Konzeptes, sie verstecken sich aber hinter dem Neutralitätsargument. Eigentlich will man eine staatseigene Zivilreligion, wagt aber nicht die offene Konkurrenz mit den Kirchen und Religionsgemeinschaften, sondern erklärt sich selbst für »neutral«, womit die Religionsgemeinschaften *eo ipso* parteiisch sind. Das Motto lautet: Die anderen sind religiös, wir sind normal.

Staatliche Neutralität meint aber die Gleichberechtigung aller religiös-weltanschaulichen Überzeugungen und Lebensformen – nicht deren Neutralisierung. In der Schule stünde sonst nämlich die staatseigene Zivilreligion allein auf dem Plan. Das Misstrauen der Bevölkerung gegenüber einer von religiöser Pluralität gereinigten Schule zeigt sich am Zulauf, den Schulen in freier Trägerschaft im Osten Deutschlands haben. Mehr als zweihundert solcher Schulgründungen hat es seit 1990 gegeben. Nur jeder dritte Schüler kann aufgenommen werden. Die deutsche Schule, die die innerschulische Pluralität pflegt, ist ein hohes Gut. Es wäre bedauerlich, wenn die innerschulische Pluralität einer nur noch zwischenschulischen Pluralität weichen würde. Auch in den Schulen wird es darum gehen müssen, von einer Kultur der *»brotherhood«* zu einer Kultur der *»otherhood«* zu kommen.

6. Die spirituelle Armut des Staates und sein Angewiesensein auf Religion

Die These von der »Trennung von Kirche und Staat« kann nicht darüber hinwegtäuschen, dass der Staat in vielfältiger Weise auf die Kirchen angewiesen ist. Was gerne als Privilegierung der Kirchen dargestellt wird, kann auch ganz anders gesehen werden, nämlich als die Instrumentalisierung der Religionsgemeinschaften für zivilreligiöse Zwecke. Die Verankerung des Religionsunterrichts als einzigem Schulfach im Menschenrechtskatalog der deutschen Verfassung ist schon deshalb keine Privilegierung der Kirchen, weil nicht nur andere Religionsgemeinschaften, sondern beispielsweise auch atheistische Weltanschauungsgruppen prinzipiell das Recht haben, vom Staat eine religiös-weltanschauliche Erziehung ihrer Kinder zu verlangen. Dieser tut das aber nicht aus reiner Menschenfreundlichkeit, sondern weil er seinerseits erwartet, dass eine gebildete Religion oder Weltanschauung sich in ein zivilisiertes Verhältnis zu seinen religiös-weltanschaulichen Konkurrenten setzt. Damit kommt der Staat seiner Pflicht zur Gewährleistung innergesellschaftlichen Friedens nach. Darüber hinaus hegt der Staat die Erwartung, dass die Religionen und Weltanschauungen ihre Zustimmung zum Gemeinwesen überzeugend, d.h. systemimmanent zu formulieren vermögen. Es ist ja kein Zufall, dass religiös-weltanschaulich motivierte Bürger überdurchschnittlich hoch in Parteien und Parlamenten vertreten sind.

Nach den Anschlägen vom 11. September 2001 versammelten sich die Politiker in den Kirchen. Auch nach den Morden im Gutenberg-Gymnasium in Erfurt strömten selbst Menschen, die keine Kirchenmitglieder waren, in die Gotteshäuser. Am Gottesdienst vor dem Erfurter Dom nahmen Zehntausende teil. In der Regel werden diese Gottesdienste von der katholischen und der evangelischen Kirche gemeinsam gestaltet. Es handelt sich aber gleichwohl nicht um ökumenische Gottesdienste, denn deren Anliegen wäre ja die Einheit der Kirchen. Es sind vielmehr Gottesdienste in politisch-diakonischer Verantwortung. Stellvertretend für das Gemeinwesen als Ganzes, das in seinen Fundamenten erschüttert war, leisteten die Kirchen einen Beitrag zur politischen Spiritualität.

Dass den Kirchen die Zuständigkeit für politische Liturgien zugefallen ist, hängt eng mit der politischen Geschichte Deutschlands im 20. Jh. zusammen. Sowohl die Nationalsozialisten als auch die Sozialisten im Osten Deutschlands hatten versucht, ihr politisches Handeln nicht nur heilsgeschichtlich zu begründen, sondern auch durch öffentliche Liturgien zu stabilisieren. Öffentliche Kundgebungen, Massenveranstaltungen, Monstranzen ähnliche Bilder, Fahnenappelle, aber auch Initiationsrituale für die Heranwachsenden wie die Jugendweihe sollten die Menschen emotional an das Gemeinwesen binden. Das ist aber nicht gelungen. Wenn die Glaubwürdigkeit einer Gesellschaft ausgehöhlt ist, bricht sie auseinander, wie die Ereignisse von 1989 im Osten Europas gezeigt haben.

7. Virtueller oder realer Pluralismus?

Mit seinem Kopftuchurteil vom 24. September 2003 hat das Bundesverfassungsgericht das Recht auf Religionsfreiheit auch in der Schule noch einmal gestärkt. Zugleich weist das Gericht darauf hin, dass die zunehmende religiöse Pluralität eine Neubestimmung des zulässigen Ausmaßes religiöser Bezüge in der Schule nötig machen kann. Diese Neubestimmung kann aber nicht die Exekutive oder die Judikative vornehmen – sie setzt einen zivilgesellschaftlichen Diskurs und eine Gesetzgebung durch die Parlamente voraus. Damit kritisiert das Bundesverfassungsgericht die Auffassung des Bundesverwaltungsgerichts, das der Ansicht war, das Neutralitätsgebot gewinne mit wachsender kultureller und religiöser Vielfalt an Bedeutung. Demgegenüber stellt das Bundesverfassungsgericht ausdrücklich die gegenteilige Konsequenz zur Diskussion:

> »Die Schule ist der Ort, an dem unterschiedliche religiöse Auffassungen unausweichlich aufeinander treffen und wo sich dieses Nebeneinander in besonders empfindlicher Weise auswirkt. Ein tolerantes Miteinander mit Andersgesinnten könnte hier am nachhaltigsten durch Erziehung geübt werden. Dies müsste nicht die Verleugnung der eigenen Überzeugungen bedeuten, sondern böte die Chance zur Erkenntnis und Festigung des eigenen Standpunkts und zu einer gegenseitigen Toleranz, die sich nicht als nivellierender Ausgleich versteht. Es ließen sich deshalb Gründe dafür anführen, die zunehmende religiöse Vielfalt in der Schule aufzunehmen und als Mittel für die Einübung von gegenseitiger Toleranz zu nutzen, um so einen Beitrag in dem Bemühen um Integration zu leisten.«[18]

18 BVerfG, 2 BvR 1436/02, Absatz 65.

Diese Argumentation hätte sich auch der Deutsche Fußballbund zueigen machen können, als es einige Bundesligaspieler wagten, nach einem erzielten Tor ihr Trikot zu heben und ihr T-Shirt mit Aufdrucken wie »100% Jesus« oder »I love Jesus« dem Publikum, vor allem aber den Kameras zu zeigen. Solche ostentativen religiösen Bekenntnisse wurden den Sportlern untersagt. Die Fans freilich dürfen weiterhin ihre Schals tragen, auf denen die Schalke-Fans bekennen dürfen, dass Schalke ihre Religion sei und BVB-Fans kundtun: »Gott mit uns – wir gegen alle« – ein Spruch, der angesichts des finanziellen Abgrundes, in den der BVB zur Zeit stürzt, zumindest, was den ersten Teil betrifft, einen Bedeutungswandel durchmacht: von der Drohgebärde zum Gebet.

Die merkwürdige Neigung zivilgesellschaftlicher Assoziationen in Deutschland, ihren zivilreligiösen Bedarf sozusagen nur Inkognito zur Geltung bringen zu können, steht im merkwürdigen Kontrast zur geradezu hemmungslosen Instrumentalisierung der bundesdeutschen Fußballgeschichte für zivilreligiöse Zwecke. Bei der Premiere des Films »Das Wunder von Bern« in Essen war der Bundeskanzler anwesend. Wolf Biermanns klassisch gewordene Formulierung, dass die Ungarn den Deutschen zweimal im zwanzigsten Jh. das Tor geöffnet hätten, 1954 und 1989, zeigt, wie sportliche Ereignisse zur Folie der nationalen Selbstdeutung werden können. Die Printmedien unterstützen diesen Trend. Michael Schumacher wird zum »Regengott« ernannt, weil ihm Siege bei regennasser Fahrbahn gelangen, der »Fußballgott« wird bei dramatischen Ereignissen bemüht. Zumal dann, wenn das Ergebnis eines Spiels als ungerecht empfunden wird, kommt der Fußballgott ins Spiel: als Tröster der unglücklichen Verlierer und als Adressat der Reverenz für die glücklichen Gewinner.

Es hieße die Funktion der Verwendung solch religiöser Semantik missverstehen, wollte man sie als missionarische Gelegenheit deuten. Es geht hier nicht um Kirchenreligion, sondern um Zivilreligion. Es ist eine offene Frage, wie das so genannte christliche Erbe aufgeteilt wird. Es ist sogar eine offene Frage, wie viele Erben sich um die Erbschaft streiten werden. Auf jeden Fall können die Kirchen – eigentlich schon seit der Reformationszeit – nicht mehr sicher sein, dass sie die alleinigen Nachlassverwalter sind. Sie sind aber die unersetzbare Institution, der nach wie vor eine zentrale Rolle bei der religiösen Bildung der zivilgesellschaftlichen Individuen zuerkannt wird. Während sie nur noch wenig Einfluss auf die Verwendung christlicher Semantiken, Symbole und Metaphern hat, so wächst ihr doch eine immer wichtiger werdende

Funktion bei der Entwicklung *theologischer Kompetenz* der (zivil-)religiösen Praktikanten zu.

Will sie diese Kompetenz behalten, dann muss sie sich von der Vorstellung verabschieden, dass ihre binnenkirchlichen Diskurse selbstverständlich Plausibilität für sich beanspruchen können. Die auf protestantischen Kanzeln verbreitete Banalisierung der Rechtfertigungsbotschaft, indem man sie als Selbstrechtfertigung für Bequemlichkeit und Mangel an Dynamik benutzt, steht in eklatantem Gegensatz zur Religion der Sportler, für die Religion immer auch etwas mit Bewährung zu tun hat. Wenn in den Kirchen, der frisch-fromm-fröhlich-freie Sportler denunziert, dagegen aber der übergewichtig Faule als Exempel des der Gnade Gottes besonders Würdigen dargestellt wird, soll man sich nicht wundern, wenn sich am Sonntag morgen die Fitness-Studios füllen und die Kirchen leeren. Der Verfasser dieses Beitrages konnte eine entsprechende Erfahrung in Berlin machen, als er nach einem erfolgreich absolvierten Halbmarathon im Abendgottesdienst von der fülligen Pfarrerin zu hören bekam, dass sie den Versuch, durch Laufen abzunehmen aufgegeben habe, gleichwohl fröhlich, weil der Gnade Gottes gewiss sei. Demgegenüber seien die Leistungswilligen in der Regel ziemlich verbissene Menschen, deren Leistungsbereitschaft sich wahrscheinlich auf gottlose Selbsterlösungsphantasien gründe. Meinten die Religionssoziologen vor fünfzig Jahren, die Kirchen hätten den Kontakt zu den Bildungseliten verloren, so gilt das heute wohl für die Leistungseliten in gleichem Maße.

Teil 2

Religion und die Bildung ihrer Theorie: Reflexionsperspektiven

Religion und die Bildung ihrer Theorie – Reflexionsperspektiven

Wilhelm Gräb

1. Religion und ihre Theorie

Niklas Luhmann hat sein erstes Buch über die »Funktion der Religion«[1] mit der Widmung versehen: »In Erinnerung an meine Frau, der Religion mehr bedeutete, als Theorie zu sagen vermag.« Diese Widmung spricht an, dass für den frommen, glaubenden Menschen, den religiösen Einzelnen, die Theorie der Religion nicht wichtig ist. Glaubende haben das alles, was die Theorie über die Religion zu sagen vermag. Theorie objektiviert. Theorie distanziert. Theorie geht ins Allgemeine. Die Religion jedoch, die als persönliche Glaubensüberzeugung die eigene ist, liegt jeder Theorie über sie immer schon voraus und kann schon deshalb nie ganz von ihr eingeholt werden, weil sie bereits in ihre Voraussetzungen eingegangen ist.

Das zu wissen und darüber Auskunft geben zu können, ist dann allerdings bereits die Leistung der Theorie der Religion. Wenn von der Religion behauptet werden kann, dass sie dem, der sie hat, mehr bedeutet, als die Theorie über sie zu sagen vermag, dann ist eben damit auch schon eine von der Theorie der Religion auszuarbeitende Aussage darüber gemacht, dass das praktische Vorkommen der Religion ins Innenverhältnis des bewussten Lebens gehört und sie dort eine Bedeutung für dieses Leben gewinnt, die von außen, gegenständlich, auf dem Wege theoretischer Bestimmung nicht zu fassen ist. Die Religion hat vorprädikativen Charakter, verweist ins begrifflich Unbestimmbare. Sie erschließt sich in ihrer existentiellen Bedeutung dem, der sie hat, auf unmittelbare Weise, eben indem sie geschieht, vollzogen, gelebt wird.

Luhmann hat mit der Widmung des Buches über die »Funktion der Religion« an seine Frau viel gesagt über das, was Religion ist. Sie ist eine

1 LUHMANN, NIKLAS: Funktion der Religion, Frankfurt am Main 1977.

Angelegenheit des Individuums, des einzelnen Menschen. Sie gehört ins unvordenkliche Innenverhältnis des bewussten Lebens. Sie markiert ein konstitutives Moment im subjektiv unmittelbaren, aller Reflexion des Individuums auf sich vorausgehenden Selbstverhältnis bewussten Lebens. Religion ist dasjenige Moment im Selbstverhältnis des Individuums, vermöge dessen ihm aufgeht, dass es von jenseits seiner selbst her sich in dieses Selbstverhältnis eingesetzt findet, es sich auf seine Gründung im Unbedingten hin durchsichtig wird. Explizit religiös zu sein heißt, im Bewusstsein solcher Gründung im Unbedingten zu leben, sich ins Verhältnis zum Unbedingten, zu Gott, zu verhalten, aus ihm heraus alle natürlichen, geschichtlichen, sozialen und kulturellen Lebensverhältnisse und Lebenserfahrungen zu deuten. Wer religiös ist, betrachtet die Immanenz unter dem Gesichtspunkt der Transzendenz, so wiederum Luhmann. Wer subjektiv, persönlich religiös ist beziehungsweise sich so versteht, der muss – wie gesagt – sich nicht an der theoretischen Arbeit beteiligen, die Religion in ihrer Funktion zu bestimmen und in allgemeine Begriffe zu fassen, mit denen dann bestimmte Phänomene der sozialen Welt als religiöse zu erkennen sind. Schon um dies so sagen zu können, dann vor allem aber auch, um die Religion denjenigen verständlich zu machen, die nicht glauben oder nicht alles glauben, was sie an Glaubensvorstellungen mit der Religion verbunden wissen, braucht es dann freilich die Theorie der Religion.

In seinem letzten, postum erschienenen Buch über »Die Religion der Gesellschaft«[2] steigt Luhmann mit genau dieser Frage in die Erörterung der Thematik ein: »Woran erkennen wir, diese Frage muss zuerst gestellt und beantwortet werden, dass es sich bei bestimmten sozialen Erscheinungen um Religion handelt?«[3] Sobald es darum geht, nicht allein subjektiv-persönlich mit Religion zu leben, seinen persönlichen Glauben zu haben, sondern über Religion zu kommunizieren, vor allem auch mit solchen zu kommunizieren, die einen religiösen Glauben persönlich sich nicht zuschreiben, einen anderen Glauben oder gar keinen haben, stellt sich die Aufgabe der Bildung einer Theorie der Religion. Es ist nun ihr Begriff zu bestimmen. Es ist der Umfang des Begriffs zu klären. Es sind begriffliche Abgrenzungen vorzunehmen, so dass in eine Kommunikation darüber eingetreten werden kann, was in der sozialen Welt Religion ist und was nicht. Es ist auszumachen, wofür Religion in

2 Luhmann, Niklas: Die Religion der Gesellschaft, stw 1581, hg. von Andrè Kieserling, Frankfurt am Main 2002.

3 Luhmann: Die Religion der Gesellschaft, 7.

der Gesellschaft steht, was ihre Funktion ist, welche Probleme sie lösen hilft, weshalb es sie braucht, und mit Bezug auf welche Phänomene dies sinnvoller Weise zu behaupten ist.

Die Theorie der Religion betritt eine Ebene über der gelebten Religion des Christentums, ihrem subjektiv-persönlichen, sowie positiv-geschichtlichen Vorkommen in der sozialen Welt. Sie bezieht einen Standpunkt «über dem Christentum« im logischen Sinn, wie Schleiermacher das von der philosophischen Theologie gefordert hat.[4] Sie objektiviert das Phänomen der Religion und arbeitet allgemeine Gesichtspunkte ihrer Unterscheidung von anderen kulturellen Sinnformen aus. Ihre Aufgabe ist es, die Religion als eine bestimmte, von anderen Bildungen der sozialen Welt beziehungsweise der Kultur der Gesellschaft unterschiedene Sinnform zu beschreiben und die Funktion verständlich zu machen, die spezifisch die »Sinnform Religion« (Luhmann) in der Gesellschaft erfüllt.

Man kann insofern auch sagen, es ist die Außenperspektive auf die Religion, die Luhmann als die eigentlich theoriebedürftige hervorhebt. Die Notwendigkeit, eine solche Außenperspektive auf die Religion einzunehmen, scheint jedoch angesichts der Lage der Religion in der modernen Lebenswelt unabdingbar geworden zu sein. Luhmann nimmt diese Feststellung zum Ausgangspunkt seines letzten Buches über die »Religion der Gesellschaft«. Er hat nicht die Zeitgenossen vor Augen, denen Religion mehr bedeutet, als Theorie zu sagen vermag, sondern vielmehr diejenigen, die sie aus ihrem eigenen Leben verloren haben, aber möglicherweise auf dem Wege der Theorie, durch die bewusste Übernahme eines Standpunkts außerhalb und oberhalb der Religion zur Einsicht zu führen sind, dass es Religion auch in der modernen Welt braucht.

In der Lebenswelt der modernen Gesellschaft scheinen die Individuen von den Möglichkeiten religionsfreier Lebensführung reichlich Gebrauch zu machen. So jedenfalls sieht es aus, wenn man sich an die empirischen Daten über die Teilnahmefrequenzziffern der verfassten Religion in den christlichen Kirchen hält. Das überkommene, offizielle Modell der organisierten christlichen Religion bezieht die Individuen

4 Vgl. Schleiermacher, Friedrich: Kurze Darstellung des theologischen Studiums zum Behuf einleitender Vorlesungen, hg. von H. Scholz, Darmstadt 1993, 14: »§ 33. Die philosophische Theologie kann daher ihren Ausgangspunkt nur über dem Christentum in dem logischen Sinne des Wortes nehmen, d.h. in dem allgemeinen Begriff der frommen oder Glaubensgemeinschaft.«

weithin nicht mehr so in sich ein, dass sie in ihren Glaubenüberzeugungen christlich-religiös geprägt werden. Die Religion im herkömmlichen Verständnis des christlichen Glaubens ist keine kulturelle beziehungsweise gesellschaftliche Selbstverständlichkeit mehr, so dass man sich, was die religiöse Kommunikation anbelangt, auf die Glaubenden und die Bedeutung, die der Glaube für ihre Lebensführung hat, verlassen könnte. Die Außenperspektive und damit die Notwendigkeit der Bildung einer Theorie der Religion ist in die Binnenverhältnisse der gelebten Religion selbst eingewandert. Ja, schärfer noch ist zu sagen, dass ohne die Theorie der Religion sich ihre Bedeutung fürs Leben nicht mehr erschließt, selbst denen nicht, die sie als persönliche Glaubensüberzeugung haben. Und wer hat sie eigentlich, wer hat sie nicht? Auch dies ist mit dem Autoritätsverfall des offiziellen kirchlich verfassten Modells der Religion zunehmend unklar geworden. An die Stelle klarer Zuständigkeiten in Sachen Religion, die über Jahrhunderte bei Theologie und Kirche lagen, ist eine Vielfalt von Kandidaten getreten, sowohl was das Vorkommen der Religion in der modernen Lebenswelt anbelangt wie auch den Anspruch, ihre Reflexion und theoretisch-wissenschaftliche Beschreibung zu liefern.

Das Erscheinungsbild religiöser Phänomene ist in den letzten Jahrzehnten vielfältiger und bunter geworden, stellt auch Luhmann fest:

> »Sektenförmige Neubildungen der verschiedensten Art, aber auch Intensivierung von Hochreligionen, etwa des Islam, breites Interesse von Intellektuellen an Esoterik und Spiritualität, internationale Diffusion von ehemals regional begrenzten Religionsformen, etwa des Zen-Buddhismus oder der Meditationstechnik. Schamanen-Kongress in Europa, religiöse Gesänge am Strand des verfallenen Coney Island; und in vielen dieser Formen eine stärkere Einbeziehung des Körpers, der Gestik, der besinnungslosen Monotonie, des Wegsuggerierens von Bewusstseinsschranken – so als ob es gälte, auf dieser Ebene Einseitigkeiten der modernen Kulturentwicklung zu korrigieren.
>
> Keinesfalls kann man Intensivierung von Religion unter diesen Bedingungen als Steigerung der Durchsetzungsfähigkeit eines bestimmten Programms auffassen. Die Fakten sprechen eindeutig dagegen. Offenbar entfällt mit dem Rückzug aus anderen Funktionsbereichen auch die Disziplinierung, die von dort ausging. Mehr Gestaltungsfreiheiten werden möglich. Das führt dazu, dass dogmatisch vorgeprägte Erkennungsverfahren, etwa Gottesglauben als Kriterium, nicht mehr ausreichen und dass die klassisch-soziologische Unterscheidung zwischen sakral und religiös (Durkheim, auch Simmel) sich auflöst.«[5]

5 Luhmann: Die Religion der Gesellschaft, 145f.

Gerade weil das offizielle, kirchliche Modell der Religion, die Verankerung ihrer Organisationen in der Gesellschaft, ihre Verbindung mit der politischen Macht, mit Recht und Moral, mit sozialer Kontrolle sich abgeschwächt haben, die Religion in der modernen Gesellschaft – so kann man diesen Vorgang ja auch interpretieren – zu sich selbst befreit ist, sie zu ihrer spezifischen Funktion und dem ihr eigentümlichen Code gefunden hat, ist es den Individuen überlassen, ob überhaupt und wie sie sich in ihrer Lebensführung zur Religion verhalten. So nimmt beides zu, eine Praxis religiös gesteigerter wie religiös indifferenter Lebensführung. Den Individuen ist das eine wie das andere freigestellt und beides kann noch einmal mit vielen Graden der Abstufung und Differenzierung realisiert werden. Da eröffnet sich der empirischen Religionsforschung ein weites Feld, das noch viel zu wenig bearbeitet ist. Die Theorie der Religion ist dabei immer auch gefordert. Auch bei der empirischen Religionsforschung läuft im Hintergrund die Frage mit, was eine religiöse von einer religiös indifferenten Lebensführung unterscheidbar macht. Spannend ist vor allem, zu klären, ob nicht die Theorie der Religion, mit der ja die Religion sich selbst beobachtet, mit der sie ihre gesellschaftliche Funktion beschreibt und den Code ermittelt, der sie artikulierbar macht, genau diejenige Selbstexplikation der Religion ist, die für die religiös indifferente Lebensführung den Weg ihrer Inklusion ins Religionssystem ebnet. Statt von einer religiös indifferenten wäre dann freilich eher von einer implizit-religiösen Lebensführung zu sprechen. Am Leitfaden des funktionalen Begriffs der Religion unterscheidet sich das Vorkommen von Religion am Ort der Individuen nach Graden ihrer Explikation und Artikulation, nicht aber danach, ob sie überhaupt erfüllt wird, weil die Gesellschaft als Ganze die Erfüllung der Funktion der Religion gar nicht ausfallen lassen kann. Das gesellschaftliche Bezugsproblem der Religion, das zu lösen die Funktion der Religion ist, kann von anderen Funktionssystemen nicht ersetzt beziehungsweise übernommen werden. Nur Religion macht ein Verhalten dazu möglich, dass jeder gehaltvolle Weltbezug, durch den etwas als dieses und nicht als etwas anderes bestimmt wird, der also verstanden und somit auf bestimmte Weise kommuniziert und an anderes anschlussfähig gemacht werden kann, Sinn immer schon voraussetzt, wie dann auch dessen Negation. Religion hält die Einheit von Identität und Differenz bewusst und konfirmiert Sinngewissheit mit Bezug auf eine Wirklichkeit, die so ist, wie sie ist, obwohl eine Unendlichkeit anderer Möglichkeiten denkbar wäre und denkbar bleibt. Es ist die Funktion der Religion, diese Einheit des Unterschieds von Wirklichem und Möglichem, Bestimmtem und Unbestimmbarem, Vertrautem und Unvertrautem, Verfügbarem und Unverfügbarem, Endlichem und Unendlichem, Transzendenz und Immanenz, gesellschaftlich präsent zu halten und dies durch Deutung, durch Chiffrierung, durch Codierung dieser Unterscheidungen zu leisten. Mit ihrem spezifischen Kommunikationscode, der Unterscheidung von Immanenz und Transzendenz, Endlichem und Unendlichem, Zeitlichem und Ewigem wird das Wirkliche, eine bestimmte, endliche Erfahrung immer noch einmal anders beschreibbar, in Deutungen überführt, die mit Paradoxien arbeiten. So spricht die Religion von der Begreifbarkeit des Unbegreiflichen in seiner Unbegreiflichkeit, dem offenbaren Geheimnis, dem unerforschlichen, göttlichen Ratschluss, dem Ewigsein mitten in der Zeit. Es leuchtet unmittelbar ein, dass solche ins ganz Andere, ins Unendliche ausgreifenden Beschreibungen beziehungsweise Deutungen bestimmter, endlicher Erfahrungen lebensweltlich vor allem dort gefordert sind, wo wir auf gefährliche Grenzen geraten, es zu Einbrüchen des Absurden und Ungeheuren in die Alltagsnormalität kommt, wir mit Fremdem und Sinnverwirrendem uns konfrontiert finden, die Frage bedrängt, was man machen kann, wenn man nichts mehr machen kann.

Die gelebte Religion ist in der modernen Lebenswelt mit der selbstverständlichen und unreflektierten Teilhabe am kirchlichen Leben und der Zustimmung zu den kirchlichen Dogmen und Lehren nicht mehr gleichzusetzen. Selbst die mit der kirchlichen Religion Verbundenen sind nun an einer theoretischen Verständigung darüber interessiert, wozu es in der modernen Lebenswelt immer noch Religion braucht, beziehungsweise was dem Menschen fehlen würde, wenn er die Erfahrung unbedingter Sinnvergewisserung, wie sie die Religion machen lässt, nicht mehr machen könnte.[6] Die theoretische Außenperspektive auf die Religion, in der es um die Bestimmung der Funktion und des Kommunikationscodes der Religion geht, um ihren Begriffsumfang, damit um die Klärung der Frage, welche sozialen Erscheinungen als religiöse anzusprechen sind und welche nicht, ist in die Innenperspektive der Religion eingewandert. Die Frage, wozu Religion und warum

6 Vgl. z.B. das Programmheft des Ökumenischen Kirchentages in Berlin 2003, vor allem den Vortrag des katholischen Soziologen Hans Joas, »Braucht der Mensch Religion?«: www.oekt.de.

der Mensch sie braucht, lässt selbst die Bildung der subjektiv persönlichen Sinngewissheit längst nicht mehr unberührt. Die Kommunikation *von* Religion, die Mitteilung des persönlichen, eigenen Glaubens funktioniert heute gar nicht mehr ohne eine Kommunikation *über* Religion, ohne die Bildung ihrer Theorie, ohne einen formalen Begriff von der Funktion der Religion, den Verweis auf ihr gesellschaftliches Bezugsproblem, auf ihre Operationsweisen, die Bestimmung dessen, was soziale Phänomene zu religiösen macht.

Die traditionelle Fassung der kulturellen Sinnform der Religion, die die kirchlich-christliche ist, löst sich nicht auf. Sie büßt aber stark an alltagsweltlicher Plausibilität und sozialstruktureller Prägekraft ein. Die kirchliche Religion formt sich freilich auch um, indem sie interne Umstellungen vornimmt im Gefüge ihrer Symbole und der Ausrichtung ihrer Rituale. Auch in der kirchlichen Kommunikation stellt man sich zunehmend darauf ein, dass die alten Dogmatismen, der alte Heils- und Erlösungsglaube nicht mehr funktionieren, sondern die Religion seit Kant und Schleiermacher, Hegel und Kierkegaard, Harnack und Troeltsch zum Modus unbedingter Sinnvergewisserung von endlichen Individuen geworden ist, zur Fundierung der unmittelbaren Selbsthabe individuellen Lebens, zur Affirmation des unendlichen Wertes der Einzelseele, wie sie nur aus der Entdeckung der unvordenklichen Selbstgegebenheit der endlichen Freiheit, aus der ihr durchsichtigen Gründung im Absoluten, somit dem Gottesverhältnis, erwachsen kann. Die kulturelle Sinnform der Religion, die in der Kirche praktiziert wird, trägt immer weniger die Züge des alten, gegenständlich verfassten Heilsglauben, sondern ist subjektiv, erfahrungsbezogen, an persönlicher Identitätsvergewisserung interessiert, an ganzheitlichen Sinnbezügen, die die individuelle Lebensgeschichte auch noch angesichts aller Brüche und Kontingenzen in integrale Deutungszusammenhänge stellen. Die auch in kirchlichen Kreisen beliebte Rede von Spiritualität und religiöser Erfahrung ist dafür ebenso Beleg, wie die Inanspruchnahme kirchlicher Ritualangebote auch durch die kirchlich distanzierten Zeitgenossen, eben dann, wenn etwas der Fall ist, das das Leben der Individuen als Ganzes betrifft, an den Wende- und Krisenpunkten im Jahreszyklus und in der Lebensgeschichte.

Die kulturelle Sinnform der Religion sucht sich freilich auch andere gesellschaftliche Träger ihrer Erfüllung. Mit der Privatisierung des religiösen Entscheidens geht einher, dass religiöse Sinnerfahrung in kulturellen Formen gesucht wird, die herkömmlich nichts mit der verfassten kirchlichen Religion zu tun haben, aber auch nicht in neue religiöse Bewegungen eingehen. In erster Linie dürfte dabei an die Massenmedien zu denken sein, an die Unterhaltung, die Bücher und Filme gewähren. Die religiös sinnbildenden Erzählungen, Symbole und Rituale haben sich kulturell verflüssigt und manchmal fast bis zur Unkenntlichkeit in die Alltagswelt als eben dasjenige eingezeichnet, was ihr zugleich Struktur gibt, dem Lebensvollzug der Individuen Ein- und Abgrenzungen setzt, Übergänge aufnötigt und begehbar macht.

Religion bleibt als eigene Sinnform erhalten. Nicht jeder Sinn wird religiös, auch wird die spezifisch religiöse Sinnform in der sozialen Welt nicht gänzlich unsichtbar. Zwar verschwimmen die traditionellen Grenzen der Sichtbarkeit der Religion, aber weil die Funktion, die die Religion in der Gesellschaft erfüllt, nicht von anderen Funktionen ersetzt werden kann, deshalb bleiben auch die Kodifizierungen erhalten, beziehungsweise bilden sich immer wieder neu aus, mit denen religiöser Sinn als solcher kommuniziert wird.

Die Bestimmung der Funktion der Religion und ihres spezifischen Codes sind für Luhmann die wesentlichen Leistungen, die die Theorie der Religion erbringen muss. Ich schließe mich ihm darin an. Es ist der Code der Religion mit der Unterscheidung zu bestimmen, die sie macht, zwischen dem Immanenten und Transzendenten, dem Vertrauten und dem Unvertrauten, dem Bestimmten und dem Unbestimmbaren, dem Endlichen und dem Unendlichen. Und ihre Funktion ist darin zu erkennen, dass sie die in aller Sinnbildung, das heißt in allem anschlussfähigen Verstehen und Handeln, in aller Kommunikation immer mitlaufenden Horizonte des Unvertrauten und Unbestimmbaren, der Transzendenz, die Kontingenzerfahrungen, des Betroffenseins vom Unbedingten mitten im Bedingten, Deutungen zuführt, die eben diese Erfahrungen noch einmal anders sehen lassen.

Religiöser Glaube ist im Unbedingten sich gegründet findende Daseinsgewissheit. Er macht ein sinndeutendes Verhalten auch zu den Erfahrungen noch möglich, in denen aller Sinn sich entzieht. Die Individuen müssen ein solches sinndeutendes Verhalten nicht für sich realisieren. Die Gesellschaft braucht die Religion, aber nicht jedes Individuum im Alltag seines Lebens. Von Fall zu Fall ist der Bedarf freilich auch bei den Individuen da. Dann ist es gut, wenn sie auf religiöse Sinnangebote zurückgreifen können. Es ist sogar die Einsicht nicht auszuschließen, dass die Individuen merken, wie sehr ihnen ein Lebensgewinn zuwächst, wenn sie sich nicht um die Erfahrung dieser durch

Selbsttranszendierung zu gewinnenden Selbstbildung bringen, die allein die Religion machen lässt.

2. Religion und ihre Theorie unter den Bedingungen der Moderne beziehungsweise des neuzeitlichen Christentums

Der formal-allgemeine Begriff der Religion – wie er eben skizziert worden ist –, ist seit der zweiten Hälfte des 18. Jh., insbesondere von der protestantischen Theologie und Religionsphilosophie entwickelt worden. Die Theologie wurde zunächst zur primären Reflexionsinstanz der Religion, später erst die Soziologie. Zunächst entwickelte die Theologie eine religionstheoretische und religionshermeneutische Kompetenz, die sie im 20. Jh. dann allerdings an die Soziologie, Philosophie und Kulturwissenschaft verloren hat. Die Erfahrungen der Selbsttranszendierung und Selbstbildung, die etwa Kierkegaard spezifisch mit dem christlichen Glauben zusammen gesehen hat, den Gewinn einer ebenso authentischen wie in Gott gegründeten Lebensposition, den er in der christlichen Religion als der Religion der individuellen Persönlichkeit erkannt hat, wurde von der Wort-Gottes-Theologie des 20. Jh., die sich ganz zu Unrecht auf den von der Religion so hoch denkenden Kierkegaard meinte berufen zu können, als sündhafter Aufstand gegen Gott denunziert. Zu einer Hermeneutik der gelebten Religion, zu einer Auslegung des spezifischen Sinnraumes, den die sich im Selbst- und Gottesverhältnis auslegende Subjektivität aufbaut, war die autoritäre Wort-Gottes-Theologie nicht mehr in der Lage. Statt dessen hat sie auf dem Wege der Erneuerung der alten Dogmatismen den christlichen Glauben so beschrieben, dass alle ihn nach außen hin erschließende Auslegung systematisch verhindert wurde. Es sollte nun die »theologische Existenz« sein, die hier ihre Selbstbestätigung findet. Durch eine Theologentheologie sollten sich die von den Theologen zu erziehende christliche Gemeinde über die normativen Gehalte des christlichen Glaubens belehren lassen. Eine Verständigung über die im Vollzug individuellen Lebens aufbrechenden religiösen Fragen, gar über die Funktion der Religion und ihrer Symbole für Individuum und Gesellschaft, war nicht mehr vorgesehen. An die Stelle der Hermeneutik der Religion war in der Theologie ihre Kritik getreten. Der Flurschaden, der damit auf dem Gebiet der Theorie der Religion angerichtet worden ist, ist noch lange nicht wieder behoben.

Die protestantische Theologie nach der Aufklärung hat zunächst die Unterscheidung ausgearbeitet zwischen den kirchlichen Symbolen und Ritualen, der Theologie, auf der einen Seite und der als individuelle Sinneinstellung gelebten Religion auf der anderen Seite. Die Theologie nach der Aufklärung lehrte zu unterscheiden zwischen der öffentlichen, kirchlich gefassten Religion und der privaten, in die Freiheit des individuellen Entscheidens gestellten Religion, zwischen Staat und Kirche, Politik und Religion. Schließlich hat man auch das Missverständnis einer zu engen Verbindung von Moral und Religion, an welcher das Christentum der Aufklärung um der gesellschaftlichen Funktion der Religion willen meinte festhalten zu müssen, differenziert. Es war Friedrich Schleiermacher, der die Religion ebenso wie von der Metaphysik, auch von der Moral unterschied, indem er ihr eine eigene, konstitutive Funktion in der Organisation des menschlichen Selbst- und Weltverhältnisses, dann auch im Aufbau von Kultur und Gesellschaft zuwies. Die gesellschaftliche Funktion der Religion ist, so Schleiermacher, die Bildung und Pflege des am Ort des Individuums lebendigen Sinns fürs Unendliche, die Bildung und Pflege einer humanen Kultur des individuellen Gefühlsbewusstseins, vermöge dessen wir uns unmittelbar jener Selbsthabe bewusst sind, die in uns aufkommt, unbedingt, von jenseits unserer selbst her, die aber zugleich unseren reflektierten, selbstbewussten Selbst- und Weltumgang trägt und ermöglicht. Schleiermacher unterschied diese Religion, mit der der Grund der Identität des Selbst, der Grund individueller, endlicher Freiheit, der Einheitsgrund alles durch Gegensätze bestimmten Selbst- und Weltbewusstseins zur Präsenz des Selbstbewusstseins kommt, zugleich von der Kirche. Die Kirche, die Kirchen und religiösen Gemeinschaften, sind gesellschaftliche Einrichtungen zur Mitteilung, Organisation und Darstellung des religiösen Bewusstseins. Solche Mitteilung und Darstellung findet jedoch auch außerhalb der Kirchen und religiösen Gemeinschaften statt, für Schleiermacher insbesondere in der Kunst, einer Kunst, die sich zur ästhetischen Autonomie befreit hat, gerade so aber den religiösen Sinn fürs Unendliche im Endlichen, für die Immanenz der Transzendenz beleben kann.[7]

7 Vgl. Gräb, Wilhelm: Der kulturelle Umbruch zur Moderne und Schleiermachers Neubestimmung des Begriffs der christlichen Religion, in: U. Barth/C.-D. Osthövener, (Hg.), 200 Jahre »Reden über die Religion«. Akten des 1. Internationalen Kongresses der Schleiermacher-Gesellschaft. Halle 14.–17. März 1999 (SchlA 19), Berlin/New York 2000, 167–177.

Die kulturelle Verselbständigung der Religion hat die Entlastung anderer Lebensbereiche, insbesondere der Moral und der Politik zur Folge, sich ebenfalls explizit religiös artikulieren zu müssen. Auch das hat Schleiermacher im Aufbau seiner Kulturtheorie zum Ausdruck gebracht. Seine Kulturphilosophie sah am Beginn der Moderne bereits die gesellschaftliche Ausdifferenzierung auch des Religionssystems als der Funktion individuellen Symbolisierens vor. Die kulturelle Verselbständigung der Religion bedeutet aber nicht, dass diese anderen Lebensbereiche der Politik, Ökonomie, Wissenschaft oder Kunst nichts mehr mit Religion zu tun hätten. Die Religion ist nicht mehr für Alles zuständig. Ihre spezielle Funktion, eine Deutungskultur mit Bezug auf jene Kontingenzen und Sollbruchstellen der Lebenswelt auszubilden, die sich in pragmatischen Handlungssinn nicht mehr integrieren lassen, Deutungen, die Sinn formend ins sonst unbestimmbar Bleibende ausgreifen, bleiben aber für das Ganze der Gesellschaft relevant.

Eine starke Lockerung der sozialen Bindungskräfte der Kirchen ist freilich ein Merkmal der modernen Lebenswelt. Ebenso sind allerdings die Bemühungen erkennbar, die sozialen Bindungskräfte der Religion wieder zu steigern, durch Gemeindebildungen, Vergemeinschaftungen alter und neuer Art. Es sind starke Tendenzen in den Kirchen und religiösen Gemeinschaften zu beobachten, die religiösen Vergewisserungsleistungen zu erhöhen, der Sehnsucht zu entsprechen, es möge in den dynamischen Verhältnissen der modernen Lebenswelt, trotz ihrer ungeheuren Komplexität und einem alles relativierenden Pluralismus der Meinungen und Einstellungen, die irdische Repräsentanz des Absoluten geben, die Erscheinung des Ewigen mitten in der Zeit. Das alles gehört zu den Kennzeichen der Religion in der Moderne. Der religiöse Fundamentalismus ist wie das Unfehlbarkeitsdogma des Papstes bekanntlich eine moderne Erfindung. Indem sie absolute Wahrheit und Gewissheit behaupten, sind sie eine Antwort auf die sich zunehmend steigernde Komplexität der modernen Gesellschaft, das damit verbundene Krisenbewusstsein, entsprechen sie dem Wunsch, es möge eine Instanz geben, die das Absolute im Relativen sichtbar und vernehmlich repräsentiert. Die Gesellschaft, die in ihren verschiedenen Funktionsbereichen nach den diesen jeweils eigenen Logiken funktioniert, lässt die Antwort auf den Sinn des Ganzen und absolut gültige Normen des Verhaltens in Politik und Moral, Kunst und Erziehung, Ökonomie und Recht nicht mehr zu. Das steigert den Religionsbedarf, die Sehnsucht nach der Stabilisierung ihrer Sinnform, die Transzendenz etabliert, auch wenn man unter Umständen persönlich gar nicht mit ihren Symbolen und Ritualen in Kontakt kommen möchte.[8]

In der Unübersichtlichkeit der modernen Gesellschaft nimmt der Bedarf an Religion nicht ab, sondern zu, eben deshalb, weil das gesellschaftliche Bezugsproblem, das zu lösen beziehungsweise zu bearbeiten die Funktion der Religion ist, sich immer häufiger und dringlicher stellt. Sei es, dass es sich um die Letztbegründung moralischer Ansprüche und politischer Forderungen handelt, um die Bestimmung des lebensgeschichtlichen Anfangs eines menschlichen Individuums und die Kriterien seiner Würde, um die in ihren Folgen unübersehbaren technischen Entwicklungen, um die Begrenzung einer von allen nationalen politischen Kontrollen entfesselten Ökonomie. Immer ist es so, dass diese für die moderne Gesellschaft charakteristischen Entwicklungen sich steigernder Komplexität, Kontingenzanfälligkeit und Unkontrollierbarkeit auch ein Krisenbewusstsein fördern, das nach religiöser Bearbeitung, nach Vergewisserung im Absoluten, nach menschlich unumstößlichen Grenzmarkierungen verlangt. Immer liegt dann freilich auch der Missbrauch solcher absoluten Grenzmarkierungen für die Durchsetzung sehr relativer politischer, moralischer oder ökonomischer Interessen nahe. Da droht dann die Gefahr des Missbrauchs der Religion auch für einen gewaltsamen und terroristischen Fundamentalismus.

Nicht nur der Fundamentalismus ist eine Spielart der Religion unter den Bedingungen der Moderne. Es kam zu vielfältigen Neuformatierungen auf dem Feld des Religiösen, nicht zu einem Ende der Religion, sondern zum Wandel, zur Transformation der Religion, des Christentums. Es wird das religiöse Feld von zahlreichen neuen Akteuren bearbeitet.[9]

8 Vgl. Riesebrodt, Martin: Die Rückkehr der Religionen. Fundamentalismus und der »Kampf der Kulturen«, München 2000.

9 Vgl. Bourdieu, Pierre: Das religiöse Feld. Texte zur Ökonomie des Heilsgeschehens, hg. von St. Egger/A. Pfeuffer/F. Schultheis, Konstanz 2000.

3. Transformationen der Religion ins Religiöse als weites Feld der empirischen Religionsforschung

Die Transformation der in der Dogmatik artikulierten und kirchlich verfassten christlichen Religion ins vagabundierend Religiöse, in neue »Formen des Religiösen«[10] eröffnet der empirischen Religionsforschung ein weites Feld. Die Religion geht mit einem expressiven Individualismus zusammen. Sie artikuliert sich in Gestalt individuell-persönlicher Gewissensüberzeugungen und Gesinnungen. Die Religion zeigt sich als Passagenreligiosität und Kasualfrömmigkeit. Der Weg in die Kirche wird gegangen, wenn die Kontingenzen und Sollbruchstellen des Alltags bedrängen, man an Grenzen gerät, in abschiedliche Übergänge. Religion zeigt sich in Gestalt der religiösen Selbstdeutung von Individuen, in dem, womit sie ihrem Leben einen Sinn und ein Ziel geben, auch wenn sie dies nicht in große Transzendenzen führt, sondern lediglich sie selbst mit ihrer Lebenszeit überdauert, die Familie, die Kinder, die Firma, das Werk. Religion zeigt sich – schon seit der Aufklärung – in den Debatten um den »Wert des Lebens«, ist da in der Suche nach dem vollkommenen Glück, im Tabu der Menschenwürde und vorpositiven Verankerung der Menschenrechte. Religion zeigt sich in der Aufladung der ästhetischen Erfahrung, in der Auratisierung von Kunstwerken und Museumsbauten. Religion zeigt sich in den Identitätsangeboten und sozialen Konfliktlösungsstrategien, in der Thematisierung des Alltags, seiner Kontingenzen und wie mit ihnen umzugehen sei, wie dies alles in den abendlichen Fernsehserien, den Daily Soaps geboten wird. Religion zeigt sich im Aufbau der fiktionalen Welten, den reflexiven Lebensdeutungen und Sinnmustern kleiner und großer Erzählungen, denen man im Kino begegnen kann. Religion zeigt sich in den Ritualen des Körperkultes wie sie in Sportarenen, Wellnessoasen und Fitnesscentern zelebriert werden.[11] Wir sind spätestens seit den 20er Jahren des 20. Jh., als der Journalist Carl Christian Bry das Buch über die »Verkappten Religionen«[12] schrieb, aufmerksam auf die vielen, vagabundierenden Formen des Religiösen, die mannigfachen Synkretismen, die oft gar nicht explizit als religiöse zu erkennen

10 Vgl. Taylor, Charles: Die Formen des Religiösen in der Gegenwart, Frankfurt am Main 2002.

11 Vgl. Böhme, Hartmut: Religion und Moderne, in: W. Gräb/B. Weyel (Hg.), Praktische Theologie und protestantische Kultur, Gütersloh 2002, 17–34.

12 Vgl. Bry, Carl Chr.: Verkappte Religionen, Gotha/Stuttgart 1924.

beziehungsweise auf andere religiöse beziehungsweise kulturelle Traditionen als die des Christentums abzubilden sind.[13]

Die christliche Religion hat sich säkularisiert, das heißt in die moralische, politische, ästhetische Kultur der Gesellschaft verflüssigt, und sie hat sich privatisiert, ist zur Sache individueller Sinndeutungen geworden. So behält sie ihre gesamtgesellschaftliche Bedeutung, ist dabei aber nicht mehr an die Kirchen und die Teilnahme am kirchlichen Leben gebunden. Auch unter dem Begriff der Zivilreligion, »Civil Religion« (Robert N. Bellah), hat man, vor allem in der amerikanischen Diskussion, auszudrücken versucht, dass die gesamtgesellschaftliche Bedeutung der Religion erhalten bleibt, selbst wenn die Kirchen, Konfessionen, religiösen Gemeinschaften und Institutionen in ihrer institutionellen und organisatorischen Statur schwächer werden.[14] Die »Civil Religion« steht für die Grundwerte des Zusammenlebens in der Gesellschaft, für die Begrenzung der Politik.[15] Sie speist sich aus den verfassten Religionen, den Kirchen und ihren Traditionen, geht aber nicht in ihnen auf.

Viele der in Kultur und Gesellschaft begegnenden Motive des Religiösen sind in ihrem religiösen Gehalt allerdings nur noch schwer erkennbar. Die religiöse Sprache in der Werbung ist zumeist nur noch ein Cover für nicht-religiöse Inhalte, etwa des Konsums. Es drängt sich somit hin und wieder doch die Frage auf, ob die Religion angesichts ihrer Verflüssigung ins Religiöse als Religion fortbesteht oder ob die religiösen Themen und Symbole lediglich die Garnitur eines im Kern bloß konsumorientierten beziehungsweise ästhetischen Lebensinteresses sind. Aber auch dann ist die theologisch entscheidende Frage, warum sich das ästhetische, am Genuss, am Glück, am guten Leben ausrichtende Interesse in religiöser Sprache und mit religiösen Symbolen darstellt.

Kirche und Theologie sollten sich den Transformationsprozessen der Religion jedenfalls nicht durch Rückzug auf die traditionelle Dogmatik und die inneren Kreise kirchlichen Lebens entziehen. Die Theologie muss auf die religionsproduktiven Momente achten, die in jenen Pro-

13 Vgl. Drehsen, Volker/Gräb, Wilhelm/Korsch, Dietrich (Hg.): Protestantismus und Ästhetik. Religionskulturelle Transformationen am Beginn des 20. Jahrhunderts, Gütersloh 2001.

14 Die Debatte um die Zivilreligion ist für den deutschen Sprachraum ausführlich belegt in: Kleger, Heinz/Müller, Alois (Hg.): Religion des Bürgers, München 1986.

15 Vgl. Lübbe, Hermann: Religion nach der Aufklärung, Graz/Wien/Köln 1986.

zessen aufkommen, mit denen die moderne Gesellschaft sich ebenso andauernd wie krisenhaft modernisiert.

4. Interdisziplinäre Religionstheorie und die Theologie als Hermeneutik des Christentums

In der modernen Lebenswelt ist die Religion im wesentlichen zur Sache der Individuen und das heißt des Sinns geworden, den sie ihrem Leben selber geben. Man kann darin allerdings auch eine Entwicklung sehen, wonach die Moderne Kräfte am Christentum hervorkehrt, die ihm schon von seinem Ursprung her innewohnten, die es jedoch erst in der Moderne breitenwirksam freizusetzen vermochte. In der modernen Lebenswelt erst zeigt sich, dass das Christentum die Religion der Individualität ist, der unhintergehbaren Selbstvergewisserung des einzelnen in Gott. Mit der Bildung des formalen Begriffs der Religion, der sie als die Selbstvergewisserung individueller Subjektivität im Unbedingten, somit als Deutung aller endlichen Erfahrung im Horizont des Unendlichen bestimmt, geht es somit auch um die Umformung des Christentums in der Moderne und damit um die Transformation im Begriff und Selbstverständnis der Theologie. Die Theologie hat unter den Bedingungen der Moderne keine ihr vorgegebene Botschaft von Gott auszurichten, sondern das religiöse Verhältnis der Individuen, das menschliche Gottesbewusstsein auszulegen. Die Theologie wird zur Hermeneutik der Religion, die sich in den Texten der Überlieferung ausspricht, aber vor allem auch in den Lebensfragen verstanden sein will, die sich den Menschen heute, im Kontext der modernen Lebenswelt und angesichts einer offenen Zukunft, stellen.

Religiöse Fragen drängen sich den Individuen auf, aus den Zumutungen und Härten der technisch-industriellen, von einer entfesselten Ökonomie dominierten Moderne: Was ist die Berechtigung menschlicher Existenz jenseits der Möglichkeit beziehungsweise des Zwangs, durch Leistung oder Geld einen Platz in der Gesellschaft zu behaupten? Was bin ich wert, wenn ich nicht arbeiten kann oder darf? Was ist der Sinn menschlichen Daseins, wenn der einzelne Mensch austauschbar geworden ist, wenn jeder andere an seine Stelle treten kann und wenn dies nicht nur für die Berufsrolle gilt, sondern auch für private, intime Beziehungen? Wie kann ich es ertragen, dass der Lebenssinn, den ich mir selbst gebe, ebenso vergänglich ist wie sein Stifter? Was fehlt dem

Menschen, der alles hat und dennoch über das Ganze seiner Lebenszeit nicht verfügen kann? Ist das Leben in einer Welt zustimmungsfähig, in der es vieles gibt, das radikal zu verneinen bleibt?

In der Richtung dieser Fragen werden die religiösen Erwartungshaltungen der Menschen heute formatiert.[16] Man glaubt nicht mehr an die Dogmen der Kirche oder an die Bibel, sondern sucht nach Antwort auf diese religiösen Lebensfragen. Man will die im eigenen Erleben gefundene Glaubensgewissheit. Man verlangt den Direktkontakt mit dem Unbedingten, die mystische Erfahrung, Wege tieferer, mit Gott in Berührung bringender Selbsterfahrung. Die Nachfrage nach Religion ist innenorientiert, deshalb die Karriere der Rede von Spiritualität und einer erlebnisorientierten liturgischen Praxis. Die Individuen halten religiöse Riten und Bekenntnisse nur insoweit für belangvoll, als sie bestimmte Wirkungen im Subjekt hervorrufen: Gefühle, Stimmungen, Ekstasen, Betroffenheit, Ergriffenheit, Trance. Religion wird für viele, vor allem in den charismatischen Bewegungen, auch zu einer Anleitung für psychische Transzendenzen. Die Suche nach dem religiösen Erlebnis unterläuft alle Formen des institutionellen, kirchlichen Zugriffs auf die individualisierte Religion.

Die sozialintegrative Funktion der Religion tritt hinter ihrer biographieintegrativen Funktion zurück. Nicht mehr die Gesellschaft wird durch die Religion zusammengehalten, sondern die persönliche Identität der Individuen, sofern der religiöse Sinn der ihnen eigene ist.[17] Es geht in erster Linie um Prozesse der Selbstthematisierung und Selbsttranszendierung. Im Bereich der Religion geschieht Autonomie. Wenigstens dort ist sie möglich. Diese Individuenreligion kann freilich sehr ernsthaft sein und nach einer ihr Antwort gebenden Theologie verlangen. Die Theologie ist die Hermeneutik der Religion, die Auslegung der Artikulationen des religiösen Bewusstseins in den kulturellen Überlieferungen der Bibel, aber nicht dort allein. Lässt die Theologie sich von einer weiten Theorie der Religion leiten, wie es der modernen Lebenswelt angemessen ist, dann bringt sie religiöse Gehalte überall dort in Geschichte und Gegenwart zur Auslegung, wo sie auf die Konfiguration von Selbstdeutungen menschlichen Lebens stößt, die auf die unbedingten Sinnbedingungen unseres bedingten, fragmentierten,

16 Vgl. Gräb, Wilhelm: Sinn fürs Unendliche. Religion in der Mediengesellschaft, Gütersloh 2002.

17 Vgl. Gräb, Wilhelm: Lebensgeschichten – Lebensentwürfe – Sinndeutungen. Eine praktische Theologie gelebter Religion, Gütersloh ^{2}2000.

endlichen Lebens hinweisen. Das ist nicht nur in den biblischen Überlieferungen, denen der Kirche und des Christentums, der Fall, sondern in der Vielfalt der medialen Welten, die nach dem Ende der Gutenberg-Ära sich dann ja auch nicht mehr auf literarische Texte beschränken. Die Theologie, die als Hermeneutik der Religion arbeitet, findet ihre Grundlegung in der Theorie der Religion, die den ebenso weiten wie formalen Begriff der Religion im Gespräch mit der Philosophie, der Soziologie, der Kultur- und Medienwissenschaft interdisziplinär ausarbeitet. Sie gewinnt ihre Inhalte, indem sie die religiösen Selbstdeutungen der Menschen zur Auslegung bringt, die in die medialen Welten eingegangen sind, dort ihre Artikulation gefunden haben und finden und in der Produktion von Texten, Bildern und Klängen immer weiter fortgeschrieben werden.

Religion und Kulturtheorie

Hartmut Böhme

1. Einleitung

Kulturen müssen zwei wesentliche Funktionen erfüllen: erstens benötigen sie stabile *Techniken* zur Bewältigung des *Stoffwechsels mit Natur*, um ausreichend Nahrung und Schutz bereitzustellen; zweitens brauchen sie *symbolische Ordnungen*, um individuell wie kollektiv wirksame *sinnhafte Orientierungen* in einem offenen Welt- und Zeithorizont zu schaffen. In der zweiten Funktion findet Religion ihren Platz; ja, man kann behaupten, dass diese Funktion in die Welt gebracht zu haben, die welthistorische Leistung der Religionen war.[1] Erodieren diese beiden basalen Kulturleistungen, so entstehen Krisen und Konflikte, Unfriede und Krieg. Hat Kultur also in erster Linie Stabilität und Entwicklung von Gesellschaften zu leisten, so ist sie andererseits selbst ein dissoziativer Mechanismus, der Konkurrenzen um knappe materielle Güter sowie um Sinn- und Wissensressourcen erzeugt, Ungleichheit hervorbringt und damit jene Instabilitäten und Krisen verschärft, zu deren Bewältigung Kultur da ist.[2] Von dieser Ambivalenz sind auch Religionen nicht frei. Als sinnhafte Orientierungssysteme schaffen sie soziale Integrationen ebenso wie Schismen, Konflikte und Kriege. Durch dauerhafte Stabilitäten sind eher die alten, höchst vulnerabel erscheinenden Stammeskulturen ausgezeichnet, als neuzeitliche Hochkulturen. Der Preis dafür war indes eine kaum mehr vorstellbare Langsamkeit der kulturellen Evolution, deren Tempo erst seit den ersten Stadtkulturen exponentiell zunimmt. Bis zum Mittelalter konnte Religion den Rahmen bilden, der diese Temposteigerung zügelte und steuerte. Seither verselbständigen sich die Sektoren Wissenschaft, Technik,

1 Vgl. dazu die unübertroffene Studie von Durkheim, Emile: Die elementaren Formen des religiösen Lebens (1912), Frankfurt am Main 1994.

2 Dazu Eder, Klaus: Das Paradox der »Kultur«. Jenseits einer Konsensustheorie der Kultur, Paragrana 3 Heft 1 (1994), 148–173.

Ökonomie, Recht, Erziehung, Familie, ja selbst das Individuum – und Religionen sind nur noch ein Moment neben diesen, sich eigenlogisch entwickelnden Faktoren. Die westlichen Demokratien, welche zur Zeit das Weltgeschehen noch beherrschen, haben denn auch darauf verzichtet, normative Zentren oder sinnhafte Rahmen auszubilden; sie setzen statt dessen auf formale Verfahren der Konflikt- und Konkurrenzregulierung von Systemebenen und Populationen, die zu homogenisieren niemand sich mehr zutraut. Im Gegenteil würde ein solcher Versuch unvereinbar mit den säkularen Menschenrechtsprinzipien sein, auf die unsere Gesellschaften verpflichtet sind. Man kann diesen Religions- und Weltbild-Verzicht die andere Seite eines eben deswegen wild wuchernden Orientierungsbedarfs nennen. Säkularisierung und Wiederverzauberung sind zwei Seiten derselben Medaille. Die widerspruchsvollen Konstellationen, die Religion und Moderne dabei eingehen, habe ich anderenorts darzustellen versucht.[3] Im folgenden geht es um die andere, »archaische« Seite: nämlich um jene kulturtheoretischen Voraussetzungen, die plausibel machen, dass die primordialen Urschöpfungen von Kultur immer zugleich materiell und symbolisch, technisch und religiös waren – und dass genau diese über viele Jahrtausende unlösbare Verflechtung es war, welche die archaischen Gesellschaften stabil hielt. Das ist nicht zu idealisieren. Denn dieser Typ von Kultur ist im wörtlichen Sinn eine Notlösung: Mangel und Angst, Gefahr und Tod waren so überwältigend präsent, dass nur durch Stabilhalten der erreichten technischen und religiös-symbolischen Ordnungen die kulturelle Reproduktion gesichert schien.

2. *Kultur und Religion in frühen Stammeskulturen*

In der Altsteinzeit sind die Spuren von Kultur und Religion so spärlich, dass wir andere als spekulative Annahmen darüber nicht treffen können. Besser steht es mit den jungsteinzeitlichen Stammeskulturen, für die sich die paläoarchäologischen Funde im 20. Jh. stark verbessert haben. Die Rekonstruktion von Begräbnisstätten von Menschen und kultischen Tieren, die Spuren von Siedlungen und Feuergebrauch, die Vielzahl von Gerätschaften, die eine hohe Perfektion erlangen und oft

3 Böhme, Hartmut: Religion und Moderne, in: W. Gräb/B. Weyel (Hg.), Praktische Theologie und protestantische Kultur, Gütersloh 2002, 17–35.

schon ornamentiert sind, Jagd-, Sammel- und Ernährungstechniken und -sitten, die Höhlenmalereien: sie alle erlauben einigermaßen valide Hypothesen über die kulturellen Grundmuster der Stammesgesellschaften von 40000 bis 10000 v. Chr. Man darf sagen, dass Kultur und Religion sich koevolutiv entfalten. Wenn der Mensch, wie Arnold Gehlen feststellt, von Natur aus kulturell ist, so kann man ebenso sagen, er ist ein *homo religiosus*. Religion entsteht nicht als eine späte, institutionell und symbolisch ausdifferenzierte Schicht, die sich, wie ein Überbau oder ein Paralleluniversum, auf eine schon bereitgestellte Basis von kulturellen Praktiken lagert. Vielmehr entwickelt sich das Religiöse zusammen mit diesen Praktiken, sie ist in diese eingewachsen oder jedenfalls mit ihnen eng verbunden.

Wenn es um den Zusammenhang von Religion und Kultur geht, muss man sich mithin davor hüten, von einem späteren Zustand der Religion auszugehen, in der diese eine Systemebene neben anderen wie der sozialen Organisation, dem Recht, der Ökonomie, der Technik, dem Wissen darstellt. Vielmehr ist es umgekehrt. Wenn man von einer primären Religion (im Plural) sprechen darf, so heißt dies gerade, dass sie von Werkzeugentwicklung, normativen Regelungen, sozialen Praktiken und Ordnungen, Tauschstrukturen, technischem Wissen nicht essentiell geschieden ist. Ein Werkzeug kann magisch, eine Norm geheiligt sein, das soziale Tauschmodell kann aus Opfer-Praktiken heraus entstehen, Wissen ist rituell gebunden. Nicht einmal die systematische Trennung von Heiligem und Profanem, die in der Religionswissenschaft einmal als basal angesehen wurde, muss bestehen. Vielmehr ist das Religiöse in den Funktionskreis des kulturellen Lebens eingeschlossen. Funktionalistische Betrachtungsweisen sind deswegen keine Reduktion der Religion, sondern vielmehr deren Situierung an ihrem authentischen Ort. Das Religiöse als das Jenseits der Funktionen zu verstehen, ist eine ebenso späte Auffassung, wie diejenige von der Zweckfreiheit der Künste, die als ihr Wesen zu deklarieren allenfalls für ein Interludium zwischen dem 15. Jh., der Kunst-Autonomie und der modernen Avantgarde gelten kann.

Der Zusammenhang von Kultur und Religion wird gerade dann realisiert, wenn man von ihrem praktischen Sinn ausgeht. Religion ist dann die kulturelle Form, durch welche lebensdienliche und lebenserleichternde Antworten generiert werden für Lagen der Unsicherheit und Angst, des Ungewissen und des Mangels, der Schwäche und des Todes, aber auch des kollektiven und chronotopischen Zusammenhangs von Gemeinschaften, die ihrer Kohärenz und ihrer Grenzen nie sicher sein können. Das hängt mit anthropologischen Grundgegebenheiten zusammen. Menschen – und das gilt schon für Steinzeitkulturen – weisen keine sichere Einbettung in Instinkte und Umwelten auf, stattdessen eine exzentrische Positionalität, offenen Welthorizont, Antriebsüberschuss und ungewisse Zukünftigkeit.[4] Vom jagenden Großtier her gesehen, ist der nackte, instinktunsichere homo erectus mit vielen »Organmängeln« versehen, die indes für die Entwicklung von Intelligenz und Sprache, von feinmotorischem »Handeln« (manufactum), zweckgerichteter Handlungsführung und kooperativer Kommunikation gerade die wesentlichen physiologischen Voraussetzungen sind. Darüber sind sich die Anthropologen einig.[5] Wäre der Mensch ein Naturwesen, wäre er ein jämmerliches Geschöpf ohne Überlebenschancen, d.h. es gäbe ihn nicht. Eben dies, als »animal« betrachtet ein Missgriff zu sein, ist die optimale Voraussetzung des kulturellen *take off*, der den Menschen in der Natur einzigartig werden lässt. Seine Natur nötigt den Menschen zu einer kulturellen Evolution, die ihn eben diese Natur überschreiten lässt. Dazu braucht er technische Fertigkeiten, symbolische Systeme und Institutionen, die sämtlich in der Natur vorbildlos sind. In diesem Sinn ist der Mensch ein transzendierendes Lebewesen, auf Transzendenz hin entworfen. Dies heißt zwar nicht, dass Kultur sich aus der Naturgeschichte verabschieden könnte, aber doch, dass die Menschen die Bedingungen ihrer Reproduktion selbst erzeugen müssen: das ist der Motor der kulturellen Evolution. Und zu ihr gehört vielleicht nicht von allem Anfang, doch von sehr früh an die Religion.

4 Diese Auffassung wird von Max Scheler, Helmuth Plessner und Arnold Gehlen geteilt. Vgl.: SCHELER, MAX: Die Stellung des Menschen im Kosmos, Darmstadt 1928; DERS.: Schriften zur Anthropologie, Stuttgart 1994; PLESSNER, HELMUTH: Die Stufen des Organischen und der Mensch (1928), Berlin/New York ³1975; GEHLEN, ARNOLD: Der Mensch. Seine Natur und seine Stellung in der Welt (1940), Textkritische Edition, hg. von Karl-Siegbert Rehberg, Frankfurt am Main 1993.

5 Z.B. HARRIS, MARVIN: Menschen, wie wir wurden, was wir sind (Our Kind, 1989), Stuttgart ²1994; DERS.: The Rise of anthropologica Theory. A History of Theories of Culture, New York 1968; CALAME, CLAUDE/KILANI, MONDHER: La fabrication de l'humain dans les cultures et en anthropologie, Payot 1999; GADAMER, HANS-GEORG/VOGLER, PAUL (Hg.): Neue Anthropologie, 7 Bd., Stuttgart 1972–75; DECHER, FRIEDHELM/HENNIGFELD, JOCHEM (Hg.): Philosophische Anthropologie im 19. Jahrhundert, Würzburg 1992.

Was also sind basale Probleme, für die Antworten gefunden werden müssen? Menschen, nackt und ungeschützt, mussten ein Mikroklima stabilisieren: durch Kleidung, unterhaltenes Feuer, geschützte Schlafplätze. Als gejagte Jäger benötigten sie Waffen, die zur Verteidigung ebenso taugten wie zum Töten der Beute, Instrumente zu deren Verarbeitung als Nahrung, Fell, Haut, Knochen, aus denen neue Instrumente gemacht werden konnten. Fehlende Schnelligkeit oder Kraft konnten durch Jagdkooperationen ausgeglichen werden. Dies setzt bereits den systematischen, historisch in Jahrhunderttausenden vollzogenen Übergang vom *tool using* zum *tool making* voraus. Instrumente, als externalisierte, also verkörperte und zugleich virtuelle Handlungsvollzüge, wirken indes auf den Körper zurück: à la longue erwachsen aus den Instrumenten wiederum die technischen Disziplinen des Körpers, der selbst instrumentell eingesetzt wird: Ursprung der Handwerke. Technik wächst aus dem Körper heraus (E. Kapp) oder wird von ihm »ausgeschwitzt« (Leroi-Gourhan); aber umgekehrt wird der Körper durch die externalisierten Techniken neu modelliert.[6] Nüsse, Früchte, Wurzeln konnten gesammelt, bearbeitet, aber auch bevorratet werden: damit ist der Grund für eine wichtige Kulturtechnik gelegt, den Speicher, der in all seinen Nachfolgeformen, wie dem Magazin, dem Schatz, dem Archiv, der Bibliothek, der Sammlung, dem Museum, der Datenbank von nicht zu überschätzender Bedeutung ist. Das Feuer ist schon für Steinzeitkulturen sowohl ein soziales Zentrum wie auch der Ausgang für viele Techniken der Jagd, der Verteidigung, der Nahrungszubereitung, der Konservierung, der Härtung, der Rodung, des Signalements etc., später auch für Keramik, Metallurgie, Ziegelbrennerei. Anders als Geräte ist das Feuer das erste multiple technische Medium, eine Art Metatechnik, Jahrtausende, bevor man die Erde (für Landbau, Montankunst) oder das Wasser und die Luft (für Schifffahrt, Mühlen) als natürliche Medien technischer Operationen entdeckt.

Technik ist zentriert um die Dispositive von Ernährung und Schutz, Reproduktion und Tod. Neben der Technik ist die wesentliche Voraussetzung kultureller Evolution die Bildung einer funktionsfähigen Lautsprache, die nicht nur soziale Kooperativität, sondern allgemeiner die Sphäre des symbolischen Denkens öffnete.

6 Vgl. dazu Kapp, Ernst: Grundlinien einer Philosophie der Technik, Braunschweig 1877 sowie Leroi-Gourhan, André: Hand und Wort. Die Evolution von Technik, Sprache und Kunst (1964/5), übersetzt von M. Bischoff, Frankfurt am Main 1980.

Die millionenfachen Funde steinzeitlicher Steinwerkzeuge weisen aus, dass koevolutiv zur Bildung der physiologischen Morphologie des Menschen das archetypische Instrument gefunden wurde: dies ist die ›Geburt‹ des *toolmaking animal*, das auch *zoon logon echon* ist. Der aufrechte Gang *(homo erectus)* wurde bereits in der antiken Anthropologie zur basalen Natur des Menschen gerechnet (Platon, Xenophon, Cicero, Ovid, Laktanz). Moderne Anthropologen bestätigen dies, wenn sie von der *Komplementarität* a) der kumulativen Entwicklung von Hirnstrukturen, b) der Anpassung von Körperstrukturen an die Lebensbedingungen der frühen Jäger und Sammler sowie c) der Verfeinerung der Interaktion von Hirn- und Körperstrukturen durch das Nervensystem sprechen.[7]

Hinzukommt die durchgehende Nicht-Spezialisierung von Gehirn und Körperorganen. »Über die ganze Evolution seit den Reptilien erscheint der Mensch als Erbe jener Lebewesen, die einer anatomischen Spezialisierung entgangen sind.«[8] Hohe Spezialisierung bedeutet auch eine biologische Determination, welche die Entwicklung von Organen und Hirn blockiert. Die ›Freiheit‹ des Menschen, die er später zu seinem ethisch-politischen Ideal machen wird, hat in der Nicht-Spezialisierung seiner Leitorgane (Auge, Ohr, Hand) und vor allem seines Gehirns ihre natürlichen Voraussetzungen.

Die Vernetzung von Gehirn, Hand (Werkzeug) und Sprache konstituiert also die Möglichkeit zweier komplementärer Dispositive: das sprachlich-symbolische Feld und das technologische Feld. Beide tragen die Entstehung der Kultur; beide sind in der *physis* des Menschen fundiert. Gewiss haben Sprache und Technik ihre Vorläufer in der biologischen Evolution. Aber sie sind Medien einer neuen Entwicklung, die gerade nicht die biologische Richtung einschlägt, sondern auf die Befreiung des Menschen von seinem zoologischen Rahmen zielt: »in einer völlig neuen Organisation, bei der die Gesellschaft fortschreitend an die Stelle des phyletischen Stroms tritt« (Leroi-Gourhan).[9]

7 Vgl. Leroi-Gourhan, André: Milieu et Techniques, Paris 1945; ders.: Hand und Wort.

8 Leroi-Gourhan: Hand und Wort, 155.

9 Leroi-Gourhan: Hand und Wort, 152.

3. Kulturelle Grundlagen

Die Einsatzpunkte des Werkzeugs (materielle Kultur) und der Sprache (symbolische Kultur) lassen darauf schließen, dass die von biologischen Rhythmen beherrschte *Evolution* erweitert wird durch eine kulturelle *Geschichte*, die von sprachlich-sozialen und technischen Innovationen angetrieben ist. Wie die Freisetzung der Hand die technologische Matrix öffnet, so wurde die Sprache aus dem Funktionskreis biologischer Signalkommunikation entriegelt zu einem autonomen System symbolischer Kommunikation und überschüssiger Bedeutungsproduktion. Daraus geht auch die Religion hervor.

Körperliche und sprachliche Kommunikation kooperieren von Beginn an im Aufbau eines mythogrammatischen Gedächtnisses und einer religiösen Kultur, welche die Ordnung der Natur und der Ethnie erzeugen, darstellen und erhalten. Die biologische Wurzel davon ist, dass die menschliche Species mehr als jede andere auf Lernprozesse angewiesen ist. Menschliche Kulturen müssen sich Traditionen, d.h. memoriale Engramme und performativ wirksame Gestaltungen schaffen, um Wissen, Werte und Orientierungen zu erhalten und zu kumulieren. Dies bedeutet Geschichte zu haben. Die erste Form, sich eine Geschichte zu geben, sind die religiösen und mythischen Narrative, die das Woher, das Warum und das Wohin einer Gemeinschaft in der Tiefe rätselhafter Zeit verankern.

Die Langsamkeit paläolithischer Entwicklung hängt offenbar damit zusammen, dass es den frühen Ethnien nicht gelungen ist, memoriale Techniken zu kreieren, welche kumulative Lernprozesse erlauben würden. Die evolutionäre Beschleunigung setzt erst um 40000 ein, wo mit dem Erreichen des zerebralen Niveaus des Homo sapiens sapiens auch eine Vervielfältigung der Techniken sowie das Vorhandensein ritueller Vermögen nachweisbar ist. In den Funktionskreis der kulturellen Selbstkonstitution der Species Mensch ist also von Beginn an die symbolische Praxis eingebunden. Die Nicht-Spezialisierung des Gehirns, die sog. Retardierung der Ontogenese, die relative Unspezifität der Instinkte und die Exzentrizität der physiologischen Ausstattung, sind zugleich Bedingung wie Erfordernis einer kulturellen Konstruktion seiner selbst in sozialen Verbänden.[10] Die Kultur ist dabei diejenige Sphä-

10 Dux, Günter: Die Logik der Weltbilder. Sinnstrukturen im Wandel der Geschichte, Frankfurt am Main 1982.

re, in der Tradition und Gedächtnis, Lernprozesse und soziale Integration, Weltorientierung und Werterzeugung in symbolischen Szenen organisiert waren. Für eine erfolgreiche Reproduktion in einer Natur, in die der Mensch nicht eingebettet ist – dies macht seine Exzentrizität aus[11] –, ist dies grundlegend.

Bereits in der Höhlenmalerei, bei der man vier Stilepochen unterschieden hat, wurde alles entwickelt, was eine Bildkunst konstituiert. Es finden sich Abstraktion sowohl wie Abbildlichkeit, Rhythmik der Formen, Stilisierung der Figuren, Kanonisierungen von Formlösungen, geometrische und ornamentale Musterkonventionen, großflächige Kompositionen der Motive im Raum der Höhle, Ansätze zu räumlicher Tiefenstaffelung und – vermutlich – ein semantisches Programm, das mit mythogrammatischen und magischen Funktionen zusammenhängt.[12]

Schwieriger zu beurteilen sind die ephemeren Praktiken, in denen religiöse Semantiken erzeugt wurden, also Tanz, Ritus, Narrative. Hier ist man fast ausschließlich auf Zeugnisse rezenter Kulturen angewiesen. Danach lässt sich sagen: Riten und Feste zeigen hoch entwickelte Choreographien. Sie können sich über Tage, ja Wochen erstrecken und vermögen den gesamten Stamm in unterschiedlichsten Rollen zu integrieren. Dabei geht es um Figurationen, die alle relevanten Beziehungen, Probleme, Gefühle und Ziele, welche die Ethnie zur Natur unterhält (von der Kosmologie bis zum Regen- und Jagdzauber), ebenso umfassen wie die soziale Krisen und Statuswechsel (Adoleszenz, Heirat, Geburt, Bestattung, Tod, Krankheit, Genealogie etc.), welche den Verlauf und die Rhythmik des Stammeslebens regulieren.[13] Die mytho-

11 Vgl. PLESSNER: Die Stufen des Organischen und der Mensch; DERS.: Die Frage nach der Conditio Humana (1961), in: Ders., Gesammelte Schriften Bd. 8, Frankfurt am Main 1983, 136–217.

12 Dazu siehe LEROI-GOURHAN, ANDRÉ: Prähistorische Kunst. Die Ursprünge der Kunst in Europa, Freiburg im Breisgau [5]1982; LUTTRINGER, KLAUS (Hg.): Zeit der Höhlen, Freiburg 1996; RAPHAEL, MAX: Prähistorische Höhlenmalerei. Aufsätze & Briefe, hg. und mit einem Nachwort von W.E. Drewes, Köln 1993; CLOTTES, JEAN/ LEWIS-WILLIAMS, DAVID: Schamanen. Trance und Magie in der Höhlenkunst der Steinzeit, Sigmaringen 1997.

13 Vgl. dazu die klassische Untersuchung von GENNEP, ARNOLD VAN: Les Rites de Passage. Étude Systematique des Rites, Paris 1909; DERS.: Tabou et Totémism à Madagascar, Paris 1904; ferner: DAVIES, JON (Hg.): Ritual and Remembrance: Responses to Death in Human Societies, Sheffield 1994; TURNER, VICTOR: Das Ritual. Struktur und Anti-Struktur, Frankfurt am Main 1989; SCHECHNER, RICHARD (Hg.):

poetischen Erzählungen, soweit sie bekannt sind, zeigen ein Repertoire, das ein umfassendes System der symbolischen Ordnung des Stammes darstellt, alle sozialen wie natürlichen Elemente inventarisiert und in einen kosmologischen Kontext einbettet. Die wesentlichen sozialen und naturalen Szenen in einer sinnorientierenden und gemeinschaftsstiftenden Form symbolisch zu vergegenwärtigen, kann man die Grundaufgabe der Religion nennen.

Wie Verwandtschaft das System des Stammes bildet, so wird in den Riten, oft durch szenische Wiederholung der Ursprungshandlung eines Kulturstifters oder Schöpfungsgottes, eine Elementarverwandtschaft zu den Ahnen ebenso wie zu Tieren, Pflanzen, Steinen, zur Natur überhaupt hergestellt. Die Riten werden begleitet von Mythen, die insbesondere, wenn sie Schöpfungs- und Kulturentstehungserzählungen sind, strukturelle Verwandtschaften zu denjenigen Narrativen aufweisen, die aus vorderorientalischen, jüdischen und griechischen Schriftkulturen als deren älteste Schichten bekannt sind, z.B. der Prometheus-Mythos, die Sintflutgeschichte, die Anthropogenie-Mythen u.a.m. Mythen sind das vorschriftliche »Gedächtnis sozialer Systeme« (Luhmann). Ernst Cassirer hat dabei Naturmythen von Kulturmythen unterschieden. Geht es in ersteren darum, die Herkunft, das Vorhandensein und das Wirken natürlicher Erscheinungen zu vermitteln, indem man sie in szenische Bilder bzw. Narrative von Ursprung und Genesis fasst, so versuchen Kulturmythen »die Herkunft der menschlichen Kulturgüter«[14] durch die Einführung sog. Tätigkeitsgötter bzw. Kulturbringer zu erklären.

Ritual, play, and performance: Readings in the social sciences/theatre, New York 1976; Wickler, Wolfgang: Stammesgeschichte und Ritualisierung. Zur Entstehung tierischer und menschlicher Verhaltensmuster, München 1970; Hicks, David: Ritual and Belief: Readings in the Anthropology of Religion, Boston 1999; Rappaport, Roy A.: Ritual and Religion in the Making of Humanity, Cambridge 1999.

14 Cassirer, Ernst: Philosophie der symbolischen Formen (Berlin 1923–1929), Darmstadt [6]1973–1975, hier: Bd. 2, 244.

4. Magie

Eine solche symbolische Struktur ist das Element einer magisch-animistischen Welt. Animismus meint, dass alle Dinge und Lebewesen von unsichtbaren Kräften erfüllt sind. Die Welt ist durchzogen von Kraftströmen, durch die alles wird, was es ist, und alles anders wird, als es ist. Der magische Dynamismus macht das Lebendige der Welt aus – und weil dies so ist, bleiben Momente des Animismus in solchen Philosophien und Künsten erhalten, die diese Lebendigkeit darzustellen suchen. Animistische Kulturen artikulieren in Riten, Gebräuchen und mythischen Narrationen ein vor-philosophisches und vor-ästhetisches Wissen des Dynamismus lebendiger Kräfte. Zu diesen gehört auch die performative Wirksamkeit von Symbolen.

Alles lebt und zeigt sich, vitalisierend oder zerstörerisch. Dies macht den sakralen Charakter der Dinge und Lebewesen sowie des Kosmos aus. Die animierenden Kräfte können unpersönlich und namenlos sein, reine Emanationen von Dynamis. Sie erfüllen die Landschaft, Bäume, die Winde, das Wasser, die Steine und Pflanzen, die Tiere und den Wald, das Feuer. Doch ebenso gut können die Kräfte gestalthaft sein, also zoomorph, phylomorph oder hylomorph, konzentriert in der Gestalt von Tieren, Pflanzen oder Stoffen. Sie können Heil- oder Schadensfunktion gewinnen für denjenigen, der damit umzugehen weiß: Magie ist die operative Seite des Animismus. Über dieser Schicht der Kräfte, die zu Fetischismus, Totemismus, Idolenbildung und Vergöttlichungen Anlass geben, erhebt sich, religionsgeschichtlich später, die Schicht der anthropomorphen Gottheiten mit ihrer individuellen Physiognomie.

Charakteristisch für die animistische Welt, so haben u.a. Cassirer und Marcel Mauss[15] oder Karl Beth[16] festgehalten, ist ferner, dass das Heterogene eingefügt ist in eine integrale Ordnung. Die Welt ist nicht

15 MAUSS, MARCEL: Entwurf einer allgemeinen Theorie der Magie (1902/3), in: Ders., Soziologie und Anthropologie in zwei Bänden, Bd. 1, Frankfurt am Main 1989, 43–182.

16 BETH, KARL: Religion und Magie. Ein religionsgeschichtlicher Beitrag zur psychologischen Grundlegung der religiösen Prinzipienlehre, Leipzig/Berlin [2]1927, vgl. auch MALINOWSKI, BRONISLAW: Magie, Wissenschaft und Religion. Und andere Schriften, Frankfurt am Main 1983; PETZOLDT, LEANDER (Hg.): Magie und Religion. Beiträge zu einer Theorie der Magie, Darmstadt 1978; MÜLLER, KLAUS E.: Das magische Universum der Identität. Elementarformen sozialen Verhaltens. Ein ethnologischer Grundriß, Frankfurt am Main 1987.

chaotisch, sondern gefügt. Weil die Dinge sie selbst sind und zugleich das Ganze darstellen, herrscht eine nicht nur rhetorische, sondern ontologische Teil-Ganzes-Beziehung. In Spuren, Relikten, Teilen, in einzelnen Dingen oder Lebewesen kann man durch Riten und magische Praktiken Anschluss finden ans Ganze und es für eigene Zwecke nutzen. Die pars-pro-toto-Beziehung ist eine prototechnische Form der Manipulation der Dinge und Symbole, in Kontakt mit ihnen oder sogar über die Ferne hin. Letzteres kann gelingen, weil die Dinge niemals isoliert sind, sondern in Geflechten und Benachbarungen stehen, oder, wie Cassirer sagt, in Verhältnissen der Kontiguität und der Konkreszenz, des gegliederten Zusammengewachsen-seins.[17] Man kann die These wagen: auf der pars-pro-toto-Figur beruht alle spätere Ausdifferenzierung von Rhetorik, Theater und Kunst, aber auch das Mikro/Makrokosmos-Schema, die Repräsentation Gottes durch Natur und Kunst, die *analogia entis* oder das *liber naturae*, die für die christliche Schöpfungstheologie zentral sind.

Magie ist also die früheste Technikform, durch die zielorientiert gehandelt und Macht akkumuliert wird. Macht ist die Fähigkeit, etwas oder jemanden auch gegen seinen eigenen Willen zu bewegen, wie Max Weber sagt: dies ist die Urform der Magie. Insofern sind alle Grundlagen der Macht magisch, insbesondere die charismatische und zeremonielle Macht. Das Anwendungsfeld der Magie ist grenzenlos: Menschen, Tiere, Dinge, Sterne, Wetter, Götter, Krankheiten, Wachstum, Ernte, Geburt. Sie nimmt viele Formen an: Beschwörung, Zauber, Sprachformel, Gebet, rituelle Verrichtung, mimetische Choreographie, Gesang, dingliches Hantieren, Opfer. Die Magie ist der performative Gebrauch der Kräfte, welche die Welt erfüllen, zu Zwecken des Menschen. Performativität heißt nicht: Repräsentation i. S. des semiotischen Verweisens szenischer Elemente auf dahinter stehende (transzendente) Kräfte. Magische Performativität heißt, dass im Vollzug von Riten die Kräfte erzeugt werden, derer man sich bedient; dass die Kräfte vergegenwärtigt werden, so absent oder uralt die sein mögen; dass eine Identifikation mit dem magischen Vollzug geschieht, so ›anders‹ dasjenige sein mag, das mimetisch vollzogen wird.

Magische Kraft ist also das, was in Dingen, Lebewesen oder rituellen Handlungen ›fließt‹ oder sich ›ausdrückt‹ oder sich ›verkörpert‹. Diese Kraft ist zugleich Substanz, Bedeutung und Wirkung. Um 1900 glaub-

17 Cassirer: Philosophie der symbolischen Formen, Bd. 2, 50–77; 209–237.

ten sich die Ethnologen auf den Spuren dieser Kraft und nahmen an, dass hinter ihren verschiedenen Bezeichnungen (Mana, Orenda, Wakanda etc.) eine transkulturelle Universalie steht, die die Weltauffassung der Stammeskulturen ausmacht und zugleich, als die sog. Mana-Tabu-Formel, die Minimumsdefinition von Religion darstellt.[18] Diese Auffassung ist kritisiert worden. Die Frage aber bleibt, ob kultur- und religionswissenschaftliche Performativitäts- und Ritualitätsforschungen nicht die Nachfolge dieser Tradition darstellen.

Es lässt sich resümieren: Frühe Kulturen weisen ein differenziertes, magisch-animistisches Verhältnis zur Welt auf, das die Wurzel aller Religionen bildet. Magie formiert aber auch die Techniken der Reproduktion und die symbolischen Darstellungen der Kultur. Magie enthält das erste ausgereifte technische Paradigma, die Steintechnologie. Es ist hinreichend, um über lange Zeiträume ein Gleichgewicht von Nahrungserwerb, Bevölkerungsdichte und Naturressourcen zu sichern.[19] Die Stein-Kulturen verfügen ferner über eine kommunikativ funktionsfähige Sprache und figurative Symbolisierungstechniken, die es erlaubten, eine sinnstiftende Bedeutungsebene aufzubauen, die wir Religion nennen. Sie verfügen über ästhetische Formenkanons in der Leitmaterie Stein, in den Riten und in der Bildkunst, welche jeweils in ihrem Medium hochgradig perfekt sind. Mit den vier Säulen Technik, sprachliche Kommunikation, ritueller sozialer Plastik und ästhetischer Figuration weisen die Stein-Kulturen alle Funktionsebenen auf, welche das Überleben in unverlässlicher Natur und die Verstetigung sozialer Organisation tragen.

5. Sexualität, Angst, Tod

Bereits beim Klassiker der Urgeschichtsforschung Lewis Henry Morgan[20] wird deutlich, dass Sexualität und Verwandtschaftssysteme zu den frühesten kulturellen Regulationen von Natur gehören. Aus Analysen von tribalen Klassifikationssystemen, Festriten und sozialen Regeln

18 Cassirer: Philosophie der symbolischen Formen, 96; 74f.

19 Dazu Radkau, Joachim: Natur und Macht. Eine Weltgeschichte der Umwelt, München 2000.

20 Morgan, Lewis H.: Die Urgesellschaft. Untersuchungen über den Fortschritt der Menschheit aus der Wildheit durch die Barbarei zur Zivilisation (Ancient Society, 1877), Stuttgart 1908.

schien ablesbar, dass sich in globaler Streuung analoge Strukturen von sexuellem Verkehr und verwandtschaftlicher Gliederung finden – ein Ansatz, der noch von Claude Lévi-Strauss[21] fortgeführt wurde, ohne den Evolutionismus Morgans zu teilen. Die Naturkraft Sexualität wird mit kulturellen Klassifikationen und Sozialordnungen verkoppelt. Eine Weltgeschichte der Sexualität und der ihr angeschlossenen Momente wie Geburt, Kindheit, Altersklassen, Elternschaft, Sterben und Tod würde zeigen, dass die Sexualität eine dauerhafte Herausforderung für alle kulturellen Ordnungen darstellt. In dieser Perspektive muss man die Sexualität als eine dem Tod komplementäre Einrichtung der Natur verstehen. Nur weil es den Tod gibt, muss es sexuelle Reproduktion geben und damit eine erste (naturhafte) Antriebskraft kultureller Evolution, welche die Aufgabe hat, den Tod hinzuhalten. Urgesellschaften der Verwandtschaft haben bereits ein ausgeprägtes Todesbewusstsein. Tatsächlich finden sich archäologische Nachweise für Bestattungsriten und Ahnenkulte seit dem Mittelpaläolithikum, vermutlich synchron zur Bildung von Verwandtschaftssystemen und Sexualregeln. Auch der Tod ragt, als negative Naturkraft, dauerhaft in Gesellschaft hinein. Er erfordert nicht nur gewaltige kulturelle Anstrengungen seiner Bewältigung (eine Grundaufgabe der Religion), sondern er ist vielleicht sogar der Antrieb der ersten ästhetischen Objektivationen. Kunst arbeitet ebenso wie die Religion an der Überwindung des Todes.

Nicht alle Quellen des Religiösen sind aus solchen Konstellationen ableitbar. Es bedarf einer weiteren archaischen Dimension, die von vielen Religionswissenschaftlern vorausgesetzt wird, ohne sie erforschen zu können, weil sie prinzipiell ephemer ist: die Angst.[22] Doch können wir aus heutigen Analysen der Angst sowie ihrer Geschichte, so weit sie

21 Lévi-Strauss, Claude: Die elementaren Strukturen der Verwandtschaft (1949), Frankfurt am Main 1981.

22 Zur Angst als Quelle der Religion vgl. Michaels, Axel: Religionen und der neurobiologische Primat der Angst, in: F. Stolz (Hg.), Homo naturaliter religiosus, Bern u.a. 1997, 91–136 (dort weitere Forschung); Stietencron, Heinrich von (Hg.): Angst und Religion, Düsseldorf 1991; Schlesier, Renate: Art. »Angst«, HRG 2 (1988), 455–471; zur Geschichte der Angst: Dodds, Eric R.: Heiden und Christen in einem Zeitalter der Angst, Frankfurt am Main 1985; Dinzelbacher, Peter: Angst im Mittelalter. Teufels-, Todes- und Gotteserfahrung: Mentalitätsgeschichte und Ikonographie, Paderborn 1996; Delumeau, Jean: Angst im Abendland. Die Geschichte kollektiver Ängste im Europa des 14. bis 18. Jahrhunderts, Reinbek bei Hamburg 1989.

uns greifbar ist, Rückschlüsse auf frühere historische Stufen vornehmen.

Angst ist so alt wie wir selbst, sie ist schon da, wenn wir geboren werden. Sie ist älter als wir. Angstreaktionen reichen tief ins Tierreich hinein. Im Paradies herrscht keine Angst: das heißt, dass auch die Tiere aus dem Garten Eden vertrieben sind. Die Natur ist auch für die Tiere keine allgütige Mutter, sondern der Schauplatz eines stets gefährdeten Lebens. Angst zeigt die Anwesenheit einer Gefahr, einer bestimmten oder diffusen Drohung. Im Gefühl bedrohter Existenz fährt die Angst in den tierischen ebenso wie in den menschlichen Organismus heftig hinein. Als Anzeiger von Gefahr hat Angst aber eine lebensdienliche Funktion. Ohne Angst tappten Tier wie Menschen in Gefahren hinein und kämen darin um. So aber breitet sich die Angst blitzschnell im ganzen Körper aus, konzentriert ihn, versetzt ihn in Spannung und Aufmerksamkeit, die augenblicklich zu handeln bereit ist, wenn sie nur wüsste, wie und wohin. Hermann Schmitz nennt Angst deshalb »das gehinderte Weg!«[23] Bannung in den Augenblick und Fluchtimpuls halten sich in der Angst die Waage.

Angst ist eine Elementarreaktion des Lebendigen. Eine wesentliche Differenz zum Tier ist es indes, dass die animalische Matrix der Angst zur Erklärung der menschlichen Ängste und der Techniken ihrer Bewältigung nicht hinreicht. Die höheren Tiere haben in Konfrontation mit der Angst nur drei Möglichkeiten: Flucht, Unterwerfung, Kampf. Sie kennen aber auch Vorkehrungen, passive wie z. B. tarnende Einfärbungen ihrer Erscheinung, hoch entwickelte Sinne oder Mimikry, sowie aktive wie z. B. Tarnung des Schlafplatzes, Abschreckungsmanöver, Rudelbildung, gemeinsame Warnsysteme. Aktive wie passive Angstminimierer sind Funktionen der Bioevolution und erhöhen in jedem Fall die Fitness der Lebewesen. In menschlichen Kulturen gibt es zahllose funktionale Äquivalenzen zu diesen evolutionären Mechanismen, ja, man kann die Annahme kaum abweisen, dass Kultur zuerst und vor allem der Angstbewältigung dient. Der Mensch wäre danach deswegen aus der Naturgeschichte ausgeschert, weil Kultur zu entwickeln einen beispiellos effizienten Vorteil in der Auseinandersetzung mit angsterregenden Umwelten darstellt.

23 Schmitz, Hermann: System der Philosophie, I: Die Gegenwart, Bonn ^{2}1981; ders.: System der Philosophie, III/2: Der Gefühlsraum, Bonn ^{2}1981.

Die Erfindung von Geräten, aber auch die im weitesten Sinn architekturale Einrichtung des Lebens, die Schaffung einer artifiziellen Umwelt (vom Hüttendorf bis zu den big cities), vor allem aber die Bildung sozialer Gemeinschaften, symbolischer Ordnungen und tradierbaren Wissens sind Einrichtungen, die nicht nur der Verbesserung von Ernährung und Generativität dienen, sondern vor allem der Sicherheit. Alle Sicherungen sind Angstprävention. Die ungeheure Investition von Energien in Sicherheitsmaßnahmen, seit jeher und überall, verweist auf die ebenso ungeheure Verbreitung und Intensität von Ängsten. Zur Urgeschichte der Angst gehören dabei nicht nur die Ängste vor Naturgewalten und natürlichen Feinden, vor Hungersnot und Krankheit, vor bösen Göttern und Geistern, vor dem Tod in allen seinen Masken, sondern immer auch die Gefahren, die innerartlich die Menschen von ihresgleichen zu fürchten hatten. Man muss nicht den verbreiteten Mythen Glauben schenken, dass die Gründung von Kultur in einem Mord von Menschen an Menschen wurzelt. Doch deuten die Überlieferungen der Hochkulturen wie viele Riten von Stammeskulturen darauf hin, dass man nicht nur das Nicht- und Übermenschliche, sondern den Menschen selbst zu fürchten hat. Dies ist in der Human-Evolution, in der innerartlichen Konkurrenz um knappe Ressourcen und Generativität fundiert. Jede Kultur hat mit *zwei* Kreisen der Angst zu kämpfen: den Ängsten des Menschen vor dem Menschen und vor dem Nicht-Menschlichen. Zwischen beidem gibt es vielfache Überschneidungen. So droht der Tod vom Mitmenschen, dem Feind; aber er droht ebenso überhaupt und immer. Deswegen sind Kulturentstehung und universalisiertes Todesbewusstsein eng verbunden. Das Bewusstsein des Todes hat sich den symbolischen und religiösen Ordnungen tief eingeprägt, ebenso wie den intra- und interkulturellen Feindschaften.

Gegen Tod und Not, die großen Quellen der Angst, wird alles aufgeboten, was die Menschen an intelligentem Vermögen und technischen Fertigkeiten zur Verfügung hatten. Alle Positivität, die Lebensfreude und ihre Festriten erfordern Entlastung und Abwesenheit von Angst. Diese zu bewältigen und zu vertreiben, ist erste Aufgabe aller Religion. Kulturelle Überschüsse, die der Steigerung von Vergnügen und Lust dienen, können erst entstehen, wenn Tod und Not, wenn Angst nicht mehr allein die Aktivitäten der Gemeinschaft bestimmt. Es kann hier nur angedeutet werden, dass Techniken der Angstbewältigung durch alle Ebenen und alle Geschichte von Kultur sich hindurchziehen. Als die frühen Menschen gezwungen waren, in offenen Savannengeländen zu leben, war es angstminimierend, sich schützende Plätze auszusuchen, und noch besser, wenn man, viel später, Wohn- und Schlafumgebungen selbst schaffen konnte: Ursprung des Bauens. Es war, im Blick auf die gefährlichen Konkurrenten um Jagdbeute, angstminimierend, kooperativ zu jagen: man verbesserte dadurch nicht nur die Chancen des Nahrungserwerbs (Not), sondern optimierte die Konkurrenz mit Feinden (Tod). Es war gut, wenn die offenbar transkulturell verbreitete Angst vor dem Menstruationsblut ›eingehegt‹ werden konnte, indem man Riten im Umkreis der Monatsblutung schuf. Es war angstvermindernd, wenn man durch Ahnenriten und Begräbniskulte sich der unheimlichen Macht der Toten erwehren, sie sowohl fernhalten wie auch begütigen, sich ihrer versichern oder sie beruhigen konnte. Es ist Angstbewältigung, wenn man die überlegenen, oft feindlichen Mächte der Dämonen, Geister und Götter zu beschwichtigen in der Lage war, indem man ihnen rituell Opfer darbrachte. Das Opfer ist eine Erfindung ersten Ranges und stellt nicht nur hinsichtlich der übergroßen Angst, sondern auch der Schuld, in die die Menschen sich verstrickt sahen, eine überhaupt nicht zu überschätzende Kraft zum Erhalt von sozialen Ordnungen dar, die sonst in endlosen Racheketten oder Angstexzessen unterzugehen drohen.[24] Aber auch dichotomische Muster, mit denen die Griechen alles beängstigend Fremde als das Barbarische exterriorisierten, sind ein Beispiel dafür, dass die antagonistische Trennung von eigener und fremder Kultur mit einer Herausverlagerung des Ängstigenden und Feindlichen zusammenhängt. Ein Hinweis auf Militarisierung und Festungsbau seit den frühen Hochkulturen mag genügen, um den Mechanismus zu belegen, wonach die Angst unfühlbar wird, wenn ihre Quellen ›draußen‹ gehalten werden (Befestigungsbau) oder wenn den bedrohlichen Anderen die eigene Schreckenspotenz auferlegt wird (Militär). Ob in imperial raumerweiternder oder in defensiv raumsichernder Strategie angelegt: es ist kein Zweifel, dass die Geschichte der Kriege ein gewaltiger Motor der ineinander verflochtenen Maßnahmen von Angstminderung und Angstverbreitung darstellen. Im Schatten beider Strategien blühten die Techniken, die sozialen Institutionen (Staat, Recht), aber auch die Künste und die Religionen.

24 Vgl. dazu einführend Schenk, Richard (Hg.): Zur Theorie des Opfers: Ein interdisziplinäres Gespräch, München 1984; Burkert, Walter: Anthropologie des religiösen Opfers. Die Sakralisierung der Gewalt, München 1983.

Letztere können nicht in jedem ihrer Momente und nicht überall auf der Welt, aber doch in größter Verbreitung als symbolische Vorkehrungen gegen die Angst gedeutet werden, von der alle Gesellschaften heimgesucht werden. Dafür sprechen nicht nur die metaphysischen Einteilungen von Himmel und Hölle, welche im Christentum das irdische Leben über- und unterwölben. Ist das eine die Sphäre beseligender Angsterlösung, die dem Tod den Stachel ziehen soll und worauf ein demütiger, also angstmotivierter Lebensweg vorbereitet, so ist das andere der gewaltigste Angsterzeugungskomplex, der je erdacht wurde. Beides gehört zusammen: denn die Angst kann nur von eben dem Gott vertrieben werden, der sie androht und erregt. Doch auch andere Einrichtungen – wie die Fürbitter, die Opferung, die apotropäische Verehrung von Fetischen und Idolen, die magischen Praktiken zur Bezähmung böser Mächte, die symbolischen und rituellen Allianzen, welche die angsterregenden Potenzen auf die eigene Seite ziehen sollen, Vorstellungen von Wiedergeburt, von Unsterblichkeit, von Erlösung –: all dies zeigt die Ubiquität von Angst und Angstabwehr in den Religionen. Wenn die ältere Religionswissenschaft an dem, was den Kern der Religionen ausmachen sollte, nämlich dem Heiligen, eine unauflösliche Ambivalenz von Fascinosum und Tremendum erkennt[25], dann ist dies von der Überzeugung getragen, dass in der Religion dasjenige, was Angst macht, und dasjenige, was von ihr befreit, auf paradoxe Weise dasselbe ist. Die Macht, in deren Schutz die Angstvollen sich flüchten, ist dieselbe, welche Furcht und Zittern hervorruft.

Es ist nicht abwegig, darin einen der wirksamsten Mechanismen von Herrschaft zu erkennen: dass ein Kollektiv eben dasjenige verehrt, was es bedroht, und sich mit demjenigen identifiziert, der es zerstört. Unabhängig von jeder Religion ist es ein probates Mittel von Herrschaft, die Angstentlastung, welche die Identifikation mit dem Aggressor bietet, zur Normalität gerinnen zu lassen. Diese Doppelfalle lässt in jener Unmündigkeit verharren, die Immanuel Kant nicht ohne Grund selbstverschuldet nannte und aus der sich zu befreien das Programm der Aufklärung war. Ein Blick auf die heutigen Gesellschaften, ob erster oder dritter Welt, zeigt, dass dies nicht gelungen ist, vielleicht nicht gelingen konnte.

25 Das Begriffspaar stammt von Otto, Rudolf: Das Heilige. Über das Irrationale in der Idee des Göttlichen und sein Verhältnis zum Rationalen (1917), München [26–28]1947.

Daneben haben Zivilisationen viele Kulturtechniken der Selbstbemeisterung entwickelt, die keineswegs nur auf die Zähmung ungebärdiger Triebe wie Essen, Trinken und Sex zielten, sondern zuerst auf Zügelung der Angst. Die ubiquitäre Figur des Helden, an dem viele Mythen und Rituale anschlossen, ist ein ›Kulturbringer‹ in dem Sinn, als er über wirkungsvolle Disziplinen der Affektkontrolle und Angstüberwindung verfügte. Man kann das Heldische in Zusammenhang mit dem bringen, was Norbert Elias die Essenz der neuzeitlichen Zivilisation nannte: der Zwang zum Selbstzwang.[26] Dieser befähigt zu einer autogenen Anästhesie und deswegen zum angstlosen, ›heldischen‹ oder ›martyrischen‹ Handeln. Doch auch in fernöstlichen und indianischen Kulturen finden wir religiöse Techniken einer radikalen Leibbemeisterung, bei welcher höchste Disziplin (als vollendete Kultur) einen Habitus sublimer Angstfreiheit kreiert. Solche Angstbewältigungstechniken, denen heute die angsttherapeutische und medikamentöse ›Befreiung‹ von Angst zur Seite tritt, setzten immer voraus, dass es gelingen kann, sich von den Quellen der Angst distanzieren zu können. Ob real oder symbolisch, ob sozial oder religiös, räumlich oder zeitlich: Distanzierung und Selbstdistanzierung sind in allen Angstbewältigungstechniken die entscheidenden Leistungen. Schaffung von Distanz ist der kulturelle Mechanismus, ohne den Menschen nicht zu Menschen werden konnten.

6. Töten und Mord

Das 20. Jh. – das Jh. beispielloser Massenmorde – hat vielleicht nicht umsonst Theorien der Kultur- und Religionsentstehung hervorgebracht, die auf dem Mord und dem Opfer basieren, aus denen ihrerseits die Gemeinschaft geboren wurde. Auf eigentümliche Weise wird dabei die Spätmoderne, die das Morden universalisiert hat, an archaische Verhältnisse, genauer: an Phantasien über diese rückgebunden. Man denke an Theorien von Sigmund Freud über Roger Caillois und Georges Bataille bis zu René Girard oder Walter Burkert: gemeinschaftlicher Mord und mithin das Opfer stünden am Beginn der Religion.[27]

26 Elias, Norbert: Über den Prozeß der Zivilisation. Soziogenetische und psychogenetische Untersuchungen, 2 Bd., Frankfurt am Main [21]1997.

27 Freud, Sigmund: Totem und Tabu, in: Studienausgabe, hg. von A. Mitscherlich, Bd.

Der Einsatz der Waffe als Tötungsinstrument hat in den frühen Wildbeutergesellschaften eine klare Logik: er belohnt im Sinne der *kin selection* die eigene Verwandtengruppe mit einer erhöhten Gesamtfitness *(inclusive fitness)*.[28] Für viele Evolutionstheoretiker bildet die innerartliche Tötung das Rückgrat einer durch agonale Konkurrenz von streifenden Wildbeutern angetriebenen Evolution. Die soziomorph gegliederte und kooperativ handelnde Verwandtengruppe hat die physisch überlegenen Raubtiere in ihrem eigenen Raum, der Savanne, geschlagen. Dieses Tötungsvermögen hat indes zwei Seiten: sie erweitert den Nahrungsspielraum, begründet aber auch die innerartliche Tötung als Normalfall der Humanevolution.

Darum platziert die *Bibel* den ersten Mord nicht zufällig in ein Opferszenario (Gen 4, 1–24). Der Ackerbauer Kain ermordet aus Beschämung und Wut[29] den nomadischen Hirten Abel, dessen Fleischopfer von Gott, anders als das Getreideopfer Kains, von Gott angenommen wird. Der biblische Gott erfreut sich nicht an Menschenopfern (Isaak-Erzählung), wohl aber am Duft tierischer Brandopfer. Nach dem Ethnologen Ellegard Jensen[30] gilt, dass Kopfjägerei, Menschenopfer, Kannibalismus etc. am verbreitetsten bei Pflanzern und nicht bei Jägern ist. Es scheint nun, dass die biblische Geschichte etwas Ähnliches verbirgt: in seiner Verfluchung Kains kommentiert Gott den Mord mit Worten, die diesen als Opferung erscheinen lassen: »Das Blut deines Bruders schreit zu mir vom Ackerboden. So bist du verflucht, verbannt vom Ackerboden, der seinen Mund aufgesperrt hat, um aus deiner Hand das

9, Frankfurt am Main [5]1989, 287–445; Caillois, Roger: Der Mensch und das Heilige, München 1988; ders.: La Mante religieuse. Recherche sur la nature et la signification du mythe, Paris 1937; Bataille, Georges: Der heilige Eros, hg. und übersetzt von M. Hölzer, Neuwied/Berlin 1963; ders.: Theorie der Religion, München 1997; Girard, René: Das Heilige und die Gewalt (1972), Frankfurt am Main 1994; Burkert, Walter: Homo Necans. Interpretationen altgriechischer Opferriten und Mythen, Berlin/New York 1972; in biologischer Perspektive: Eibl-Eibesfeldt, Irenäus: Krieg und Frieden aus der Sicht der Verhaltensforschung, München 1975, 41ff; ders.: Liebe und Hass: zur Naturgeschichte elementarer Verhaltensweisen, München Zürich 1991.

28 Vgl. dazu kritisch: Vogel, Christian: Vom Töten zum Mord. Das wirkliche Böse in der Evolutionsgeschichte, München/Wien 1989.

29 Bastian, Till/Hilgers, Isny/Hilgers, Micha: Kain. Die Trennung von Scham und Schuld am Beispiel der Genesis, Psyche 44 (1990), 1101–1114.

30 Jensen, Adolf E.: Über das Töten als kulturgeschichtliche Erscheinung, Paideuma 4 (1950), 23–38; ders.: Mythos und Kult bei den Naturvölkern: Religionswissenschaftliche Betrachtungen, München 1951, hier: 197–229.

Blut deines Bruders aufzunehmen« (Gen 4,10f). Könnte es sein, dass Kain, der Bauer, der Erde ein Menschenopfer gebracht hat? Ein solches Opfer war, soweit wir wissen, eher an weibliche Fruchtbarkeitsgöttinnen adressiert. Dies muss den bildlosen Gott der Wüste provozieren, der den Acker Kains *unfruchtbar* werden lässt und ihn aus seinem Terrain vertreibt. Gleichwohl ist Kain, auf der jahwistischen Textlinie, nicht nur Pflanzer, sondern auch Stadtgründer, Urvater der Viehzüchter, der Musiker (Künstler), der Erz- und Eisenschmiede, vielleicht der Prostituierten, also ein Kulturbringer vom Format eines Prometheus – freilich einer kriegerischen Kultur, in der ein Mann für eine Wunde und ein Knabe für eine Strieme getötet wird (Gen 4, 17–24). Durch die heterogene Erzählung von Kain und Abel schimmert ein *clash of cultures* (Huntington[31]) hindurch, bei dem der Wüstenstamm (Abel) auf höher entwickelte, ›kainitische‹ Völker stößt: Den Hirten, die den wahren Kultus und die Gottesnähe beanspruchen, wird von den höher entwickelten Pflanzern mörderisch gekontert. Insofern sind Abel und Kain Repräsentanten zweier Kulturformen, die miteinander rivalisieren: dies ist der Ursprung des innerartlichen Tötens, des Mordes. Die altisraelitische Überlieferung projiziert die traumatischen Begegnungen mit fremden, überlegenen Kulturen bei der sog. Landnahme in die Kain-und-Abel-Mythe zurück: der Ur-Mord. Gespiegelt wird darin die Umcodierung dessen, was als heilig gilt: nicht der archaische Grund der Erde, sondern der unsichtbare Gott des Himmels.

Mythen dieser Art werden bis heute erzählt. So, wenn Sigmund Freud in »Totem und Tabu« (1912/13) sich auf die Spuren des Ur-Mordes macht und aus Zitaten von Ethnologen einen ätiologischen Roman collagiert, der Antwort auf die Frage geben soll, warum Kulturen so nachhaltig schuldgeprägt und patriarchalen Autoritäten gegenüber so ambivalent sind. »Am Anfang war die Tat«, so kontert er dem Johannes-Evangelium: nämlich die Un-Tat, der Mord der »Darwinschen Urhorde« am Ur-Vater, der alle Weibchen monopolisierte. Sexual-Konkurrenz als Ursprung des Mordes. Der Ermordete wurde zum Clan-Totem erhoben und damit zum Gott, dem gegenüber alle schuldig sind und dem man doch sein Leben verdankt, den man liebt und verehrt: die Ambivalenz des Heiligen. Schon bei Freud entsteht das Heilige aus der Gewalt, die zu einer untilgbaren Verschuldung und

31 Huntington, Samuel P.: Kampf der Kulturen. Die Neugestaltung der Weltpolitik, Frankfurt am Main 1996.

mithin zur Installierung von Bewältigungsriten führt: das ist Religion. Aus dieser Szene wird der Opfer-Kult geboren: der Gott wird immer wieder rituell getötet und erst dadurch zum Gott. Man verzehrt sein Substitut, das geschlachtete Totemtier, das beim Opfermahl in alle Clanmitglieder hineinwandert und die Nachlebenden zur *community* macht. Die Bindekräfte stammen aus der Gemeinsamkeit des Mordes, der zugleich die Heiligkeit des Opfers kreiert. Aus dem geopferten Leib Gottes wird die Welt und die menschliche Gemeinschaft geschaffen. Kosmogonische Mythen vieler Religionen bezeugen dies. Ohne Opfermord keine Kultur.

Um danach nicht in eine um die Weibchen rivalisierende Bruderhorde zu zerfallen, wird die Regel eingeführt, dass die Frauen *eines* Clans niemandem *im* Clan gehören sollen. Damit haben wir das Freudsche Herzstück: das mit dem Inzest-*Verbot* gekoppelte Exogamie-*Gebot*. Alles, was mit Fortpflanzung und Heirat zu tun hat, wird der Kontrolle der Religionsverwalter unterstellt. Dies begründet, warum die um Zeugung, Geburt und Ehe zentrierten Handlungen selbst heilig werden. Inzestverbot und Exogamie verfriedlichen die Binnenbeziehungen der männerbündischen Horde. Der Mord an Angehörigen des eigenen Clans wird tabuiert, doch nach außen hin lizenziert. Am Ende dieser Konstellation steht der Heilige Krieg.[32] Auf dieser Linie liegt, dass das im 5. Gebot untersagte »Töten« im Hebräischen ›razach‹ heißt: es diskriminiert ungesetzliches Töten, nicht jedoch kriegerisches Töten oder Hinrichten.

In seinem Buch »Das Heilige und die Gewalt« hat René Girard die »Gründungsgewalt« des Opfers universalisiert: Blutopfer schützen die Gemeinschaft vor der ihr immanenten Gewalt; sie gewährleisten ihre Kohärenz und unterbrechen die Kette der Blutrache (Orestie). Sie stellen mithin eine *Gewalt-Prävention im Medium der Gewalt selbst* dar. Heilige Gewalt ist die Katharsis der Gewalt selbst. Nur über die Ritualisierung des Mordes sichert sich die Gesellschaft, die sonst unter dem Ansturm ›wilder‹ Gewalt dissoziierte. Das spinnt den mythischen Text von Sigmund Freud fort.

Walter Burkert, der daran erinnert, dass 95–99% der Humangeschichte den altpaläolithischen Jägern gehörte, sieht das Töten als Anthropologicum genetisch eincodiert. Darum sind die Grundlagen der

32 Colpe, Carsten: Der Heilige Krieg. Benennung und Wirklichkeit – Begründung und Widerstreit, Hain/Hainstein 1994.

Religion biologisch.[33] Durch die Fleischnahrung ist das Töten zu einer Fundamentaltatsache geworden. Essen heißt Töten. An rezenten Stammeskulturen und mythischen Überlieferungen hatte Jensen gezeigt, dass ein Mann erst zu einem Mann wird, wenn er getötet hat. In Ritualen ist das Töten selbst das Ziel. Es wird gepriesen als eine die Weltordnung erhaltende Tat. Eben darum kann Töten eine heilige Handlung sein.[34] Zugleich ist die Tötung ein Sakrileg. Vollends fällt das Töten mit dem Heiligen zusammen, wenn Menschenopfer, Tieropfer, Kopfjägerei und Kannibalismus die rituelle Wiederholung der Opferung eines Gottes sind, dessen zerstückelter Körper die Bausteine für die Seinsordnung hergibt. Gott töten und ihn essen, ist die Gründungsgewalt, aus der heraus die Welt gesetzt ist. Es ist die Bejahung einer Welt, zu der das Töten gehört, das gleichwohl in Schuld verstrickt. Das ist das anthropologische Paradox, das heutige Wissenschaftler auf der Linie Thomas Hobbes' uns glauben machen. Daraus entwickelt Burkert den *Homo Necans*, den er dem *Homo sapiens sapiens* entgegensetzt. Erfolgreiches Töten ist bei Burkert programmiert, weil es den Kern der Reproduktion darstellt. Von hier geht der evolutionäre Schub aus. Gemeinschaft ist blutiges Handwerk. »Der Mensch wurde zum Menschen durch das Jägertum, durch den Akt des Tötens«, so Burkert.[35] Der Opferritus bringt dieses gefährliche Potential in eine domestizierte Choreographie. Sie reguliert die Tötungsaggression, verwandelt sie zu einem Akt der Gemeinschaftsstiftung und kanalisiert sie ›nach außen‹ auf die Jagdbeute, das Opfer, den Fremden und den Sündenbock[36]. So wird der Akt des Tötens zu einem Mechanismus der Lebensbejahung. Leben aber ist heilig. Und darum partizipiert der rituelle Mord am Heiligen, ja, er ist der Kern der Religion.

Mord ist die Hypothek des Pleistozäns, wie Hans Mohr sagt.[37] Von der Lehre vom Goldenen Zeitalter über Rousseau und Peter Kropotkin

33 Burkert, Walter: Anthropologie des religiösen Opfers. Die Sakralisierung der Gewalt, München 1983; ders.: Wilder Ursprung. Opferritual und Mythos bei den Griechen, Berlin 1990; ders.: Kulte des Altertums. Biologische Grundlagen der Religion, München 1998.

34 Jensen: Über das Töten, 23–38.

35 Burkert: Homo Necans, 30.

36 Girard, René: Generative Scapegoating, in: R.G. Hammerton-Kelly, Violent Origins: Walter Burkert, René Girard and Jonathan Z. Smith on Ritual Killing and Cultural Formation, Stanford 1986, 73–106; Bremmer, Jan: Scape-Goat Rituals on Ancient Greece, Harvard Studies in Classical Philology 87 (1983), 299–320.

37 Mohr, Hans: Natur und Moral. Ethik in der Biologie, Darmstadt 1987, 105.

bis zur Schule von Konrad Lorenz wird gegen diese *schwarze Anthropologie* angegangen: insbesondere dagegen, dass innerartliches Töten so alt sei wie die Humangeschichte selbst. Wäre dies so, dann wäre die Idee eines vegetarisch-friedlichen Anfangs der Menschen eine Projektion (Paradies). Die Beschuldigung des Eisernen Zeitalters, wonach erst hier der Mord in die Welt gekommen sei, wäre falsch. Eine Illusion wäre die Annahme der Lorenz-Schule über innerartliche Tötungshemmung, über ›moralanalogen Altruismus‹, gegnerschonende Kommentkämpfe. Falsch wäre auch, dass die historische Gewalt nur Verfallserscheinungen des biologisch ›moral-analog‹ disponierten Menschen seien. Und falsch wären die Thesen von Religionsphänomenologen, welche das Heilige vom Blut der Gewalt freihalten wollen.[38]

Bringt der Mensch durch sublime Kulturleistungen zum Verschwinden, dass er seinen Nächsten tötet und unter dem Namen Gottes sein Mordopfer verehrt? Vom Chor in der »Antigone« des Sophokles erfahren wir: »Vieles ist ungeheuer, nichts / ungeheurer als der Mensch. (Pollà tà deinà koudèn an-/thrópou deinóteron pélei., Vers 215). Wenn das Ungeheure ein Merkmal des Heiligen ist, so wäre der Mensch, der dieses schreckliche Geheimnis mit sich schleppt, ein Heiliger. Auch das tiefe Verbrechen heiligt. Oft ist gerade nicht das Reine, sondern das Schmutzige und Verworfene, ja Wahnsinnige und Wilde heilig. Das ist schon bei Kain sichtbar, wenn Gott ihn zeichnet und so in seiner Integrität schützt. Hier liegen Fremdheiten, deren Radikalität durch nichts überboten werden kann. Das Heilige wird zur Erfahrung eines Abgrunds, in den wir nicht stürzen, sondern der wir selbst sind. Kultur wäre der Mantel, der dies verdeckt, damit es so bleibt.

38 Das gilt vor allem für Rudolf Otto (Das Heilige) und seine Nachfolger. Zur Debatte vgl. Colpe, Carsten (Hg.): Die Diskussion um das Heilige, Darmstadt 1997; Michaels, Axel/Pezzoli-Olgiati, Daria/Stolz, Fritz (Hg.): Noch eine Chance für die Religionsphänomenologie? Frankfurt am Main u.a. 2001.

Religion und Hermeneutik

Christof Landmesser

Otto Böcher zum 70. Geburtstag

1. Religion als Gegenstand der Theologie

Religion ist notwendig ein Thema der Theologie insgesamt, das heißt, Religion ist ein Gegenstand aller Disziplinen der wissenschaftlichen Theologie. Das gilt gerade dann, wenn es der Theologie um einen lebensweltlichen Gewinn für die Menschen geht, die in irgendeiner Weise und gewiss auf durchaus unterschiedlichen Wegen nach ihrer praktizierten Religiosität fragen, diese hinterfragen, vielleicht sogar kritisch befragen lassen wollen. Es kommt aber einiges darauf an, dass Religion und die Religiosität der Menschen nur insofern ein Thema der evangelischen Theologie sein können, als sie verstanden werden als etwas, was die Menschen wirklich angeht, was den je einzelnen Menschen in seinem Dasein tatsächlich und entscheidend betrifft und bestimmt.[1] Religionskritik ist immer dann angebracht, wenn diese lebensweltliche und existentielle Begründung von Religion aufgegeben wird oder nicht

1 Eine solche Präzisierung lässt auch erkennen, dass es der in der evangelischen Theologie zu diskutierenden Religion keinesfalls nur um einen beliebigen, ad hoc wählbaren lebensweltlichen Gewinn gehen kann, sondern immer um einen solchen gehen muss, der die gesamte Existenz des religiösen Subjekts umfassend betrifft. Damit rücken die zu einer jeden Existenz hinzu gehörigen Fragen nach seiner Herkunft und seiner Zukunft, nach seiner Verankerung in der Welt und den Grenzen und den Möglichkeiten seines Daseins in umfassendem Sinn mit in den Blick der lebensweltlich relevanten Fragen. Ohne diese Dimension von Überlegungen bliebe die Theologie dem religiösen Subjekt gerade die entscheidenden Antworten notwendig schuldig. Eine christliche Theologie, der es in angemessener Weise um Religion zu tun ist, wird deshalb in einer wohl bestimmungsbedürftigen, aber durchaus auch bestimmbaren Weise von Gott zu reden haben. Das genau macht sie allererst zu einer Theologie, – dass sie von Gott redet, wo die Religion des Menschen ihr Thema ist.

mehr plausibel gemacht werden kann.[2] Insofern ist Religion, wie sie hier zur Sprache gebracht werden soll, – um es mit Dietrich Korsch zu formulieren – »eingelassen in tatsächliche Lebensvollzüge«, sie ist konkrete »Lebensbegleitung«.[3] Die Theologie ihrerseits macht die so verstandene gelebte Religion explizit zu ihrem Thema, um ihre Phänomene, ihre Bestimmtheiten – oder auch ihre Unbestimmtheiten – zu begreifen, diese verständlich zu machen und gegebenenfalls auch kritisch zu begleiten.[4]

2. Religion – Sprache – Welt

Um einen Verständnisakt geht es jedoch nicht erst der Theologie, Religiosität ihrerseits ist im Wesentlichen bereits ein komplexer Akt des Verstehens. Die Theologie hat ausdrücklich die Aufgabe, das hermeneutische Potential von Religion in ihren verschiedenen Dimensionen kommunikabel und damit zugänglich zu machen. Die Theologie bringt also in einem qualifizierten Sinn Religion im Wortsinne *zur Sprache*, sie bringt Religion in der Dimension ihrer Sprachlichkeit zur Geltung und hebt die Religion aus möglicher Unbestimmtheit und Diffusität ans Licht des Wissens und des Erkennens. Genau damit, also in der wissenschaftlich-theologischen Sprachgestalt von Religion oder Religiosität, kann – vorausgesetzt die theologische Versprachlichung

2 Religionskritik muss daher zumindest auch dort ansetzen, wo das religiöse Subjekt seine Selbstbezogenheit nicht mehr verlassen kann und so seine externe Fundiertheit und Abhängigkeit in umfassendem Sinn zu negieren versucht, damit aber schon in diesem Versuch sich gerade in seiner Religiosität als gescheitert erweist. Religion bzw. die Religiosität des einzelnen Menschen wäre dann nur noch ein Habitus, der die Weltbezogenheit eines jeden religiösen Subjekts bestenfalls zu überspielen versucht. Positiv gewendet verweist die Religiosität des einzelnen Menschen diesen in grundsätzlicher Weise auf seine unhintergehbare Weltbezogenheit in umfassendem Sinn. Genau diese zu reflektieren ist dann die Aufgabe der Theologie (vgl. dazu etwa Bultmann, Rudolf: Geschichtliche und übergeschichtliche Religion im Christentum?, in: Ders., GuV I, 65–84, besonders: 84).

3 Korsch, Dietrich: »Leben« als Thema gelebter Religion, in: A. Grözinger/G. Pfleiderer (Hg.): »Gelebte Religion« als Programmbegriff Systematischer und Praktischer Theologie, Christentum und Kultur. Basler Studien zu Theologie und Kulturwissenschaft des Christentums 1, Zürich 2002, 191–207: 191.

4 Zur Unterscheidung von Theologie und Religion vgl. etwa Drehsen, Volker: Wozu ist die Praktische Theologie gut? – Thesen zum Charakter und Ziel praktisch-theologischer Bildung, PThI (2002), 156–166: 156f.

von Religion glückt – die je eigene Bestimmtheit durch Religion für das religiöse Subjekt selbst einsehbar, nachvollziehbar und zuweilen auch korrigierbar werden. Genau darin läge dann der lebensweltliche Gewinn der Theologie für das religiöse Subjekt.

Die hermeneutische Qualität von Religion kommt innerhalb der Theologie also in ihrer Sprachlichkeit zur Geltung. Man könnte auch etwas anders formulieren: Religion kommt in der Theologie hinsichtlich ihres Sprachpotentials zur Geltung. Dies hat weit reichende Folgen. Religion erscheint in der wissenschaftlichen Theologie notwendig in einer bestimmten Sprachgestalt. Aufgrund der allgemeinen Strukturiertheit von Sprache lässt sich das Sprachpotential auch von Religion auf mindestens vier Ebenen verorten. Es ist sogleich hervorzuheben, dass die vier Sprachebenen und das mit ihnen verbundene Sprachpotential niemals isoliert betrachtet werden können, alle vier Sprachebenen sind in komplexer Weise eng miteinander verbunden. Soll aber das Sprachpotential von Religion in der Theologie möglichst umfassend zur Geltung gebracht werden, dann müssen zumindest alle vier Sprachebenen von Religion analysiert werden. Die vier Sprachebenen, hinsichtlich deren das Sprachpotential von Religion untersucht werden soll, können – im Anschluss und in Weiterführung der geradezu klassischen Formulierung bei Charles W. Morris[5] – wie folgt aufgefächert werden:[6]

1. die *syntaktische* oder die *strukturelle Ebene*: Jede zur Sprache gebrachte Religion weist irgendwie geartete Strukturen auf, die es erlauben, Bezüge herzustellen zwischen verschiedenen Aspekten von Religion, die in unterschiedlichen Sätzen oder in komplexen Sätzen ausgedrückt werden. Die Theologie fragt also nach der Strukturiertheit von Religion.
2. die *semantische Ebene*: Jede zur Sprache gebrachte Religion kann darauf befragt werden, was mit ihr begreiflich gemacht werden soll, was sie zu verstehen geben kann oder auch nur zu verstehen geben will, bzw. was ein religiöses Subjekt meint, mittels seiner Religion zu verstehen. Die semantische Ebene ist für die Religion insofern besonders spannend, als diese gerade für den Missbrauch von Religion

5 Morris, Charles W.: Signs, Language, and Behavior, New York [1]1938, [2]1955, 219.

6 Vgl. zur genaueren Begründung und Bestimmung der Sprachebenen Landmesser, Christof: Wahrheit als Grundbegriff neutestamentlicher Wissenschaft, WUNT 113, Tübingen 1999, 9–37.

vorzüglich geeignet zu sein scheint. Wo aber die größten Gefahren liegen, da sind zuweilen auch die umfassendsten Potentiale verborgen, die es für eine positive und lebensweltlich tatsächlich fruchtbare Religion zu gewinnen gilt. Auf dieser Sprachebene der Religion ist zu fragen, was sie zu einem konkreten Weltverständnis beitragen kann; hier ist im Wesentlichen ihr interpretatives Potential zu verorten.[7]

3. die *pragmatische Ebene*: Praktizierte Religiosität vollzieht sprachlich bestimmbare und – das ist hier das eigentlich Bedeutende – sprachlich durchgeführte Handlungen. Innerhalb gelebter Religion werden – institutionell verankert oder auch nur privatim – mit Sprache konkrete Aktionen durchgeführt. Beliebige Beispiele lassen sich leicht nennen: Gebet, Gesang, Segnen, Taufen, liturgische Formeln, aber auch Fluchen, Richten, Verdammen – all das sind rasch identifizierbare religiöse Performative, die zum – auch lebensweltlich relevanten – Potential von Religion hinzugehören.
4. die *effektive Ebene*:[8] Gelebte Religion hat mehr oder weniger präzise bestimmbare Wirkungen, die in der wissenschaftlichen Theologie sprachlich identifiziert werden müssen. John Langshaw Austin bezeichnet diese Ebene der Sprache in seiner generellen Theorie eines Sprechaktes bekanntlich als dessen *perlokutionären Aspekt*.[9] Diese Wirkungen können offen erkennbar sein, zuweilen sind sie in der je

7 Wenn die notwendigen Bestimmungen vorgenommen werden, kann auch präzise von dem semantisch-ontologischen Potential von Religion bzw. von der Wahrheit der Religion gesprochen werden. Vgl. zu diesen beiden Begriffen LANDMESSER: Wahrheit, 9–107; vgl. auch DERS.: Truth in New Testament Science, in: C. Helmer/K. de Troyer (Hg.), Truth: Interdisciplinary Dialogues in a Pluralist Age, Studies in Philosophical Theology 22, Leuven/Paris/Dudley 2003, 47–66: 53–61.

8 Die effektive Sprachebene muss gegenüber der Strukturierung von Sprache bei Morris ergänzt werden, der seine Analyse auf Pragmatik, Semantik und Syntaktik beschränkt (vgl. MORRIS: Signs, Language, and Behavior, 219).

9 AUSTIN, JOHN L.: How to do Things with Words. The William James Lectures delivered at Harvard University in 1955, second edition, hg. von J.O. Urmson/Marina Sbisà, Oxford/New York [1]1961, [2]1975, with corrections and a new index reprinted 1980, 101. Die von Austin hier eingeführte Terminologie vom perlokutionären Aspekt als einem Sprechakt (»›perlocutionary‹ act«), ist insofern nicht ganz korrekt, als »[d]ie Bezeichnung *lokutionär*, *illokutionär* und *perlokutionär* […] nicht drei Handlungen, sondern drei Aspekte ein und derselben Äußerungshandlung [trifft]« (mit SAVIGNY, EIKE VON: Die Philosophie der normalen Sprache. Eine kritische Einführung in die ›ordinary language philosophy‹, stw 29, völlig neu bearbeitete Ausgabe, Frankfurt am Main 1974, 129). Zum Beitrag Austins zur Bestimmung der Sprachebenen vgl. LANDMESSER: Wahrheit, 9–27.

zur Sprache gebrachten Religion äußerst komplex, versteckt und durchaus schwer nachvollziehbar. Die Wirkung einer Religion aber gehört zu ihrem Sprachpotential hinzu. Diese Einsicht sollte – notabene – die im institutionellen Rahmen für die praktizierte Religion Verantwortlichen dazu veranlassen, über die möglichen Wirkungen ihres Handelns sehr genau nachzudenken.

Die in der Theologie zur Sprache gebrachte Religion ist also hinsichtlich ihres komplexen Sprachpotentials zu untersuchen. Die Theologie – und auch jede andere Wissenschaft, die sich mit Religion beschäftigt – wird sich, so sie denn ein möglichst umfassendes Verständnis der zu untersuchenden konkreten Religion anstrebt, notwendig mit allen Sprachebenen der jeweiligen Religion zu beschäftigen haben. Die besondere hermeneutische Valenz von Religion ist aber dort verortet, wo die Religion ausdrücklich ein *Weltverständnis* eröffnet. Damit rückt für die Frage nach der hermeneutischen Leistung von Religion die semantische Ebene nochmals besonders in den Blick. Das mit Religion verbundene Weltverständnis muss sich selbst zunächst keineswegs diskursiv und methodisch darstellen, das religiös motivierte Weltverständnis wird sich – wie übrigens jedes Weltverständnis außerhalb des Bereichs der Wissenschaften – durchaus lebensweltlich-affektiv ausbilden.[10] Aber es handelt sich eben um ein *Weltverständnis*, das heißt, mit Religion wird – ausdrücklich oder implizit – Erfahrung, Wirklichkeit, eben Welt im umfassenden Sinn bestimmt, in bestimmter Weise verstanden, implizit oder ausdrücklich interpretiert.[11]

Das Besondere von Religion besteht nun nicht darin, dass sie dem die Welt interpretierenden Menschen bloß ein »subjektives Verhältnis

10 Darauf verweist mit Recht Barth, Ulrich: Was ist Religion? Sinndeutung zwischen Erfahrung und Letztbegründung, in: ders., Religion in der Moderne, Tübingen 2003, 3–27: 8. Freilich ist damit keine exklusive Alternative zur Sprache gebracht. In vielen christlichen Traditionen – so etwa im Raum des Pietismus – wird vor dem Hintergrund eines lebensweltlich-affektiven religiösen Weltverständnisses in spekulativer Weise durchaus »methodisch« und »diskursiv« ein religiöses Weltverständnis entwickelt und offensiv vertreten. Barth notiert dann auch, dass »der Unmittelbarkeits- und Irrationalitätscharakter des religiösen Bewußtseins aber auch nicht überakzentuiert werden [darf]« (ebd.). Die Theologie, die sich verstehend auf die Religion – auch auf den lebensweltlich-affektiven Aspekt derselben – bezieht, muss dann selbstverständlich diskursiv und methodisch vorgehen, will sie überhaupt etwas über das Weltverständnis von Religion in Erfahrung bringen.

11 Zum hier vorausgesetzten Begriff der ›Welt‹ vgl. Landmesser: Wahrheit, 85–90; 439f mit Anm. 20.

zum Gesamtbereich des Seienden, zur Wirklichkeit insgesamt« eröffnet.[12] Das religiöse Bewusstsein hat vielmehr – wie Ulrich Barth weiter sehr allgemein, aber darin treffend bemerkt – ein Verhältnis zum Unbedingten, zu einer göttlich-numinos oder gottheitlich-personal vorgestellten Unbedingtheitsinstanz. Genauerhin handelt es sich um ein solches Unbedingtes, das »zugleich als Ursprung alles Bedingten gewußt [wird]«.[13] Auf diese Weise ist dem religiösen Subjekt eine »religiöse Qualifizierung der Gesamtsphäre des Bedingten« eröffnet, und zwar genau in der Weise, dass – wie nochmals Ulrich Barth sehr schön notiert – »Weltbezug und Gottesbezug […] dem religiösen Bewusstsein […] gleichursprünglich [sind]«[14]. In der Religion verbinden sich Gott und Welt. In gewisser Weise gehört für das religiöse Bewusstsein das Unbedingte – oder eben Gott – zur Welt als der Gesamtheit der erkennbaren und bestimmbaren Wirklichkeit, als der Gesamtheit des Bedingten und des Unbedingten. Es sei hier nur angemerkt, dass sich dieser Grundgedanke von Religion in der christlichen Tradition von Beginn an als wesentlich manifestiert und besonders dort betont wird, wo der Gedanke der Inkarnation ausgeformt erscheint. Wenn die neutestamentlichen Texte vom Gottessohn reden, der in die Welt gekommen ist, dann wird die Welt als eine solche interpretiert, die mit Gott, dem Unbedingten, der wie auch immer bestimmbaren Unbedingtheitsinstanz untrennbar verbunden ist.[15] Die Christologie ist eine spezielle Weise der Symbolisierung der Verbindung von Gott und Welt oder – wie etwa Ulrich Barth es nennt – eine Weise der »Versinnlichung des Gottesgedankens«.[16]

3. Das hermeneutische Potential der Religion

Nähert man sich im Raum der Wissenschaft dem hermeneutischen Potential von Religion, d.h. analysiert man die hermeneutische Leistungsfähigkeit von Religion im Raum der Sprache, dann öffnet sich ein überaus komplexes Feld von erkenntnistheoretischen und ontologi-

12 Barth: Was ist Religion, 9.

13 Barth: Was ist Religion, 9. Vgl. zu diesem Sachverhalt auch die Anm. 1f.

14 Barth: Was ist Religion, 9f.

15 Vgl. dazu insbesondere Joh 1,1–18, wo der Zusammenhang von Gott, Logos und Welt in hymnischer Sprache beschrieben wird.

16 Barth: Was ist Religion, 11.

schen Fragestellungen, die hier noch nicht einmal in ihrer Umfassendheit angedeutet werden können. Ein geradezu fundamentaler Aspekt für die Bestimmung der hermeneutischen Leistungskraft von Religion, Wissenschaft und von einem jeden weiteren intersubjektiv kommunikablen Zugang zur Welt, ist die Bestimmung des Verhältnisses von Sprache und Wirklichkeit. Zumindest im Raum der Wissenschaft ist *unser Zugang* zur Wirklichkeit immer wesentlich sprachlich verfasst, zugespitzt lässt sich – mittels einer hier nicht zu leistenden systematischen Entfaltung einer bestimmten semantischen Ontologie – die *Wirklichkeit selbst* als konsequent sprachlich verfasst vorstellen[17]. Es sei hier nur erwähnt, dass dabei von manchen klassischen – etwa substanzontologischen – Vorstellungen konsequent Abschied genommen werden muss zugunsten etwa propositionaler Ansätze mit kohärentistischen Elementen. Der – zumindest im Raum der Wissenschaft, aber sicher nicht auf diesen zu beschränkenden – notwendig sprachliche Zugang zur Wirklichkeit bzw. zur Welt, lässt aber immerhin einige Aspekte sofort erkennbar werden, die für unseren Kontext von entscheidender Bedeutung sind und mit Blick auf die Frage nach dem hermeneutischen Potential von Religion erwähnt werden sollen.

1. Der sprachlich verfasste Zugang zur Welt ist zunächst der je eigene Zugang eines einzelnen Menschen, eines einzelnen Subjektes zu der ihm überhaupt zugänglichen Wirklichkeit. Der einzelne Mensch muss sich seine Welt zugänglich machen, er muss seine Bedingtheiten und seine Möglichkeiten verstehen, um überhaupt in Freiheit sein Leben konkret und im Entwurf gestalten zu können. Mit Heidegger kann man angemessen von diesem einzelnen Menschen als von einem Dasein sprechen, dem es als Seiendes, dem es also in seiner ontischen Konkretheit, immer schon um sein Sein selbst geht.[18] Das heißt zum einen, dass das Dasein in seinem Seinsverständnis unvertretbar ist. Weiter ist mitgesetzt, dass es einem Dasein eben keinesfalls nur um die konkreten Lebensvollzüge, sondern vielmehr um deren Fundierung im Sein selbst zu tun ist. Wenn dieser Gedanke nun – im Anschluss an die oben erinnerte Argumentation von Ulrich Barth – mit dem begründeten Hinweis verbunden wird, dass Welt- und Gottesbezug gleich ursprünglich

17 Vgl. dazu ausführlich LANDMESSER: Wahrheit, 9–107.

18 Vgl. HEIDEGGER, MARTIN: Sein und Zeit, Tübingen [17]1984, 12: »Das Dasein ist ein Seiendes, das nicht nur unter anderem Seienden vorkommt. Es ist vielmehr dadurch ontisch ausgezeichnet, daß es diesem Seienden in seinem Sein *um* dieses Sein selbst geht.«

sind, dann lässt sich das Dasein als in seinem Weltbezug immer auch schon auf das Unbedingte bezogen verstehen. Das Dasein als hermeneutische Struktur der konkreten, der ontischen Subjektivität[19] in seiner religiösen Dimension erweist sich als immer schon durch seinen Bezug auf das Unbedingte, auf Gott bestimmt. Die hermeneutische Struktur der konkreten Subjektivität lässt die Bezogenheit des Daseins auf das Unbedingte als eine Grundstruktur des Daseins, gewissermaßen als ein Existential begreifbar werden. Religion lässt sich so mit Wilhelm Gräb begründet als »eine konstitutive Dimension des Menschlichen«[20] bestimmen, – und zwar nicht nur phänomenologisch, sondern – recht verstanden – auch in ontologischer Perspektive. Die grundsätzliche religiöse Verfasstheit des Daseins in seinem für das jeweilige Dasein unterstellten oder expliziten Weltverständnis eröffnet diesem Dasein Möglichkeiten, die freilich auch verdeckt werden können. Die Aufgabe der wissenschaftlichen Theologie ist es, die religiöse Struktur der konkreten Subjektivität darzustellen, die damit verbundenen Möglichkeiten zur Sprache zu bringen und damit einen Diskurs darüber zu eröffnen, wie diese mit der religiösen Bestimmtheit des Daseins gegebenen Möglichkeiten in den konkreten Lebensvollzügen und den damit verbundenen Lebensentwürfen – um nochmals mit Heidegger zu sprechen – in ihrer Eigentlichkeit zur Geltung gebracht werden können.

2. Die bisherigen Bestimmungen der religiösen Grundstruktur des Daseins lassen es als nahe liegend erscheinen, nicht nur das hermeneutische Potential der konkreten Subjektivität in ihrer Selbstbezüglichkeit zu suchen. Eine bloß individualistische Beschreibung des Daseins wäre reduktionistisch, phänomenologisch nicht haltbar, lebensweltlich kontraintuitiv und – wie wiederum Ulrich Barth richtig notiert – nach der vorgelegten Argumentation theologisch illegitim.[21] Das Dasein ist eben immer schon bezogen auf die Welt, – und um nochmals Heidegger zu erinnern – es ist eine ontische Konkretion der Grundstruktur des In-der-Welt-Seins und damit auch des Mit-Seins. Gerade für die religiöse Dimension des Daseins ist die Welt-Bezogenheit – und damit notwendig die Bezogenheit auf anderes Dasein – konstitutiv mitgesetzt, ent-

19 Vgl. Barth: Was ist Religion, 19 mit Anm. 27.

20 Gräb, Wilhelm: Von der Religionskritik zur Religionshermeneutik, in: Ders. (Hg.): Religion als Thema der Theologie. Geschichte, Standpunkte und Perspektiven theologischer Religionskritik und Religionsbegründung, KT 169, Gütersloh 1999, 118–143: 120.

21 Barth: Was ist Religion, 25.

springt die Frage nach dem Unbedingten doch gerade aus der Bezogenheit auf die je lebensweltlich zugängliche Wirklichkeit, die von dem je meinigen Dasein selbst unterschieden ist. Die Bezogenheit auf Welt, die Bezogenheit also auf anderes Seiendes, wird etwa in einem solchen Verständnis von Religion deutlich, das diese als identitätsstiftende Kontingenzbewältigung bestimmt.[22] Das Dasein in seiner religiösen Dimension sucht ein Verständnis seiner selbst gerade dort, wo anderes ihm begegnet, das ihm sein Sein, seine Existenz fraglich, zuweilen gar gefährdet erscheinen lässt.

Das In-der-Welt-Sein und das Mit-Sein sind also auch Existentialien, hermeneutische Grundstrukturen des Daseins, die in religiöser Perspektive beachtet werden müssen. Dies ist neben anderen Aspekten in einer hier uns interessierenden Hinsicht von großem Interesse. Das je einzelne religiöse Subjekt ist – in seiner ontologischen Strukturiertheit – immer schon verwiesen, es ist geradezu angewiesen auf anderes Dasein und dessen religiös-hermeneutisches Potential. Dieser Sachverhalt kann phänomenologisch an der lebensweltlichen Konkretion von Religion genau beobachtet werden, weshalb Wilhelm Gräb treffend bemerkt: »Gelebte Religion entsteht in Kommunikation. Sie ist ein *kommunikativer* Tatbestand.«[23]

Religion als kommunikativer Tatbestand ist wesentlich sprachlich verfasst. Das hermeneutische Potential von Religion – zumindest in seiner intersubjektiven Perspektive, also in der Perspektive der Konkretion des Mit-Seins und des In-der-Welt-Seins des Daseins – kommt gerade im hermeneutischen Potential der *Sprache* der Religion zur Geltung. Der hier vertretene Ansatz, dass die Theologie – insofern sie als Theorie der Religion bestimmt werden soll – die Religion selbst zur Sprache bringt, erweist sich so als keineswegs nur äußere oder fremde Annäherung an die Religion. Wenn die Theologie Religion als diskursive und intersubjektiv kommunikable Theorie der Religion *zur Sprache bringt*, dann folgt die Theologie einer Grundbewegung von Religion selbst.

Die in der Theologie zur Sprache gebrachte Theorie der Religion wie auch die phänomenologisch aufweisbare, gelebte Religion erweist sich

22 So spricht etwa Volker Drehsen mit Blick auf die Religion von einer »[i]dentitätsverbürgenden Kontingenzbewältigungspraxis« (Drehsen, Volker: Rehabilitierung der Religion? Zur Neuinterpretation religiöser Bedürftigkeiten in der Gegenwart, in: Ders., Wie religionsfähig ist die Volkskirche? Sozialisationstheoretische Erkundungen neuzeitlicher Christentumspraxis, Gütersloh 1994, 121–146: 145).

23 Gräb: Religionshermeneutik, 133f (Hervorhebung von C.L.).

in ihrer hermeneutischen Dimension als ein sprachlich vermittelter Zugang zur Welt, als eine Interpretation, eine Deutung von Welt, mit welcher – ganz allgemein gesprochen – das Bedingte auf das Unbedingte bezogen wird.[24] Religion kommt so als ein sprachlich verfasster und damit intersubjektiv kommunikabler Weltentwurf unter der Bedingung des Bedingtseins des Bedingten durch das Unbedingte zur Geltung. Jedes Dasein lebt faktisch immer schon mit einem sprachlich fassbaren Weltentwurf. In der Konsequenz unserer Überlegungen liegt die Feststellung: Jedes Dasein lebt faktisch immer schon in einer sprachlich fassbaren religiösen Grundstruktur, d.h. mit einem religiös bestimmten Weltentwurf, – gleichgültig, ob dieser explizit oder nur weitgehend unreflektiert vorhanden ist und wie immer er konkret ausgestaltet ist. Der Verschiedenheit der Entwürfe sind keine Grenzen gesetzt. Der religiöse Pluralismus ist – wie der Pluralismus der Weltentwürfe überhaupt – schlicht Realität. In dieser geradezu banalen Bewusstmachung liegt aber noch kein lebensweltlicher Gewinn für die Menschen, um den es der Theologie wie jeder Wissenschaft gehen soll. Die christliche Theologie hat als Theorie der christlichen Religion die Aufgabe, im Bewusstsein auch ihrer eigenen Perspektivität, ihrer Endlichkeit und ihrer komplexen Kontextualität das in ihrer Tradition eröffnete Weltverständnis in eine sprachliche Bestimmtheit zu überführen, die es dem je eigenen religiösen Dasein ermöglicht, selbstverantwortlich, erkennend und unter den Bedingungen der Endlichkeit auch wissend sein Leben zu verstehen und zu gestalten. Darum aber geht es: Das sich als religiös bestimmt begreifende Dasein, dem als Seiendes sein Sein fraglich geworden ist, muss sich verstehend in der Welt orientieren und bedarf dazu – nicht nur, aber immerhin auch – der theologischen Reflektion. Dazu bedarf es einer Bestimmtheit seines je eigenen Weltentwurfes. Die christliche Theologie hat die Aufgabe, im komplexen Kontext ihrer Tradition, ihrer Geschichte und der Gegenwart den über die christlich-

24 Für eine gelingende intersubjektive Kommunikation ist ganz entscheidend wahrzunehmen, dass jeder Zugang zur Welt im hier vorausgesetzten Sinn interpretativen Charakter hat. Vgl. dazu LANDMESSER, CHRISTOF: Interpretative Unity of the New Testament, in: C. Helmer/C. Landmesser (Hg.), One Scripture or Many? Canon from Biblical, Theological and Philosophical Perspectives, Oxford/New York 2004, 159–185: 164–167; grundlegend: LENK, HANS: Interpretation und Realität. Vorlesungen über Realismus in der Philosophie der Interpretationskonstrukte, stw 1179, Frankfurt am Main 1995; DERS.: Interpretationskonstrukte. Zur Kritik der interpretatorischen Vernunft, Frankfurt am Main 1993.

religiösen Inhalte möglichen Zugang zur Welt zu reflektieren. So kann die sich als Religionshermeneutik begreifende christliche Theologie – wie Wilhelm Gräb notiert – die Kirche lehren, »einen deutungsbewussten, auf gegenwartsbezogene Umformung bedachten Umgang mit ihren in Schrift und Bekenntnis überlieferten Deutungspotentiale einzuüben«.[25] Die so auf gegenwärtige Bestimmtheit drängende Theologie, die der in der religiösen Tradition verankerten und durch diese mitbestimmte Religiosität bewusst ist, kann durch ihre Bestimmtheit dem religiösen Dasein zum Verstehen seiner selbst und damit zur Freiheit seines eigenen Lebensentwurfs verhelfen, zu einer Freiheit allerdings, die sich stets in »Anerkennungsverhältnissen« realisiert,[26] deren Aspekte sich durch den grundsätzlichen Weltbezug des religiösen Subjekts ergeben. Genau das ist der umfassende lebensweltliche Gewinn von Theologie, die die Religion in ihrer hermeneutischen Dimension zur Sprache bringt.

25 Gräb: Religionshermeneutik, 143.

26 Wagner, Falk: Art. »Religion II. Theologiegeschichtlich und systematisch-theologisch«, TRE 28 (1997), 522–545: 539. Freilich dürfen die Anerkennungsverhältnisse nicht – wie Wagner an dieser Stelle versucht – auf das soziale Anderssein eingegrenzt werden. Bei dem hier vorausgesetzten Welt-Begriff muss die Dimension des Unbedingten in der oben angedeuteten Weise einbezogen werden, weshalb der Gottesbezug des religiösen Subjekts von der Theologie notwendig mit zu bedenken ist. Dadurch allererst wird eine die Religion reflektierende und hinsichtlich ihres hermeneutischen Potentials interpretierende Wissenschaft auch zur Theologie.

Religion und Phänomenologie

Thomas Macho

Vorbemerkung

Das moderne System der Wissenschaften entwickelte sich aus einem Ursprung, der – wie alle Ursprünge – vergessen werden musste und doch nicht vergessen werden konnte. Fast ein Jahrtausend lang regierte die Theologie; die Philosophie diente ihr als Magd, ebenso wie die *artes liberales* der Grammatik, Rhetorik, Dialektik, Arithmetik, Geometrie, Astronomie und Musik. Erst im späten 18. Jh. emanzipierten sich die Wissenschaften allmählich von der alten Herrin; aber noch Sir Isaac Newton widmete den Fragen der Theologie mehr Zeit und Aufmerksamkeit als der Optik oder der Physik. Seither hat die Theologie zwar ihre unanfechtbare Machtstellung eingebüßt; doch nach wie vor behauptet sie sich als Fach und Fakultät an den Universitäten, und häufig sogar als die einzige Wissenschaft der Religion. Zwar wirkte gerade eine frühe Form der Religionswissenschaft als Motor des Prozesses der Emanzipation von der Theologie: die historische Bibelkritik nämlich, wie sie bereits Spinoza in seinem – 1670 anonym publizierten – *Tractatus theologico-politicus* gefordert hatte. Aber gerade diese Perspektive einer wissenschaftlichen Analyse und Kritik der kanonisierten Texte wurde rasch und erfolgreich von der Theologie inkorporiert.

Die Religionswissenschaft blieb im Schatten der Theologie – und wurde akademisch ebenso spät wie sparsam als eigenständige Disziplin eingerichtet. Sie brauchte also mächtige Bündnispartner – und fand sie zunächst in der Philosophie, insbesondere der Religions- und Geschichtsphilosophie Hegels, danach bald in der Ethnologie, Soziologie und Anthropologie. Bevor aber noch Archäologie, Frühgeschichte, Astronomie oder sogar die Biologie (wie in Walter Burkerts *Kulte des Altertums*[1]) zu neuen Allianzwissenschaften der Religionswissenschaft

1 Vgl. Burkert, Walter: Kulte des Altertums. Biologische Grundlagen der Religion, München 1998.

avancieren konnten, war es die Phänomenologie, mit der eine besonders dauerhafte Partnerschaft begründet wurde. Die Bindung war – während einiger Jahrzehnte – so eng, dass beinahe die Gleichung hätte gelten können: Religionswissenschaft *ist* Religionsphänomenologie. Inzwischen ist die Religionsphänomenologie freilich wieder aus der Mode gekommen; vielfach kritisiert wurde sie gerade wegen jener Begriffe und Methoden, die einstmals ihren Einfluss und Ruhm befördert hatten. Diese begrifflich-methodischen Strategien der Religionsphänomenologie hat Gerardus van der Leeuw in seinem – mehrfach aufgelegten und erweiterten – Handbuch zur *Phänomenologie der Religion* auf folgende Weise resümiert:

> »Die Religionsphänomenologie soll also [...] zunächst Namen geben: Opfer, Gebet, Heiland, Mythos usw. Sie spricht damit die Erscheinungen an. Zweitens soll sie diese Erscheinungen in das eigene Leben einschalten, sie methodisch erleben. Drittens soll sie sich zur Seite hinstellen und in der Epoché zu schauen versuchen, was sich zeigt. Viertens versucht sie, das Geschaute zu klären, und fünftens (alle vorigen Akte zusammenfassend) das Sich Zeigende zu verstehen. Endlich soll sie [...] vom Verstandenen Zeugnis ablegen.«[2]

Wie schwer es fallen mag, diese Forderungen zu erfüllen, soll nun am Beispiel des Opferbegriffs analysiert werden.

1. Kult des Singulars: Zum Begriff des Opfers

Der Begriff des Opfers erscheint bis heute als ein Faszinationsbegriff, ein Begriff, in dem sich die Motive der Lust und des Abscheus auf schwer durchschaubare Weise kreuzen. Gerade darum ist es zunehmend wichtig, das Opfer nicht mehr allein als historische Praxis, gleichsam als Artefakt, zu diskutieren, sondern auch – nach einem Ausdruck der neueren Wissenschaftsforschung – als ein »epistemisches Ding«. Dabei muß davon ausgegangen werden, dass sich die Moderne – und insbesondere das 20. Jh. – nicht nur durch hohe »Opferbilanzen« (neuerdings auch »body-counting« genannt) charakterisieren lässt, sondern auch durch seine vielfältigen Opfertheorien. Dennoch ist bis heute keine wissenschaftliche Einigung erzielt worden über Begriff und Definition des Opfers. Während die Altertums- und Religionswissenschaftler daran festhalten, dass die meisten Opfer der Vergangenheit

2 Van der Leeuw, Gerardus: Phänomenologie der Religion, Tübingen 1956, 787.

(im Sinne von *sacrificium*) als rituelle Inszenierungen zur Versöhnung beleidigter Gottheiten – oder zur Erwirkung ihres fortdauernden Schutzes, etwa anlässlich der Errichtung von Tempeln und Stadtmauern – aufgefasst werden müssen, haben Philosophen und Soziologen, beispielsweise im Anschluss an Adornos und Horkheimers *Dialektik der Aufklärung*, das Opfer häufig als eine protorationale Tauschhandlung zwischen Menschen und Göttern bestimmt. Philologen wie René Girard haben wiederum das Wesen des Opfers aus einer Theorie der Nachahmung, der *Mimesis*, abgeleitet;[3] Zivilisationstheoretiker betonen dagegen den Fortschritt vom religiösen Ritual zum säkularen Opfer als Gabe und Verzicht.

Die meisten Opfertheorien operieren – unabhängig von ihrer disziplinären Herkunft – mit Singularbegriffen und universalgeschichtlichen Konstruktionen. Sie suggerieren verschiedene Fortschritte: vom (kannibalischen) Menschenopfer zum Tieropfer, vom Tieropfer zum materiellen Opfer (wie der Geldspende). Allzu ähnlich klingen freilich die Erzählungen vom grandiosen Fortschritt des Judentums gegenüber der kanaanäischen Religion, von der römischen *humanitas* gegenüber den arkadischen Wolfskulten, von der christlichen Religion gegenüber der römischen wie nordafrikanischen Barbarei. René Girard prognostizierte das welthistorische »Ende aller Opfergewalt« durch die christlichen Evangelien;[4] mit ähnlichen Argumenten charakterisierte Gunnar Heinsohn die Traditionen jüdischer Opferkritik, um daraus die langlebigen Antriebsimpulse des Antijudaismus und Antisemitismus – von Titus bis Hitler – abzuleiten.[5] Wer vom »Opfer« spricht (zumeist im Singular), wirft – scheinbar wie von selbst – einen Blick auf die Jahrtausende; und selbst die *Dialektik der Aufklärung* – gewiss keine Fortschrittsnarration – oszillierte bekanntlich zwischen Troja und Auschwitz, um ihren Einspruch gegen jede Idealisierung des Zivilisationsprozesses zu formulieren. Das Opfer reüssiert als Universalkategorie, als Inbegriff der »heiligen Handlung par excellence« (nach einer Definition in der Enzyklopädie *Die Religion in Geschichte und Gegenwart*[6]); doch in ge-

3 Vgl. Girard, René: Das Heilige und die Gewalt, Zürich 1987.

4 Vgl. Girard, René: Das Ende der Gewalt. Analyse des Menschheitsverhängnisses, Freiburg i. B./Basel/Wien 1983.

5 Vgl. Heinsohn, Gunnar: Die Erschaffung der Götter. Das Opfer als Ursprung der Religion, Reinbek bei Hamburg 1997.

6 Schimmel, Annemarie: Art. »Opfer 1. Religionsgeschichtlich«; RGG[3] Bd. IV (1960), 1637.

wisser Hinsicht erzeugen die Opfertheorien dabei erst jene Faszinationspotentiale, die sie dem Opfer selbst nachsagen.

Zum immanenten Universalismus der Opfertheorien zählt auch die wiederkehrende Berufung auf ein schmales Spektrum von Beispielen, die geradezu als exemplarische Modelle fungieren. So wird der Übergang vom Menschen- zum Tieropfer gern an der biblischen Erzählung von Abraham und Isaak illustriert; dabei ist gerade diese Geschichte nicht wirklich eindeutig. Manche Interpreten (Hyam Maccoby oder Jacob Taubes[7]) lesen sie als Spur eines Gründungsopfers; Giorgio de Santillana und Hertha von Dechend beziehen sie auf einen – astronomisch induzierten – Wechsel der Opfertiere: dem Zeitalter des Stiers folgte (im Zyklus der Präzession der Frühjahrsäquinoktien) das Zeitalter des Widders.[8] Darüber hinaus bleibt reichlich unklar, ob und in welcher Weise jene Menschenopfer praktiziert wurden, die später durch Tieropfer substituiert wurden. Am Beispiel Karthagos streiten die Forscher bis heute, ob die berühmten Urnenfriedhöfe, die *Tofets*, in denen die Knochenreste von mehr als zwanzigtausend Kindern gefunden wurden, auf die legendären Opfer an den Gott Moloch bezogen werden können, oder ob sie lediglich als Nekropolen für früh verstorbene Kinder fungierten. Abgesehen von dieser prinzipiellen Frage bezeugen die Urnen geradezu eine Umkehrung der ubiquitär postulierten religionsgeschichtlichen Entwicklung vom Menschen- zum Tieropfer; denn in den Urnen aus dem 7. bis 6. Jh. befinden sich 62 % menschliche und 30 % tierische Knochen, während in den Urnen aus dem 4. Jh. 88 % menschliche und lediglich 10 % tierische Knochen enthalten sind. Die Differenz zwischen den beiden Vergleichsgruppen ist auffällig, wie Winfried Elliger unterstreicht: »War im 7. Jahrhundert das Verhältnis von Tier- und Menschenopfer noch 1 : 2, so ist es 300 Jahre später auf das Verhältnis 1 : 9 angewachsen.«[9]

Universelle Opfertheorien scheitern nicht nur an der Vielfalt ihres historischen Materials, sondern häufig auch an dessen disparatem Cha-

7 Vgl. Maccoby, Hyam: Der Heilige Henker. Die Menschenopfer und das Vermächtnis der Schuld. Übersetzt von Eva Heim, Stuttgart 1999, 119–137. Vgl. auch Taubes, Jacob: Walter Benjamin – ein moderner Marcionit? Scholems Benjamin-Interpretation religionsgeschichtlich überprüft, in: N.W. Bolz/R. Faber (Hg.), Antike und Moderne. Zu Walter Benjamins »Passagen«, Würzburg 1986, 145.

8 Vgl. Santillana, Giorgio de / Dechend, Hertha von: Die Mühle des Hamlet. Ein Essay über Mythos und das Gerüst der Zeit, Wien/New York 1994, 55.

9 Elliger, Winfried: Karthago. Stadt der Punier, Römer, Christen, Stuttgart/Berlin/Köln 1990, 57.

rakter. Archäologische Funde bleiben oft vieldeutig (wie nicht nur am Beispiel Karthagos demonstriert werden kann); den Texten muß dagegen – gleichsam a priori – unterstellt werden, dass sie ihren Gegenstand – beispielsweise den Bericht von einem Menschenopfer – schon in der Erzählung selbst verschleiern. Die Diagnose der »Verdrängung« legitimiert jedoch ein mitunter geradezu gewaltsames Lesen gegen den Strich; daraus ergibt sich leicht eine Strategie der »Dechiffrierung« und »Entlarvung«, die womöglich die Universalität des Untersuchungsobjekts methodisch erst konstituiert: nicht die Mythen – von Abel bis Iphigenie, von Isaak bis Neoptolemos – ähneln einander, sondern die Lesarten, die Strategien der »Aufdeckung« von fraglichen Realitäten »hinter« den mythischen Texten. Nicht weniger problematisch erscheint, wie Burkhard Gladigow betont, »daß eine umfangreiche – selbst in den einfachsten Fällen – hochkomplexe Ritensequenz über *ein* Element bestimmt wird«; das »Wesen des Opfers« werde dann nämlich nur durch eine einzige Komponente »aus vielen Dutzend des praktizierten Rituals definiert: Den Tötungsakt, einen Verzicht, die Teilung, die Gabe, den Übergriff.«[10] Das Opfer wird – im Interesse übergreifender, phänomenologischer Kategorienbildung – systematisch »dekontextualisiert«; diese Dekontextualisierung der Gegenstände nützt freilich oft genug einer Dekontextualisierung der Opfertheorien selbst, die über ihre aktuell christlichen oder royalistischen Argumentationsmotive nicht mehr Auskunft geben müssen; so hat Erich Hörl unlängst erst überzeugend dargestellt, dass die methodische Universalisierung der rituellen Königstötung im heiligen Hain von Nemi (in *The Golden Bough*) auch auf Sir Frazers empörte Wahrnehmung der Hinrichtung Ludwigs XVI. bezogen werden kann, gegen die der Pionier der Kulturanthropologie – implizit sogar in seiner Antrittsvorlesung von 1908 – polemisierte.[11]

10 Gladigow, Burkhard: Opfer und komplexe Kulturen, in: B. Janowski/M. Welker (Hg.), Opfer. Theologische und kulturelle Kontexte, Frankfurt am Main 2000, 86.

11 Vgl. Hörl, Erich: Der heiße Begriff des Opfers. Zum Opfer als diskursiver Tatsache, in: G. Treusch-Dieter/D. Kamper/B. Ternes (Hg.), Schuld, Konkursbuch 37, Tübingen 1999, 181–199.

2. Religiöse Erfahrung: Zur Identifizierung von sacrifice *und* victim

Zumindest latent haben die Opfertheorien in der ersten Hälfte des 20. Jh. das Opfer sakralisiert und den Opfertod heroisiert. So finden sich etwa in Frazers *The Golden Bough* Sätze wie: »Und doch ist vielleicht kein Opfer völlig nutzlos, wenn es beweist, daß es Männer gibt, denen die Ehre höher steht als das Leben.«[12] Ich will diesen Satz jetzt gar nicht karikieren (oder meinerseits »entlarven«); ähnliche Sätze finden sich ja auch in den Opfertheorien von Edward B. Tylor, Robertson Smith, Jane Ellen Harrison, Émile Durkheim, Marcel Mauss oder Sigmund Freud. Charakteristisch für alle diese Theorien ist die essentielle Verschränkung des Opferbegriffs mit dem Begriff der religiösen Erfahrung, dem Begriff des Heiligen. Geheiligt wird nicht nur die Opferhandlung, sondern auch die Opfergabe selbst: Tier, Mensch oder Korn; die Begriffe von *sacrifice* und *victim* werden in dieser Perspektive geradezu identisch gesetzt. So heißt es etwa im *Essai sur la nature et la fonction du sacrifice* (aus dem Jahr 1899) von Henri Hubert und Marcel Mauss, die elementare Affinität von Opfer und Gott werfe ein bedeutsames Licht auf die Theorie des Opfers: »Par là, ils ont mis en lumière un point important de la théorie du sacrifice. Nous avons vu qu'entre la victime et le dieu il y a toujours quelque affinité«.[13] Das Opfer – als *sacrifice* – bestehe gleichsam darin, das Opfer – als *victime* – zur Gottheit zu erheben. Überspitzt gesagt: Das vielbeschriebene »Schauern« des mit Wasser besprengten Opfertiers (in manchen Opferritualen der griechischen Antike) wird überhöht zum »mysterium tremendum«, das die Erfahrung des Heiligen nach Rudolf Otto kennzeichne.

In solcher Verschränkung von *sacrifice* und *victim* spiegelt sich vorrangig keine ahistorische, psychoanalytisch entzifferbare Faszination, sondern die politische Opfer- und Kriegsrhetorik der ersten Hälfte des 20. Jh.: die propagandistische Rede von der Notwendigkeit, das eigene Leben für das Vaterland zum Opfer zu bringen. Noch bis zum Ende des Zweiten Weltkriegs wird darin das Opfer als ein aktiv erbrachter, positiv konnotierter Beitrag zum Überleben der Nation aufgefasst; diese politischen Implikationen einer Wissenschaftsgeschichte der Opfer-

12 Frazer, James George: Der goldene Zweig. Das Geheimnis von Glauben und Sitten der Völker, Reinbek bei Hamburg 1989, 405.

13 Hubert, Henri/Mauss, Marcel: Essai sur la nature et la fonction du sacrifice (1899), in: M. Mauss, Œuvres 1: Les fonctions sociales du sacré, Paris 1968, 193–324: 298.

theorien hat insbesondere Giorgio Agamben (in seinem *Homo sacer*) analysiert: Die Ambivalenz des Opfers und des Heiligen verdanke sich einer theoretischen Konstruktion, die erst nach der Erfahrung von Auschwitz nachhaltig aufgelöst werden konnte. Seither sind *sacrifice* und *victim* deutlich auseinandergetreten, wie Agamben betont: »Von diesem Standpunkt aus gesehen ist die Absicht, der Vernichtung der Juden mit dem Begriff ›Holocaust‹ eine Aura des Opfers zu verleihen, von einer unverantwortlichen historiographischen Blindheit.« Denn die Tötung der Juden stellte »weder den Vollzug eines Todesurteils noch eines Opfers dar, sondern die Verwirklichung einer schlichten ›Tötbarkeit‹, die der Bedingung des Juden als solcher inhärent ist. Die für die Opfer selbst schwer zu akzeptierende Wahrheit, die nicht mit Opferschleiern zu verhüllen wir gleichwohl den Mut haben müssen, ist, daß die Juden nicht im Verlauf eines wahnsinnigen und gigantischen Holocaust, sondern buchstäblich, ganz Hitlers Ankündigung gemäß, ›wie Läuse‹, das heißt als nacktes Leben vernichtet worden sind.«[14] Agambens These trennt zwischen dem Opfer (als *sacrifice*) und den Opfern, die als *victims*, also nicht als Repräsentationen eines Heiligen, getötet wurden.

Agambens Opfertheorie steht freilich am Ende eines gewissen Säkularisierungsprozesses der Opfertheorien nach dem Zweiten Weltkrieg. Zuvor wurden bereits die Opfer der Antike neu beurteilt, und zwar im Rahmen einer funktionalistischen, sozialökologisch inspirierten Theoriebildung, die weniger auf Mythen, Rituale und die Erfahrung des Heiligen achtete, als vielmehr auf deren Objekte: vorrangig das Fleisch von Menschen oder Tieren. Fleisch war bekanntlich in allen Agrarkulturen ein knappes und seltenes Gut. Der Fleischverzehr galt als seltenes, ja geradezu als ein göttliches Privileg. Darin konnte beispielsweise die Pointe der biblischen Erzählung vom Streit zwischen Kain und Abel verortet werden: Kain verbrennt Getreide, Abel ein Lamm, doch Gott fällt es nicht schwer, sich für das Fleisch zu entscheiden. Die Götter zahlreicher Agrarkulturen waren und sind – wie etwa Barbara Ehrenreich in ihrer Analyse der *Blutrituale* nachdrücklich betonte[15] – fleischfressende Wesenheiten. Gelegentlich werden sie um ihren Anteil betrogen, und manchmal müssen sie sich mit dem bloßen Geruch des Fleisches begnügen. Aber selten können sie mit pflanzlicher Nahrung

14 Agamben, Giorgio: Homo sacer. Die souveräne Macht und das nackte Leben, Frankfurt am Main 2002, 124.

15 Vgl. Ehrenreich, Barbara: Blutrituale. Ursprung und Geschichte der Lust am Krieg, München 1997.

allein zufriedengestellt werden: fast jedes Opfer, das ihnen dargebracht wird, repräsentiert eine Fleischmahlzeit, und selbst die christliche Version des Abendmahls impliziert einen Verwandlungsritus, der Brot und Wein in Fleisch und Blut zu transformieren verspricht. Die Auseinandersetzung mit Opferbräuchen, in denen Fleisch verzehrt wird, konzentrierte sich folglich nicht mehr auf die Sakralisierung einer Opfergabe, sondern vielmehr auf deren sozial gerechte Verteilung.

Die Hypothese, das Opfer sei als kultische Regulation von Fleischmahlzeiten eingeführt worden, wurde zuerst von Karl Meuli vertreten, der in seiner Abhandlung über die griechischen Opferbräuche konstatierte: »Wir sind, um es kurz herauszusagen, der Überzeugung, daß das olympische Opfer nichts anderes sei als ein rituelles Schlachten.«[16] In derselben Tradition behauptete auch Walter Burkert (in einem Vortrag zur *Anthropologie des religiösen Opfers*), für Juden wie Griechen habe gegolten,

> »daß das Tieropfer aufs Essen zielt. ›Für die Götter‹ werden auf den Altären die Knochen des Opfertiers, von Fett bedeckt, verbrannt, auch die Gallenblase, den Rest aber, das ganze gute Fleisch nimmt die fromme Gemeinde zu sich im festlichen Mahl. Opfern heißt einen Festbraten zur Verfügung stellen. Götterfeste sind die wichtigsten Gelegenheiten, überhaupt Fleisch zu essen. Es gibt archaische Gruppen, wo Fleisch überhaupt nur im Rahmen des Opfers gegessen wird. So steht es expressis verbis im Buch Leviticus des Alten Testaments: wer ein Tier schlachtet ohne Opferzeremoniell, dem soll es als Blutschuld angerechnet werden.«[17]

Das Opfer als Fleischverteilung: Zu Recht sprechen auch Marcel Detienne und Jean-Pierre Vernant von einer *cuisine du sacrifice*.[18]

Die agrarische Grunderfahrung der Fleischknappheit und der Verteilungsrituale der »Opferküche« wurde auch in Zusammenhang gebracht mit einer Evidenz, die im Zeitalter der Tiefkühltruhen und Konserven allzu rasch vergessen wird: Fleisch ist ein leicht verderbliches Nahrungsmittel. Die Organisation des Verteilungsopfers ermöglichte nicht nur den Genuss frischer Fleischstücke, sondern auch die restlose Verwertung der Schlachttiere; Innereien, Knochen, Felle oder Hörner

16 Meuli, Karl: Griechische Opferbräuche, in: Gesammelte Schriften. Bd. II, hg. von Th. Gelzer, Basel/ Stuttgart 1975, 948.

17 Burkert, Walter: Anthropologie des religiösen Opfers. Die Sakralisierung der Gewalt, München 1984, 22.

18 Vgl. Detienne, Marcel/Vernant, Jean-Pierre: La cuisine du sacrifice en pays grec, Paris 1979.

wurden nach Maßgabe symbolischer Ordnungen ebenso entsorgt wie die wohlschmeckenden Lendenkeulen. Opferreste und Fleischabfälle kamen nicht vor: sie wurden spätestens durch das Feuer vernichtet. Natürlich kannten schon die ältesten Kulturen verschiedene Techniken zur Konservierung des Fleischs: Trocknung, Kühlung, Räucherung oder Salzpökelung. Aber die meisten Strategien der Lagerung und Haltbarkeitssteigerung führten wohl zu markanten Geschmacksverlusten – etwa in der römischen Küche. Das durch das Salz hart gewordene Fleisch musste beispielsweise wieder entsalzt werden. Mit unterschiedlichen Techniken wurde versucht, seinen unangenehmen Geschmack zu verbessern; Alpicius empfahl, das Fleisch zweimal zu kochen, zuerst in Milch, danach in Wasser – man kann sich den Zustand des derart ausgelaugten Fleischs leicht vorstellen. Konsistenz und Geschmack dieses Fleisches lassen sich auch an den therapeutischen Hinweisen des Plinius veranschaulichen, die er den »durch das Kauen von Fleisch abgeriebenen oder lose gewordenen Zähnen« (*dentibus carne mandenda adtritis aut convolsis*) widmete.[19]

3. Scheiternde Vergleiche: Opfer und Terrorismus

Mit den Theorien der Opferküche wurde nicht nur eine scharfe Differenz zwischen Altertum und Moderne gezogen, sondern auch der Nimbus des »Heiligen« deutlich relativiert. *Sacrifice* und *victim* traten in dieser historischen Pragmatik der Rituale unwiderruflich auseinander – und verschafften der Einsicht einen angemessenen Raum, dass Opferriten auch eine Art von Alltagspraxis bildeten, die nicht von vornherein die Empfindung außergewöhnlicher Mysterien evozierten. Im Geiste einer solchen neueren – gleichsam säkularisierten – Opfertheorie betonen auch Politiktheoretiker – wie Herfried Münkler und Karsten Fischer im Dezemberheft 2000 der Zeitschrift *Leviathan* –, dass nahezu die erste Hälfte des 20. Jh. von einer aktiven Opferrhetorik geprägt war, während seit 1945 eine passive Opferrhetorik dominiere, in der von Opfern (*victims*) des Terrors, der Macht, des Straßenverkehrs oder der Seuchen gleichermaßen gesprochen werden könne.[20] Ausgehend von

19 C. Plinius Secundus der Ältere: Naturalis Historiae – Naturkunde. Buch XXIII, hg. und übersetzt von R. König und J. Hopp, München 1993, 56f.

20 Vgl. Münkler, Herfried/Fischer, Karsten: »Nothing to kill or die for...« Überle-

einer These Reinhart Kosellecks[21] operieren sie mit dem folgenden Schema einer historischen Entwicklung:

Opfersemantik	Opferstatus	Opferlogik	Praxis / Diskurs	Objekte
aktiv [sacrifice]	Gabe	Magie	Kult / Ritual	z.B. Sachen, Tiere, Menschen
aktiv [sacrifice]	Verzicht, Hingabe	Rationalität, »Sinn«	Interpretation	ultimativ: Selbstopfer
passiv [victim]	Einbuße, Benachteiligung	Irrationalität, »Sinn«	Interpretation	z.B. Armuts-, Seuchen- oder Verkehrsopfer

Die Abhandlung Karsten Fischers und Herfried Münklers wurde wenige Monate vor einem neomythischen, als Datum seither fixierten Ereignisses publiziert – *Nine eleven*, und zwar ausgerechnet unter dem englischen Titel *Nothing to kill or die for*. Seit dem 11. September 2001 wird (mitunter mit kaum verhohlenem Neid) auch der Wiederauftritt von Heroen des Selbstopfers, von »Märtyrern«, diskutiert; eine Art von Wiederkehr des *sacrifice* stellt die zahlreichen *victims* gelegentlich sogar in den Schatten. Was die Formen des Terrorismus seit *Nine eleven* mit dem Opfertod zu tun haben könnten, lässt sich vielleicht am klarsten aus dem Horizont einer Opfertheorie erschließen, die auf merkwürdige Weise zwischen den älteren Opfertheorien von der »heiligen Gewalt« und den neueren, »säkularen« Opfertheorien hin- und herschwankt: nämlich der Opfertheorie René Girards. Aus seiner Theorie lässt sich eine neue Antwort etwa auf jene *Fünf Fragen zum Terrorismus* ableiten, die Michael Walzer – noch im Bann der Ereignisse vom 11. September – in der von ihm herausgegeben Zeitschrift *Dissent* publizierte.

Walzer begann mit einem Definitionsversuch. An erster Stelle charakterisierte er den Terrorismus, der als bewusste Tötung »Unschuldiger, die zufällig am falschen Ort sind«, praktiziert werde, um »einer ganzen Bevölkerung Furcht einzujagen und ihre Regierungen unter Druck zu setzen«; danach nannte er den »Staatsterrorismus«, der »von

gungen zu einer politischen Theorie des Opfers, in: Leviathan. Zeitschrift für Sozialwissenschaft 28 (2000), 343–362.

21 Vgl. Koselleck, Reinhart: Die Diskontinuität der Erinnerung, in: Deutsche Zeitschrift für Philosophie 47 (1999), 213–222.

diktatorischen und totalitären Regierungen gegen ihr eigenes Volk eingesetzt wird, um Furcht zu verbreiten und eine politische Opposition im Keim zu ersticken«, und an dritter Stelle den Terrorismus im Krieg, »die Anstrengung, Zivilisten in so großer Zahl zu töten, daß ihre Regierungen zur Kapitulation gezwungen sind« (etwa die Atombombenabwürfe auf Hiroshima und Nagasaki).[22] Was verbindet diese Formen des politischen, des staatlichen und des militärischen Terrors? Michael Walzer, sympathischer und kluger Moralist, betonte die strategische und bewusste Ermordung unschuldiger Menschen und Zivilisten zum Zweck der Erzeugung von kollektiver Angst und politischem Druck. Was ihm dabei jedoch entging, war die Voraussetzung einer solchen Strategie: nämlich die Möglichkeit, eine zahlenmäßig unbegrenzbare Öffentlichkeit in Panik zu stürzen oder zu erpressen. Die terroristische Intention, »Furcht einzujagen« und »zu verbreiten«, bedarf einer Technologie der massenhaften Verbreitung. Sie bedarf gleichsam einer »Mission«.

Die Ausdrücke »Terror« und »Terrorismus« sind historisch so jung wie die Ereignisse und Aktionen, die sie bezeichnen. Natürlich gab es schon in den altorientalischen Hochkulturen Despoten und grausame Tyrannen, unberechenbar für Hofstaat und Untertanen; selbst ihr Blick galt manchmal als tödlich, weshalb es – nach einer Bemerkung Elias Canettis[23] – in der altkolumbianischen Hochkultur der *Muisca* üblich war, Verbrecher zu einer letalen Ansicht des Machthabers zu verurteilen. Auch von Attentaten, Tyrannenmorden, Menschenopfern und Praktiken der Lynchjustiz berichten Mythen und Annalen. Und doch gab es nichts, was den Formen des Terrors und Terrorismus gleichen würde, die wir heute kennen und beklagen. Die Schrecken permanenter, doch zugleich oft unsichtbarer Gewalt, die Ängste vor Folter, Anschlägen, Drohungen, Denunziationen, die Sogwirkungen allgegenwärtiger Paranoia konnten gar nicht eskalieren zu einer gesellschaftlichen Grundstimmung, zur sozialen Synthesis des Verdachts und des Verrats; denn alle Nachrichten oder Gerüchte kursierten nur langsam, auf begrenztem Raum, und häufig waren sie gar nicht an ein Kollektiv adressiert. Der Terror bedarf dagegen des Publikums und der Propaganda, er braucht Medien – von der Presse bis zu Radio, Telefon, Fern-

22 Walzer, Michael: Fünf Fragen zum Terrorismus, in: Erklärte Kriege – Kriegserklärungen. Essays, Hamburg 2003, 158–170: 158f.

23 Vgl. Canetti, Elias: Nachträge aus Hampstead. Aus den Aufzeichnungen 1954–1971, München/Wien 1994, 205.

sehen und Internet – und er setzt alphabetisierte, in den Techniken der Fernkommunikation trainierte und kompetente Massen voraus.

Darum sind die Erscheinungsformen und Strategien des Terrors konstitutiv modern. Und obwohl es die katholische Gegenreformation war, die den Ausdruck »Propaganda« ungewollt kreiert hatte – 1622, durch die päpstliche Gründung der *Sancta Congregatio de Propaganda Fide* –, wurden die modernen Bedeutungen von »Propaganda« und »Terror« erst während der Französischen Revolution festgelegt und exemplifiziert. Ein paar Wochen nach der *levée en masse*, der Einführung allgemeiner Wehrpflicht am 23. August 1793, kam es zur Verabschiedung des »Gesetzes über die Verdächtigen« (am 17. September) und schließlich (am 10. Oktober) zur Aufhebung der Verfassung. Danach begann die jakobinische Schreckensherrschaft, die in der *Grande Terreur* – vom 10. Juni bis zum 27. Juli 1794 – gipfelte. In wenigen Wochen wurden mehr als tausend Todesurteile vollstreckt, und zwar auf Grundlage eines Gesetzes, das alle Funktionsmechanismen der Rechtsprechung im Falle mutmaßlicher »Revolutionsfeindlichkeit« suspendierte. Zuletzt starben bekanntlich Robespierre und seine Anhänger selbst auf dem Schafott. An der Geschichte der *Grande Terreur* lässt sich die rasche Eskalationsspirale studieren, in der die Panik der Regierenden von wachsender Panik der Regierten gesteigert wird – und umgekehrt; zugleich lässt sich die Abhängigkeit dieser beschleunigten Eskalation von jener langsameren Eskalation demonstrieren, in der die Verfassungen und Rechtssysteme zunehmend ausgehöhlt, suspendiert und durch Notstandsverordnungen ersetzt werden.

Im Terror wird die paranoische Inversion – ich verfolge, weil ich verfolgt werde, und ich werde verfolgt, weil ich verfolge – gleichsam totalisiert. Manchmal reagieren Terroristen auf einen staatlichen oder militärischen Terrorismus; häufiger noch reagieren Staaten auf terroristische Aktionen, indem sie selbst beginnen, Freiheitsrechte einzuschränken, ihre Bevölkerungen auszuspionieren und – in einem Klima der Angst und der Bedrohung – zu vergattern. So antwortete Deutschland im düsteren Herbst des Jahres 1977 auf die RAF; so antworten heute die Vereinigten Staaten auf die Septemberanschläge des Jahres 2001. Der eskalierenden Paranoia entspringt eine Art von Bürgerkriegsstimmung: der Feind ist plötzlich überall, und wie in Kafkas großartiger Novelle *Der Bau* zeigt er seine Gefährlichkeit am eindringlichsten, sobald er sich gar nicht mehr zeigt. Terrorismus ist ansteckend wie die Paranoia. Nach jedem erfolgreichen Anschlag treten »Nachahmungstäter«, Bluffer und »Trittbrettfahrer« auf. Sie verkörpern gleichsam die soziale Infektion des Terrors, die »mimetische Krise«, die René Girard überzeugend, jedoch zumeist am unpassenden Gegenstand demonstriert hat – nämlich an den Opferritualen vergangener Kulturen und Epochen. Dabei lässt sich die These vom Auftritt der »monströsen Doppelgänger«[24] am zeitgenössischen Terrorismus viel klarer und einsichtiger exemplifizieren als an der Antike; nicht umsonst haben die älteren, »kalten« Kulturen die infektiösen Gewalten der Nachahmung durch Genealogie, Hierarchie und soziale Stratifikation diszipliniert, während die Moderne – in Politik wie Ökonomie – geradezu als »heiße« und dynamische Entfesselung mimetischer Wünsche und kollektiver Panikattacken betrachtet werden kann.

Schon vor dem zweiten Jahrestag der Terroranschläge auf World Trade Center und Pentagon hatten Verschwörungstheorien Hochkonjunktur. Es ist nicht besonders schwierig, diese Verschwörungstheorien – etwa die Botschaft Thierry Meyssans, es sei gar kein Flugzeug ins Pentagon gestürzt – als krassen Unsinn zu entlarven;[25] schwieriger ist es vielleicht, die rasche Verbreitung dieses Unsinns zu erklären – selbst wenn die Erklärung auf der Hand liegt. Die paranoische Inversion artikuliert sich eben vorrangig im freien Wettbewerb, in der Konkurrenz von Verschwörungstheorien; dabei ist weniger entscheidend, wo die Verschwörung lokalisiert wird: in einer geheimen Kommandozentrale der Islamisten oder im Weißen Haus, in den Chefbüros von CNN oder Lockheed, in Geheimdiensten oder Geheimbünden. Der Terror ergibt sich schlicht aus dem kollektiven Zwang, irgendeiner Verschwörungstheorie anhängen zu müssen, anders gesagt: aus jener generellen Verschwörung, die uns dazu bringt, Verschwörungstheorien wechselseitig auszutauschen anstatt die realen Mechanismen eskalierender Paranoia, die Verbreitungsbedingungen des Terrors, zu analysieren. Erst einer solchen Analyse könnte die vergleichsweise simple Einsicht entspringen, dass wir uns allesamt unwillentlich an der systemischen Aufrechterhaltung und Ausbreitung des Terrors beteiligen: als Regisseure und Statisten vielfältiger Verschwörungs- und Verfolgungsszenarien, als Terroristen und Terrorisierte zugleich.

24 Vgl. Girard: Das Heilige, 211–247.

25 Vgl. die Titelgeschichte Panoptikum des Absurden, in: Der Spiegel (8. September 2003), 58–76; Croitoru, Joseph: Al Qaidas Antwort. Der Westen arbeitet mit: Zur Inszenierung des Verschwörerischen, in: Frankfurter Allgemeine Zeitung (15. September 2003), 35.

Vielleicht bildet darum das Selbstopfer des suizidalen Attentats den eigentlichen Kern der neueren Erscheinungsform (und Faszination) des Terrorismus: nicht allein weil es die Kurzfassung zahlreicher Heldenmythen und Opfernarrationen – von den griechischen Heroen bis zu den christlichen Märtyrern – darstellt, sondern auch, weil es die Schnittstelle repräsentiert, an der das System des Terrors, die paranoische Inversion, aufbricht und zugleich verschlossen wird. Der Selbstmordattentäter ist der terrorisierte Terrorist schlechthin, der Attentäter, dessen Anschlag zuerst auf das eigene Leben zielt. Seine Angst und Panik nimmt die Angst und Panik vorweg, die er bewirken will, anders als im Fall des symbolischen Tauschs, den Iwan Kaliajew in *Les Justes* von Camus vornimmt, indem er auf seine Begnadigung verzichtet und den Tod des von ihm ermordeten Großfürsten mit seiner eigenen Hinrichtung sühnen will. Kaliajew begleicht eine Rechnung, Tod gegen Tod; der Selbstmordattentäter, dieser verfolgte Verfolger, reißt dagegen wahllos viele Menschen in seinen Tod hinein. Er führt keine Debatten über Opfer und Gerechtigkeit (wie Kaliajew und der fanatische Stepan, die über die Frage streiten, ob ein Attentat den zufälligen Tod unschuldiger Kinder in Kauf nehmen darf), sondern verwandelt sich selbst in eine Bombe, bloßes Mittel zum Zweck, darin identisch mit seinen *victims*, unter denen kein Tyrann, kein Großfürst, weilt. Ab diesem Augenblick werden keine Gleichungen mehr gelöst, kein symbolischer Tausch vollzogen; das Wechselspiel der paranoischen Verwechslungen zwischen Mördern und Ermordeten, Verfolgern und Verfolgern, kann eskalieren. Und Kaliajews Frage erhält eine völlig neue Bedeutung: »Kann man von Terrorismus sprechen, ohne daran teilzunehmen?«[26] Die Bedeutung dieser Frage könnte aus dem Versuch entwickelt werden, die Opfertheorie Girards »vom Kopf auf die Füße zu stellen«: eine Theorie der Mimesis und der Paranoia (als sozialer Synthesis) erklärt vielleicht manche Elemente älterer Opferpraktiken; mit viel deutlicherem Erklärungswert könnte sie hingegen zur Interpretation moderner Praktiken der »Opferung« herangezogen werden, die mit dem alten System des *sacrifice* ebensowenig zusammenhängen wie mit der Logik des christlichen Opfers als »Opferkritik«, wie Girard beharrlich suggeriert.

26 Camus, Albert: Die Gerechten, in: Dramen, Hamburg 1959, 187–234: 196.

Religion und Ästhetik

Ernst Müller

Wo in aktuellen Arbeiten der Zusammenhang zwischen Religion und Ästhetik thematisiert wird, werden beide Begriffe meist auf der Ebene der Erfahrung konfrontiert.[1] Das Resultat solcher Untersuchungen besteht dann nicht selten darin, dass es Analogien, wenn nicht sogar Koinzidenzen beider Erfahrungsweisen gebe. Ein solches Verfahren führt zu interessanten Befunden, doch droht ihm die Verstrickung in einen begrifflichen Circulus vitiosus. Denn die dem Begriff der Erfahrung inhärierende Subjektivierung, die Religion wesentlich vom affizierten Subjekt, also nicht vom Wahrheits- oder Glaubensgehalt einer natürlichen oder Offenbarungsreligion und die Kunst nicht vom Werk, sondern von der Wahrnehmung her begründet, ist bereits ein starkes, das Ergebnis der Untersuchungen präfigurierendes modernes Paradigma. Gerade die Unmittelbarkeit von Religion als Anschauung und Gefühl sowie die Ästhetik als Wahrnehmung sind, entgegen ihrem Schein, ein spätes Resultat theoretischer Reflexion.

Zwar hat es Beziehungen zwischen Theologie und Kunsttheorien schon vor dem 18. Jh. gegeben. Sie beruhten aber fast durchweg auf der platonischen und plotinischen Metaphysik. Der Gegensatz zwischen antik-heidnischem Ursprung der Kunsttheorien und christlichem Glaubens- und Sündenbegriff war lange prägend. Religion als Religiosität wie auch Kunsttheorie als Ästhetik sind dagegen Begriffe, die in ihrer Semantik erst im 18. Jh. und in denselben Diskussionskontexten entstehen, setzen bereits eine Reflexion auf die Aufklärung voraus. Die Verwandtschaft zwischen ihnen ist schon deswegen nicht zufällig, weil der moderne Religionsbegriff nicht ohne Anleihen bei der modernen

1 Lesch, Walter: Theologie und ästhetische Erfahrung. Beiträge zur Begegnung von Religion und Kunst, Darmstadt 1994; Herrmann, Jörg/Mertin, Andreas/Valtink, Eveline (Hg.): Die Gegenwart der Kunst. Ästhetische und religiöse Erfahrung heute, München 1998; Braungart, Wolfgang/Koch, Manfred (Hg.): Ästhetische und religiöse Erfahrungen der Jahrhundertwenden, Bd. 1: um 1800, Bd. 2: um 1900, Bd. 3: um 2000, Paderborn u.a. 1997/1998.

Geschmacksdiskussion entstanden ist wie umgekehrt ein dominantes Verständnis von Ästhetik im 18. Jh. der Restitution der durch Aufklärung im Schwinden begriffenen (christlichen) Religion diente. Gegen die theologische Orthodoxie gerichtet konnte das einem aufklärerischen Interesse, gegen den Rationalismus gerichtet, aber der Apologie des Christentums dienen; da die konsequentere deutsche Aufklärung wesentlich rationalistisch war, gehen Ästhetik und Religion eine rationalismuskritische Symbiose ein. Schleiermacher wird sagen, dass beide (Kunst und Religion) unter dem gleichen Druck, nämlich der »Wut des Verstehens« leiden. »So wirft sich das Gefühl, durch die Aufklärung aus der religiösen Sphäre hinausgedrängt, in die Kunst«,[2] heißt es bei Nietzsche. Doch auch er bezeichnet damit nur die eine Seite des Prozesses, weil die Konzentration auf das Gefühl in der Religion selbst vornehmlich eine Reaktion auf die Aufklärung war. Auch deswegen wäre es auch nicht zutreffend, die moderne Ästhetik als Säkularisierung zu fassen.

Mit den Begriffen der Ästhetik und Religion bzw. Religiosität entsteht nicht nur eine neue Topographie, sondern beide Begriffe entwickeln sich in theoretischer Abhängigkeit voneinander. Die meisten – und nicht nur die idealistischen – philosophischen Ästhetiken seit dem 18. Jh. behandeln Religion als ein Binnenproblem, wie umgekehrt in verschiedenen Religionsphilosophien ästhetische Themen wiederkehren. Auf der Ebene philosophischer Reflexionen und semantisch-begrifflicher Verschiebungen zeigt sich eine doppelte Bewegung: Einerseits wechseln Funktionen, die vormals praktisch von der institutionalisierten Religion und theoretisch von der Metaphysik ausgefüllt wurden, nunmehr in ein Feld, das sich als philosophische Ästhetik im gleichen Zuge erst konstituiert; dabei rekurriert aber ein bis heute vorherrschender Religions- bzw. Religiositätsbegriff selbst auf Entwicklungen der Ästhetik. Die Ästhetik, die philosophischen Kunsttheorien und die für sie konstitutiven ästhetischen Grundbegriffe werden durch diese Funktionalisierung mitbestimmt. Vor dem Hintergrund der Aufklärung und eines wissenschaftlich-rationalen, desanthropomorphisierten Weltbildes entsteht eine Doppeldeutigkeit des Ästhetischen und Religiösen. Ein wiederkehrendes Motiv ist dabei die Idee einer Koinzidenz von Sinnlichem und Übersinnlichem.

2 Nietzsche, Friedrich: Menschliches, Allzumenschliches, in: Werke in sechs Bänden, München/Wien 1980, hg. v. Karl Schlechta, Bd. 2, 547.

Den begrifflichen Circulus vitiosus kann also nur eine historische Reflexion auf die Begriffe Ästhetik und Religion durchbrechen. Im folgenden soll das exemplarisch für die Frühgeschichte des Ästhetikbegriffs angedeutet werden.[3] Die These ist zunächst, dass die stark protestantisch geprägte, im Spannungsfeld zum Pietismus agierende deutsche Aufklärung die, vornehmlich in England und Frankreich entstandene, sensualistische und Geschmackstheorie zur Ästhetik umformte, um den rationalistisch-deistischen Religionsbegriff aufzuweichen. Seit dem 18. Jh. lassen sich zwei miteinander im Streit liegende, bis heute fortwirkende Positionen erkennen: eine, die um die Autonomie der Ästhetik und Kunst von der Religion sowie darum streitet, Religion und Christentum nicht als ästhetisches, sondern als moralisches und als Phänomen der bürgerlichen Gesellschaft zu behandeln (von Lessing über Kant bis Hegel). Im Gegensatz dazu sind Theorien zu sehen, die Ästhetik und Kunst an Religion zurückbinden wollen: sie stehen bereits am Beginn des ästhetischen Diskurses (Bodmer und Breitinger), werden von Hamann, Herder und insbesondere Schleiermacher entfaltet. Dabei ist zu erkennen, dass selbst Theologen wie Hamann oder Schleiermacher die Ästhetik nicht in ihrer Autonomie, sondern nur theologisch eingeschränkt gelten lassen wollen. Die theologische Funktionalisierung kann dabei umgekehrt normativ auf den Ästhetik- und Kunstbegriff zurückwirken, so dass sie etwa die Unterscheidung zwischen hoher und bloßer Unterhaltungskunst befestigt.

Deutlicher als die Protagonisten der Debatten hat der liberale Franzose Benjamin Constant während seines Deutschlandaufenthalts bemerkt, wie das religiös-ästhetische Gefühl einem verschämten Atheismus dienen kann:

> »Glückliche und durchaus beibehaltenswerte Unterscheidung zwischen religiösem Gefühl und positiven Religionen. Diese Unterscheidung schaltet die Brutalität des Atheismus aus und läßt dabei alle Freiheit bestehen. Der dogmatische Atheismus ist ein Feind alles Schönen; in der Religion ist das Positive ein Feind alles Schönen und alles dessen, was frei ist.«[4]

3 Vgl. zum folgenden Müller, Ernst: Ästhetische Religiosität und Kunstreligion. In den Philosophien von der Aufklärung bis zum Ausgang des deutschen Idealismus, Berlin 2004; ders.: Art. »religiös, Religiosität, Religion«, in: Ästhetische Grundbegriffe. Historisches Wörterbuch in sieben Bänden, hg. v. K. Barck u.a., Bd. 5, Stuttgart/Weimar 2003, 227–264.

4 Constant, Benjamin: Tagebücher, Eintrag vom 18. Febr. 1804, in: Werke in vier Bänden, hg. von A. Blaeschke/L. Gall, Bd. 2, Berlin 1970, 73.

1. Die Aisthetisierung des Übersinnlichen

Für die Geschichte der Ästhetik, die als philosophische Disziplin von Alexander Baumgarten um 1750 erstmals entworfen und von seinem Schüler Georg Friedrich Meier wirkungsvoll popularisiert wurde, waren die beiden tief im calvinistischen Zürich verwurzelten Kunstrichter Johann Jakob Bodmer und Johann Jakob Breitinger entscheidende Stichwortgeber. Bei den beiden Schweizern wird die Funktion der Aisthetisierung der Kunst im Kontext der Theologie deutlich. Sie haben die für die nachfolgende Ästhetikgeschichte wesentlichen Begriffe des Erhabenen und Wunderbaren, die Boileau der antiken Rhetoriktradition entlehnt hatte, im christlichem Kontext rezipiert. Mit der Poesie unsichtbarer Welten beginnt die moderne Amphibolie zwischen Dichtung und Theologie. Denn nach der Auffassung der Schweizer erzeugt die dichterische Einbildungskraft keine fiktiven Welten, sondern versinnlicht unsichtbare. Die Einbildungskraft wird vom Postulat der Naturnachahmung befreit, zugleich dient aber die Steigerung einer affektiv begründeten Rhetorik der Aisthetisierung christlicher Mythen. Wenn die christliche Religion vorrangig durch sprachliche Zeugnisse überliefert wird, wenn diese sprachlichen Zeugnisse durch ihre poetische Form Leidenschaften und Glauben auslösen können, dann entdecken die Schweizer, dass dieselben Affekte auch durch dichterische Fiktionen erzeugt werden können.

Unter den Dichtern war es – neben Milton – vor allem Klopstock, den die Schweizer zur Bestätigung ihrer Theorie in Anspruch nahmen. In der Vorrede zum *Messias* (*Von der heiligen Poesie*, 1755) diskutiert auch er die Frage, unter welchen Bedingungen es legitim sei, »den Inhalt zu Gedichten aus der Religion zu nehmen«.[5] Der Dichter habe dasjenige, was in der Offenbarung nur im Grundrisse dargestellt sei, als Gemälde zu malen und nach dem inneren Plan der Religion poetisch fortzuschreiben. Nachdem die Lehrbücher aus der Religion ein »Gerippe« gemacht hätten, gehe es der Dichtung darum, die Offenbarung für die »Empfindungen des Herzens« und für die Einbildungskraft wieder lebendig zu machen und nach poetischer Denkart dasjenige, was uns die Offenbarung lehre, weiter zu entwickeln. »Der Verfasser des heiligen Gedichts ahmt die Religion nach; wie er, in einem nicht viel ver-

5 Klopstock, Friedrich Gottlieb: Von der heiligen Poesie, in: Ausgewählte Werke, hg. von K.A. Schleiden, München 1962, 3.

schiedenen Verstande, die Natur nachahmen soll.« (13) Klopstock reagiert auf die von der Aufklärung vollzogene Entmythologisierung und den Verlust der lebendigen religiösen Tradition. Zugleich öffnet erst dieser Verlust die Möglichkeit, die entstandenen Lücken durch dichterische Phantasie neu zu füllen. Damit ist ein wirkungsvoller Schritt getan, die Mythen als Produktionen der Einbildungskraft zu entschlüsseln. Mit der Ästhetisierung der Religion war eine Eigendynamik des Ästhetischen initiiert, die dann die Autonomie des Ästhetischen und der Kunst auch auf Gegenstände der Religion ausdehnen konnte.

Für die Popularisierung der Ästhetik in Deutschland war Georg Friedrich Meier wesentlicher als ihr Begründer Alexander Baumgarten. Während Baumgarten die Ästhetik als »sinnliche Erkenntnis« wesentlich profan und philosophisch begründete, wird gerade in Meiers Streitschriften deutlich, wie stark Probleme der Ästhetik und die Apologie pietistischer Theologie zunächst miteinander verbunden waren. Eine entscheidende inhaltliche Differenz zu Baumgarten besteht darin, dass Meier die Nachahmung der Natur durch die Kunst auf übersinnliche Entitäten ausdehnen will. »Es ist demnach klar, daß die Nachahmung der Natur nicht verbietet, übernatürliche Dinge nachzuahmen, und die Naturen ganz erdichteter Wesen.«[6] Damit öffnet er die Ästhetik nicht nur der Empfindsamkeitspoesie, sondern revidiert zugleich wesentliche Bestimmungen, die bei Baumgarten die neue Disziplin von der pietistischen Affektenlehre trennte.

Die Vereinnahmung der frühen Ästhetik für theologische Interessen führte dazu, dass die konsequenteren Vertreter der Aufklärung den Begriff zunächst mieden. Das gilt für Wolff und Gottsched, aber auch für Lessing, der in verschiedenen Schriften, insbesondere in den *Briefen, die neueste Literatur betreffend*, gegen die Überführung des Christentums in ästhetische Gefühle stritt. Gefühle sollen Folge, nicht Grundlage des Glaubens sein. Wenn Klopstock in seinem Aufsatz *Von den besten Arten über Gott zu denken* als adäquates Medium der Religion das Gefühl bestimmte, dann sieht Lessing darin die »Miene der neumodischen Rechtgläubigkeit«[7], die gerade in Moralfragen der alten Orthodoxie in nichts nachstünde. Klopstock hatte drei Arten, Gott zu den-

6 Meier, Georg Friedrich: Vorstellung der Ursachen, warum es unmöglich zu seyn scheint, mit Herrn Profeßor Gottsched eine nützliche und vernünftige Streitigkeit zu führen, Halle 1754, 50.

7 Lessing, Gotthold Ephraim: Briefe, die neueste Literatur betreffend, in: Werke, 8 Bd., hg. von H.G. Göpfert, Bd. 5, Darmstadt 1996, 165.

ken, unterschieden: Die dritte, von ihm favorisierte Art, erfülle »die *ganze* Seele von dem, den sie denkt«, so dass »alle ihre übrige Kräfte von der Anstrengung ihres Denkens in eine solche Bewegung gebracht sind, daß sie zugleich und zu einem Endzweck wirken; wenn alle Arten von Zweifeln und Unruhen über die unbegreiflichen Wege Gottes sich verlieren«, wobei die Sprache zu wenige Worte habe, sie auszudrücken. (169f) Lessings Entgegnung, dass der Verfasser »das *denken* nennt, was andere ehrliche Leute *empfinden* heißen«, deckt eine ästhetische Subreption der Religion auf: »Seine dritte Art über Gott zu *denken*, ist ein Stand der *Empfindung*; mit welchem nichts als undeutliche Vorstellungen verbunden sind, die den Namen des *Denkens* nicht verdienen.« (170) Auch wenn Lessing die Begriffe nicht explizit verwendet, so verweist seine Unterscheidung zwischen deutlichem und undeutlichem (= verworrenem) Denken auf die Bestimmung der Ästhetik seit Baumgarten. Was Lessing im Kern verwirft, ist die ästhetische Fundierung der Religion. An Wielands *Empfindungen des Christen* hatte Lessing bereits den Mechanismus solcher Subreption verdeutlicht. Zunächst werden die »Geheimnisse zu Gegenständen des *schönen Denkens*«. »Gelingt es ihm nun hiermit, so wird er sich in seine verschönerte Geheimnisse verlieben, ein süßer Enthusiasmus wird sich seiner bemeistern, und der erhitzte Kopf wird in allem Ernste anfangen zu glauben, daß dieser Enthusiasmus das wahre Gefühl der Religion sei.«[8]

Es stellt sich die Frage, warum Lessing die Ersetzung des Glaubens durch die Gefühlsphilosophie so scharf kritisiert. Hätte doch die Ästhetisierung, Subjektivierung oder Anthropologisierung des Christentums eine Depotenzierung der Orthodoxie bedeuten können, an der dem Aufklärer Lessing gelegen sein musste. Seine Ablehnung ist offensichtlich zum einen darin begründet, dass eine in privater oder geniehafter Subjektivität begründete Religion (zumal als Kriterium der Moral) »alle sie betreffende Streitigkeit mit einer frommen Bescheidenheit« ablehnt, sich also jedem Kriterium der Kritik entzieht und damit der Intoleranz den Boden bereitet. (165) Zum zweiten nimmt Lessing das Christentum (wie die Weltreligionen insgesamt) wohl zu ernst, um dessen Überführung in einen ästhetisierten Gefühlshaushalt zu goutieren; auch gegenüber der historischen Bibelkritik beharrt er mit der Unterscheidung von Buchstaben und Geist bzw. zufälligen Geschichts- und ewigen Vernunftswahrheiten auf einem tieferen Kern des Christentums. Die Äs-

8 Lessing: Briefe, 44.

thetisierung der Religion verinnerlicht, mystifiziert und verharmlost ein Problem, das, so ließe sich Lessing wohl auslegen, nur vernünftig und geschichtlich aufzulösen wäre. Er stellt das moralische, johanneische Prinzip der Nächstenliebe als Geistprinzip ins Zentrum der Religion und sieht in dessen kontrafaktischem Gehalt eine Dimension, die von der zeitgenössischen rationalistischen und historischen Bibelkritik unberührt bleibt. Hier bricht die Alternative auf, ob die Religion ästhetisch oder moralisch-rational zu erklären sei.

Die auf der Einschränkung der Vernunft gegenüber der Offenbarung beruhende Toleranz bezieht sich aber vorrangig auf die christliche Religion. Die Begründung der Religion auf dem Gefühl und ihre Ästhetisierung führt möglicherweise zur Toleranz innerhalb des Christentums, nicht aber gegenüber nichtchristlichen Religionen und einer Aufklärung, die den übernatürlichen Charakter der Religion überhaupt ablehnt. Nicht die Religion wandert nach »innen«, sondern die *christliche* Religion, die partikulare Bestimmungen als allgemeine setzt und innerlich, anthropologisch, schließlich naturalistisch fundiert wird. Die Ersetzung der *natürlichen Religion* durch die *Gefühlsreligion* hat weitreichende Folgen. Die Berufung auf das je eigene Gefühl unterscheidet sich von aufklärerischer Toleranz, die darauf beruht, jedem Menschen das Recht auf einen eigenen Glauben zuzuerkennen und den Glauben an moralisch orientierten Vernunftkriterien zu messen.

2. Religiöser Sensualismus (Hamann) und ästhetische Urteilskraft (Kant)

Insgesamt kann von der Ästhetik vor Kant gesagt werden, dass sie vornehmlich durch Positionen durchaus theologisch interessierter Kritiker der rationalistischen Aufklärung besetzt war. Nur aus dieser Perspektive wird deutlich, warum Johann Georg Hamann in seiner *Aesthetica in nuce* die ästhetische oder sinnliche Erkenntnis mit dem Christentum geradezu kurzschließen konnte. Es ist dabei eine sonderbare und doch wiederkehrende Eigenart des religiösen Diskurses in Deutschland, dass seine Vertreter sich auf den Sensualismus stützen. Während die sensualistisch-empiristische Linie im Herkunftsland England ausgeprägt skeptizistische oder, in Frankreich, atheistische Konsequenzen nach sich ziehen kann, richtet sie sich im protestantischen Deutschland gegen die rationalistisch-neologistische Vernunftreligion bzw. die natürliche und deistische Religionsphilosophie. Der Positivismus der Offenbarung wird unmittelbar auf der Grundlage des Empirismus und Sensualismus begründet.

Hamanns theologische Ästhetik basiert dabei weder auf einer bereits verbürgerlichten, laizistischen Religion, wie etwa Lessing sie kritisiert hatte, noch auf einem vordergründigen Vermittlungsversuch zwischen Pietismus und Aufklärung. Die Wahrheit der christlichen Offenbarung wird in allen Schriften Hamanns vorausgesetzt und bildet auch die Grundlage nahezu sämtlicher philosophisch relevanter theoretischer Denkstrukturen. In der *Aesthetica in nuce* (1762) resümiert er als »Hauptsumme seiner neusten Ästhetick, welche die älteste ist«, geradezu traditionell theologisch: »Fürchtet GOtt und gebt Ihm die Ehre, denn die Zeit Seines Gerichts ist kommen, und betet an Den, der gemacht hat Himmel und Erden und Meer und die Wasserbrunnen«![9] Hamann treibt die hier verhandelte Amphibolie auf die Spitze, indem er Ästhetik und Theologie, einen poetisch-ästhetisch akzentuierten, weltzugewandten »Realismus« und einen theologischen Offenbarungsglauben, nahezu zusammenfallen lässt. Der Lutheraner wird einerseits vom anbrechenden Sturm und Drang gefeiert werden wird, weil er die Sinnlichkeit, Ganzheit des Menschen und mit ihnen die Künste gegen die Rationalität der Aufklärung aufwertet, er ist aber andererseits Mitbegründer der modernem christlichen Glaubensphilosophie. Indem Natur und geschichtliche Begebenheiten für Hamann Herunterlassungen Gottes sind, ist die Welt zugleich göttlich und profan. Der göttliche Geist verbirgt sich gerade in der Hülle des Unscheinbarsten, Alltäglichsten, Gemeinsten. Diese Interpretation bewirkt eine Aufwertung des Wirklichen, Alltäglichen und Erniedrigten, zu einer kräftigen, manchmal sogar deftigen Sinnlichkeit. Die theologische Idee der Erniedrigung Gottes überträgt Hamann auf die zeitgenössische Differenz von aufklärerischer Vernunft und Sinnlichkeit: die als eitel denunzierte herrschende Vernunft wird erniedrigt, die unterdrückte poetische Sinnlichkeit erhöht. Gegenüber der christlichen Tradition ist damit eine Umwertung verbunden. Das als Sünde verworfene Fleisch wird gegenüber der abstrakten Rationalität, der »niedrige«, plebejische und volkstümliche Stil gegenüber dem »hohen« aristokratisch-platonischer Tradition sowie der bürgerlichen Vernunftkultur aufgewertet.

Der Glaube hat bei Hamann eine ästhetische Komponente, weil er ihn mit dem Begriff des intuitiv-sinnlichen Zeichens, der Empfind-

9 HAMANN, JOHANN GEORG: Aesthetica in nuce. Eine Rhapsodie in kabbalistischer Prose, in: Sämtliche Werke, hg. von J. Nadler, Bd. 2, Wien 1949–1957, 217.

samkeitstradition und dem Geniebegriff der englischen Debatte verbindet. Seine Theorie des Nichtwissens wird zum Ferment eines religiös fundierten Geniedenkens. »Weil das Genie aller bloßen Vernunft spottet, ist es der ideale Alliierte im religiösen Kampf gegen eine Aufklärung, die am Ende zur Inthronisation der Göttin Vernunft führen soll.«[10] Die »Gottverlassenheit« der Regelpoetik versucht Hamann auch dadurch zu plausibilisieren, dass er die Regellosigkeit des Genies bereits als grundlegendes Stilelement der Bibel ausmacht.

Die beiden Königsberger, Hamann und Kant, können innerhalb der Ästhetik durchaus als Antipoden angesehen werden. Wenn Hamann an Kants Transzendentalphilosophie die Entsinnlichung der Sprache kritisiert, so Kant die Begründung der Ästhetik auf der Basis des geniehaften Gefühls und deren religiöse Vereinnahmung. Erst von Kants *Kritik der Urteilkraft* an datiert der moderne Begriff autonomer Ästhetik, der dann oftmals auf die Vorgeschichte zurückgespiegelt wurde. Gleichzeitig bindet Kant die Religion als Postulat an die praktische Vernunft (also den Glauben von Moral abhängig machen). So argumentiert er noch gegen Schiller, dass die Moral nicht auf ästhetischen Gefühlen beruhe, sondern ausschließlich Resultat moralischen Handelns sein dürfe. Religion wird zwar anthropologisch erklärt bzw. subjektiviert, jedoch nicht deskriptiv als religiöse Erfahrung oder religiöses Gefühl rekonstruiert. In seiner Religionsschrift lehnt Kant das »innere Gefühl« als »Prätendent zum Amte eines Auslegers« der Heiligen Schrift ab, weil es keine Kommunizierbarkeit und intersubjektive Verpflichtung gewährleiste.

> »Gefühl« heißt es, »hat jeder nur für sich, und kann es andern nicht zumuten, also auch nicht als einen Probierstein der Echtheit einer Offenbarung anpreisen, denn es lehrt schlechterdings nichts, sondern enthält nur die Art, wie das Subjekt in Ansehung seiner Lust und Unlust affiziert wird, worauf gar keine Erkenntnis gegründet werden kann.«[11]

Verkürzt gesagt, lässt sich in der dritten Kritik der Versuch Kants erkennen, virulente Probleme insbesondere der zeitgenössischen religiösen bzw. pantheistischen Gefühlsphilosophie dadurch in seine Philosophie zu integrieren und gleichzeitig zu depotenzieren, dass er sie einem neu-

10 Schmidt, Jochen: Die Geschichte des Genie-Gedankens in der deutschen Literatur. Philosophie und Politik 1750–1950, Bd. 1, Darmstadt 1988, 99.

11 Kant, Immanuel: Die Religion innerhalb der Grenzen der bloßen Vernunft, in: Werkausgabe, hg. v. W. Weischedel, Bd. 8, Frankfurt am Main 1980, 776.

en Diskurs zuordnet und besonderen apriorischen Prinzip unterstellt. Das wichtigste, sich allerdings immer auf einem schmalen Grat bewegende Kriterium besteht für Kant darin, keinen Widerspruch zu Rationalität und Moralität zuzulassen. Als Form wählt Kant den von Theorie (Wahrheitsansprüchen) und Praxis (Realisierungsansprüchen) entlasteten Modus der reflektierenden Urteilskraft. Kant versucht, die auf dem Gefühl beruhende Religion zu depotenzieren, indem er sie in ein distanzhaft-interesseloses, d.h. eben ästhetisches Gefühl überführt. Seine dritte Kritik kann als Antwort auf Fragen gelesen werden, die er in der zwar erst vier Jahre später veröffentlichten, aber bereits zuvor konzipierten *Religion innerhalb der Grenzen der bloßen Vernunft* (1793) negativ beantwortete bzw. deren religiöse Interpretation er abwies. Zwischen der Verweisung der Religion in die Grenzen der Vernunft und der Konjunktur der Ästhetik in der Philosophie Kants besteht offenbar ein innerer Bezug.

So sind es, bezogen auf die ästhetische Urteilskraft, die ästhetischen Ideen, die als Vorstellungen der Einbildungskraft, rein subjektiv und nur reflektierend, über die Erfahrung hinausstreben. Als inexponible Vorstellungen der Einbildungskraft kommen die ästhetischen Ideen einer Darstellung der Vernunftbegriffe wenigstens nahe. Für Kant ist es die unter den Künsten den obersten Rang einnehmende Dichtkunst, »in welcher sich das Vermögen ästhetischer Ideen in seinem ganzen Maße zeigen kann«. Es ist der Dichter, der es wagen darf, »Vernunftideen von unsichtbaren Wesen, das Reich der Seligen, das Höllenreich, die Ewigkeit, die Schöpfung u. d. gl. zu versinnlichen«.[12] Auffällig ist, dass es insbesondere Bilder mythischer und religiöser Sujets sind, deren Erzeugung Kant der schöpferischen Kraft der Dichter zuschreibt, so dass die Dichtung »gleichsam zum Schema des Übersinnlichen« diene. (B 215) Die Ästhetik wird zum Medium, in dem die Ideen der Vernunft (Gott, Freiheit und Unsterblichkeit, also vormals genuin theologische Gegenstände) nicht nur praktisch postuliert, sondern – freilich nur *indirekt* – durch die Urteilskraft auch anschaulich gemacht und dargestellt werden können.

Vom theoretischen Prinzip her sind es für Kant identische Operationen, zwei Modi der Darstellung von Vernunftideen, mit denen wir den uns unerkennbaren Gott und das Sittlich-Gute als das Schöne darstel-

12 Kant, Immanuel: Kritik der Urteilskraft, in: Werkausgabe, Bd. 10, B 194. Im folgenden zitiert nach Ausg. B.

len. Über den Symbolbegriff ergibt sich eine Verbindung zwischen Religion und Ästhetik. Auch religiöse Ideen und Mythologeme entstehen für Kant durch die Operation der Symbolbildung mittels einer Einbildungskraft, die die Ideen nach Analogie sinnlicher Erfahrung darstellt. Religiöse Glaubensinhalte sind ästhetisch-anschauliche, analogisierende Symbolisierungen der Vernunftideen.[13] So könne man »vom Übersinnlichen, z.B. von Gott, zwar eigentlich kein theoretisches Erkenntnis, aber doch ein Erkenntnis nach der Analogie, und zwar die der Vernunft zu denken notwendig ist, haben«.[14] Die religiösen Vorstellungen sind Resultat einer produktiven Phantasie, die im Offenbarungsglauben nur illusionär verkehrt werden, insofern ihre Produktionen nicht als bloße Symbole von Vernunftideen eingesehen, sondern als anthropomorphisierende Schematismen von Verstandesbegriffen verkannt werden. Kant hält diesen, per analogiam verfahrenden symbolischen Anthropomorphismus für zulässig, demgemäß wir Gott so denken, als ob er Verstand, Willen usw. hätte.

Die Dialektik Kants wird insbesondere bezogen auf den Begriff des Erhabenen deutlich, der zeitgenössisch eine besondere Nähe zum religiösen Diskurs aufwies. Den Gegenstandsbezug des Erhabenen lässt der sonst so scharf definierende Kant merkwürdig unbestimmt. Das mathematisch Erhabene wird zwar an endlichen Naturgrößen demonstriert und soll diese dennoch überschreiten. Kant wird nicht müde, gerade die Unendlichkeit des Erhabenen zu betonen. Es geht um das absolut Ganze, um das über alle Vergleichung große, um eine Anschauung, die die Idee der Unendlichkeit bei sich führt. Für das Erhabene in der Natur gebe es kein Beispiel. Damit wird der dem Erhabenen zugrunde liegende Gegenstand mit Prädikaten ausgestattet, die eigentlich nur dem Unbedingten zukämen. Die erstaunliche Übersteigerung der Erhabenheitsproblematik hat Kant den Vorwurf eingetragen, er habe die Grenze zwischen ästhetischer und religiöser Erfahrung verwischt. Doch Kants Beschreibung ist kein phänomenologischer Missgriff, son-

13 »Für Kant ist jede Religion ästhetische Religion, weil sie sich irgendeine Isis, das sinnlich anschaubare oder, anders ausgedrückt, ästhetische Phänomen einer Gottheit schafft.« Burger, Heinz O.: ›Eine Idee, die noch in keines Menschen Sinn gekommen ist‹. Religion in der Klassik und Romantik, in: ›Dasein heißt eine Rolle spielen‹. Studien zur deutschen Literaturgeschichte, München 1963, 244.

14 Kant, Immanuel: Welches sind die wirklichen Fortschritte, die die Metaphysik seit Leibnitzens und Wolf's Zeiten in Deutschland gemacht hat? Werkausgabe, Bd. 6, 614.

dern Ausdruck seiner aufklärerischen Bemühung, die mit dem Erhabenen seit Boileaus *Traité du sublime* und Edmund Burke konnotierten religiösen Gefühle oder Wahrnehmungen gerade durch ihre Übersteigerung als sinnliche Schemata der Vernunftideen aufzuzeigen. Die Grundidee der Kantischen Analytik ist, dass das Erhabene nicht in den Dingen der Natur, sondern allein in unseren Ideen zu suchen sei. Die Prädikate des Erhabenen kommen nicht dem Gegenstand selbst zu, sondern sind bloßer Ausdruck des Bestrebens von Einbildungskraft und Begehrungsvermögen zum Fortschritte ins Unendliche, wodurch das Gefühl des Unendlichen in uns erweckt werde. Gerade das Defizitäre der Darstellung ist zugleich negatives Zeichen für die unermessliche Macht der Ideen in uns. Die entgötterte, ästhetisch rezipierte Natur induziert keinen religiösen Affekt und keine niedergeschlagene Zerknirschung, sondern das Distanzgefühl erlaubt es dem Menschen, sich als moralisches und selbstbestimmtes Wesen zu begreifen. Am Ende der dekonstruktiven Kritik ist das Erhabene bei Kant geradezu das Gegenteil dessen, was es zunächst zu sein schien: die Übermacht der Natur schlägt in moralische Macht und Selbstbehauptung des Einzelnen um.

Um so erstaunlicher ist es, dass es gerade im Anschluss an Kant möglich wurde, die Ästhetik erneut an Religion und Theologie zu binden. Seine Ästhetik konnte dem Buchstaben, nicht dem Geiste nach dazu dienen, weil er mitunter den Eindruck erweckt, dass die reflektierende oder ästhetische Urteilskraft der Modus für eine unmittelbare Anschauung des der Erkenntnis verschlossenen »Ding an sich« sei. Wenn, wie zeitgenössisch gefaßt, die Grenze des »Dinges an sich« gleichgesetzt wurde mit einer theologischen Transzendenz, so wird verständlich wie sich die neue Theorie bei Schelling und in der Romantik herausbilden konnte.

3. Religion als Anschauung und Gefühl (Schleiermacher)

Der wirkungsvollste Protagonist einer modernen ästhetischen Begründung von Religion ist Friedrich Schleiermacher. In der dritten Rede *Über die Religion* thematisiert er das Verhältnis zwischen Kunst und Religion direkt. Doch die Beziehungen zwischen moderner Ästhetik und Religion greifen in den *Reden* viel tiefer als diese expliziten Passagen zu Kunst und Religion. Religiöse Erfahrung wird von Schleiermacher »im schneidenden Gegensatz« sowohl zur begrifflich-rationalen

Erkenntnis (als Wissenschaft, Philosophie oder Metaphysik) wie zur Praxis (von Moral über Politik bis zur zweckgerichteten Arbeit) bestimmt. Sie habe zwar denselben Gegenstand und Stoff wie Metaphysik und Moral, nämlich das Universum und das Verhältnis des Menschen zu ihm, doch ist sie ein »unentbehrliches Drittes«.[15] Während die Trennung von Religion und Metaphysik durchaus im Einklang mit Kant steht, richtet sich ihre postulierte Unabhängigkeit von der Moral vor allem gegen dessen und die Vernunftreligion der Aufklärung. Schon hier fällt auf, dass Schleiermacher, intimer Kenner und Kritiker Kants, seinen Religionsbegriff zwar scharf gegen Metaphysik und Moral, theoretischer und praktischer Vernunft abgrenzt, nicht jedoch gegenüber den Themen der dritten Kantischen Kritik. Zwar bezeichnet Schleiermacher Religion und Religiosität nirgends explizit als ästhetisch, ihre Semantik jedoch weist engste Bezüge zum zeitgenössischen ästhetischen Diskurs auf. Schleiermacher überträgt geradezu die Idee der Autonomie und Zweckfreiheit von der Kunst auf die Religion.[16] Zugleich bedient er sich einer Reihe von Termini (Geschmack, Sinn, Anschauung), die im ausgehenden 18. Jh. und in der Philosophie Kants dem ästhetischen Diskurs zugeordnet waren. Geschmack ist Kants zentraler Begriff der ästhetischen Reflexion, das »ästhetische Gefühl« der Lust und Unlust, von Kant selbst gelegentlich als »innerer Sinn« bezeichnet, korrespondiert als interesseloses, zweckfreies Wohlgefallen dem religiösen Gefühl bzw. Sinn in Schleiermachers *Reden*. Unverkennbar ist auch die Verwandtschaft von Schleiermachers religiösem Mittler oder Virtuosen und dem zeitgenössischen Geniebegriff.

Hatte Kant die ästhetische Urteilskraft als das Vermögen der zwar nicht bestimmenden, jedoch reflektierenden Symbolisierung des Unbedingten oder Übersinnlichen konzipiert, so wird bei Schleiermacher die Religion zum Medium der unmittelbaren Erfahrung von Transzendenz im Endlichen. Indem derart unmittelbare aisthetische und transzendente Erfahrung gleichsam koinzidieren, sinnliche Erfahrung nun selbst zu einem (quasi-) religiösen Akt wird, radikalisiert Schleiermacher die von Hamann begonnene Linie.

15 Schleiermacher, Friedrich: Über die Religion. Reden an die Gebildeten unter ihren Verächtern (1799), hg. v. G. Meckenstock, Berlin/New York 1999, 78.

16 So auch Scholtz, Gunter: Ethik und Hermeneutik. Schleiermachers Grundlegung der Geisteswissenschaften, Frankfurt am Main 1995, 55: »Wenn die Religion [...] weder Moral noch Metaphysik sein soll, dann wird sie die gleiche Systemstelle wie die Kunst einnehmen müssen.«

»Anschauung und Gefühl des Universums« meint die »unmittelbare Erfahrung vom Dasein«, eine ursprüngliche, sich der Darstellung entziehende Einheit von Subjekt und Objekt, für deren objektive Seite die »Anschauung«, für deren subjektive das »Gefühl« steht: »Gefühl und Anschauung sind ursprünglich eins«. Modell jenes »geheimnißvolle[n] Augenblik[s], der bei jeder sinnlichen Wahrnehmung vorkommt, [...] wo der Sinn und sein Gegenstand gleichsam in einander gefloßen und Eins geworden sind« (89), ist die fließende Erfahrung des empirischen Ich, dessen Erleben nicht festgewordenen Differenzen, sondern der reinen Dynamik folgt und die Möglichkeit zu künftigen Gestaltungen in sich zu bergen scheint.

Anschauung ist durchaus aisthetisch oder sensualistisch gedacht, so dass Schleiermacher auch von »sinnlicher Wahrnehmung« spricht, die jenseits des Wahren und Falschen ihr Eigenrecht behaupte.

> »Anschauen will sie [die Religion; E.M.] das Universum, in seinen eigenen Darstellungen und Handlungen will sie es andächtig belauschen, von seinen unmittelbaren Einflüßen will sie sich in kindlicher Paßivität ergreifen und erfüllen laßen. [...] sie will im Menschen nicht weniger als in allen andern Einzelnen und Endlichen das Unendliche sehen, deßen Abdruk, deßen Darstellung.« (79f)

»Weltanschauung« (eben als sinnliche Anschauung des Universums, des Unendlichen) hat in den *Reden* noch die Bedeutung von »mundus sensibilis«. Es sind die Dinge selbst, die auf die Sinnesorgane wirken.

> »Alles Anschauen gehet aus von einem Einfluß des Angeschaueten auf den Anschauenden, von einem ursprünglichen und unabhängigen Handeln des ersteren. [...] Wenn die Ausflüße des Lichtes nicht – was ganz ohne Euere Veranstaltung geschieht – Euer Organ berührten, wenn die kleinsten Theile der Körper die Spizen Eurer Finger nicht mechanisch oder chemisch affizirten, wenn der Druk der Schwere Euch nicht einen Widerstand und eine Gränze Eurer Kraft offenbarte, so würdet ihr nichts anschauen und nichts wahrnehmen, und was ihr also anschaut und wahrnehmt, ist nicht die Natur der Dinge, sondern ihr Handeln auf Euch. Was ihr über jene wißt oder glaubt, liegt weit jenseits des Gebiets der Anschauung.« (81f)

In der zweiten Auflage ersetzt Schleiermacher »Anschauung« offenbar deswegen durch »Wahrnehmung«, weil »Anschauung« durch den spekulativen Idealismus intellektualisiert wurde. Im Kommentar zu den späteren Auflagen der *Reden* nimmt Schleiermacher die sensualistischen Momente zurück und deutet sie überwiegend als bloße Metaphern theologischer Begriffe.

Anschauung bestimmt Schleiermacher als eine kontemplative Tätigkeit, so dass es das Universum in seinen einzelnen Erscheinungen ist, das in seinen Handlungen unmittelbar auf den Menschen wirkt und in dem sich der Mensch als das erfährt, was er ist. Vergleicht man Schleiermachers Anschauungsbegriff mit dem von Kant entwickelten, so fällt sogleich der Unterschied ins Auge: in der Anschauung sollen die Dinge vorreflexiv über die Sinne auf den Menschen wirken, ohne dass sogleich die subjektiven Anschauungsformen und Verstandeskategorien hinzutreten.

Es ist so die energetisch bestimmte Natur der Dinge, durch die unsere (Sinnes-)Organe affiziert werden. Jede Anschauung ist zugleich schlechthin individuell und der synthetisierenden Phantasie des Einzelnen unterworfen: jeder Sehende sei ein neues Organ, ein neuer Mittler, um das Universum auf individuelle Weise anzuschauen. Religion existiert für Schleiermacher nur in individueller oder bestimmter Gestalt. Sie wird erst durch freie Kombinationen der Phantasie gebildet. Jede Anschauung des Universums ist nur Teil eines Ganzen, so dass jedes Individuum zu gänzlich verschiedenen Ansichten kommt. Schleiermacher modelliert die Bildung der individuellen Religionen geradezu in Analogie zur Produktion von Kunstwerken. Mit dem Unterschied, dass sie sich nicht gegenständlich objektivieren, sondern in subjektiver Anschauung und innerlichen Gefühl verharren. In gewisser Weise lässt sich Schleiermachers Begriff der Religion als Innerlichkeit und zugleich auch als »gegenstandslos« beschreiben, was nicht ohne Wirkung auf gleichzeitige Umbrüche in der romantischen Kunst blieb. Es ist die Musik, der Schleiermacher die Metaphorik seines religiösen Virtuosen entnimmt. Ihre scheinbar gegenstandslos-ephemere, entfremdungsfreie Form korrespondiert der angestrebten unmittelbaren und nichtmimetischen Einheit von Innerlichkeit und Ausdruck, die Simultanität und vermittlungslose Einheit des virtuosen Zusammenwirkens in Chor oder Orchester dem Ideal der Gleichheit, wechselseitigen Mitteilung und unmittelbaren Erhebung des Einzelnen in der Gemeinde.

Die Arbeiten zu der inzwischen umfassend dokumentierten Geschichte des Erhabenen kommen darin überein, dass dieser Begriff, der in der Aufklärung eine so große Aufwertung erfahren hatte, in der Romantik nahezu bedeutungslos wird, weil er mit seinem Gegenbegriff, dem Schönen, bis zur Unkenntlichkeit verschmilzt. Verfolgt man jedoch nicht nur die Entwicklung der Ästhetik im engeren Sinne, sondern auch den Transfer der Begriffe zwischen verschiedenen Diskursen, dann kann man zu einem anderen Urteil kommen: Begriff und Problem des Erhabenen verschwinden nicht eigentlich, sondern wechselt ebenso den Diskurs und geht in die Semantik des nahezu gleichzeitig ausgebildeten romantischen Religionsbegriffs über. Leuchtet im Erhabenen Kants die Idee der Vernunft als geschichtsphilosophisches Zeichen, so versteht die postrevolutionäre Generation der Romantik das Erhabene als eine Kategorie geschichtspessimistischer religiöser Versöhnung und nimmt damit die transzendental argumentierenden aufklärerische Pathos Kants zurück. Die Umbildung des Erhabenen in Religion lässt sich von Schleiermachers Reden *Über die Religion* bis zu seinen Vorlesungen zur *Ästhetik* und zur *Psychologie* beobachten.

Wenn Kant das Gefühl des Erhabenen als negativen Affekt des Zurückschreckens vor dem Unendlichen und das Innewerden der Macht menschlicher Vernunft in eins zusammengezogen hatte, dann schreibt Schleiermacher diesen Affekt dem religiösen Gefühl zu, er nennt es »Schreck der Selbstvernichtung durch das Gefühl des Unendlichen in Euch«. (261) Religion als Anschauung des Universums setzt bei Schleiermacher dort an, wo Kant das Erhabene anbindet. »Höchste Sinnbild der Religion« sind, neben dem, auf Kant anspielenden, »bewunderten und gefeierten Sternenhimmel«, Chaos, Anomalien, Perturbationen und Gesetzlosigkeit des Universums, »wo freilich jeder Punkt eine Welt vorstellt«. (83f) Schleiermacher entwickelt mit dem Religionsbegriff gleichsam eine Metaästhetik des Erhabenen, die aber die bisherige Kunst und ästhetische Urteilskraft gleichermaßen in sich einschließt wie übersteigt. Religion erscheint als Organon einer ästhetischen Aneignung der Welt in ihrer Gesamtheit. Der Begriff der »Weltanschauung«, von Kant in der Analytik des Erhabenen geprägt, wird so zu einer emphatisch-religiösen Kategorie.

4. Aufhebung von Ästhetik und Religion im Begriff (Hegel)

Der junge Hegel scheint zunächst durchaus eine Affinität zum ästhetischen Religionsbegriff der Schleiermacherschen *Reden* gehabt zu haben.[17] Erst im Verlauf der Jenaer Zeit entwickelt er systematische Bestimmungen, die den Vergangenheitscharakter der Kunst begründen, indem sie deren religiöse Funktion aufgegeben. Eine scharfe Kritik an Schleiermacher lässt sich bereits in Hegels Schrift *Glauben und Wissen* erkennen – es ist im Kern eine Kritik an der Ästhetisierung des Protestantismus.

Hegel geht es in *Glauben und Wissen* zwar nicht um Kunst oder Kunstphilosophie im engeren Sinne, aber der Text zeigt, dass er auch den ästhetischen Diskurs seiner Zeit im Auge hat. Der religiös-ästhetische Zauber der Welt wird in einer durch Wissenschaft und Verstand entzauberten Welt zur objekt- und anschauungslosen ästhetischen Innerlichkeit, zum bloßen Sehnen der Subjektivität nach dem Absoluten.

> »Die große Form des Weltgeistes aber, welche sich in jenen Philosophien erkannt hat, ist das Prinzip des Nordens und, es religiös angesehen, des Protestantismus, – die Subjektivität, in welcher Schönheit und Wahrheit in Gefühlen und Gesinnungen, in Liebe und Verstand sich darstellt. Die Religion baut im Herzen des Individuums ihre Tempel und Altäre und Seufzer und Gebete suchen den Gott, dessen Anschauung es sich versagt, weil die Gefahr des Verstandes vorhanden ist, welcher das Angeschaute als Ding, den Hain als Hölzer erkennen würde.«

Das Spezifische der protestantischen Form des Weltgeistes erscheint als Entzweiung zwischen einer entzauberten Welt des Verstandes und einer gleichsam nach innen geschlagenen, ästhetisch amalgamierten Religiosität. Im gleichen Zuge, wie die Bilder und das Schöne zu Dingen, sieht Hegel die Religion sich in Empfindung und Innerlichkeit wandeln: »die sehnsuchtsvolle Liebe« hat »ihre erhabene Seite darin, daß sie an keiner vergänglichen Anschauung noch Genusse hängen bleibt, sondern nach ewiger Schönheit und Seligkeit sich sehnt.« (291) Die moderne Subjektivität, wie sie sich nach Hegels eigentümlicher Interpretation im Protestantismus ausspricht, ist unverkennbar ästhetisch konnotiert: Hegel spricht von der »schönen Subjektivität des Protestan-

17 Vgl. Hegel, Georg Wilhelm Friedrich: Differenz des Fichteschen und Schellingschen System der Philosophie, in: Werke, (Theorie-Werkausgabe), hg. von E. Moldenhauer/K.M. Michel, Frankfurt am Main 1969–1979, Werke, Bd. 2, 13.

tismus«, von der »Poesie des Schmerzes«, von der »subjektiven« oder »inneren Schönheit«, vom »schönen« und »lyrischen Sehnen« etc. Von Schleiermachers *Reden* heißt es, »der Protestantismus, der im Diesseits Versöhnung sucht, hat sich auf das höchste getrieben, ohne aus seinem Charakter der Subjektivität herauszutreten.«[18] Die in der Periode des Protestantismus verortete Entzauberung oder Anästhetisierung der gegenständlichen Welt bei gleichzeitiger Ästhetisierung der Innerlichkeit nimmt die Figur des Übergangs von Kunst in Religion bzw. von der klassischen in die romantische Kunstform vorweg.

Der Unterschied zwischen Schleiermacher und Hegel tritt dort ein, wo Hegel die Subjektivität religiöser Gewissheit nicht als Jenseitiges bestehen lässt, sondern durch begriffliche Explikation zugleich objektiviert. Schon die Entfaltung der Religion als einer späten logisch-historischen Stufe des Geistes impliziert deswegen die Distanz zur Konstruktion des romantischen Religionsbegriffs im Sinne Schleiermachers: Religion (als Begriff) ist nicht der Ursprung unvermittelter Identität, sondern in sich bereits hochgradig vermittelt. Dagegen soll die Subjekt-Objektivität der Anschauung des Universums bei Schleiermacher wieder ein Besonderes und Subjektives bleiben, insofern die »Virtuosität des religiösen Künstlers« die Form der Anschauung, letztlich also die Gestalt der positiven Religion bestimmen solle. Tatsächlich spricht Schleiermacher in den *Reden* dem Individuum, das er selbst als Virtuosen bezeichnet, die synthetisierende Kraft zu, als neuer Mittler zwischen Endlichem und Unendlichem das Universum auf je individuelle Weise anschauen zu können. Diese »unheilige Form von Virtuosität in der Religion« hatten zuvor schon Friedrich Schlegel in seiner *Athenäums*-Rezension[19] und Novalis kritisiert.[20]

Zugleich sieht Hegel die Hypertrophierung des Subjekts, die Idee der »Virtuosität des religiösen Künstlers« in eine »Vergöttlichung des Individuums« umschlagen. Kants unerkennbares »Ding an sich« wird gleichsam in die Innerlichkeit des schlechthin individuellen Gefühls

18 Hegel: Glauben und Wissen, in: Werke, Bd. 2, 391.

19 Schlegel, Friedrich: Reden über die Religion in: Athenaeum. Eine Zeitschrift von A.W. Schlegel und F. Schlegel, Berlin 1799, Bd. II. 2, (Nachdruck Dortmund 1989), 298.

20 »Warum kann in der Religion keine Virtuositaet statt finden? Weil sie auf *Liebe* beruht. [...] Die Liebe ist frey – Sie wählt das Ärmste und Hilfsbedürftigste am Liebsten.« Novalis Schriften. Die Werke Friedrich von Hardenbergs. Historisch-kritische Ausgabe, hg. von R. Samuel, Bd. 3, Stuttgart u.a. 1960–1999, 562.

verlagert. Dahinter verbirgt sich für Hegel eine Gefahr, weil die spekulativ angestrebte Versöhnung nur gewährleistet ist, wenn dem Begriff der Subjektivität das Moment der Allgemeinheit innewohnt. Schleiermachers religiös hypertrophierter Individualitätsbegriff würde, wie Hegel schreibt, zu einer »allgemeinen Atomistik«, zu einer Eigenheit der Anschauung, oder, nun geradezu böse, zum Idiotismus als Prinzip der Gemeinde führen; die Gemeindchen und Besonderheiten machten sich bis ins Unendliche geltend. Es wird hier deutlich, dass Hegels Vorbehalte gegenüber Schleiermachers Religionsbegriff vor allem politisch motiviert sind, zumal Hegel die religiöse Atomisierung mit Schleiermachers Gedanken der »aufgeklärten Trennung der Kirche und des Staates« zusammendenkt.[21] Hegel spürt offenbar in Schleiermachers ästhetischer Virtuosen-Religion die Gefahr der Herrschaft Einzelner: denn der Priester wäre so nicht nur Werkzeug, dienender Repräsentant der Gemeinde. Wie dem Virtuosen im Orchester käme ihm eine besondere, durchaus nicht herrschaftsfreie Rolle zu.

Neben dieser politisch motivierten Argumentationslinie lässt sich ein zweiter Argumentationszusammenhang erkennen, der mit dem Werkcharakter der Kunst zu tun hat. Im polemischen Teil seiner Darstellung des Schleiermacherschen Religionsbegriffs spielt Hegel mit dessen Begriff des virtuosen oder religiösen Künstlers und wirft Schleiermacher vor, er perenniere die »Kunst ohne Kunstwerk«.[22] Die religiöse Äußerung verbleibe als »schlechthin Inneres« und objektiviere sich nicht zum Kunstwerk. Diese Polemik ist bei Hegel doppeldeutig: zum einen könnte sie bedeuten, dass Hegel das religiöse Gefühl Schleiermachers im Kern für ein ästhetisches hält; zum anderen hatte Hegel bereits Jacobi vorgehalten, dass er sich mit der »subjektiven Schönheit dem Protestantismus nähert, welcher den Umgang mit Gott und das Bewußtsein des Göttlichen nicht in der sättigenden Objektivität eines Kultus [...] erkennt, sondern [...] die fixe Form eines inneren behält.« (389) Wenn Hegel Schleiermacher vorhält, das »schlechthin Innere« nehme nicht die »wahrhafte Äußerung eines Kunstwerks« an, dann formiert sich hier eine Figur, die Hegel später ausführt: dass eben der Übergang von der Kunst zur Religion darin bestehe, dass die äußere Anschauung in die Innerlichkeit oder Vorstellung der Subjektivität zurückgeht.

21 Hegel: Glauben und Wissen, 392.
22 Hegel: Glauben und Wissen, 392.

Das Ende von *Glauben und Wissen* verdeutlicht, dass Hegel das Absolute oder die Religion nur in begrifflich-philosophischer Form und als Vermittlung im Endlichen explizieren will. Im Unterschied zu Schleiermachers Idee des virtuosen, religiös-ästhetischen Mittlers, der Hegel eine »Vergöttlichung des Subjekts« vorwirft, führt Hegels spekulative Interpretation der Kreuzigung zu einer religiösen Vergleichgültigung der Welt, des Individuums und der Kunst. In der Entfaltung der »romantischen Kunstform« wird dieser Gedanke wiederkehren: dem Christentum (als Protestantismus) entspricht letztlich ein Beliebig-Werden der Gegenstände der Kunst, aber diese Beliebigkeit (etwa in der holländischen Malerei) wäre keine einfache Profanierung, sondern entspräche eben gerade darin der Konsequenz des Protestantismus – zumindest in seiner Hegelschen Interpretation.

Hegels spekulativ-genetische Verknüpfung von Kunst und Religion insbesondere in dessen Ästhetikvorlesungen hat einen wesentlichen Grund in der zeitgenössischen Abwehr romantisch-religiöser Denkfiguren der Unmittelbarkeit. Der Kernpunkt besteht darin, dass Hegel die christliche Religion im gleichen Zuge wie die Religion verabschiedet, oder schärfer gefaßt: die Kunst verabschiedet, weil es ihm um die begriffliche Aufhebung der Religion geht.[23] Beide Objektivationsformen werden zur Erinnerung, die nur begrifflich bewahrt werden kann. Die christliche Offenbarungsreligion ist im Kern die Einsicht in das Ende der Religion als Tod Gottes. Im Christentum selbst ist dessen spekulative Aufhebung angelegt. Hegels spekulative Interpretation des Christentums ist nicht vorrangig als Versuch zu interpretieren, die Religion zu retten; vielmehr ist umgekehrt in der spekulativen Fassung ein religionskritisches Moment zu erkennen, wobei Hegel das Dilemma der Aufklärung, in der bloßen Negativität gegenüber der Faktizität des Religion zu verharren, gleichzeitig geistig aufheben will.

In der *Phänomenologie des Geistes* tritt die These vom Vergangenheitscharakter der Kunst bereits klar hervor. Wie andere Formen des absoluten Geistes kommen die Künste, bezogen auf die geschichtliche und weltanschauliche Struktur, die sie repräsentieren, gleichsam immer zu spät. Die Kunst, zumindest die absolute Kunst, repräsentiert je nur Vergangenes. Hegel formuliert allgemeiner: die Religion tritt in ihrer Vollendung erst im Scheiden ihrer Grundlagen auf. Das Epos selbst ist,

23 Jaeschke, Walter: Kunst und Religion, in: Flucht in den Begriff. Materialien zu Hegels Religionsphilosophie, hg. v. F.W. Graf/F. Wagner, Stuttgart 1982, 184.

im Unterschied zum Kult, Erinnerung. Hegel gibt ein Kriterium an, das man als ein solches der Aufhebung von Religion interpretieren könnte: »Denn das Vorgestellte hört nur dadurch auf, Vorgestelltes und seinem Wissen fremd zu sein, daß das Selbst es hervorgebracht hat, und also die Bestimmung des Gegenstandes als die seinige, somit sich in ihm anschaut.«[24] Vorstellung ist für Hegel eine Stufe, wo die Religion ihre lebendige Kraft verloren und sich vergeistigt in die Innerlichkeit zurückgezogen hat.

Hegels Absage an die Kunstreligion ist mit einer scharfen Kirchenkritik verbunden, die er aber weniger in seinen veröffentlichten Schriften, sondern in den Vorlesungen artikulierte. Er entwickelt hier einen Gegensatz zwischen Kunst und dem frommen Geist, denn »die plattesten Bilder, ganz schlechte, häßliche Darstellungen [sind weit mehr geeignet] das Göttliche zu vergegenwärtigen. Die Erfahrung kann es denn auch beweisen, daß die Frömmigkeit, sofern sie Bilder *anbetet*, weit weniger *echte* Kunstwerke verehrt. Denn diese führen zu einer inneren Befriedigung und Freiheit, dahingegen jene Frömmigkeit mehr in dumpfer, bewußtloser Abhängigkeit schweben will.« Hegel erklärt die Entstehung der modernen Kunst in der italienischen Renaissance aus einem Prinzip, das gegen die Kirche gerichtet war: mit der Entstehung von Kunstwerken, die sinnlicher Ausdruck des rein Geistigen seien, »ist die Kunst schon aus dem Prinzip der Kirche herausgetreten.«[25]

24 Hegel, Georg Wilhelm Friedrich: Phänomenologie des Geistes, neu hg. von H.-F. Wessels und H. Clairmont, Hamburg 1988, 451.

25 Hegel: Vorlesungen über die Philosophie der Weltgeschichte, hg. von G. Lasson, Bd. 2, Berlin 1970 869.

Religion und Soziologie

Hubert Knoblauch

Einführung

Dieser Beitrag enthält zwei grundlegende Teile. Wie der Titel ankündigt, sollen im ersten Teil die wesentlichsten Merkmale der soziologischen Beschäftigung mit der Religion skizziert werden. Es handelt sich hierbei um eine allgemeine Übersicht über die Religionssoziologie.[1] Im zweiten Teil möchte ich dann auf Erklärungen der Veränderungen der Situation der Religion in der heutigen Gesellschaft eingehen, wie sie unter den Titeln der »Resakralisierung« und »Entsäkularisierung« behandelt werden. Im dritten Teil werde ich mich einer besonderen Beschreibung dieser Situation zuwenden, die als »Privatisierung« bzw. »Deprivatisierung« bezeichnet wird. Dieser Teil wird mit der These enden, dass sich an der so genannten »Deprivatisierung« ein Strukturwandel der Religion offenbar, der Raum gibt für eine »öffentliche«, »populäre Religion«.

1.

Gegenstand der Religionssoziologie ist die gesellschaftliche Verfasstheit von Religion und ihre Veränderungen. Denn was immer Religion für den einzelnen Menschen bedeutet, auf welche Wirklichkeit sich religiöse Erfahrung, religiöses Handeln und Glaube immer beziehen mag – Religion nimmt immer auch eine soziale Gestalt an. So werden Kirchen oder Sekten als Formen sozialer Institutionen, charismatische Führer

1 Eine ausführlichere Darstellung findet sich in KNOBLAUCH, HUBERT: Religionssoziologie. Berlin/New York 1999. Eine Skizze der jüngeren religionssoziologischen Entwicklungen findet sich in: Ders., Über den Tellerrand hinaus – Empirische Religions- und Kirchensoziologie im internationalen Kontext, Praktische Theologie 1 (2004), 33–37; Teile des vorliegenden Beitrages sind eine überarbeitete Fassung des Artikels »Religionssoziologie«, in: H. Gasper/J. Müller/F. Valentin (Hg.), Lexikon neureligiöser Gruppen, Szenen und Weltanschauungen, Freiburg (im Druck).

oder Propheten als soziale Rollen oder Identitäten, und Dogmen oder Predigten als Formen sozialen Wissens, sozialer Handlungen oder sozialer Kommunikation verstanden, in denen das Verhältnis des Individuums zur Gesellschaft auf eine spezifische, von anderen institutionellen Bereichen (Wirtschaft, Politik usw.) unterscheidbare Weise gestaltet wird.

Diese Erkenntnis bildet den Ausgangspunkt der Religionssoziologie. Sie betrachtet Religion und Gesellschaft nicht als zwei getrennte Bereiche. Vielmehr weist die Religion eine soziale Dimension auf, die ihre Inhalte mitbestimmt, und die Gesellschaft weist eine »religiöse« Dimension auf, die ihr Sinnhaftigkeit und Ordnung verleiht. So überrascht es nicht, dass einer der Begründer der Religionssoziologie, der französische Soziologe Emile Durkheim in seinen Untersuchungen der elementarsten Formen der Religion in einfachen Gesellschaften zum Schluss kam, dass sich Religion und Gesellschaft auf eine solche Weise überschneiden, dass der Glaube an eine Wirklichkeit der Religion in der Existenz einer überindividuellen, sozialen Ordnung begründet sei. Religion erfüllt demnach eine wesentliche Funktion zur Konstruktion, Aufrechterhaltung und Veränderung der sozialen Ordnung – wenigstens in einfachen Gesellschaften. Weil diese Ordnung von Menschenhand gemacht wird, gilt die Religion aus soziologischer Sicht als ein sozio-historisches Gebilde, das von Menschen erdacht, in Kommunikation »offenbart«, in Handlungen realisiert und von Experten zu Sinnsystemen ausgebaut wird, die in einer engen Beziehung zur sozialen Ordnung stehen.[2] Dies zeigt sich im großflächigen soziologischen Vergleich etwa daran, dass sich die Theologien kriegerischer Gesellschaften von denen solcher Gesellschaften unterscheiden, die auf Handel gegründet sind, dass die Jenseitsvorstellungen hierarchischer Gesellschaften anders aussehen als die egalitärer und dass Menschen in städtischen Kulturen andere religiöse Erfahrungen machen als solche in ländlichen-bäuerlichen Kulturen.

Die Ordnung menschlicher Gesellschaften ist nicht von den einzelnen unabhängig. Sie existiert nur in und durch die Handlung der in ihr versammelten Individuen. Religion tritt deswegen nicht nur als abstrakte Ordnung auf. Religiöse Vorstellungen gehören zu den wichtigsten Sinnelementen, die menschliches Handeln orientieren. Es war der zweite Begründer der Religionssoziologie, Max Weber, der die entschei-

2 Durkheim, Emile: Die elementaren Formen des religiösen Lebens (1912), Frankfurt am Main 1981.

dende Rolle der Religion für die Orientierung alltäglicher Handlungen herausstellte. Selbst das wirtschaftliche Handeln ist demnach von Orientierungen geleitet, die sich aus religiösen Vorstellungen ergeben. Die Entwicklung der abendländischen Form des Kapitalismus und der empirisch-rationalen Wissenschaft sind nicht möglich ohne den Berufsgedanken, ohne den Prädestinationsgedanken und die »innerweltliche Askese« des Protestantismus.[3]

Gleichwohl ist die Religion für die Soziologie kein einfacher Gegenstand. Das zeigt sich an den Problemen, sie begrifflich zu erfassen. Um ethnozentrische Gleichsetzungen abendländischer Vorstellungen der Religion mit ähnlichen Phänomenen in anderen Kulturen zu vermeiden und eine Vergleichsmöglichkeit zu schaffen, werden vielfach bestimmte Grundfunktionen identifiziert, wie etwa Nomisierung (Berger), Transzendendieren (Luckmann) oder Kontingenzbewältigung (Luhmann). Diese Versuche eines umfassenden *wissenschaftlichen Oberbegriffes* für das, was wir Religion nennen, sollten deswegen vom kulturspezifischen Begriff der Religion unterschieden werden. Gerade in europäischen Gesellschaften ist es häufig sinnvoll, den *institutionell vorherrschenden Begriff der Religion*, wie er von Kirchen vertreten wird, von einem (äußerst vielfältigen) *Alltagsbegriff* zu unterscheiden, den Mitglieder und Nichtmitglieder der religiösen Organisation teilen.[4]

Diese Unterscheidung macht deutlich, dass die *soziologische Betrachtungsweise* von Religion besondere Eigenheiten aufweist. Diese Perspektive zeichnet sich durch drei Merkmale aus: Sie betrachtet Religion aus einem strikt immanenten Blickwinkel, sie ist wertneutral, und sie untersucht Religion mit Blick auf ihre Rolle für den Umgang zwischen den Menschen, für die Orientierung des sozialen Handelns und für die Legitimierung sozialer Ordnung. Dabei richtet sich die Religionssoziologie sowohl auf die im Handeln erzeugten sozialen Strukturen (z.B. liturgische Rituale) wie auf die Organisationsstruktur religiöser Bewegungen und die von ihnen getragenen Wissenssysteme. Sie geht davon aus, dass auch vermeintlich individuelle, subjektive religiöse Erfahrungen, Empfindungen und Vorstellungen oftmals auf kulturellen Mustern beruhen, die in besonderen Gesellschaften und deren Untergliede-

3 Weber, Max: Die Protestantische Ethik und der ›Geist‹ des Kapitalismus (1904), in: Gesammelte Aufsätze zur Religionssoziologie I, Tübingen 1988, 17–206.

4 Diese Unterscheidung knüpft an bei: Schütz, Alfred: Wissenschaftliche Interpretation und Alltagsverständnis menschlichen Handelns, in: Gesammelte Aufsätze. Bd. 1: Das Problem der sozialen Wirklichkeit, Den Haag 1971, 3–54.

rungen vorherrschen. Zu den Gegenständen der Religionssoziologie zählen damit auch ungewöhnliche, verborgene oder jenseitige Wirklichkeiten, aber nur insofern sie eine Bedeutung für die Handelnden haben, in ihr Handeln eingehen und damit auch wirklich wird.[5]

Die soziologische Betrachtungsweise zeichnet sich, wie gesagt, zudem dadurch aus, dass sie strikt immanent verfährt. Auch was religiöse Phänomene angeht, konzentriert sie sich hauptsächlich auf das, was auch anderen Menschen in ihrem Alltag intersubjektiv zugänglich ist. Geister, Götter und Dämonen sind für sie insofern von Interesse, als sie Folgen für das Handeln der Menschen haben. Unabhängig vom Urteil, ob sie »objektiv« existieren, treten sie in Gesprächen und Gebeten, Ritualen und Symbolen, Gemeinschaften und Organisationen sozial in Erscheinung. Diese immanente Betrachtungsweise enthält sich deswegen eines Urteils darüber, ob die in den sozialen Formen verkörperten Wesenheiten, Kräfte und Wirklichkeiten existieren. Ihr geht es also auch nicht um das »Wesen« der Religion, sondern um ihre sozialen Formen und handlungsorientierenden Inhalte.

Damit verbunden ist ein weiteres Merkmal der soziologischen Betrachtungsweise: Die Wertneutralität. Das bedeutet, dass sie nicht darauf zielt, Handlungsmaximen zu formulieren, Moral zu predigen oder über die Existenz oder Nichtexistenz dessen, woran Menschen glauben, Urteile zu fällen. Mit Bezug auf religiöse Phänomene ist deswegen auch von einem methodologischen Agnostizismus die Rede.

Natürlich wirft der Versuch, mit solch vorbelasteten Werten besetzte Gegenstände »wertneutral« zu untersuchen, besondere Schwierigkeiten auf. Die Religionssoziologie versucht diesen Schwierigkeiten mit ihrer *wissenschaftlichen Vorgehensweise* zu begegnen. Dazu gehört einmal eine mittlerweile ausgebaute Methodologie, die sich mit der Frage nach den Bedingungen der Möglichkeit wissenschaftlicher Erkenntnis auch auf dem Gebiet des religiösen Lebens beschäftigt. Zum zweiten hat die Soziologie eine beeindruckende Zahl wissenschaftlicher Methoden entwickelt, mit der sie zu haltbaren, verlässlichen und intersubjektiv glaubwürdigen Aussagen zu gelangen sucht. Dazu gehören nicht nur die auch in der Religionssoziologie gebräuchlichen standardisierten Methoden der Umfrageforschung und die damit verbundenen statisti-

5 Das ist eine Umformulierung des berühmten Thomas-Theorems. Vgl. Thomas, William I./Thomas, Dorothy S.: The child in America. Behavior, problems, and progress, New York 1928, 572.

schen Verfahren. Gerade um die Besonderheit der religiösen Wirklichkeiten zu erfassen wurden besonders in jüngerer Zeit auch viele qualitative Methoden entwickelt, die von Interviews über die qualitative Inhalts- und Kommunikationsanalyse bis hin zu den komplexeren Verfahren der ethnographischen Feldforschung reichen.

Die Wissenschaftlichkeit ihrer Fragestellung wird schließlich durch eine ausgeprägte Theorieproduktion gesichert, die es erlaubt, religiöse Phänomene aus einer gesicherten Distanz der Wissenschaft verstehen und erklären zu können. Die Religionssoziologie hat eine große Zahl fruchtbarer Theorien hervorgebracht, die in der Theologie, in der Anthropologie, der Religionswissenschaft u.a. ihren Niederschlag finden und Modelle zur Erklärung der Rolle der Religion insbesondere in der modernen Gesellschaft bereitstellen.

Diese Theorien zielen nicht auf Sinngebung, denn die Religionssoziologie will weder Religion noch Ideologie noch Glaubensinhalt sein. Ihr wesentliches Ziel besteht vielmehr in der wissenschaftlichen Beobachtung der religiösen Entwicklungen innerhalb der Gesellschaft. Wissenschaftliche Beobachtung schließt die Verfolgung praktischer Interessen (z.B. religiöser Gruppierungen) ebenso aus wie die Befriedigung einer massenmedialen Sensationslust, sondern soll das leisten, was man als Beobachtung der Religion bezeichnen kann. Denn die Religion in der modernen Gesellschaft zeichnet sich durch rasche Veränderungen und eine Vielzahl von Erscheinungsformen aus. Die Diskussion um die abnehmende Rolle der Kirchen, die vieldiskutierte Bedrohung durch Sekten, fundamentalistische Bewegungen und das Auftreten östlicher, okkultistischer oder esoterischer Glaubensinhalte – all das wirft die Frage danach auf, welche Rolle die Religion in der modernen Gesellschaft und für den heutigen Menschen spielt. Diese Frage gewinnt dadurch noch an Dringlichkeit, dass auch zunehmend anscheinend nichtreligiöse Sinnsysteme die Rolle einnehmen können, die man herkömmlich den Kirchen und Denominationen zuschrieb. Und diese religiösen Entwicklungen sind zudem eingebettet in Prozesse der Pluralisierung, der Globalisierung, der Individualisierung und Privatisierung, die zu einer immer größeren Komplexität der Gesellschaft führen: Lebensformen wie Weltansichten vervielfältigen sich, die Lebensführung wird immer weniger von der Zugehörigkeit zu Klassen, Schichten, Berufständen etc. abhängig und die Gesellschaft bildet immer mehr institutionalisierte Sonderfunktionen aus.

2.

Die religionssoziologische »große Erzählung« der religiösen Entwicklungen schien lange die seit der Aufklärung verbreiteten Vorstellungen der Rationalisierung und Entzauberung fortzuschreiben, die ein Ende der Religion vorhersahen. Es gibt auch gute Gründe, die religionssoziologische Beschäftigung mit der Religion selbst als einen aktiven Beitrag zur Säkularisierung der modernen Gesellschaft anzusehen.[6] Tatsächlich wird die Annahme einer sich kontinuierlich und dabei linear säkularisierenden Gesellschaft zunehmend als ein statistisch aufgepäppelter moderner Mythos entlarvt[7], der als eigenständige »große Erzählung« die Moderne in ihrer Selbstwahrnehmung begründet. In jüngerer Zeit ist immer häufiger von einer Resakralisierung oder von einer Entsäkularisierung die Rede. Freilich ist diese Diagnose nicht unumstritten. Nach wie vor gibt es energische Vertreter einer recht entschiedenen Säkularisierungsthese, wie etwa Steve Bruce.[8] Säkularisierung ist für ihn ein selbstverständlicher Teil der Moderne. Die rasante Ausdifferenzierung der Sozialstruktur in zahlreiche Subsysteme, die eigenen Regeln mit ihren je besonderen Ziel- und Wertsetzungen folgen, sowie die Bürokratisierung, die Urbanisierung und eine wachsende Rationalisierung führen, so Bruce, auf lange Sicht zu einer Auflösung umfassender religiöser Deutungsmuster.

Was als soziologischer Gemeinplatz erscheint, wird jedoch nicht mehr von allen geteilt. So setzt die englische Soziologin Grace Davie dagegen »that secularization is not a universal process, but belongs instead to a relatively short and particular period of European history which still assumed [...] that whatever characterized Europe's religious life today would characterize everyone else's tomorrow«.[9] Noch schärfer formuliert Peter Berger die These der Entsäkularisierung der Moderne: Die Annahme der Säkularisierung mag zwar für Europa zutreffen. Ansonsten handele es sich aber um ein Trugbild, das von einer areligiösen Intelligentsia gezeichnet werde.[10] Wir hätten es vielmehr mit einer

6 MILBANK, JOHN: Theology and Social Theory. Beyond Secular Reason, Oxford 1990.

7 So schon von LUCKMANN, THOMAS: Secolarizzazione. Un mito contemporaneo, Cultura e Politica 14 (1969), 175–182.

8 BRUCE, STEVE: Choice and Religion. A Critique of Rational Choice Theory, Oxford 1999.

9 DAVIE, GRACE: Religion in Modern Europe. A Memory Mutates, Oxford 2000, 1.

10 BERGER, PETER L.: The desecularisation of the world, in: Ders. (Hg.), The Descularisation of the World: Resurgent Religion and World Politics, Washington 1999, 1–18.

Wiederverzauberung, einer Resakralisierung, einer Renaissance der Religion zu tun. Dabei wird jedoch bemerkt, dass diese Entwicklung global sehr unterschiedlich ausfällt: Während Europa eine Insel der Säkularisierung bleibe, blühe die Religion in fast allen anderen Gegenden der Welt auf.[11]

Für diese Veränderung der religiösen Situation gibt es eine Reihe von Erklärungen, die hier im Einzelnen nicht aufgeführt werden können. Stattdessen möchte ich einige Modelle skizzieren, mit denen dieser Umschwung konzipiert wird.

Seit Hobbes wird als eine der möglichen Erklärungen ein *zyklisches Modell* verwendet: Die Religion durchlebt historische Phasen des Aufstiegs und Niedergangs. So sehen Cholvy und Hilaire ein Anwachsen der Religion bis 1760, dann einen Rückzug bis 1810/35, eine erneute Erweckung bis etwa 1860, wieder einen Rückzug bis 1910, einen neuen Anstieg bis etwa 1960 und seither einen neuen Rückgang.[12] In etwas längeren Phasen veranschlagt Alain Touraine diese Entwicklung.[13] In weniger universalhistorischen Zügen taucht dieses Modell auch einfach als »Wiederverzauberung« auf[14], das an die Deutungslinie der *Postmoderne* anschließt. Diese erschien in theologischer Hinsicht in den 1980er Jahren zunächst als eine Möglichkeit, das Phänomen des »New Age« bzw. der alternativen Religiosität zu erfassen, die ja in ihrer individualistischen Vervielfältigung mustergültig der postmodernen Bricolage zu entsprechen schien.[15] Je deutlicher aber die Persistenz vermeintlich traditionalistischer Formen der Religion (vor allem in den USA) wurde, umso mehr verschob sich auch das Schwergewicht der postmodernen Deutung auf die Resakralisierung: auf die rationalistische Moderne folge eine wiederverzauberte, irrationale Postmoderne.[16]

11 Ausführlicher dazu Knoblauch, Hubert: Ganzheitliche Bewegungen, Transzendenzerfahrung und die Entdifferenzierung von Kultur und Religion in Europa, Berliner Journal für Soziologie 3 (2002), 295–307; ders.: Europe and the Invisible Religion, Social Compass 50 (2003), 267–274.

12 Cholvy, Gérard/Hilaire, Yves M.: Histoire religieuse de la France contemporaine 1830–1988, Toulouse 1988, 486–499.

13 Touraine, Alain: Critique de la Modernité, Paris 1993, 291ff.

14 Bell, Daniel: The Return of the Sacred, in: The Winding Passage, Cambridge 1980, 324ff; Lübbe, Hermann: Religion nach der Aufklärung, Graz/Wien/Köln 1988; Oelmüller, Wilhelm (Hg.): Wiederkehr von Religion?, Paderborn/München/Wien/Zürich 1984.

15 Heelas, Paul (Hg.): Religion, Modernity and Postmodernity, Oxford 1988.

16 Flanagan, Kieran/Jupp, Peter C. (Hg.): Postmodernity, Sociology and Religion, London 1996.

Eine Variante dieser Erklärungslinie kann als *späte Moderne* bezeichnet werden. Sie betont die zunehmende Reflexivität der Moderne, aber auch die Reflexion der Tradition – darunter auch der religiösen Tradition, die zum »reflexiven Traditionalismus« wird.[17] Spätmodern wird Religion als Instrument zum Schutz vor den Risiken der Moderne verstanden, die aufgrund ihrer gemeinschaftlichen Potential selbst in der kritischen Theorie noch zum Pendant (oder Ersatz) einer kommunikativen Rationalität werden kann.

Während diese zyklischen geschichtsphilosophischen Modelle einen Allgemeinheitsanspruch erheben, gibt es verschiedene Versuche, die *differentielle Entwicklung der Religion* zu erklären, wie sie besonders in der Differenz zwischen Europa und den Vereinigten Staaten zum Ausdruck kommt.

Beispielhaft dafür ist das *Marktmodell des »Neuen Paradigmas«*. »Markt« ist hier keineswegs als Metapher gemeint, sondern wird als Grundprinzip der Regulierung von Religion verstanden. Es sei gerade die Konkurrenz zwischen religiösen Organisationen auf einem freien Markt, die zum dauerhaften Fortbestand, ja zur verstärkten Religiosität der Menschen beitrage.[18] Je mehr Konkurrenz zwischen Religionen herrsche, umso religiöser seien die Menschen. Eine Störung der Konkurrenz führe auch zu einer Schwächung der Religion. Genau dies nun sei in Europa der Fall: Während etwa in den Vereinigten Staaten der freie Markt der Religion die enorm hohe Religiosität der Bevölkerung erkläre, seien die monopolistischen Tendenzen der europäischen Religion schuld an der abnehmenden Religiosität der Europäer. Dieses Modell ist mit der Vorstellung der *Globalisierung* der marktgängigen Religion verknüpfbar: Religiöse Exporte werden, wenn schon nicht geschaffen, so doch im Wesentlichen von den religiös marktaktiven Gesellschaften vertrieben. Fuss spricht hier vom »Pizza-Effekt«:

> »Nach dem Modell der Pizza, die als einfaches Gericht der populären Küche Süditaliens auf dem Umweg über ihre Aufblähung und Standardisierung in Amerika mittlerweile als *fast-food* der Schickeria nach Europa zurückgekehrt ist, kann auch das Gedankengut des New Age wie des evangelikalen Funda-

17 Giddens, Anthony: Modernity and Self-Identity. Self and Society in the Late Modern Age, London 1991.

18 Stark, Rodney/McCann, James: Market Forces and Catholic Commitment: Exploring the New Paradigm, JSSR 32 (1993); Warner, Stephen: Work in progress toward a New Paradigm for the Sociological Study of Religion in the United States, American Journal of Sociology 98 (1993), 1044–1093.

mentalismus eine transatlantische Bewegung genannt werden, insofern seine Gedanken aus Europa stammend, im liberalen Klima Amerikas umgeformt, heute wieder in Europa Furore machen«.[19]

Tatsächlich stammt ein Großteil der religiösen Innovationen seit dem Zweiten Weltkrieg aus den USA – und dazu gehören auch die über die USA gefilterten buddhistischen und hinduistischen Lehren.

Begegnet wird diese These mit einer noch differentielleren Betrachtung, wie sie vielleicht Riesebrodt am deutlichsten formuliert: Säkularisierung und Rückkehr der Religion sind gleichzeitige Prozesse, die sich in verschiedenen Kulturmilieus vollziehen.[20] Gegen die neoliberalen Ansichten eines »säkularen Europas« wenden sich insbesondere europäische Forscher. Vor dem Hintergrund der italienischen Situation betont etwa Diotallevi, daß Italien trotz einer offensichtlichen Monopolstellung der katholischen Kirche enorm hohe Werte für Kirchlichkeit und Religiosität aufweise, die mit denen der USA durchaus vergleichbar seien. Diotallevi führt diese Lebendigkeit auf die interne Differenzierung innerhalb der katholischen Kirche in Italien zurück.[21] (Das gilt nicht nur für Italien, sondern auch für Irland oder Polen.) In der Folge des europäischen Einigungsprozesses, inhaltlich aber auch als Reaktion auf das New Paradigm, hat die europäische Religionssoziologie in den letzten Jahren deutlich gemacht, wie vielfältig und uneinheitlich die religiöse Situation in Europa ist, so daß es nicht statthaft erscheint, Europa über einen Kamm zu scheren.[22]

Die europäische Situation scheint mehr denn andere durch ein Merkmal charakterisiert zu sein, das als Privatisierung bezeichnet wird. Privatisierung bedeutet ursprünglich, dass sich die Religion aus der Öffentlichkeit und den Institutionen in die Sphäre des Privaten zurückzieht. Doch auch gegen diese Beschreibung der Privatisierung wird eingewandt, dass in jüngerer Zeit ein Prozess der Deprivatisierung ablaufe. Diese Position wird sehr prominent von Casanova vertreten. Im

19 Fuss, Michael: Hoffnung auf den Wassermann. Endzeitmystik der begrenzten Zeit, in: H. Gasper/F. Valentin (Hg.), Endzeitfieber. Apokalyptiker, Untergangspropheten, Endzeitsekten, Freiburg 1997, 88–99: 94f.

20 Riesebrodt, Martin: Die Rückkehr der Religionen, München 2000.

21 Diotallevi, Luca: Il rompicapo della secolarizzazione italiana. Caso italiano, teorie americane e revisione del paradigma della secolarizzazione, Mailand 2001.

22 Vgl. Grace, Davie: Religion in Modern Europe: A Memory Mutates, Oxford 2000; Campiche, Roland J. (Hg.): Cultures jeunes et religions en Europe. Paris 1997; Davie, Grace/Hervieu-Léger, Danièle: Identités religieuses en Europe, Paris 1996.

Folgenden werden zunächst die mit der Privatisierungsthese verbundenen Auffassungen skizziert. Dabei gehe ich insbesondere auf die von Casanova bezogenen Position ein, die ich schließlich einer Kritik unterziehe.

3.

Die *Privatisierung der Religion* ist ein Phänomen, das seit Beginn der 1960er Jahre in der religionssoziologischen Diskussion identifiziert wird. Dabei lassen sich drei bedeutsame Begriffe der Privatisierungsthese der Religion unterscheiden.[23]

Talcott Parsons und Robert Bellah sehen eine Verschiebung der öffentlichen Funktion der Religion auf andere kulturelle Formen, wie etwa die Zivilreligion. Die Privatisierung beschränkt sich deswegen auf das Verhältnis der einzelnen zu den herkömmlichen religiösen Institutionen.[24] Vor allen Dingen der Pluralismus dieser Institutionen, von denen keine den Charakter einer öffentlichen Verpflichtung hat, ist die Ursache dafür, dass Religion zu einer privaten Angelegenheit wird – also privatisiert.

Auch bei Thomas Luckmann nimmt die Privatisierung eine bedeutende Stelle ein. Dabei schließt er an den Überlegungen von Parsons an.[25] Mit der Pluralisierung und der Marktorientierung kommt es auch seiner Auffassung nach zur Privatisierung der Religion. Die religiösen Institutionen dienen zwar noch als Dienstleistungsanbieter und treten als symbolisch-repräsentative Institution in Erscheinung, sie stellen aber immer weniger Ansprüche an ihre Mitglieder. Deswegen hat die Zugehörigkeit zu einer Kirche immer weniger Auswirkung auf die

23 Stephen Hart unterscheidet sogar sechs Aspekte der Privatisierung: Religion ohne Kirche (z.B. Partizipation an religiöser Kommunikation via Massenmedien); religiöse Gemeinschaften als freiwillige Vereinigungen; die individuelle theologische Verantwortung der einzelnen Person; der religiöse Subjektivismus, der Religion vorrangig im Erfahrungsbereich des Subjekts ansiedelt; die Trennung zwischen religiösen Anliegen und denen anderer Funktionsbereiche; der Markt der Religionen, auf dem Individuen ihre persönlichen Bedürfnisse decken können. HART, STEPHEN: Privatization in American religion and society, SocAn 47 (1987), 319–334.

24 BELLAH, ROBERT: Beyond Beliefs: Essays on Religion in a Post-Traditional World, New York 1970; PARSONS, TALCOTT: Religion in modern pluralist society, ReRelRes 7 (1966), 125–146; DERS.: Religion in post-industrial America: The problem of secularization, Social Research 41 (1974), 193–225.

25 LUCKMANN, THOMAS:: Die unsichtbare Religion (1967), Frankfurt 1991.

Werte, Einstellungen und Lebensformen der Mitglieder. Zugleich ist die kirchliche Religion immer weniger in der Lage, die für die Menschen wichtigen Themen aufzunehmen, die zunehmend um ihre individuellen Probleme, um ihre Selbstverwirklichung und damit um ihre Privatsphäre kreisen. Die Privatsphäre ihrerseits ist in verschiedene Institutionen eingebettet, zu denen – neben der Familie – immer mehr andere »sekundäre Institutionen« zählen, die auch als Sinnanbieter für die einzelnen Personen auftreten können. Dazu gehören etwa Therapie-, Beratungs- und Lebenshilfeeinrichtungen, Selbsthilfegruppen, aber auch mediale Versorger von Sinnangeboten. Mit Berger[26] geht auch Luckmann davon aus, dass die zunehmende Differenzierung und Rationalisierung moderner Gesellschaft zu einer wachsenden Isolierung des Individuums von den vorherrschenden sozialen Strukturen – und damit auch von den traditionellen Religionsgemeinschaften – führt. Da die institutionelle Religion die Aufgabe der Sinnvermittlung nicht mehr erfüllen kann, wird diese dem Individuum überlassen, das sie mittels der sekundären Institutionen zu bewältigen sucht.

Aus der Sicht von Niklas Luhmann zeichnet sich das wesentliche Merkmal gesellschaftlicher Teilbereiche durch die Unterscheidung zwischen professionellen und komplementären Rollen aus. War es die Zugehörigkeit zu besonderen Statusgruppen (wie Handwerker, Adel oder Bürgertum), die in früheren Gesellschaftstypen über den Zugang zu Reichtum, Macht und Wissen entschied, wird dieser Zusammenhang in der gegenwärtigen, funktional differenzierten Gesellschaft aufgelöst. Neben der Funktion der Person durch ihre funktionale Rolle (als Arzt, Politiker, Priester usw.) besetzt sie auch komplementäre Rollen – als Patient, Wahlberechtigter, Konsument, Gläubiger –, die den Zugang zu den Leistungen der entsprechenden, funktional differenzierten gesellschaftlichen Teilsysteme widerspiegeln: dem politischen System, dem Wirtschaftssystem oder der Religion. Das Private stellt für Luhmann die Zusammenfassung dieser verschiedenen komplementären Rollen dar. Durch die komplementären Rollen »partizipiert« die Person zwar auch an den funktionalen Systemen, doch sind diese Rollen ebenso stark von nicht-funktionalen Merkmalen der Person geprägt, wie dem Lebensstil, der Persönlichkeit und den subjektiven Präferenzen. Diese Merkmale bilden die Grundlage für die Entscheidung zur

26 Berger, Peter L.: Zur Dialektik von Religion und Gesellschaft. Elemente einer soziologischen Theorie, Frankfurt am Main 1973.

Teilnahme an Religion und der Mitgliedschaft an religiösen Organisationen. Deswegen spricht Luhmann auch von einer »Privatisierung der Entscheidung zur Religion«.

Gegen den Begriff der Privatisierung wendet schon Robertson ein, dass es sich dabei um eine aus dem Abendland stammende, ethnozentrische Kategorie handele, die vom Prozess der Globalisierung relativiert werde.[27] Die Globalisierung drücke sich in der zunehmenden öffentlichen Rolle der Religion, ja einer Politisierung der Religion aus.[28] Zugleich mischten sich politische Institutionen immer mehr in bislang als privat betrachtete religiöse Angelegenheiten der Menschen ein (Abtreibung, Kopftuch), was mit dem Begriff der »religionization« bezeichnet wird.

Diese neue öffentliche Rolle der Religion regte Casanova zur radikalen These der *Entprivatisierung* an, mit der wir uns hier beschäftigen müssen. Unter Entprivatisierung oder »Deprivatization« versteht er zunächst »the process whereby religion abandons its assigned place in the private sphere and enters the undifferentiated public sphere of civil society to take part in the ongoing process of contestation, discursive legitimation, and redrawing of the boundaries«.[29] Mit der These der Entprivatisierung geht Casanova zweifellos die Vorstellung einer fortgesetzten Säkularisierung an. Allerdings unterscheidet er verschiedene Versionen der Säkularisierungsthese: Die These des religiösen Niedergangs, die These der Säkularisierung als Differenzierung und der Säkularisierung als Privatisierung. Es ist insbesondere diese dritte Version, der er widerspricht.[30] Um sein Argument zu verstehen und um mein Argument entfalten zu können, ist es nötig, seine Vorstellungen von Privatisierung kurz zu skizzieren. Erst auf dieser Grundlage kann richtig verstanden werden, was er mit Deprivatisierung meint.[31]

27 Robertson, Robert: Globalization, politics, and religion, in: J. Beckford/Th. Luckmann (Hg.): The Changing Face of Religion, London 1989, 10–23.

28 Vgl. dazu Beyer, Peter: Religion and Globalisation, London 1994; Bielefeldt, Heiner/Heitmeyer, Wilhelm (Hg.): Politisierte Religion, Frankfurt 1998.

29 Casanova, José: Public Religions in the Modern World, Chicago/London 1994, 65f.

30 »The core of the theory of secularization, the thesis of the differentiation and emancipation of the secular spheres from religious institutions and norms, remains valid. But the term ›deprivatization‹ is also meant to signify the emergence of new historical developments which, at least qualitatively, amount to a certain reversal of what appeared to be secular trends. « Casanova: Public Religions, 6.

31 Er begründet seinen Widerspruch empirisch anhand der Untersuchung der Religion

Ausgangspunkt seiner Vorstellung der Privatisierung ist die Differenzierung zwischen Privatheit und Öffentlichkeit, die Jeff Weintraub vornimmt.[32] Vor diesem Hintergrund führt er vier Oppositionspaare ein, die auf die Religion zugeschnitten sind. Ein erstes Gegensatzpaar bildet der individuelle Mystizismus und der Denominationalismus – wir könnten auch sagen: individuelle Religiosität und religiöse Organisationen.[33] Ein zweites Paar, das sich mit Blick auf die rechtliche Trennung von Kirche und Staat unterscheiden lässt, bilden etablierte und nichtetablierte Religionen.[34] Einen dritten Kontrast bilden öffentliche Zivilreligionen und private religiöse Gemeinschaften. Schließlich können das Heim als Bereich von Weiblichkeit, Freizeit und Moral von der männlich beherrschten öffentlichen Sphäre der Arbeit unterschieden werden.[35] Diese Achsen bilden den Hintergrund für Casanovas These der Entprivatisierung. Eine solche Entprivatisierung sieht der Autor etwa hinsichtlich der rechtlichen Situation dann als gegeben, wenn Religion die öffentliche Sphäre betritt, um moderne Rechte und Freiheiten zu verteidigen, wenn die rechtliche Autonomie durch die Religion in Frage gestellt wird oder wenn traditionelle Lebenswelten vor den administrativen Zugriffen oder staatlichen Interventionen geschützt

in vier verschiedenen Gesellschaften: in Spanien, Polen, Brasilien, und den Fällen des protestantischen Fundamentalismus und des Katholizismus in den USA.

32 Weintraub unterscheidet ein »liberalwirtschaftliches Modell«, das die Privatsphäre von der staatlichen Verwaltung abgrenzt, ein »republikanisches Tugendmodell«, das die politische Gemeinschaft als Privatsphäre von Markt und Verwaltung absetzt, ein Ansatz, in dem das Öffentliche als Sphäre einer flüssigen und vielgestaltigen Geselligkeit angesehen wird, und schließlich eine Variante, in der die Familie als Gegensatz zur Marktwirtschaft die Sphäre des Privaten bezeichnet. Weintraub, in: Casanova, Public Religions, 41f.

33 Diese Unterscheidung wird auch von Luckmann 1991 betont. Ihre historische Entstehung zeichnet Hölscher nach. Vgl. Hölscher, Lucian: Bürgerliche Religiosität im protestantischen Deutschland des 19. Jahrhunderts, in: Schieder, Wolfgang (Hg.): Religion und Gesellschaft im 19. Jahrhundert, Stuttgart 1993, 208ff.

34 Diese Unterscheidung beobachtet auch Hölscher, wenn er das Aufkommen der Bezeichnungen »Privat« und »öffentliche Religion« im 18. Jh. weniger auf die Glaubenshaltung als auf die politische Stellung der so bezeichneten religiösen Gemeinschaft bezieht. Vgl. Hölscher, Lucian: Religion im Wandel. Von Begriffen des religiösen Wandels zum Wandel religiöser Begriffe, in: W. Gräb (Hg.), Religion als Thema der Theologie, München 1999, 57.

35 In diesem Zusammenhang hebt Casanova auch die Feminisierung der Religion hervor, ein Phänomen, das auch hierzulande beobachtet wird. Vgl. Lukatis, Ingrid/Sommer, Regina/Wolf, Christof (Hg.): Religion und Geschlechterverhältnis, Opladen 2000.

werden sollen. Deprivatisierung findet auch statt, wenn die religiösen Organisationen die Laien nicht mehr mobilisieren, um eine Kontrolle über die Gesellschaft zu erlangen, sondern wenn sich die Gesellschaft durch das Auftreten der Religion in der öffentlichen Arena nicht mehr bedroht fühlt.

So feinsinnig Casanovas Analyse ist, so leidet sie doch an zwei Mängeln, die ich hier kurz erläutern möchte: Zum einen übergeht er die zentrale Frage, in welchem Verhältnis Privatheit zur Öffentlichkeit steht. Zum anderen verfügt er über einen sehr unterentwickelten Begriff der Differenzierung, der eine Analyse der modernen Gesellschaft und der Situation in ihr kaum ermöglicht.

In der Tat geht Casanova davon aus, dass die Säkularisierung als Differenzierung überall zutrifft.[36] Er geht sogar soweit zu behaupten, dass deswegen die Religionen, die sich der modernen Differenzierung widersetzen, langfristig an Bedeutung verlieren. Allerdings verwendet er hier einen Begriff der Differenzierung, der soziologisch zu kurz greift. So spricht er von Differenzierungsprozessen zwischen individueller und Gruppenreligiosität, zwischen Gemeinschaftskulten und Kultgemeinschaften und zwischen Religion und »Welt«.[37] Wenn dagegen Luckmann von Privatisierung spricht, dann betrachtet er als eine Ursache (neben der Pluralisierung) die institutionelle Spezialisierung der wichtigsten gesellschaftlichen Funktionen. Die verschiedensten gesellschaftlichen Institutionen – also etwa die Wirtschaft, die Politik, die Kunst, die Wissenschaft etc. – befreien sich von den traditionellen religiösen Normen und folgen eigenen Zwecken (die auch als Funktionen bestimmt werden). Diese Vorstellungen sich ausdifferenzierender gesellschaftlicher Institutionsbereiche wird heute außerhalb der Soziologie gerne mit der Luhmannschen Systemtheorie verknüpft, obwohl sie eine viel größere Verbreitung in der Soziologie hat.[38] Folgt man dieser Vorstellung weiter, dann wird auch die Religion im Laufe dieser Differenzierungsprozesse zu einem Institutionsbereich neben anderen. Im Rahmen der Luhmannschen Vorstellungen wird dabei von einer funktionalen Differenzierung gesprochen, so dass eine bestimmbare Funktion gesucht werden muss, die von der Religion erfüllt wird. Diese Funk-

36 Casanova: Public Religions, 214.

37 Vgl. Casanova: Public Religions, 43ff.

38 Einen hilfreichen Überblick bietet Schimank, Uwe: Theorien gesellschaftlicher Differenzierung, Opladen 2000.

tion erklärt dann auch die Existenz dieses Systems im Feld der gesellschaftlichen Kommunikation.[39]

Der Ausdifferenzierungsprozess ermöglicht es denn auch weiterhin, von einer »privaten Form der Religion« zu reden. Privat bedeutet nun, dass sich die religiöse Kommunikation unterhalb bzw. außerhalb der funktional spezialisierten Institutionen erfolgt. Die private Religion, so könnte man sagen, ist das Diesseits der Differenzierung.

Dieser Begriff des Privaten widerspricht zweifellos einem herkömmlichen Begriff des Privaten, der – und auch das bleibt bei Casanova unausgesprochen – als Gegenbegriff zur öffentlichen Kommunikation begriffen wird. Diese Opposition zwischen Privatsphäre und öffentlicher Kommunikation ist ja, wie Habermas gezeigt hat, eine der zentralen Achsen, entlang der sich die Moderne entwickelt hat.[40] Und in der Tat beruft sich auch Casanova auf genau dieses Habermas'sche Modell, wenn er die gegenwärtig relevanten möglichen Formen der Integration der Religion anspricht: Sie erfolge in einer »undifferentiated public sphere of civil society«, einer Form der diskursiven Öffentlichkeit, die er ausdrücklich an Habermas anlehnt:

> »modern social integration emerges in and through the discursive and agonic participation of individuals, groups, social movements, and institutions in a public yet undifferentiated sphere of civil society where the collective construction and reconstruction, contestation, and affirmation of common normative structures [...] takes place.«[41]

Casanova lenkt hier den Blick nicht nur auf das »Diesseits der Differenzierung«. Er zeigt auch eine Form der Privatheit auf, die sich nicht mehr in der Opposition zur öffentlichen Kommunikation definiert. Die Öffnung der Privatsphäre für die Kommunikation ist ja keine Entwicklung, die erst die neuen interaktiven Medien bewirkt haben, die das Individuum sozusagen öffentlich machen. Unter den Begriffen der Inszenierung, Dramatisierung und Theatralisierung ist sie ein Phänomen, das die gegenwärtigen Sozialwissenschaften prägt.[42]

39 Zu den Luhmannschen Vorstellungen vgl. Luhmann, Niklas: Die Funktion der Religion, Frankfurt am Main 1977; ders.: Die Religion der Gesellschaft, Frankfurt am Main 2000.

40 Habermas, Jürgen: Der Strukturwandel der Öffentlichkeit, Darmstadt/Neuwied 1962.

41 Casanova: Public Religions, 230f.

42 Ich habe dies ausführlicher begründet in Knoblauch, Hubert: Kommunikative Lebenswelten und die Ethnographie einer geschwätzigen Gesellschaft, in: Ders.

Die Auflösung der Opposition von Privatheit und öffentlicher Kommunikation hat auch Folgen für die Religion. Abgesehen davon, dass Privatheit nun nicht mehr gegen die Öffentlichkeit, sondern – so die These – gegen die Differenzierung abgegrenzt wird, bedeutet das auch, dass das Private selbst nun zum Inhalt und Mittel der öffentlichen Kommunikation gemacht werden kann, ohne dass bedeutende Konflikte aufscheinen.[43] Es führt zum Aufkommen einer populären Religion, und es hat zur Folge, dass Erfahrungen, Subjektivität und Individualität (etwa unter dem Titel der Spiritualität) zu wesentlichen Themen der religiösen Kommunikation werden.

Freilich muss an dieser Stelle auf die entscheidende Rolle der religiösen Institutionen im Feld der funktionalen Systeme hingewiesen werden. Es macht offenbar einen sehr großen Unterschied, ob Religion von quasi-monopolistisch vorherrschenden Großinstitutionen dominiert wird oder ob sie von einer nicht genau abgrenzbaren Vielzahl mittlerer und kleinerer Institutionen vertreten wird, deren Grenzen sich nicht eindeutig (etwa durch Komplementärrollen oder formale Mitgliedschaft) gegen die Privatsphäre abgrenzen lassen. In beiden Fällen kann sich die Privatisierung der Religion zwar außerhalb der Institutionsbereiche entfalten, stößt aber im ersten Fall auf den Widerstand, die Kontrolle und die Selbstdefinition der hegemonialen Institutionen, die als gesellschaftsweit bekannt angesehen werden können. Man könnte sagen, dass hier die Veröffentlichung der Privatreligion auf die Opposition der Differenzierung stößt. Es nimmt deswegen nicht wunder, dass der Begriff der Religion in einer solchen – für die europäischen Gesellschaften typischen – Situation von der hegemonialeren Institution belegt wird, so dass die Kommunikation der Privatsphäre andere Titel und Etiketten etwa in Gestalt »alternativer Religiosität« suchen muss.[44]

(Hg.), Kommunikative Lebenswelten. Zur Ethnographie einer geschwätzigen Gesellschaft, Konstanz 2002, 7–24.

43 Die These, dass Privatheit und öffentliche Kommunikation kein Widerspruch darstellen, findet sich implizit auch schon bei Luckmann, der immer wieder betont, dass die Themen des Heiligen Kosmos der Moderne gerade über die Verbreitungsmedien der öffentlichen Kommunikation vermittelt werden. Vgl. LUCKMANN, THOMAS: Die »massenkulturelle« Sozialform der Religion, in: H.-G. Soeffner (Hg.), Kultur und Alltag (Sonderband 6 der ›Sozialen Welt‹), Göttingen 1988, 37–4ff.

44 Von alternativer Religion rede ich, weil die religiösen Quellen der erfolgreicheren religiösen Bewegungen in unseren Breiten allesamt nicht zum »herrschenden« Kanon

Weil sich die Konflikte zwischen öffentlicher Kommunikation und Privatsphäre lichten, entsteht in beiden Fällen, wie Casanova und andere durchaus zurecht bemerken, eine Form der »öffentlichen« oder »politisierten Religion«.[45] Diese öffentliche Religion tritt auch – vertreten durch die großen Organisationen im Funktionsbereich der Religion – mit Fragen des öffentlichen Lebens und der Moral in Erscheinung. Doch beschränkt sich die Öffentlichkeit der Religion keineswegs auf diese offiziellen Aussagen, wie sie auch anderen Funktionsbereichen ja in der Öffentlichkeit zustehen. Neben den offiziellen Aussagen etabliert sich eine Öffentlichkeit der Religion, die dezidiert das Private zum Thema hat. Ich habe diese Form der öffentlichen Religion an anderer Stelle schon als *populäre Religion* bezeichnet.[46] Die Ausbildung der populären Religion lässt sich vor allen Dingen auf zwei Dynamiken zurückführen: Sie wird wesentlich von der Vermittlung durch Kommunikation, besonders durch moderne interaktive und Massenmedien getragen, und sie folgt einem Marktprinzip. Gerade die Medien sind der wesentliche Motor zur Entwicklung von einer auf Brauchtum und Sitte beruhenden Volksreligiosität zu einer vom Markt – dem zweiten Motor – dominierten Religion spätmoderner Individuen, Milieus und Kommunikationsgemeinschaften. Populäre Religion meint nicht, dass die Medien oder der Markt selbst religiöse Bedeutungen annähmen. Der Begriff bezieht sich vielmehr darauf, dass traditionelle Themen der Religion, so wie sie in einer Gesellschaft (und in ihren Subkulturen) tradiert wurden, in der öffentlichen Kommunikation aufgenommen werden. Sie werden indessen nicht in den Formen herkömmlicher religiöser Kommunikation behandelt, sondern nehmen Formen, Muster und Gattungen der – aus anderen Bereichen weithin bekannten – Populärkultur an. Die Adaption populärkultureller Elemente ist zwar kein völ-

der westlichen Gesellschaften zählen. Dabei kann es sich um Wiederbelebungen keltischer oder germanischer Rituale, um eine Aufnahme indianischer schamanistischer Techniken oder um die Adaption asiatischer Meditationstechniken handeln. (Auch im westlichen Raum etablierte, etwa psychologische Wissenstraditionen, die traditionell nicht als religiös angesehen werden, können in diesen Bewegungen religiös umgedeutet werden, wie etwa in der so genannten »Human-Potential«-Bewegung.) Dazu zählen auch die lange Zeit unterdrückten Formen des hiesigen Aberglaubens, des Okkultismus, der Magie und der Esoterik.

45 Bielefeldt, Heiner/Heitmeyer, Wilhelm (Hg.): Politisierte Religionen, Frankfurt am Main 1998.

46 Knoblauch, Hubert: Populäre Religion. Markt, Medien und die Popularisierung der Religion, ZfR 8 (2000), 143–161.

lig neues Phänomen (obwohl die religiöse Kommunikation noch lange die Populärkultur mit definiert hat und nicht vice versa). Zumindest in unseren Breitengraden neu ist ihre Verbindung mit Markt und Medien – und die mit der populärkulturellen Orientierung verbundene Ignoranz der Experten und ihrer Diskurse. Sofern Experten den Funktionssystemen angehören[47], werden sie nur wahrgenommen, wenn sie nicht in Formen kommunizieren, die für ihre Funktionsbereiche spezifisch sind, sondern sich massenmedial kompatibler Ausdrucksweise bedienen.

Wie gesagt, zeichnet sich die populäre Religion dadurch aus, dass sie die im kulturellen Gedächtnis einer Gesellschaft tradierten Themen der Religion weiter behandelt – wenn auch in neuen Formen (und in einem neuen strukturellen Zusammenhang).[48] Das Problem der modernen, insbesondere europäischen Religion liegt also nicht, wie Hervieu-Léger meint, im Verlust dieser Tradition, sondern in der Transformation der Tradition durch neue Formen der Kommunikation. Ihre besondere Verbundenheit mit der gegen die Funktionssysteme entworfenen Privatsphäre belegt die populäre Religion dadurch, dass sie die Belange des Individuums zum Gegenstand macht. Sie schneidet die religiösen Themen von Tod, Jenseits und Heil auf die einzelnen Individuen zu. Ein Ausdruck dessen ist die entschiedene Erfahrungsorientierung der gegenwärtigen westlichen Religion – sei es in den christlichen Bewegungen vor allem außerhalb Europas, sei es in den Richtungen der alternativen Religiosität innerhalb Europas.[49] Insbesondere in Europa führt die Mischung aus Erfahrungsorientierung und Opposition gegen die Funktionssysteme (besonders auch der Religion) zur Verlagerung des Alltagsbegriffes der Religion in Richtung dessen, was man als Spiritualität bezeichnen kann. Spiritualität (in einem soziologischen Verstande[50]) ist also hierzulande eine der Grundströmungen der populären Religion.

47 Ich denke hier an die Funktionssysteme der Religion, aber auch der Wissenschaft; die Publizistik nimmt hier eine merkwürdige Zwischenstellung ein, die sich aus der Öffnung der Privatsphäre gegen die Öffentlichkeit ergibt.

48 Hervieu-Léger, Danièle: La religion pour mémoire, Paris 1993, 119.

49 Dieses Argument habe ich ausführlicher entfaltet in Knoblauch: Ganzheitliche Bewegungen.

50 Vgl. dazu Knoblauch, Hubert: »Jeder sich selbst sein Gott in der Welt« – Subjektivierung, Spiritualität und der Markt der Religion, in: R. Hettlage/L. Vogt (Hg.), Identitäten in der modernen Welt, Opladen 2000, 201–216.

Diese Spiritualität ist zwar auf dem Individualismus gegründet, fällt jedoch nicht individuell aus. Weil sie von der öffentlichen Kommunikation und kulturellen Formen getragen wird, zeichnet sie sich vielmehr durch eine gewisse Standardisierung aus, die durch die globale Ausbreitung der Kommunikation eher verstärkt als verringert wird.

Insgesamt lässt sich das Verhältnis von Religion und Gesellschaft m. E. auf die Formel: *strukturelle Differenzierung – kulturelle Entdifferenzierung* bringen. Auf der einen Seite behält die institutionelle Religion einen anhaltenden Platz neben den anderen Institutionsbereichen, unter denen einige eine große öffentliche Relevanz beanspruchen (Wirtschaft, Politik, Medien, Sport). Auf der anderen Seite entwickelt sich der – derzeit und für längere Zeiten noch – lebendigere Teil der Religion im Rahmen dessen, was man als populäre Religion bezeichnen kann.

Religion und Psychologie

Michael Utsch

Während die Religionspsychologie in europäischen Nachbarländern und in Amerika expandiert und differenzierte Befunde liefert, fristet sie hierzulande nach wie vor ein Schattendasein. Religiöses und spirituelles Erleben und Verhalten wird vom Standpunkt deutschsprachiger Psychologen häufig immer noch argwöhnisch beurteilt oder gänzlich ignoriert. Dabei kann eine für religiöse Themen offene Psychologie dazu beitragen, den persönlichen Glauben zu vertiefen. Sie stellt Hilfsmittel zur Verfügung, um das interreligiöse Gespräch zu vertiefen. Eine psychologische Perspektive kann religiösen Menschen helfen, ihren Glauben echter und alltagstauglicher zu gestalten und lebensfeindliche Dogmen zu überwinden. Der fundamentalistischen Versuchung nach Kontrolle über das Unverfügbare kann sie zu mehr Toleranz und zum Aushalten von Zweifel und Widersprüchen verhelfen.

Von theologischer Seite haben nur psychoanalytische Ansätze eine bemerkenswerte Resonanz hervorgerufen. Eine theologische Auseinandersetzung mit der Mainstream-Psychologie hat gerade erst begonnen. Wie kann die Theologie der Psychologie nützen? Theologische Einsichten erinnern die Psychologie an die Grenzen ihres Erklärens und Kontrollierens und betonen die Einbindung des Menschen in ein größeres Ganzes. Sie setzt sich für Grundrechte wie die Wahrung der Menschenwürde und die Willensfreiheit ein. Sie liefert Antworten auf die letzten Fragen und den Umgang mit dem Unverfügbaren.

1. Die Vernachlässigung des Religiösen in der Psychologie

Es ist erstaunlich, dass die Religiosität von der deutschsprachigen Psychologie so wenig wahrgenommen wird, drückt sich darin doch eine grundlegende kulturelle und individuelle Dimension des Menschen aus. Während die psychologischen Aspekte des Sports, der Werbung, der Musik oder des ökologischen Bewusstseins mittlerweile intensiv erforscht werden, wird die Religion von vielen Psychologen immer noch gemieden. Umfragen zufolge sind Psychiater und Psychotherapeuten eher Menschen, die selber wenig Beziehungen zu einer Religion oder einem persönlichen Glauben haben. Vielleicht liegt es daran, dass sie durch ihren Beruf versuchen müssen, Erklärungen für unverständliche und ungewöhnliche Verhaltensweisen zu finden. Im Rückgriff auf ein Krankheitsmodell und eine Theorie der Gesundung versuchen sie als Experten, das Erleben und Verhalten eines Patienten verständlich und erklärbar zu machen. Religiös-spirituelle Erfahrungen entziehen sich dagegen einer rationalen Erklärung, weil ein wesentlicher Bestandteil dieser Erfahrungen – Gott oder eine übermenschliche Wirklichkeit – der wissenschaftlichen Betrachtungsweise nicht zugänglich ist.[1]

Ein Religionspsychologe erklärte vor fünfzehn Jahren die eingeschränkte Akzeptanz seines Forschungsgebiets mit der verbreiteten »objektiven«, naturwissenschaftlich orientierten Forschungshaltung der Psychologie. Darüber hinaus wies er auf Gefahren bei jeder religiösen Orientierung hin: infantiles Wunschdenken, regressive Tendenzen und fundamentalistische Überzeugungen seien Bestandteil jeder Religion, die deshalb von Psychologen kritische Distanz und Aufklärungsarbeit erfordere.[2] Deutschsprachige Religionspsychologen fürchten gar, bei diesbezüglichen Aktivitäten ihre wissenschaftliche Reputation zu gefährden, weil sie »von Fachkollegen voreilig als Vertreter einer Religionsapologetik missverstanden und in die Nähe der methodischen Tradition der theologischen Religionspsychologie oder der Psychoanalyse gerückt« werden könnten.[3]

Etwa seit einem Jahrzehnt hat sich das Blatt zumindest in den USA deutlich gewandelt. Die amerikanische Religionspsychologie hat sich zu einer »voll ausgereiften und führenden Forschungsdisziplin entwickelt, deren Ergebnisse neue Fakten, Einsichten und stimulierende Impulse für alle andere psychologische Bereiche liefern«.[4] Religion und Psychologie haben in Amerika kaum Berührungsängste und verfolgen seit Jahren in vielfältigen Projekten gemeinsame Ziele.

1 Zu weiteren möglichen Gründen vgl. Utsch, Michael: Aufgaben und Grenzen der Religionspsychologie, PrTh 35 (2000), 98–108.

2 Gorsuch, Richard L.: The Psychology of Religion, Annual Review of Psychology 39 (1988), 201–221.

3 Moosbrugger, Helfried/Zwingmann, Christian/Frank, Dirk: Vorwort, in: Dies. (Hg.): Religiosität, Persönlichkeit und Verhalten, Münster 1996, V.

4 Emmons, Robert A./Paloutzian, Raymond F.: The Psychology of Religion. Annual Review of Psychology 54 (2003), 379.

Diese Zusammenarbeit gibt es hierzulande selten. In der deutschsprachigen Psychologie ist Religion kein Thema. Von einer empirischen Sozialwissenschaft erhofft man sich klare Fakten über innerseelische und zwischenmenschliche Beziehungen. Weil aber die Beziehung zu einer übermenschlichen, göttlichen Wirklichkeit höchst spekulativ erscheint, wird religiösen Fragen nach wie vor häufig ausgewichen – besonders im vernunftbetonten Deutschland. Diese signifikante Abweichung gegenüber den USA erstaunt auch deshalb, weil die amerikanische Psychologie in vielen Bereichen tonangebend ist – man denke nur an den Diagnoseschlüssel für psychische und psychiatrische Erkrankungen oder die einflussreichen Theorien der gelernten Hilflosigkeit (Seligman) oder der Stressbewältigung (Lazarus). Fast könnte man meinen, dass die hartnäckigen Vorbehalte deutschsprachiger Psychologen gegenüber Glaubensüberzeugungen und religiösen Fragen etwas mit Schamgefühlen angesichts der nationalsozialistischen Vergangenheit und der nachhaltigen Traumatisierung durch ideologische Verführung zu tun haben könnten.

Unübersehbar herrschen große kulturelle Differenzen zwischen den USA und Deutschland, die sich gerade bei der Religionsforschung massiv auswirken. Ein großer Unterschied zwischen der amerikanischen und deutschen Sichtweise hinsichtlich des Stellenwerts der Religionspsychologie liegt darin, dass mit religiösem Erleben und Verhalten in den Vereinigten Staaten sehr viel unbefangener und pragmatischer umgegangen wird. Amerikanische Religionspsychologen interessieren sich weniger für extreme Bewusstseinszustände als für die Auswirkungen einer alltäglichen spirituellen Praxis.

Hierzulande wird eine religiöse Erfahrung aus psychologischer Perspektive immer noch eher als ein extravagantes Phänomen verbucht. Offenbar werden damit zunächst spektakuläre Erscheinungen wie außersinnliche Wahrnehmungen, paranormale Erfahrungen oder transpersonale Bewusstseinszustände in Verbindung gebracht, kaum aber gewöhnliches seelisches Erleben. Amerikanische Religionspsychologen scheinen sich viel stärker dafür zu interessieren, welchen Einfluss traditionell als religiös empfundene Gefühle auf die alltägliche Lebens- und Beziehungsgestaltung nehmen.

Und hier tritt – mit aller Vorsicht – Erstaunliches aus amerikanischen Forschungsergebnissen zutage. So fördern »moralische« Charaktereigenschaften wie Demut und Bescheidenheit das gesundheitliche Wohlbefinden. Der Prozess des Verzeihens wird zunehmend als ein wichtiger Schlüssel für eine gelingende Partnerschaft angesehen und als ein psychotherapeutischer Wirkfaktor untersucht. Und dankbare Menschen fühlen sich – neuen Studien zufolge – im Alltag wohler und können besser mit einer chronischen Erkrankung umgehen. Religiöse Werte und Tugenden erfahren derzeit großes psychologisches Interesse, weil sie offensichtlich der Gesundheit und der Stressbewältigung nützlich sein können.[5] Trotz dieser Befunde hat der Mythos von der »Gottesvergiftung« immer noch Anhänger, in dem Gott als ein gewalttätiger und unbarmherziger Patriarch gesehen wird, der über den absoluten Gehorsam seiner Untergebenen wacht.[6]

Um die Frage beantworten zu können, ob Religion eher gesund oder krank macht, müssten genauere Befunde über die Glaubensüberzeugungen und -praktiken der Deutschen vorliegen. Amerikanische Studien helfen hier nur sehr begrenzt weiter, weil die Religiosität als eine stark kulturabhängiges Phänomen nur kontextuell richtig verstanden werden kann. Weil psychologische Untersuchungen darüber aber fehlen, können bis jetzt nur vorläufige und sehr vage Angaben dazu gemacht werden.

2. Der schwierige Dialog zwischen Psychologie und Theologie in Deutschland

Ursprünglich wurde der Psychologie einmal eine bevorzugte Position bei der Bestimmung des Religionsbegriffs zugewiesen. Denn der neuzeitliche Religionsbegriff wurde von seinem psychologischen Gehalt her entwickelt.[7] Damit schien zunächst die Relevanz der Psychologie für dieses Thema gegeben zu sein. Allgemein wurde Religion dargestellt als ein individuelles emotionales Erleben, sei es als »Gefühl des Unendlichen« und »schlechthinniger Abhängigkeit«,[8] als »numinose Gemüts-

5 Vgl. dazu ausführlich Utsch, Michael: Religiosität und Spiritualität, in: A.E. Auhagen (Hg.), Positive Psychologie. Anleitung zu ›besserem‹ Leben, Weinheim 2004, 67–85.

6 Moser, Tilmann: Gottesvergiftung, Frankfurt am Main 1976. Viel milder fällt das Urteil 26 Jahre später aus. Ders.: Von der Gottesvergiftung zum erträglichen Gott, Stuttgart 2003; vgl. dazu: Utsch, Michael: Gottesverwechslung. Gott als das verinnerlichte Böse. Materialdienst der EZW 67/2 (2004), 55–59.

7 Wagner, Falk: Was ist Religion? Gütersloh 1986.

8 Schleiermacher, Friedrich: Über die Religion. Reden an die Gebildeten unter ihren Verächtern (1799), hg. von G. Meckenstock Berlin/ New York 1999.

gestimmtheit« in der Ergriffenheit durch das Heilige[9] oder als »erlebnishafte Begegnung mit heiliger Wirklichkeit«.[10]

Doch gleich von Anbeginn an orientierte sich die junge und aufstrebende Psychologie streng an naturwissenschaftlichen Forschungsidealen. Damit wollte man sich von den geisteswissenschaftlichen »Eltern« der Philosophie und Theologie abgrenzen. Darüber hinaus steht die Psychologie vor dem Problem, dass das unmittelbare religiöse Erleben wissenschaftlich nicht zu greifen ist. Um aber mitreden zu können, musste die Psychologie dem Zeitgeist der naturwissenschaftlichen Revolution folgen und im Strom der objektiven Wissenschaften mitschwimmen. Zuallererst wurden die philosophischen und theologischen Seelenmodelle als veraltet abgetan. Zwar verlor man die Religiosität nicht gänzlich aus den Augen, reduzierte sie aber auf beobachtbare Faktoren wie religiöses Verhalten oder experimentierte mit der individuellen Reaktion auf religiöse Texte.

Ein weiterer Grund für Entwicklungsstörungen in der deutschsprachigen Religionspsychologie ist in der breiten theologischen Rezeption einer psychologischen Außenseiterposition, der Psychoanalyse, begründet. Freud und Jung waren zu Anfang des vergangenen Jh. die ersten, die umfassende Modelle der religiösen Entwicklung aus psychologischer Sicht vorgelegt haben. Allerdings haben die psychoanalytischen Schulen bisher wenig dazu beigetragen, der Religionspsychologie ein eigenständiges Profil zu verleihen. Zu sehr waren sie mit der eigenen Identitätsfindung und praktischen Fragen wie der Patientenversorgung und dem Aufbau von Ausbildungsinstituten beschäftigt. Erst in der jüngsten Vergangenheit haben psychoanalytisch orientierte Religionspsychologen angefangen, ihre Modelle in empirisch überprüfbare Hypothesen umzusetzen und zu testen.[11]

Zu Beginn des letzten Jh. sind innerhalb weniger Jahrzehnte Dutzende von psychoanalytischen Schulen mit sehr unterschiedlichen Lehrmeinungen aus dem Boden gesprossen, die stark miteinander konkurrierten. Die große Deutungsvielfalt kann man daran ermessen, wie verschieden die drei tiefenpsychologischen Gründerväter Freud, Adler und Jung die Religiosität einschätzten: Während die klassische Psycho-

9 Otto, Rudolf: Das Heilige. Über das Irrationale in der Idee des Göttlichen und sein Verhältnis zum Rationalen (1917), München 1987.

10 Mensching, Gustav: Art.: »Religion«, RGG³ Bd.V, (1961), 961.

11 Vgl. zum Beispiel Murken, Sebastian: Gottesbeziehung und seelische Gesundheit, Münster 1998.

analyse der Religion nichts abgewinnen konnte (und trotzdem intensiv von der Theologie aufgegriffen wurde), gingen schon prominente Schüler Freuds ganz anders damit um. Nach Alfred Adlers Einschätzung sind die Bewegungen der menschlichen Seele ohne die Einbeziehung einer transzendent-religiösen Dimension gar nicht vollständig zu verstehen, weil jedes Individuum auf Beziehung angewiesen und in eine soziale und kosmische Umwelt eingebunden sei. Noch deutlicher bezieht die Analytische Psychologie Carl Gustav Jungs religiöse Bilder und Symbole ein. Nach dieser Behandlungsmethode kann eine Selbstwerdung (Individuation) ohne die Beantwortung der existentiellen Lebensfragen nach Sinn, Leid und Tod überhaupt nicht gelingen.

Die psychoanalytischen Seelenlehren entwickelten einen schnell wuchernden Deutungsreichtum. Ihre theologische Rezeption verlief in einer merkwürdigen, hier nur anzudeutenden Eigendynamik, die eine völlig andere Richtung als der Dialog mit der akademischen Psychologie einnahm: Während psychoanalytische Konzepte intensiv aufgegriffen und teilweise assimiliert wurden, blieb ein ernsthaftes Gespräch mit der akademischen, empirisch orientierten Psychologie aus.

Die junge, emporstrebende Psychologie war zunächst darum bemüht, ihre theologischen und philosophischen Wurzeln abzuschütteln. Deshalb verschrieb sie sich anfangs ganz dem naturwissenschaftlichen Erkenntnisideal des Messens und Berechnens, um sich als empirische Sozialwissenschaft zu profilieren. Kein Wunder also, dass die sich von der christlichen Seelenlehre emanzipierende wissenschaftliche Charakterkunde von der Theologie abwandte. Bis heute wird »das Interesse an einem interdisziplinären Gespräch ganz überwiegend von der Theologie artikuliert und stößt auf Seiten der Psychologie auf eine geringe Resonanz«.[12]

Ganz anders ging die Theologie auf die Psychologie ein. Die Außenseiterrichtung Psychoanalyse wurde ihr geheimer Liebling, und später lieferte die Gesprächspsychotherapie das Fundament der Seelsorgeausbildung. Aller Religionskritik zum Trotz wurde die Psychoanalyse gerade von protestantischen Theologen und hier besonders in der Praktischen Theologie aufgenommen. Die zumeist umfassenden Modelle und Menschenbilder der Psychoanalyse diente vielen Theologen als Inspiration. Die Übernahme Freudscher Einsichten in die Seelsorge begann mit dem Züricher Pfarrer Oskar Pfister, einem Zeitgenossen

12 Klessmann, Michael: Pastoralpsychologie, Neukirchen-Vluyn 2004, 29.

und Freund Sigmund Freuds.[13] Mit Pfisters erstem Entwurf einer psychoanalytischen Seelsorge begann ein bis heute einseitig dominierter Dialogversuch zwischen Psychoanalyse und Theologie.[14] Paradoxerweise scheint es fast so, als ob die Psychoanalyse, die »mit ihrer Religionskritik den Seelsorgern das Fürchten beibrachte«,[15] nun zum neuen Leitbild pastoralpsychologischer Kompetenz besonders in der evangelischen Kirche wurde.

Auch durch die Bevorzugung der Psychoanalyse ist der Dialog zwischen Protestantischer Theologie und der Psychologie vorbelastet und hat nicht eine eher konstruktive Richtung eingeschlagen, wie sie in der katholischen Tradition festzustellen ist. In der katholischen Pastoralpsychologie nehmen nämlich empirisch-psychologische Ansätze einen stärkeren Raum ein.[16] Weil die katholische Tradition ein unbefangeneres Verhältnis zur natürlichen Gotteserkenntnis im Sinne einer *Psychologie des Glaubens* hat, konnten dort ausgewogenere Ansätze entstehen. Karl Rahner beschrieb beispielsweise die natürliche Transzendenzerfahrung als einen wichtigen Baustein des Glaubens, dessen Deutung neben theologischer auch psychologische Kompetenz erfordere.[17]

13 Vgl. Pfister, Oskar: Analytische Seelsorge, Göttingen 1927; dazu: Nase, Eckart: Pfisters Analytische Seelsorge, Berlin 1993.

14 Im Spektrum psychoanalytischer Schulen können drei theoretische Anknüpfungspunkte unterschieden werden, die auf Theologen in besonderer Weise anregend wirken: die Narzissmustheorie (vgl. Henseler, Heinz: Religion – eine Illusion?, Göttingen 1995), die Symboltheorie (vgl. z.B. Wahl, Heribert: Glaube und symbolische Erfahrung, Freiburg 1994 und Raguse, Hartmut: Psychoanalyse und biblische Interpretation, Stuttgart 1993) sowie die Säuglingsforschung (vgl. Thierfelder, Constanze: Gottes-Repräsentanz, Stuttgart 1998 und Steinmeier, Anne M.: Wiedergeboren zur Freiheit, Göttingen 1998).

15 Läpple, Volker/Scharfenberg, Joachim: Einleitung, in: Dies. (Hg.), Psychotherapie und Seelsorge, Darmstadt 1977, 4.

16 Vgl. Baumgartner, Isidor (Hg.): Handbuch der Pastoralpsychologie, Regensburg 1990; Jacobs, Christoph: Salutogenese, Würzburg 2000.

17 Rahner, Karl: Visionen und Prophezeiungen. Zur Mystik und Transzendenzerfahrung, Freiburg 1989. Die Literatur zur Psychologie der Gottesbeziehung aus katholischer Sicht ist reichhaltig, vgl. z.B. Scaramelli, Giovanni B.: Wegbegleitung in der mystischen Erfahrung, Würzburg 2001. Eine konzentrierte Übersicht bietet McGinn, Bernard: Die moderne Mystikforschung: vergleichende und psychologische Ansätze, in: Ders., Die Mystik im Abendland, Bd. 1, Freiburg 1994, 460–481. Ebenso liefert die gründliche Untersuchung von Marxer, Fridolin: Die mystische Erfahrung, Würzburg 2003, hilfreiche Strukturierungen. Die praxisorientierten Überlegungen von Jilesen, Martien: Gott erfahren – wie geht das? Psychologie und Praxis der Gottesbegegnung, Freiburg 2003, werden dem ambitionierten Buchtitel nicht gerecht. Zu einem besseren Verständnis des mystischen Erlebens tragen die be-

In der (Pastoral-) Theologie wurde lange ignoriert, dass spätestens seit den 1960er Jahren in der Klinischen Psychologie an den Universitäten die Psychoanalyse von der kognitiven Verhaltenstherapie, der Gesprächspsychotherapie und systemischen Sichtweisen verdrängt war. Die neueren Richtungen setzten sich durch, weil sie die Wirksamkeit ihrer Behandlungen empirisch nachweisen konnten. Für Nicht-Psychologen ist die Tatsache immer wieder eine Überraschung, dass die Psychoanalyse in der akademischen Psychologie fast ausschließlich in historischer Hinsicht vorkommt – obwohl sie in der kassenfinanzierten Psychotherapie eine zentrale Rolle einnimmt.[18] Theologische Stimmen, die einen intensiveren Dialog mit der empirischen Psychologie einfordern, sind selten.[19]

Die Vorherrschaft des analytischen Paradigmas in der Seelsorgeausbildung hielt bis in die jüngste Vergangenheit an.[20] Heute hat die tiefenpsychologische Perspektive in der Seelsorgeausbildung jedoch starke Konkurrenz erhalten. Pastoralpsychologen werden gezielt aufgefordert, die »Abwehr gegenüber verhaltenstherapeutischen Schulen [...] aufzugeben und die systemische Therapie zu entdecken«.[21] Diesen Rich-

schreibend-phänomenologischen Untersuchungen von WALTHER, GERDA: Phänomenologie der Mystik, Olten 1955; ALBRECHT, CARL: Psychologie des mystischen Bewußtseins, Mainz 1976; WYSS, DIETER: Psychologie und Religion. Untersuchungen zur Ursprünglichkeit religiösen Erlebens, Würzburg 1991, und jüngst PENG-KELLER, SIMON: Gottespassion in Versunkenheit. Die psychologische Mystikforschung Carl Albrechts aus theologischer Perspektive, Würzburg 2003, bei.

18 Auf den offensichtliche Widerspruch, dass einerseits die Psychoanalyse in der akademischen Psychologie kaum noch vorkommt, in dem seit 1999 in Kraft getretenen Psychotherapeutengesetz jedoch eine der drei Behandlungsmethoden darstellt, die aufgrund von empirischen Wirksamkeitsnachweisen krankenkassenfinanziert verschrieben werden können, kann hier nur hingewiesen werden.

19 BESIER, GERHARD: Seelsorge und Klinische Psychologie, Göttingen 1980; VAN DER VEN, JOHANNES A.: Entwurf einer empirischen Theologie, Kampen 1992; BUCHER, ANTON: Einführung in die empirische Sozialwissenschaft für TheologInnen, Stuttgart 1994 und MORGENTHALER, CHRISTOPH: Von der Pastoralpsychologie zur empirischen Religionspsychologie, WzM 54 (2002), 287–300.

20 So das erste und »klassische« evangelische Seelsorge-Lehrbuch von Joachim Scharfenberg (Einführung in die Pastoralpsychologie, Göttingen 1985) oder jüngst die Monographie des Leiters eines landeskirchlichen Seelsorgeinstituts: WEIMER, MARTIN: Psychoanalytische Tugenden, Pastoralpsychologie in Seelsorge und Beratung, Göttingen 2001.

21 HAUSCHILDT, EBERHARD: Zur Seelsorge zwischen Spezialisierung und Globalisierung, in: C. Schneider-Harpprecht (Hg.), Zukunftsperspektiven für Seelsorge und Beratung, Neukirchen-Vluyn 2000, 12–18: 17.

tungswechsel dokumentieren auch neuere Einführungslehrbücher zur Seelsorgelehre und Pastoralpsychologie sehr deutlich: »Das psychoanalytische Deutungsmonopol soll um Ansätze der humanistischen, behavioristischen und systemischen Psychologie erweitert werden«.[22] Obwohl der verhaltenstherapeutische Ansatz in Psychotherapie und Beratung sehr verbreitet ist, wird er seitens der Theologie immer noch kaum wahrgenommen.[23]

In der Vergangenheit haben sich in Deutschland also viel häufiger Theologen mit der Psychologie als Psychologen mit der Religion oder der Theologie befasst.[24] Konstruktiv wurden Einsichten der Psychologie auf die theologische Theorie und Praxis angewandt.[25] Als *Hilfswissenschaft* war und ist sie gefragt und geschätzt, auch wenn manche Stimmen eine Vereinnahmung und Aushöhlung der Theologie befürch(te)ten. Dennoch bleibt nach wie vor in grundsätzlicher Hinsicht auf die Schieflage hinzuweisen, dass nämlich »auf Seiten der Theologie für eine Kooperation schon eine beachtliche Vorarbeit geleistet worden ist. Die Antwort der Psychologie steht noch aus«.[26] Warum reagiert die Psychologie auf die zahlreichen theologischen Gesprächsangebote zurückhaltend bis ablehnend?

22 So Klessmann: Pastoralpsychologie, ähnlich auch das Lehrbuch von Ziemer, Joachim: Seelsorgelehre, Göttingen 2000.

23 Vgl. die knappe Zusammenfassung und zutreffende Problemanzeige bei Klessmann: Pastoralpsychologie, 185–194.

24 Einen aktuellen Eindruck von der (dürftigen) deutschsprachigen Religionspsychologie bietet das Themenheft »Religion auf dem Prüfstand psychologischer Forschung« der Zeitschrift WzM 54 (2002) Heft 4.

25 Aus psychologischem Blickwinkel wurden beispielsweise folgende theologische Fragestellungen und Themenfelder untersucht: Spiegel, Yorick (Hg.): Psychoanalytische Interpretation biblischer Texte, München 1972; Theissen, Gerd: Psychologische Aspekte paulinischer Theologie, Göttingen 1983; Berger, Klaus: Historische Psychologie des Neuen Testaments, Stuttgart 1991; Bucher, Anton: Bibelpsychologie. Psychologische Zugänge zu biblischen Texten, Stuttgart 1992. In systematischer Hinsicht liegen u.a. vor: Rebell, Walter: Psychologisches Grundwissen für Theologen, Göttingen 1988; Blatter, Jürgen u.a. (Hg.): Handbuch der Psychologie für die Seelsorge, 2 Bd., Düsseldorf 1992; Andriessen, Hermann/Miethner, Reinhard: Praxis der pastoralen Supervision, Heidelberg 1993; Bohren, Rudolf: Psychologie und Theologie – eine Gewinn- und Verlustrechnung für die Seelsorge, Bochum 1996; Rauchfleisch, Udo: Wer sorgt für die Seele?, Stuttgart 2004; Bucher, Anton: Psychobiographien, Stuttgart 2004.

26 Berkel, Karl: Art.: »Theologie«, in: H.E. Lück (Hg.): Geschichte der Psychologie in Schlüsselbegriffen, München 1984, 195–201: 199.

Durch ihren wesentlich irrationalen Charakter stellt die menschliche Spiritualität eines der letzten psychologischen Geheimnisse und eine der wenigen unbekannten Größen des ansonsten gründlich durchanalysierten und strukturell erfassten Seelenlebens dar. Der Theologe Hans Küng hat die Religion als das letzte Tabu der Psychologie bezeichnet, dessen Bedeutung verdrängt und ähnlich behandelt werde wie die Sexualität im Viktorianischen Zeitalter.[27] Bei vielen Psychotherapeuten »besteht eine spürbare Zurückhaltung, religiöse Themen vorbehaltlos aufzugreifen, wenn ihre Patienten darüber reden«.[28] Eine Veränderung bahnt sich jüngst durch eine stärkere Präsenz der Transpersonalen Psychologie an, die religiösen und spirituellen Themen einen hohen Stellenwert zumisst.[29]

3. Psychologie und Theologie im Streit um die Seele

Das Gespräch zwischen Psychologie und Theologie verläuft deswegen schleppend, weil sie sich als Rivalinnen der Lebensklugheit gegenüberstehen. Das umworbene Streitobjekt von Psychologie und Theologie ist die Seele – ihr Wesen, ihre Bestimmung und den Weg zu ihrer bestmöglichen Entfaltung. Während heute psychologischen Kriterien weitreichende Entscheidungskompetenzen zugestanden werden, hat die Theologie in den letzten Jahrzehnten einen massiven Bedeutungsverlust erlitten. Psychologische Deutungen haben den Bedeutungsverlust des christlich-kirchlichen Wirklichkeitsverständnisses für sich zu nutzen gewusst und treten heute teilweise ganz unverblümt als Sinngeber und Orientierungsmaßstab auf.

Dabei verwischt jedoch die Grenze zwischen einem wissenschaftlich begründeten Heilverfahren und einem weltanschaulich entlehnten

27 Küng, Hans: Freud und die Zukunft der Illusion, München 1987, 111ff.

28 Bassler, Markus: Psychoanalyse und Religion – eine thematische Einführung, in: Ders. (Hg.), Psychoanalyse und Religion. Versuch einer Vermittlung, Stuttgart 2000, 9–16: 10.

29 Dies wird offenbar aber auch wieder eher von theologischer Seite wahrgenommen und – zumindest teilweise – aufgegriffen: »Neben den klassischen Ansätzen scheint die transpersonale Psychologie/Psychotherapie ein attraktiver Gesprächspartner für die Seelsorge zu sein«. Cornelius-Bundschuh, Jochen: Aufbruch, Differenzierung und Konsolidierung, VF 47 (2002), 48–70: 59; vgl. zum Ganzen Utsch, Michael/Fischer, Johannes (Hg.): Im Dialog über die Seele. Christlicher Glaube und Transpersonale Psychologie, Münster 2003.

Heilsversprechen. Asiatische Bewusstseinskonzepte, buddhistische Meditationstechniken sowie schamanische und esoterische Praktiken boomen – besonders auf dem freien Markt der Lebenshilfe. Gemeinsam ist den spirituellen Lebenshilfe-Angeboten, dass sie mit Hilfe eines klar definierten Weltbildes, spezifischen Glaubensüberzeugungen und davon abgeleiteten Techniken und Ritualen arbeiten und als Sinngeber fungieren.[30]

Immer schon war die menschliche *Seele* geheimnisvoll verschlossen und ein spannendes Rätsel, für erstaunliche Überraschungen gut. Theologische und psychologische Modelle haben in immer wieder neuen Anläufen den Versuch unternommen, zutreffende und allgemeingültige Aussagen über die *wahre Wirklichkeit* des Menschseins oder den *Personkern* hinter den Verhaltensäußerungen zu entschlüsseln: Ist dieser eher theologisch mit »Identität des Sünders«[31] zu begreifen oder besser psychologisch mit »Entwicklungsstufen des Selbst«[32] zu beschreiben?

Verdächtigungen der Psychologie gegenüber der theologischen Personlehre wurden dahingehend formuliert, dass die theologische Perspektive die Sinnlichkeit und Körperlichkeit des Menschen gering achtet und mit rigiden und weltfremden Moralvorstellungen Zwangserkrankungen provoziere.[33] Verdächtigungen der Theologie gegenüber der Psychologie wurden beispielsweise dahingehend formuliert, dass dort systematisch ein Kult um das eigene Ich betrieben werde.[34]

Das Verhältnis zwischen Psychologie und Theologie gestaltet sich deshalb so konfliktreich, weil es dabei um die Vormachtstellung hinsichtlich der Deutungs- und Erklärungsbedürftigkeit des Alltags geht: Wird ein Ereignis innerweltlich-psychologisch oder im weitesten Sinne überweltlich-religiös gedeutet? In einem psychologistisch entzauberten Alltag hat Religiöses keinen Platz mehr. Es ist verständlich, dass besonders Freuds Atheismus bei manchen das Vorurteil von der glaubenszerstörenden Psychoanalyse nährte. Besonders die neuren Entwicklungen der Psychoanalyse enthalten aber unübersehbar glaubensförderliche Impulse.[35]

30 Vgl. Utsch, Michael: Psychotherapie und Spiritualität. Unterschiede zwischen wissenschaftlicher und weltanschaulicher Lebenshilfe, EZW-Text 166, Berlin 2002.

31 Schneider-Flume, Gunda: Die Identität des Sünders, Göttingen 1985.

32 Kegan, Robert: Die Entwicklungsstufen des Selbst, München 1986.

33 Spätestens die Veröffentlichung von Ammicht-Quinn, Regina: Körper – Religion – Sexualität, Mainz 2000, räumt diesbezügliche Vorurteile aus.

34 Vgl. die Belege in Anm. 36.

35 Ergebnisse eines gelungenen Dialogs zwischen Theologie und Psychoanalyse finden

Die Psychologie hat seit ihrer Begründung als eigenständige Wissenschaft der Theologie die Deutungsmacht über die Natur des Menschen streitig gemacht. Empirisch gewonnene Einsichten aus Fragebogenuntersuchungen und psychologische Datenberechnungen und -interpretationen haben die philosophische Anthropologie und theologische Exegese und Hermeneutik abgelöst und neue Menschenbilder hervorgebracht. Dabei sind auch utopische Idealbilder und ideologisch aufgeladene Modelle entstanden.[36]

Wegen den hohen Erwartungen gegenüber psychologischen Behandlungen und einer verbreiteten Unkenntnis hinsichtlich ihrer tatsächlichen Möglichkeiten ist es wichtig, sich die Mythen der Psychologie und die engen Grenzen der Psychotherapie zu verdeutlichen. Zu den populären Irrtümern zählen neben der umfassenden Änderbarkeit des Charakters (Persönlichkeitseigenschaften sind relativ stabil) die Dominanz des Lustprinzips (auch wertorientierte Ziele motivieren) und der Mythos vom frühen Trauma (die ersten Lebensjahre entscheiden nicht alles). Eine Kontrolle und Steuerung des Zufalls, die Verwirklichung aller Wunschträume und grenzenloses Durchsetzen und Bewundert-Werden ist psychologisch nicht machbar. Aus theologischer Sicht gehören das Akzeptieren von Grenzen, das Leiden und auch das Scheitern zum gesunden Menschsein dazu.

Nach der Einschätzung einiger Kulturkritiker haben psychologische Deutungen deshalb einen derartig durchschlagenden Erfolg und enorme Prägekraft entwickelt, weil dort die Entzauberung der äußeren Natur durch die Technik durch eine Verzauberung der inneren Natur ersetzt werde. Unübersehbar ist die westliche Kultur von einer weit reichenden Psychologisierung der Lebenswelt geprägt, deren Schattenseiten häufig übersehen werden.[37] Im Alleingang ließ die Psychologie das Korrektiv philosophischer und theologischer Reflexionen und Einsich-

sich zum Beispiel bei STEINMEIER: Wiedergeboren, oder BOBERT-STÜTZEL, SABINE: Frömmigkeit und Symbolspiel, Göttingen 2000.

36 Umfassende Kritik an populären, psychologisierenden Ideologien üben VITZ, PAUL: Der Kult ums eigene Ich. Psychologie als Religion, Giessen 1994; NUBER, URSULA: Der Mythos vom frühen Trauma, Frankfurt am Main 1995; KAGAN, JEROME: Die drei Grundirrtümer der Psychologie, Weinheim 2000; DEGEN, ROLF: Lexikon der Psycho-Irrtümer, Frankfurt am Main 2000; GEBHARDT, MIRIAM: Sünde, Sex, Seele. Ein Jahrhundert Psychologie, Stuttgart 2002.

37 Vgl. dazu weiterführend UTSCH, MICHAEL: Psychologie – eine populäre Heilslehre, in: R. Hempelmann u.a. (Hg): Panorama der neuen Religiosität, Gütersloh ^{2}2005, 97–111.

ten beiseite, wodurch besonders grundlegende Fragen hinsichtlich des Menschenbildes vernachlässigt wurden.[38]

4. Die Bedeutung des Menschenbildes

Die fundamentale Frage nach dem Wesen des Menschseins – seiner Besonderheit, seinen Entwicklungsmöglichkeiten und seinem Gestaltungspotential – ist bis heute nicht beantwortet. Einige sehen den Menschen nach wie vor mit Goethe als edel, hilfreich und gut an, andere mit Darwin als eine Bestie, ein menschelndes Tier an, das seinen Artgenossen zum Wolf werden kann. In der Pädagogik existiert seit Jahrzehnten ein Richtungsstreit zwischen Strenge und *Laissez-faire*, das in einem Kind entweder einen zu zähmenden Tyrann oder einen kleinen Gott erkennt. Welches Menschenbild ist zutreffend?

Kürzlich hat ein bekannter Psychologe sehr eindrücklich die Folgen beschrieben, wenn die Psychologie Menschenbildfragen übergeht. Nach Fahrenbergs Überzeugung ist die Beschäftigung mit den Grundfragen des Menschseins nötig, um den weltanschaulichen Meinungs-Pluralismus zu tolerieren, ohne dabei die eigene Überzeugungen aufzugeben.[39] Diese kann zu einem besseren Verständnis gegenwärtiger gesellschaftlicher Phänomene beitragen und dadurch Konflikte entschärfen. Aktuelle Herausforderungen wie der schwierige Dialog der Kulturen und Religionen oder der Umgang mit einem wachsenden Fundamentalismus können besser bewältigen werden, wenn religiöses Fühlen, Denken und Handeln einzelner und bestimmter Milieus religionspsychologisch beschrieben, analysiert und interpretieren werden.

Dabei ist das Gespräch über die persönliche Religiosität anspruchsvoll und anstrengend. Religiöse Themen sind deshalb so unbequem, weil sie die Wahrheitsfrage berühren. Weil die Wahrheit universelle Gültigkeit beansprucht, wird ein offener Gedankenaustausch über religiöse Glaubensüberzeugungen heikel. Wenn nämlich unterschiedliche

38 Vgl. Utsch, Michael: Der anthropologische Rahmen psychologischer Theorien, in: Ders., Religionspsychologie, Stuttgart 1998, 48–69. Kürzlich hat H. Santer nachdrücklich auf die Bedeutung anthropologischer Vorentscheidungen in der Religionspsychologie hingewiesen (Persönlichkeit und Gottesbild. Religionspsychologische Impulse für eine Praktische Psychologie, Göttingen 2003).

39 Fahrenberg, Jochen: Annahmen über den Menschen, Heidelberg 2004.

Erfahrungen und Positionen zum Vorschein kommen, wird die Position des Gegenübers damit automatisch in Frage gestellt.

Angesichts einer zunehmend multikulturellen Gesellschaft und einer Pluralität von Weltanschauungen ist jedoch die eigene Standortbestimmung wichtig. In der Erarbeitung einer eigenen Weltanschauung sieht ein anderer Psychologe das wichtigste Merkmal menschlicher Geistestätigkeit. Dies sei heute nötiger als zu früheren Zeiten, weil die Menschen »das selbstverständliche Vertrauen in die geistige Geborgenheit eines allgemein anerkannten Weltanschauungssystems verloren haben«.[40] Dabei unterscheidet Benesch fünf Dimensionen einer Weltanschauung:

1. Weltbild: Wie erklärt man sich die Welt, und was passiert nach dem Tod?
2. Menschenbild: Was sind Besonderheiten, was die Grenzen des Menschen?
3. Sinnorientierung: Was macht den Alltag bedeutungsvoll?
4. Wertekanon: Welche Ideale werden verfolgt?
5. Moral und Ethik: Welche Regeln und Normen sind verpflichtend?

Was der Mensch ist oder werden kann, hängt von den perspektivischen Voraus-Setzungen ab. Sieht er (oder sie) sich unter theologischen Vorzeichen als Ebenbild Gottes eingeladen zu einer Partnerschaft mit dem Schöpfer, nur »wenig geringer als Gott«[41] verortet und mit Verwaltungskompetenz betraut? Oder werden aus psychologischer Sicht die Umwelteinflüsse betont, Sozialisation und Gene problematisiert und der Mensch als »Triebschicksal« entworfen, der seinen Bedürfnissen ausgeliefert scheint? Diese überzeichnete Gegenüberstellung verdeutlicht, wie unterschiedliche Menschenbilder die Entwürfe der menschlichen Person geprägt haben.

Ohne die Festschreibung von Entwicklungszielen und -grenzen können psychologische Veränderungsmethoden ganz nach Willkür und Beliebigkeit eingesetzt werden. Auch die heiklen Fragen nach ethischen Grenzen und Pflichten in der therapeutischen Beziehung lässt

40 Benesch, Hellmuth: Wozu Weltanschauung?, Frankfurt am Main 1990, 12.

41 Psalm 8,4–7: »Wenn ich die Himmel sehe, deiner Finger Werk, den Mond und die Sterne, die du bereitet hast: Was ist der Mensch, dass du seiner gedenkst, und des Menschen Kind, dass du dich seiner annimmst? Du hast ihn wenig niedriger gemacht als Gott, mit Ehre und Herrlichkeit hast du ihn gekrönt. Du hast ihn zum Herrn gemacht über deiner Hände Werk, alles hast du unter seine Füße getan.«

sich ohne den Rückgriff auf anthropologische Vorentscheidungen nicht beantworten. Weil dem Menschenbild in jedem psychologischen Entwurf eine zentrale Bedeutung zukommt, sollte es reflektiert und transparent gemacht werden.

Das stark angewachsene Gebiet der Lebenshilfe und Konfliktberatung – gleichgültig, ob sie in einem psychotherapeutischen oder einem seelsorgerlichen Zusammenhang stattfindet – befindet sich hier in einem enormen Spannungsfeld, weil »gleiche praktische Absichten, aber unterschiedliche Menschenbilder« vorliegen.[42] Noch präziser: Auch wenn die Bemühungen um lebensdienliche Hilfeleistungen seitens der Psychologie und Theologie ein gemeinsames Ziel verfolgen, so ist doch »entgegen Harmonisierungstendenzen eine klare Unterscheidung im weltanschaulichen Bereich und ein dementsprechendes Konkurrenzverhalten dort angezeigt, wo der Begriff »Transzendenz« entweder (tiefen-) psychologisch oder theologisch ins Spiel gebracht wird und damit einer höchst unterschiedlich vorgezeichneten Anthropologie zugeordnet wird«.[43] Folgt man diesem Votum, so besteht die Aufgabe der Theologie darin, stärker das unterscheidend Christliche bei der Alltagsgestaltung und Lebensbewältigung herauszuarbeiten.

Psychologische Hilfen können die Glaubensentwicklung fördern und zur persönlichen Glaubensaneignung und Glaubensvertiefung beitragen. Die mit Recht beklagten Erfahrungsdefizite des christlichen Glaubens können durch die Beachtung psychologischer Einsichten beseitigt werden. Psychologie und Glaube können sich hilfreich ergänzen. Eine Kernkompetenz der Psychologie liegt in ihrer Fähigkeit zur Realitätsprüfung. Persönliche Gotteserlebnisse, die zu religiösen Überzeugungen führen, neigen wegen der sie begleitenden intensiven Gefühle jedoch häufig zu Höhenflügen und Übertreibungen. Hier kann die Psychologie zu einer kritischen Realitätsprüfung beitragen, indem sie untersucht, ob und wie sich religiös-spirituelles Vertrauen konkret im Alltag auswirkt. Durch psychologische Selbsterkenntnis werden die Stärken und Schwächen eines Charakters offenbar, und darauf hin können gezielte Veränderungsschritte eingeleitet werden. Zudem verhilft bessere Selbsterkenntnis dazu, einen persönlich angemessenen

42 Winkler, Klaus: Pastoralpsychologie und Psychoanalyse – Gemeinsames und Trennendes, in: M. Bassler (Hg.), Psychoanalyse und Religion, Stuttgart 2000, 93–106, 96.

43 Winkler, Klaus: Zur neueren psychoanalytischen Religionspsychologie, PTh 84 (1995), 3–14, 6.

Gebets- und Glaubensstil zu finden und dadurch die eigene Frömmigkeitspraxis zu vertiefen.

Es ist bedauerlich, dass ein ursprünglich zentrales Konzept des christlichen Glaubensvollzugs, nämlich Spiritualität, heute einen massiven Bedeutungswandel erfahren hat. Nicht mehr ein Leben aus dem Heiligen Geist, sondern esoterische Glaubensüberzeugungen werden heute damit primär in Verbindung gebracht. Zugespitzt formuliert: ein ursprünglich christliches Konzept verlor über die Jahrhunderte ihre Lebendigkeit und geriet in Vergessenheit, um dann aus fremder Perspektive mit synkretistischen Tendenzen revitalisiert zu werden. Hier können psychologische Zugänge die persönliche Glaubensaneignung fördern und der christlichen Spiritualität wieder mehr Profil verleihen.

5. Die Zusammenarbeit zwischen Theologie und Psychologie

In den letzten Jahrzehnten erfahren die Psychologie und die Theologie eine gegenläufige gesellschaftliche Akzeptanz. Während heute psychologischen Kriterien weitreichende Entscheidungskompetenzen zugestanden werden, hat die Theologie massiv an Einfluss verloren. Psychologische Deutungen haben den Bedeutungsverlust des christlich-kirchlichen Wirklichkeitsverständnisses für sich zu nutzen gewusst und treten heute teilweise ganz unverblümt als Sinngeber und Orientierungsmaßstab auf.

Die Erfolgsstory der Psychologie wäre ohne die Schwächung religiöser Deutungsmuster nicht denkbar gewesen. Durch die Säkularisierung und die Individualisierung haben die Industrienationen ein anderes Gesicht erhalten. Christliche Werte und Normen wurde durch andere Lebenskonzepte und Leitbilder in Frage gestellt und verloren an Bedeutung. Ein Glaube, der sich von einer alltagsverändernden Kraftquelle und einer gesellschaftlichen Orientierungsfunktion in eine zu verwaltende Institution zurückzieht, hat seine Attraktivität verloren. Die rasche Popularität der jungen Sozialwissenschaft Psychologie beschleunigte diese Entwicklung, weil sie das Entwicklungspotential der einzelnen Person betonte – und häufig überschätzte.

Weil der Glaube auch eine menschliche Seite hat – das individuelle Erleben von Gottes Reden und Handeln sowie die persönliche Beziehungsgestaltung zu Gott, haben psychologische Überlegungen ihre Berechtigung und machen Sinn. Psychologie und Theologie können sich dabei hilfreich ergänzen. Sie verfolgen auf verschiedenen Wegen das Ziel, ein ganzer Mensch – als Gegenüber Gottes – sein zu können.[44] Die Psychologie bringt vor allem die Bedeutung der Gefühle, der Erinnerung, der Vorstellungskraft und der Beziehungsqualität ein, die Theologie das Wissen und die Erfahrung um die Wirklichkeit und Wirksamkeit des dreieinigen Gottes. Für die Theologie kann sich bei einer Kooperation mit der Psychologie ihr seelsorgerliches-therapeutisches Potential neu und vertieft erschließen, für die Psychologie der Umgang mit religiösen Fragen verbessern.

Die große Herausforderung besteht darin, beide Sichtweisen so ins Gespräch zu bringen, dass sie ohne Totalanspruch der jeweiligen Deutungsmacht gemeinsam die Wirklichkeit des Menschen erkunden. Für die Psychologie hieße das, das Einwirken der Schöpferkraft Gottes durch den Heiligen Geist und damit eine metaphysische, transzendente Wirklichkeit nicht auszuschließen. Seitens der Theologie würde die Bereitschaft erforderlich sein, stärker die psychologischen Funktionen religiösen Erlebens und Verhaltens zu untersuchen und die menschliche Seite des Glaubens in den Blick nehmen zu lassen.

Diese idealtypische Modellskizze einer dialogischen Kooperation wird aber nur möglich, wenn beide Seiten ihre Grenzen anerkennen und auf der Basis einen gemeinsamen Menschenbildes zusammenarbeiten. Eine derart offene Haltung und gegenseitig kritische Funktion der beiden Disziplinen ist Zukunftsmusik. Deutlich dominieren zumindest von psychologischer Seite reduktionistische Modelle das Feld, die mit einem impliziten Ganzheitsanspruch das Gespräch mit theologischen Positionen verhindern.

Zum Schluss soll dieses gegenseitig kritische Dialogverhältnis an einer Beispielskizze verdeutlicht werden. Die humanistische Psychologie mit ihrem Credo der sich vollständig entfaltbaren Persönlichkeit hat dazu beigetragen, dass zahlreiche Menschen sich auf den Weg der experimentellen Selbsterforschung begeben haben. Selbsterfahrungsgruppen sind eine beliebte Möglichkeit, hier neuen Kontakt zu seinem inneren Erleben zu suchen. Die Humanistische Psychologie bedarf jedoch wegen ihres einseitigen Fortschrittsoptimismus', der Ich-Zentriertheit und dem Verleugnen der menschlichen Destruktivität der Korrektur und Ergänzungen.[45]

44 Vgl. Funke, Dieter: Der halbierte Gott, Düsseldorf 1986.
45 Hutterer, Robert: Das Paradigma der Humanistischen Psychologie, Berlin 1998.

Selbstverwirklichung wurde zum Lebensinhalt für Generationen. Der gesellschaftliche Trend der Individualisierung unterstützte das Anliegen der Psychologie und verlieh ihr eine wachsende Popularität und Autorität. Heute, wo die Schattenseiten dieser Entwicklung unübersehbar geworden sind, sprechen Soziologen von einer Psychologisierung des Alltags und einer Therapeutisierung der Lebenswelt. Vielleicht ist die enorme Nachfrage nach psychotherapeutischen Behandlungen eher ein Hinweis auf das »Zeitalter des Narzissmus« als auf wirkliche Erkrankungen, zu deren Ausbreitung und Verfestigung die Psychotherapie mit ihren Selbsterfahrungs-Angeboten ungewollt beiträgt.

Hier war die mahnende und korrigierende Stimme der Theologie viel zu selten zu hören. Sie hätte dem Selbstverwirklichungs-Boom den ihr angemessenen Platz zuweisen können. Selbstverwirklichung um jeden Preis und narzisstische Selbstverliebtheit verfehlen nämlich aus theologischer Perspektive die eigentliche Bestimmung des Menschen, sich selbst im anderen zu finden.

Unbestritten hat die Psychologie mehr Fakten über das Seelenleben herausgefunden: welche hohe Bedeutung frühkindliche Bindungen haben, wie wichtig die Entfaltung eigener Begabungen ist, wie man die eigenen Gefühle besser wahrnehmen und ausdrücken kann, wie Gedächtnisleistungen gesteigert werden können, wie neurotische Fehlentwicklungen verändert werden können, welche Faktoren ein zufriedenes Älterwerden begünstigen, was Kommunikationsprozesse fördert und hemmt, und vieles mehr. Auch die Gleichberechtigung der Frau wurde durch psychologische Einsichten gefördert.

Doch zwei gravierende Schwächen schmälern die unbestreitbaren Erfolge der Psychologie: ihre zum Teil maßlose Selbstüberschätzung, und ihre Anfälligkeit für ideologische Heilsversprechen. Diese Schwächen können nur ausgeglichen werden, wenn die Psychologie sich einbringt in eine Menschenkunde, in der auch das Wissen anderer Perspektiven wie die der Theologie mit einfließt. Der Mensch als Leib-Seele-Geist-Einheit kann nur in dieser Zusammenschau richtig verstanden werden.

Der Chicagoer Theologe Don Browning hat in seiner Kritik der Humanistischen Psychologie[46] überzeugend dargestellt, wie sowohl

46 Browning, Don S.: Religious Thought and the Modern Psychologies, Philadelphia 1987, Kap. 4.

Rogers als auch Maslow die Selbstverwirklichung von einem deskriptiven Begriff in eine moralische Norm verwandelt haben. Danach gleiten sie von einer Beschreibung der Selbstverwirklichung hinüber zu der Forderung, das eigene, wahre Selbst zu verwirklichen. Schließlich versteigen sie sich zu der Behauptung, Selbstverwirklichung sei das Patentrezept zur Lösung aller individuell-moralischen und gesellschaftlichen Probleme.

Unrealistische psychotherapeutische Behandlungsziele haben dazu beigetragen, die Illusion einer Verwirklichung des »ganzen« Menschen zu nähren und sein selbstsüchtiges Ego zu bedienen. Während früher Religion mehrheitlich als Bezogenheit auf Transzendenz verstanden wurde, dessen größeres Ganze – z.B. im Bild vom Kosmos – gemeinschaftsbildend wirkte, wird die neuzeitliche, verwischte »Religion« von den Bedürfnissen des Subjekts bestimmt. Nicht mehr gemeinschaftliche Werte und Ziele, sondern das eigene Ich steht heute im Mittelpunkt. An die Stelle einer Gemeinschaft ist das Individuum getreten, das um seine bestmögliche Entfaltung, Darstellung und Beachtung kämpft.

Für dieses Ziel kann die Psychologie missbraucht werden, wenn sie sich nicht an ethischen Normen bindet. Ohne Bezug zu einer expliziten Werteordnung kann Psychologie in den Status einer Religion gelangen, dem sie methodisch nicht gerecht werden kann. Psychologischen Modelle liegen Menschenbilder zugrunde, die ihrerseits implizite Werte enthalten und transportieren. Diese sollten reflektiert und kommuniziert werden.

Religion und Philosophie

Thomas Rentsch

> I am not a religious man
> but I cannot help seeing
> every problem from a religious point of view.
>
> Wittgenstein

Das Verhältnis von Religion und Philosophie in der gegenwärtigen Epoche ist auf mehrfache Weise Spiegelbild von krisenhaften Umbrüchen, Unklarheiten und einer bemerkenswerten Orientierungslosigkeit. Wie in einem Brennglas verdichten sich in ihm die Reflexe offener existentieller, kultureller und weltpolitischer Fragen. Auch jedem einer Religion ferner stehenden Philosophierenden muss klar sein, dass eine erneute explizite Thematisierung der religiösen Grundprobleme im Interesse von Aufklärung und Vernunftkritik ohne Alternative ist. Diese Thematisierung berührt das Selbstverständnis von Moderne und Postmoderne, das Selbstverständnis der westlichen Kultur nicht nur äußerlich, sondern zutiefst. Das Neben- und Gegeneinander von völliger Profanität und Säkularisierung, wissenschaftlicher Weltanschauung und hedonistischer Individualkultur einerseits, religiöser patchwork-Identität, Esoterik, Fundamentalismus, Abschottungsverhalten einer Kirchenmystik andererseits prägt eine negative Dialektik aus, die beide Seiten einer Hegelsch gedachten Vermittlung ausfranst und beschädigt. Kritische Philosophie kann sich mit dieser bedauerlichen, prekären Konstellation nicht zufrieden geben. In der Tradition Kants und Hegels, aber nach den systematischen Radikalisierungen der Vernunftkritik, wie sie im vergangenen Jh. von Heidegger, Wittgenstein und Adorno geleistet wurden, gilt es, die Kritik der religiösen Vernunft für die Gegenwart zu wiederholen.

Um Ansätze zu diesem Projekt auf knappem Raum zu erfassen, soll im folgenden das Terrain abgesteckt werden, auf dem das Verhältnis von Religion und Philosophie für die Zukunft neu zu bestimmen ist. Dies geschieht bewusst pointiert, um einen fälligen und sich bereits abzeichnenden Paradigmenwechsel zu verdeutlichen. Behelfsmäßig seien vorab fünf Ebenen idealtypisch unterschieden: die Ebene der religiösen Praxis in Geschichte und Gegenwart, die diese Praxis reflektierenden Theologien, die Ebene der Religionswissenschaften (z.B. Ethnologie, Psychologie, Soziologie), die Ebene der Religionsphilosophien sowie die Ebene eines religiösen Denkens bzw. einer philosophischen Theologie. Meine systematische Kernthese ist, dass letztere in der Gegenwart neu zu entwickeln ist, und zwar als eine kritische Theorie absoluter Transzendenz.

Zunächst aber will ich eine mögliche übersichtliche Anordnung derjenigen zentralen Gesichtspunkte geben, die für die erneute Bestimmung des Verhältnisses von Religion und Philosophie heute entscheidend sind.

1.

Die Prognosen vom Ende der Religion, vom »Tod Gottes« und von einer vollendeten Säkularisierung haben sich als verfehlt erwiesen. Vielmehr ist die Permanenz der Vielfalt religiöser Orientierungen – auch im Blick auf eigenartige Transformations- und Umbesetzungsprozesse – das eigentlich zu begreifende Phänomen. Mehr noch: Gerade die weit reichenden und tief greifenden Ansätze der Religionskritik von Feuerbach, Marx, Nietzsche und Freud lassen sich in langfristiger Perspektive als produktive Beiträge zur Rekonstruktion religiöser Sinnansprüche verstehen. Die Entfremdungs- und Projektionsanalysen der radikalen Religionskritik dienen ex negativo der Freilegung authentischer religiöser Rationalität. Nietzsches Illusionskritik und Freuds tiefenhermeneutische Analysen von Verdrängungsprozessen sind, wo sie triftig sind, bereichernd, hilfreich und klärend für ein kritisches philosophisches Religionsverständnis. Freilich dürfen die Entfremdungsanalysen nicht verabsolutiert werden – denn dann werden sie selbst zur Ideologie. Geschärftes Bewusstsein von verzerrten, verfehlten und repressiven Formen von Religion führt, recht verstanden, zu einer aufgeklärten, autonomen Perspektive auf die religiöse Sinndimension. Dieses Bewusstsein schärft auch die Wahrnehmung der zur kulturell entwickelten Religion konstitutiv gehörenden innerreligiösen Religionskritik: in der Gestalt der Kritik an falschen Göttern und Götzen und irrigen Gottesvorstellungen in den drei monotheistischen Weltreligionen, im Kampf des Buddhismus gegen verdinglichte Selbst- und Weltverständnisse, in auf Befreiung und sittliche Praxis zielender religiöser Lehre. Religionskritik ist gut für Religion. Der Zusammenhang des Heiligen auch mit Gewalt und Macht verdient kritische Reflexion.[1]

Auch das spannungsreiche Verhältnis der Religionen zu den Wissenschaften, wie es sich im 20. Jh. entfaltet hat, lässt sich philosophisch produktiv rezipieren. Die ethnologischen, psychologischen Untersuchungen und insbesondere die funktionale Religionssoziologie, wie sie paradigmatisch von Niklas Luhmann entwickelt wurde, enthält viele wichtige Einsichten in die soziale und pragmatische Bedeutung religiöser Praxis. Sie ist zumindest teilweise kompatibel mit den leitenden Thesen des Pragmatismus in der Religionsphilosophie von Dewey und William James. Religionen lassen sich (zumindest auch) in ihrer pragmatisch-sinnkonstitutiven Funktion angesichts der unverfügbaren Bedingungen des menschlichen Lebens verstehen und untersuchen. Dennoch ist ihre Bestimmung als Kontingenzbewältigungspraxis[2] religionsphilosophisch partial und missverständlich. Sie bricht den Religionen die kreative Sinnspitze ab. Die praktische Dimension z.B. der christlichen Verkündung – von den zehn Geboten bis zur Bergpredigt Jesu – lässt sich nicht als funktionale Kontingenzbewältigung begreifen.

Auch die Entwicklung der Naturwissenschaften in der Moderne trägt bei näherer Betrachtung zur Klärung des genuinen Status von Religion bei: Philosophisch lässt sich ein Ausdifferenzierungsprozess konstatieren, naturwissenschaftliche und religiöse Wahrheit sind zweierlei. Die sinnkriteriale Ablösung der religiösen Dimension von kosmologischem, physikalischem Wissen, von einer quasi-empirischen Verortung des Jenseits, von einer supra-naturalistischen »Vorhandenheitsontologie« (Heidegger) bzw. einer Vorhandenheitssemantik (im Sinne der Sprachkritik Wittgensteins) setzt die kritischen Arbeiten Kants fort, dessen gesamte Vernunftkritik der leitenden Intention folgt, das Wissen einzuschränken, um dem Glauben einen ihm angemessenen Ort wiederzugeben. Von dieser sinnkriterialen Ausdifferenzierung

1 Dazu instruktiv: NAGL, LUDWIG (Hg.): Religion nach der Religionskritik, Wien/Berlin 2003 sowie LUTZ- BACHMANN, MATTHIAS: Religion nach der Religionskritik, ThPh 3 (2002), 374–388; vgl. GIRARD, RENÉ: Das Heilige und die Gewalt (1972), Zürich 1987.

2 So LÜBBE, HERMANN: Religion nach der Aufklärung, Graz 1986.

her erscheint das gesamte System Kants in einer gleichermaßen religionskritischen wie religionsrettenden, um philosophische Theologie und die Dimension des »Intelligiblen« zentrierten Perspektive.

Das Verhältnis von Religion und Philosophie wird durch diese Ausdifferenzierungsprozesse wieder auf neue Weise spannend. Denn es fällt – zunächst und auf den ersten Blick wieder ex negativo – ein anderer, neuer Blick auf die alte Metaphysik, auf die alte, vor- und außerchristliche philosophische Theologie. Sie hatte einen nicht-szientistischen Status. Die genuin philosophisch-theologischen Ansätze von Platon und Aristoteles, von Augustinus, Boethius, Plotin und Proklos, von Meister Eckhart und Cusanus erscheinen gerade nach der modernen Ontologie-, Sprach- und Ideologiekritik auf neue Weise rezipierbar. Denn sie kämpften bereits mit all ihren jeweiligen Mitteln gegen verdinglichte Transzendenz- und Gottesverständnisse, sie akzentuieren auf vielfache Weise den existentiell-praktischen und universalen Sinn religiöser, das Ganze des Seins und des Lebens betreffender Wahrheit.

Gerade die Ausprägungen negativer Theologie sind das beste Zeugnis dieser kritischen Tradition.[3]

2.

Auf diesem Hintergrund ist es von besonderer Bedeutung, dass die moderne philosophische Entwicklung in ihren wichtigsten Ausprägungen zunächst durch eine latente Präsenz des Religiösen charakterisiert ist. Diese latente, indirekte Präsenz wird dann in der zweiten Hälfte des 20. Jh. in weiterführende systematische Ansätze der Religionsphilosophie überführt, die verstärkt eine explizite Thematisierung von Religion unternehmen. Schließlich führt diese Entwicklung in jüngster Zeit zu philosophischen Entwürfen, die die Wahrheit von Religion, die Frage nach Transzendenz, dem Absoluten und nach Gott erneut systematisch angehen.

Betrachtet man die wichtigsten und einflussreichsten Philosophen des 20. Jh., so wird sichtbar, dass sie ohne »religiöse Glutkerne« nicht verstehbar sind. Und das gilt nicht für ihre expliziten Ausarbeitungen zur Religion und zur Religionsphilosophie, sondern es gilt für den Zentralbereich ihrer Systematik. Dies sei kurz an Heidegger, Jaspers, Witt-

3 Vgl. Rentsch, Thomas: Art.: »Theologie, negative«, HWP 10, Basel 1998.

genstein, Benjamin, Adorno, Horkheimer, Habermas und Derrida aufgezeigt.

Die frühen religiösen Ursprünge Heideggers, seine katholische Prägung sind klar. Sein Hauptwerk »Sein und Zeit« repräsentiert im Anschluss vor allem an Kierkegaard mit seinen Zeit-, Angst- und Todesanalysen und seiner Unterscheidung der »uneigentlichen«, verfallenen, im öffentlichen Gerede aufgehenden Existenz des »Man« von der »eigentlichen«, entschlossenen, sich ihrer selbst und ihres Todes bewussten Existenz (nach einer Formulierung von Habermas) einen Protestantismus auf dem Nullpunkt der Säkularisierung.[4] Die ausgearbeitete Existentialanalyse Heideggers führte zu einer breiten Rezeption in der evangelischen wie auch der katholischen Theologie. Die existenztheologischen Ansätze von Rudolf Bultmann und von Karl Rahner wendeten Heideggers auf das praktische Selbstverständnis der Menschen in seiner alltäglichen Lebenssituation bezogene Analysen auf die Rekonstruktion der erlösenden Heilsbotschaft des Neuen Testaments bzw. auf die Rekonstruktion des praktischen Sinnes der metaphysischen Theologie an. In diesen Prozessen rückt somit der Alltags- und der konkrete Lebensbezug der religiösen Heilsbotschaft wie auch eines angemessenen Transzendenzverständnisses ins Zentrum. Diese Bewegung ist systematisch charakteristisch für viele philosophische Vermittlungsversuche von religiöser Wahrheit und moderner Lebenswelt. Ein eigentliches praktisches Selbstverständnis lässt sich und muss sich im Alltag ausprägen. Herbert Marcuse hat als Schüler Heideggers den emanzipatorischen Gehalt einer Kritik der verfallenen eindimensionalen Orientierung an der spätkapitalistischen Konsumwelt herausgearbeitet.[5] Die weltweit wirksamen Protest- und Alternativbewegungen speisten ihre Energie auch aus den religiösen, chiliastischen Gehalten, die in die Idee der »Großen Weigerung« und eines alternativen, authentischen Lebens Eingang fanden. Die marxistische Hoffnungsphilosophie Ernst Blochs hatte eine ähnliche Stoßrichtung.[6] Deswegen konnten emanzipatorische Religionsverständnisse mit befreiungstheologischen Bewegungen verbunden werden.

4 Vgl. Rentsch, Thomas: Martin Heidegger – Das Sein und der Tod. Eine kritische Einführung, München 1989 sowie ders. (Hg.): Martin Heidegger: Sein und Zeit, Reihe Klassiker Auslegen, Berlin 2001.

5 Marcuse, Herbert: Der eindimensionale Mensch, Neuwied 1964.

6 Bloch, Ernst: Das Prinzip Hoffnung, Frankfurt am Main 1954–1959.

Die Spätphilosophie Heideggers zeigt religiöse Perspektiven, die ebenfalls den Ort des Menschen in der Wirklichkeit dieser Welt neu zu verstehen suchen.[7] Das Sein wird zu einer sich entbergend-verbergenden Macht, die das Geschick der menschlichen Wirklichkeit prägt. In seiner Entzogenheit, Verdecktheit und Ferne wie in seiner Nähe eignen dieser Instanz religionsspezifische Qualitäten. Die Bedeutung des Göttlichen, des Wunders und des Geheimnisses entfaltet das späte Denken Heideggers mythopoetisch und bildreich im Rekurs auf Schelling, Hölderlin und – im Versuch, hinter die Verfallsgeschichte der europäischen Entwicklung zu gelangen – im Rekurs auf das frühgriechische Weltverständnis von Hesiod, Parmenides und Heraklit.[8] Dieses Denken versteht sich als ein einsamer Weg, zu einem nicht-instrumentellen, nicht-wissenschaftlichen, nicht technisch bestimmtem, gewaltlosen Selbst- und Weltverhältnis zu gelangen, zu einem erneuten Heimisch-Werden und »Wohnen« in der Endlichkeit. Da Religionen im Kern ihrer genuinen Rationalität ein Bewusstsein dieser sinnkonstitutiven Begrenztheit kultivieren, berührt sich Heideggers spätes Denken nicht nur mit christlichem, mystischem Transzendenz- und Gottesverständnis, sondern deutlich auch mit Traditionen fernöstlicher Weisheit des Buddhismus und Taoismus. Die religiöse Tiefendimension dieses Denkens ist evident. In ihr artikuliert sich ein Bewusstsein von den Grenzen der okzidentalen Rationalität und von der Angewiesenheit des menschlichen Daseins auf seine unverfügbaren natürlichen Lebensgrundlagen, das auch die politische Ökologiebewegung Jahrzehnte vor ihrem massiven Auftreten antizipiert. Heideggers dramatisches Krisenbewusstsein artikuliert sich in seinem letzten großen Interview, das er dem »Spiegel« gab, schließlich in dem Satz: »Nur noch ein Gott kann uns retten.«[9]

Auch die religiösen Implikationen des Denkens von Karl Jaspers sind unübersehbar. Sie münden in eine existenzphilosophisch rekonstruierte Metaphysik, in der die Gottheit als »Transzendenz« gefasst und in der eine Theorie der »Chiffreschrift« dieser Transzendenz entwickelt wird.[10] Durch philosophische »Existenzerhellung« des »Umgreifenden«

7 Heidegger, Martin: Beiträge zur Philosophie (Vom Ereignis, 1936–1938), Frankfurt am Main 1989.

8 Vgl. Rentsch: Das Sein und der Tod, 175–221.

9 Das Interview stammt vom 23. September 1966. Veröffentlicht in: Der Spiegel (31. Mai 1976), 193–219.

10 Jaspers, Karl: Philosophie III Metaphysik (1932), München 1994 sowie ders.: Chiffren der Transzendenz, München 1970.

weiß ich mich geschenkt – der Transzendenzbezug eröffnet Liebe und Freiheit, aber auch das existentielle »Scheitern«, in dem das Sein erfahren wird. Der denkbare enge Konnex von Philosophie und Religion in der ersten Hälfte des 20. Jh. zeigt sich auch im Werk Paul Tillichs, der Gott als das »Sein-selbst«, als »das, was uns unbedingt angeht«, versteht. Seine Theorie der Vermittlung von Offenbarung und Wirklichkeit (»Korrelation«) zielt auf ein »Neues Sein« des Menschen als Überwindung der modernen Entfremdungsverhältnisse.[11] Auch bei Tillich ist der praktisch-politische und emanzipatorische Bezug seines Denkens bei allem Transzendenzbezug eindeutig.

Beim frühen Wittgenstein wird der alles umfassende Bereich: Dass die Welt ist, Gott und der Sinn des Lebens, als »das Mystische« und »Unsagbare« von innen her aus der wissenschaftlich-logischen Rationalität ausgegrenzt. Wenn alle wissenschaftlichen Fragen beantwortet sind, sind nach Wittgenstein unsere Lebensfragen noch gar nicht berührt.[12] Auch bei ihm wird also die Dimension existentiellen Sinns im Verhältnis des Menschen zu einer absoluten Transzendenz jenseits wissenschaftlicher Orientierungen verortet. Seine Lebenspraxis, sein Rückzug ins Kloster und als Dorfschullehrer, seine langjährige intensive Lektüre des Neuen Testaments, Tolstois und Kierkegaards, dies alles bezeugt die fundamentale Bedeutung der Religion für ihn. In Bemerkungen zu seinem Schüler Drury wird das so deutlich: »Kierkegaard was by far the most profound thinker of the last century. Kierkegaard was a saint.«[13] Und »I am not a religious man but I cannot help seeing every problem from a religious point of view.«[14] Die Spätphilosophie Wittgensteins sowie seine Vorlesungen zur Religion und zum Gottesverständnis führen zu einer breiten, an ihm orientierten Sprach- und Religionsphilosophie.[15] Neben dem Lebensformbezug der religiösen Praxis steht auch bei Wittgenstein die Sprache der Religion und ihre

11 Tillich, Paul: Religionsphilosophie, Stuttgart 1962; ders.: Der Mut zum Sein, Stuttgart 1968.

12 »Wir fühlen, dass selbst, wenn alle *möglichen* wissenschaftlichen Fragen beantwortet sind, unsre Lebensprobleme noch gar nicht berührt sind.« (Tractatus logico-philosophicus 6.52).

13 Drury, Maurice O'Connor: Some notes on conversations with Wittgenstein, in: R. Rhees (Hg.), Ludwig Wittgenstein: Personal recollections, Oxford 1981, 102.

14 Drury: Some notes, 94.

15 Wittgenstein, Ludwig: Vorlesungen und Gespräche über Ästhetik, Psychologie und Religion, Göttingen ²1971. Zu Wittgensteins Religionsphilosophie vgl. Ricken, Friedo: Religionsphilosophie, Stuttgart 2003, vor allem 29–56.

Differenz zu wissenschaftlicher Rede im Zentrum. Diese Aspekte verbinden sein Denken auf grundsätzliche Weise mit dem Heideggers.

Die Kritische Theorie der Frankfurter Schule ist ohne religiöse und theologische Bezüge ebenfalls nicht denkbar. Das gilt zunächst in hohem Maße für ihren Urvater Walter Benjamin und auch für ihre klassische Gestalt bei Theodor W. Adorno und Max Horkheimer. Benjamins ganzes Denken entfaltet eine radikalisierte Form der Dialektik zwischen absolut gedachter Transzendenz und dem historisch-materialistisch konzipierten Geschichtsprozess. Er entwickelt ein irreduzibles Transzendenz- und Eschatologieverständnis, welches sich begrifflich völlig der Funktionalisierung und auch der politischen Indienstnahme verweigert, und das gerade so ein vertieftes Verständnis von Profanität und Säkularisierung erreicht. Gott und Welt, Transzendenz und Profanität, Eschatologie und Geschichte, Erlösung und Befreiung werden radikal unterschieden, gerade um eine radikal kritische Instanz der Infragestellung aller Immanenz festzuhalten. Nur die Perspektive absoluter Transzendenz entbirgt ein anamnetisches – ein »Eingedenken« ermöglichendes – und auch auf Zukunft gerichtetes Vernunftpotenzial, das in keinem linearen Fortschrittsoptimismus aufgehoben werden kann. Die authentische Transzendenzperspektive allein eröffnet nach Benjamin die Tiefenstruktur der praktischen Vernunft und die Dimensionen des Gedächtnisses, der Erinnerung an das Leiden der Unschuldigen. Für die Gegenwartsdiskussion besonders relevant ist im Ansatz Benjamins, dass für radikal gedachte Transzendenz keine weltlichen Substitute oder Surrogate möglich sind. Mythisierungen weltlicher Instanzen, politische Hoffnungen als Hoffnungen auf endgültiges Heil, Herrschaftsformen als göttlich legitimiert – das sind fundamentale Missverständnisse, die sich in der Praxis verheerend auswirken. Nur im Widerschein absoluter Transzendenz zeigen sich die transpragmatischen Sinnbedingungen aller Praxis und Rationalität: »Mein Denken verhält sich zur Theologie wie das Löschblatt zur Tinte. Es ist ganz von ihr voll gesogen. Ginge es aber nach dem Löschblatt, so würde nichts was geschrieben ist, übrig bleiben [...].«[16]

In veränderter Form bleibt dieser sinnkonstitutive Transzendenzbezug der Kritischen Theorie erhalten, wenn Max Horkheimer die »Sehnsucht nach dem ganz Anderen« im Zentrum seines Denkens expliziert.

16 Benjamin, Walter: Das Passagen-Werk, N8, 1 (Gesammelte Schriften 5), 588. Man vergleiche diese Aussage mit dem Diktum Wittgensteins.

Die Kritik der instrumentellen Vernunft hat eine theologische Tiefendimension. Horkheimer konstatiert apodiktisch: »Einen unbedingten Sinn zu retten ohne Gott, ist eitel.« und »Zugleich mit Gott stirbt auch die ewige Wahrheit.«[17]

In Adornos Theorie nimmt die reflexive Bezugnahme des philosophischen Denkens auf ein Absolutes systematisch eine charakteristisch transformierte Gestalt an. Da das Absolute nicht mehr positiv gedacht oder gar expliziert werden kann, »wird es« nach einer treffenden Formulierung Michael Theunissens »immer kleiner«.[18] Der Kern dieses Denkens ist das – ebenso wie das »Mystische« Wittgensteins und das »Sein« Heideggers – unsagbare, prädikativ nicht vergegenständlichbare »Nichtidentische«. Dass alles identifizierende, vorstellende Denken dieses Nichtidentische notwendig verfehlt, ist Grundlage der »Negativen Dialektik«.[19] Auf diese Weise leitet eine negative, eschatologische Utopie unverkürzter, liebender Erkenntnis und nicht-verdinglichter Individualität Adornos Gesellschaftskritik, seine »Ästhetische Theorie« und seine Musikästhetik. Erst der eschatologische Zusammenfall von ästhetischer Erfahrung und begrifflicher Diskursivität ergäbe Adorno zufolge die »wahre Sprache«, deren Idee »die Gestalt des göttlichen Namens«. ist.[20] In seinen bahnbrechenden Analysen zur modernen Kunst und Musik verbindet Adorno eine neuplatonisch inspirierte Ästhetik von Ekstasis, Pleroma (erfüllter Augenblicklichkeit) und Plötzlichkeit (Plotin: exaiphnes) mit Elementen einer kenotischen Christologie. Schönbergs Musik hat »alle Dunkelheit und Schuld der Welt [...] auf sich genommen.«[21] Spuren der Transzendenz, Spuren des Absoluten gibt es bei Adorno zwar in »kleingewordener« Form, im scheinbar Marginalen, in kurzen Momenten der Kindheit, der ästhetischen Erfahrung oder in entfremdeten und dennoch auf Erfüllung hin geöffne-

17 Vgl. dazu Habermas, Jürgen: Zu Max Horkheimers Satz »Einen unbedingten Sinn zu retten ohne Gott, ist eitel«, in: Ders., Texte und Kontexte, Frankfurt am Main 1991, 110–126.

18 Theunissen, Michael: Negativität bei Adorno, in: L. von Friedeburg/J. Habermas (Hg.), Adorno-Konferenz 1983, Frankfurt am Main 1991, 41–65: 65.

19 Dazu Rentsch, Thomas: Vermittlung als permanente Negativität. Der Wahrheitsanspruch der »Negativen Dialektik« auf der Folie von Adornos Hegelkritik, in: Ders., Negativität und praktische Vernunft, Frankfurt am Main 2000, 252–270.

20 Adorno, Theodor W.: Fragment über Musik und Sprache, in: Ders., Gesammelte Schriften Bd. 16, Frankfurt am Main 1978, 252.

21 Adorno, Theodor W.: Philosophie der neuen Musik, in: Ders., Gesammelte Schriften Bd.12, Frankfurt am Main 1975, 126.

ten Alltagssituationen des »beschädigten Lebens«.[22] Aber dieses – von Theunissen wie von Pangritz[23] treffend analysierte – »Kleiner- und Unsichtbarwerden der Theologie« gerade in der modernen Philosophie und insbesondere in der Philosophie Adornos schmälert nicht die systematisch zentrale Bedeutung und die Funktion dieser negativen, verhüllten Sinndimension. Sie ist vielmehr auf indirekte Weise für die tiefgreifende Kritik und schon für die sensible Wahrnehmung gesellschaftlicher Entfremdungsphänomene humanen Lebens unter dem Zwang instrumenteller Verhältnisse unverzichtbar und leitend.

Jürgen Habermas scheint sich am weitesten von religiösen Tiefendimensionen der Philosophie zu lösen. Dennoch versteht sich sein Hauptwerk, die »Theorie des kommunikativen Handelns«, als eine sprachliche Anverwandlung des Sakralen. Es geht ihm darum, die Einheit der Vernunft in der kommunikativen Alltagspraxis zurückzugewinnen, nachdem seiner Auffassung nach »alle substantiellen Vernunftbegriffe kritizistisch aufgelöst worden sind.«[24] Gegenüber kultisch-rituellen Vergegenwärtigungsformen der emphatisch verstandenen Heilswahrheit stelle die Versprachlichung eine »kommunikative Verflüssigung des religiösen Grundkonsenses«[25] dar. Die Idee einer transzendentalen bzw. idealen Kommunikationsgemeinschaft bei Habermas und Karl-Otto Apel bleibt somit durch ihre Herkunft aus den Grundgedanken von Josiah Royce und Charles S. Peirce von theologischen Modellen und religiösen Vorgestalten perfekter Transzendenz und Kommunikation geprägt.[26] Habermas erklärt in der Konsequenz seiner alltagspraktischen Transformation die Diskursgemeinschaft zum Substitut des Heiligen in der Gegenwart: »allein die zur Diskursethik entfaltete, kommunikativ verflüssigte Moral kann [...] die Autorität des Heiligen substituieren. In ihr hat sich der archaische Kern des Normativen aufgelöst, mit ihr entfaltet sich der rationale Sinn von normativer

22 Adorno, Theodor W.: Minima Moralia. Reflexionen aus dem beschädigten Leben, Frankfurt am Main 1951.

23 Pangritz, Andreas: Vom Kleiner- und Unsichtbarwerden der Theologie, Tübingen 1996.

24 Habermas, Jürgen: Theorie des kommunikativen Handelns, Bd. 1, Frankfurt am Main 1981, 340.

25 Habermas, Jürgen: Theorie des kommunikativen Handelns, Frankfurt am Main 1988, 126; vgl. 140.

26 Das wurde in religionskritischer Absicht besonders herausgearbeitet von Albert, Hans: Transzendentale Träumereien. Karl-Otto Apels Sprachspiele und sein hermeneutischer Gott, Hamburg 1975.

Geltung.«[27] Obwohl sich Habermas später differenziert mit religiösen Wahrheitsansprüchen auseinandersetzt, stellt er fest: »Nachmetaphysisches Denken unterscheidet sich von Religion dadurch, dass es den Sinn des Unbedingten rettet ohne Rekurs auf Gott oder ein Absolutes.«[28]

Dennoch wird er zunehmend sensibel dafür, »dass die monotheistischen Traditionen über eine Sprache mit einem noch unabgegoltenen semantischen Potential verfügen, das sich in weltaufschließender und identitätsbildender Kraft, in Erneuerungsfähigkeit, Differenzierung und Reichweite« gegenüber »säkularen Traditionen« »als überlegen erweist.«[29] Deutlich wird diese Sensibilität in Habermas' Rede zum Friedenspreis des Deutschen Buchhandels: »Säkulare Sprachen, die das, was einmal gemeint war, bloß eliminieren, hinterlassen Irritationen. Als sich Sünde in Schuld, das Vergehen gegen göttliche Gebote in den Verstoß gegen menschliche Gesetze verwandelte, ging etwas verloren.«[30] Es geht Habermas in der Tradition Kants daher um »eine säkularisierende und zugleich rettende Dekonstruktion von Glaubenswahrheiten«: »Wer einen Krieg der Kulturen vermeiden will, muss sich die unabgeschlossene Dialektik des eigenen abendländischen Säkularisierungsprozesses in Erinnerung rufen.«[31] Das heißt: Der Prozess der Aufklärung im Dialog zwischen Religion und Philosophie ist offen und geht weiter.

Auch das Denken des neben Deleuze und Lyotard wichtigsten Philosophen des französischen Poststrukturalismus, der Postmoderne und Dekonstruktion, von Jacques Derrida, ist ohne einen religiösen, negativ-theologischen Hintergrund nicht zu begreifen. Sein Grundbegriff der Differenz meint – in sprachphilosophischer Fortführung Heideggerschen Denkens – die Instanz sich eröffnenden, gleichzeitig sich konstitutiv entziehenden sprachlichen Sinns, deren Schwund und Entzug, deren Abwesenheit man nie in Anwesenheit verwandeln kann. Strukturell der traditionellen Konzeption der Ferne und Nähe, der abwesenden Anwesenheit Gottes konform, entfaltet sich um die Differenz eine Gruppe ehemals metaphysischer Begriffe, deren wichtigster der der

27 Habermas, Jürgen: Theorie des kommunikativen Handelns, Bd. 2, 140.
28 Habermas: Zu Max Horkheimers Satz, 125.
29 Habermas, Jürgen: Exkurs: Transzendenz von innen, Transzendenz ins Diesseits, in: Ders., Texte und Kontexte, 127–156: 131. Vgl. auch ders.: Ein Gespräch über Gott und die Welt, in: Ders., Zeit der Übergänge, Frankfurt am Main 2001, 173–196.
30 Habermas, Jürgen: Glauben und Wissen, Frankfurt am Main 2001, 24.
31 Habermas: Glauben und Wissen, 11.

»Spur« ist. Wir erreichen je nur Spuren sich zeigenden Sinns. Dies lehrt auch die neuplatonische Theologie Plotins mit ihrem Begriff der Spur (ichnos) des Einen, ebenfalls Augustinus, der die Spur als vestigium Gottes bezeichnet.[32] Der religiöse, negativ-theologische, mystische Subtext des Denkers der entzogenen Schrift ist in seinen vielen Werken überall präsent. Als algerischer Jude beerbt Derrida so die Lehre von der verborgenen Thora. In weiteren großen Texten zu »Glauben und Wissen« und zur Sprache des Gebets expliziert Derrida immer deutlicher seine lebenslange Bezogenheit auf religiöse Ursprünge und die »Rückkehr des Religiösen« in der modernen Welt: »Die ›Tode Gottes‹, auf die man vor dem Christentum, im Christentum und jenseits des Christentums stößt, sind [...] Figuren und Peripetien einer [...] Anwesenheit einer Abwesenheit. Das Nichterzeugbare, das so immer wieder erzeugt wird, ist der leere Ort. Ohne Gott kein absoluter Zeuge.«[33] Er reflektiert »die weltweite Latinisierung (jenes eigentümliche Bündnis des Christentums als Erfahrung von Gottes Tod mit dem fernwissenschaftstechnischen Kapitalismus)«, die »eine hegemonische Position einnimmt und zugleich an ihr Ende gelangt, übermächtig und fast schon erschöpft.«[34] Er macht deutlich, dass der absolute Wert des menschlichen Lebens gegen allen Marktpreis und gegen alle Biotechnologie »die unendliche Transzendenz bezeugt, die dem, was mehr wert ist als es selbst, eignet« – »die Göttlichkeit, das Allerheiligste.«[35] In seinen Interpretationen arbeitet Derrida konsequent und dramatisch die konstitutiv religiösen und theologischen Prämissen des Kantschen Denkens wie der westlichen Moderne insgesamt heraus. Er rekonstruiert eine gegenwärtige Konstellation, die sich »zwischen einer Sakralität ohne Glaube (Anzeichen dieser Algebra: ›Heidegger‹) und einer Heiligkeit ohne Sakralität [...] (Anzeichen: ›Levinas‹ [...])« abzeichnet.[36] Seine persönlichen Reflexionen zur Gebetspraxis vertiefen das Bewusstsein dieser Konstellation auf eindrucksvolle Weise.[37]

32 Derrida, Jacques: Die Schrift und die Differenz, Frankfurt am Main 1972; ders.: Randgänge der Philosophie, Wien 1988.

33 Derrida, Jacques: Glaube und Wissen. Die beiden Quellen der »Religion« an den Grenzen der bloßen Vernunft, in: Ders./Vattimo, Gianni: Die Religion, Frankfurt am Main 2001, 9–106: 47.

34 Derrida: Glaube und Wissen, 25.

35 Derrida: Glaube und Wissen, 84.

36 Derrida: Glaube und Wissen, 103.

37 Vgl. dazu Caputo, John D.: Die différance und die Sprache des Gebets, in: F. Uhl/A.R. Boelderl (Hg.), Die Sprachen der Religion, Berlin 2003, 293–315.

Da Phänomenologie und Hermeneutik eigene Beiträge gewidmet sind,[38] weise ich aus philosophischer Sicht auf wesentliche Aspekte dieser Formationen nur kurz hin. Das Entscheidende der phänomenologischen Schule war es im Blick auf religiöse Phänomene, deren interne, irreduzible Eigenart und Authentizität wieder freilegen zu wollen. Das gilt für die frühe Schule mit Adolf Reinach und Edith Stein und setzt sich in großer Form bei Emmanuel Levinas fort.[39] In der Tradition der Hermeneutik wies Gadamer immer wieder darauf hin, wie unverzichtbar das Festhalten der philosophischen Frage nach der Transzendenz für einen Dialog der Weltkulturen und der Weltreligionen sei.[40] Das »schwache Denken« von Gianni Vattimo führt gerade nach dem Ende der Heilsverheißungen der Moderne zur zentralen Bedeutung der menschlichen Hinfälligkeit und Endlichkeit und zu einem neuen philosophischen Verständnis der Trinität und der Menschwerdung Gottes zurück; für ihn ist das »problematische Verhältnis zwischen Philosophie und religiöser Offenbarung der eigentliche Sinn der Menschwerdung.«[41] Charles Taylor thematisiert die »Formen des Religiösen in der Gegenwart«[42] und stellt die Grundfrage, ob der expressive Individualismus der westlichen Moderne, dessen religiöse Ursprünge er in »Quellen des Selbst« umfassend untersucht hat, es noch gestatte, »unsere Verbindung mit dem Sakralen in irgendeinen besonderen, größeren Rahmen einzufügen, sei es die ›Kirche‹ oder der Staat.«[43] Gibt es einen »Ort für die Transzendenz in unserer heutigen Gesellschaft?«[44] Taylor analysiert die Gründe für die Entzauberung und die »Gottesfinsternis« in der

38 Vgl. in diesem Band die Beiträge von Christof Landmesser und Thomas Macho.

39 Levinas, Emmanuel: Wenn Gott ins Denken einfällt. Diskurse über die Betroffenheit von Transzendenz, Freiburg 1985.

40 Gadamer, Hans-Georg: Metaphysik und Transzendenz; Der letzte Gott, beide in: Ders., Die Lektion des Jahrhunderts. Ein Interview von R. Dottori, Münster 2002, 72–87 und 140–153; vgl. auch ders.: Sein Geist Gott (1977), in: Ders., Gesammelte Werke Bd. 3, Tübingen 1987, 320–332. Auch das Werk Paul Ricoeurs thematisiert im Zentrum religiöse Fragen; vgl. dazu Ricoeur, Paul/Yvanka B. Raynova: Der Philosoph und sein Glaube, Deutsche Zeitschrift für Philosophie 1 (2004), 85–112.

41 Vattimo, Gianni: Die Spur der Spur, in: J. Derrida/ders., Die Religion, 107–123; vgl. ders.: Glauben – Philosophieren, Stuttgart 1997.

42 Taylor, Charles M.: Die Formen des Religiösen in der Gegenwart, Frankfurt am Main 2002.

43 Taylor: Die Formen des Religiösen, 85; vgl. sein Hauptwerk: Quellen des Selbst. Die Entstehung der neuzeitlichen Identität, Frankfurt am Main 1994.

44 Taylor, Charles M.: Ein Ort für die Transzendenz?, Information Philosophie 2 (2003), 7–16.

modernen Welt und artikuliert Bedingungen für eine neue Erschließung der Transzendenz: in einer »Liebe zum Menschen, so wie er ist, mit all seinen Fehlern und Schwächen«, einer »Liebe, deren wir nur durch Gottes Gnade fähig sind.« Eine solche Perspektive eröffnet den »Sinn des Sinns«.[45]

Neben phänomenologischer und hermeneutischer Tradition ist es vor allem die analytische Sprachphilosophie, die in den letzten Jahrzehnten eindrucksvolle Untersuchungen zur Religionsphilosophie und zur philosophischen Theologie vorgelegt hat. Zentral für die Rekonstruktion des genuinen internen Geltungssinnes der religiösen Sprache und Praxis und der spezifischen »Grammatik« religiöser Rede war die Orientierung an der Spätphilosophie Wittgensteins. Dass die religiöse Sprache einer eigenen Grammatik folgt, zeigte D.Z. Phillips in subtilen Untersuchungen.[46] Hilary Putnam hat in der Tradition des jüdischen Monotheismus im Anschluss an die negative Theologie des Moses Maimonides und an die Sprachanalysen Wittgensteins die religiöse Rede von Gott als nicht-referentialisierende Rede interpretiert: Der Name »Gott« artikuliert auch den Ursprung aller Bedeutung.[47] Die religiöse Sprache ist zwar in das religiöse Leben eingebettet, sie ist aber zugleich offen für die gesamte nicht-religiöse Alltagswelt. Im Rahmen der analytischen Sprachphilosophie hat Richard Swinburne »Die Existenz Gottes« auf ihre theoretische Begründbarkeit untersucht und klassische Gottesbeweise rekonstruiert.[48] Er rückt sie in die Nähe wissenschaftlicher Hypothesenbildung. Ähnlich unternimmt es Alvin Plantinga, die Existenz Gottes erkenntnistheoretisch und modallogisch zu thematisieren.[49] Im Gegenzug erweist sich für den Atheisten John Leslie Mackie »Gott«, verstanden als erklärende Zusatzhypothese unseres Weltwissens, als überflüssig.[50] Die Religionsphilosophie von John Hick hebt demgegenüber gerade den Wirklichkeitscharakter religiöser Erfahrung hervor und gelangt zu einem »eschatologischen Verifikationismus«, dem ein nicht ganz klarer Status zwischen christlicher Heilshoffnung

45 Taylor: Ein Ort, 15.

46 So z.B. Phillips, Dewi Zephaniah: The concept of prayer, London 1965.

47 Putnam, Hilary: God and the Philosophers, Midwest studies in philosophy 21 (1997), 175–187; Ders.: On Negative Theology, FaPh 14 (1997), 407–422.

48 Swinburne, Richard: Die Existenz Gottes, Stuttgart 1987.

49 Plantinga, Alvin: God, Freedom, and Evil, New York 1974.

50 Mackie, John Leslie: Das Wunder des Theismus. Argumente für und gegen die Existenz Gottes, Stuttgart 1985.

und wissenschaftlicher Hypothesenbildung eignet.[51] William P. Alston entwickelt in »Perceiving God« eine komplexe Analyse alltäglicher Wahrnehmungsurteile im Vergleich mit religiöser Erfahrung.[52] Die Leistungen der gegenwärtigen Religionsphilosophie werden durch die subtilen und klaren Untersuchungen in der analytischen Tradition erheblich bereichert.[53]

3.

Das Verhältnis von Philosophie und Religion lässt sich am Schluss unserer knappen Darstellung im Blick auf Probleme, offene Fragen und systematische Anforderungen mit folgenden Bemerkungen präzisieren. Obwohl lange nicht explizit genug bedacht, zeigt der genaue Blick auf die wesentlichen Leistungen der Philosophie der Moderne, auf Heidegger, Wittgenstein, Adorno, Derrida und andere Denker, dass diese Philosophien in ihrem Zentrum selbst eine mehr oder weniger ausgebildete *religiöse Tiefendimension* aufweisen. Sie haben einen religiösen Kern, ohne den sie gar nicht denkbar sind. Auch Fergus Kerr hat in einer sehr instruktiven Untersuchung herausgearbeitet, dass die moderne Philosophie entgegen weit verbreiteter Meinung in säkularisierter Form tief von religiösen Motiven geprägt ist. In seinen Stanton Lectures an der Universität Cambridge analysiert er die theologische Tiefendimension der Philosophien von Martha Nussbaum, Iris Murdoch, Luce Irigaray, Stanley Cavell und Charles Taylor.[54] Er zeigt, dass in allen diesen Ansätzen Wege des Transzendierens des Menschlichen um des Menschen Willen leitend sind. Theologische Vorbegriffe spielen in der modernen Philosophie eine viel größere Rolle als bisher wahrgenommen.

51 Hick, John: Religion. Die menschlichen Antworten auf die Frage nach Leben und Tod, München 1996.

52 Alston, William P.: Perceiving God – The Epistemology of Religious Belief, Ithaca/London 1991.

53 Eine sehr gute Einführung bietet Jäger, Christoph (Hg.): Analytische Religionsphilosophie, Paderborn 1998. Als einen extremen Gegenentwurf zu solchen rationalmetaphysischen Ansätzen kann man die religionsphilosophischen Arbeiten von Kurt Hübner lesen, der eine totale Differenz von Vernunft und christlicher Offenbarung, von wissenschaftlicher und mythischer Wahrheit, von Denken und Glaube so festschreibt, dass keine Vermittlung denkbar ist; vgl. Hübner, Kurt: Glaube und Denken. Dimensionen der Wirklichkeit, Tübingen 2001.

54 Kerr, Fergus: Immortal Longings. Versions of Transcending Humanity, Notre Dame (Indiana) 1997; vgl. ders.: Theology after Wittgenstein, Oxford 1986, ^{2}1997.

Um das Verhältnis von Religion und Philosophie in der Gegenwart voranzubringen, ist eine systematische Explikation dieses Verhältnisses neu zu leisten. Es gilt, sich klarzumachen, dass Philosophie von Platon und Aristoteles bis zu Kant und Hegel auch und im Kern religiös und philosophische Theologie war, und dass sie dies auch nach aller Religionskritik auf eigentümliche Weise blieb. Wie kann sich Philosophie neu – und nach aller Ontologie-, Sprach- und Ideologiekritik – den alten Fragen nach Transzendenz, dem Absoluten, Gott und unbedingtem Sinn zuwenden? Diese Frage neu zu stellen, ist eine innerphilosophische Notwendigkeit,[55] aber mehr noch ist ihre Behandlung angesichts der krisenhaften weltgeschichtlichen Konstellation unumgänglich, schließlich aus existentiell-praktischen Gründen, denn die Menschen fragen weiter nach unbedingtem Sinn.

Für die neuerliche Behandlung der religiösen, existentiellen Grundfragen genügen nach dem bisher Ausgeführten bloß *beschreibende* (phänomenologische), bloß *auslegende*, *deutende* (hermeneutische) und bloß *analytische* methodische Zugriffe nicht – so unverzichtbar ihre Beiträge, wenn sie gelingen, auch sind. Erst recht unzulänglich sind nur funktionale Analysen im Rückgriff auf sozialwissenschaftliche oder psychologische Rationalitätskriterien. Aber auch die Ansätze der Religionsphilosophie genügen dann nicht, wenn nicht die Frage nach dem Wahrheits- und Geltungsanspruch von Religion im Verhältnis zur philosophischen Vernunft wieder ins Zentrum der Reflexion rückt. Es darf nicht zu einem bei faktischen Lebensformen oder kulturellen Traditionen innehaltenden Reflexionsabbruch kommen. Die Philosophie muss selbst ihr Verhältnis zu religiöser Wahrheit, das Verhältnis von Vernunft und religiöser Wirklichkeitserkenntnis neu bestimmen – im Rückgang auch auf ihre eigene metaphysische, ontologische und transzendentalidealistische Tradition. Innovative Ansätze dazu zeigen sich in der analytischen Tradition, aber auch bei Franz von Kutschera, Dieter Henrich, Robert Spaemann, Ernst Tugendhat, Michael Theunissen und Peter Strasser. In der deutschsprachigen Philosophie sind in den letzten Jahren weiterführende Diskussionen zur philosophischen Gottesfrage

55 Vgl. dazu das Standardwerk von WEISCHEDEL, WILHELM: Der Gott der Philosophen. Grundlegung einer philosophischen Theologie im Zeitalter des Nihilismus. 2 Bd., Darmstadt 1972/München 1979; sowie SCHERER, GEORG: Die Frage nach Gott. Philosophische Betrachtungen, Darmstadt 2001 und CLAYTON, PHILIP: Das Gottesproblem. Bd. 1: Gott und die Unendlichkeit in der neuzeitlichen Philosophie, Paderborn 1996.

und zum Verhältnis des »Gottes der Philosophen« zum »Gott der Theologen« geführt worden.[56] Franz von Kutschera hat zu den philosophisch-theologischen Grundfragen Untersuchungen vorgelegt, die auf modifizierte Weise an Kant anschließen.[57] Die Modifikationen betreffen die stärkere Einbeziehung existentiell-holistischer und emotiv-affektiver Aspekte des christlichen Glaubens, der im Zentrum der Analysen von Kutscheras steht: »Der Glaube ist nicht erkenntniserweiternd, aber er zeigt einen Weg, den wir gehen können, und öffnet unserem Leben einen überwältigend großen Sinnhorizont.«[58]

Die Sinngrenzreflexion in der Tradition des transzendentalen Idealismus in Richtung auf ein Absolutes als Grund des Bewusstseins fortzuführen, steht auch im Zentrum des Denkens von Dieter Henrich. Metaphysik wird als eine Erkenntnis mit Selbst- und Weltbezug und als »Grundverfassung des bewussten Lebens« begriffen, die ihre »Form ganz aus der Einsicht in die Wahrheit einer Lebensdeutung gewonnen hat.«[59] Das heißt: In einer recht verstandenen philosophischen Grundlagenreflexion geht es letztlich um das Gewinnen wahrer, verbindlicher, lebenstragender Einsichten, und damit auch um die Frage nach Gott.

56 BAUMGARTNER, HANS M./WALDENFELS, HANS (Hg.): Die philosophische Gottesfrage am Ende des 20. Jahrhunderts, Freiburg/München 1999. Besonders weise ich hin auf den instruktiven Beitrag von HONNEFELDER, LUDGER: Die Bedeutung der Metaphysik für Glauben und Wissen, 47–64, in dem ein fundamental praktisches Verständnis der metaphysischen ›Theorie‹ selbst erläutert wird; GESTRICH, CHRISTOF (Hg.): Gott der Philosophen – Gott der Theologen. Zum Gesprächsstand nach der analytischen Wende, Beiheft zur Berliner Theologischen Zeitschrift, Berlin 1999. Besonders weiterführend der Aufsatz von DALFERTH, INGOLF U.: Inbegriff oder Index? Zur philosophischen Hermeneutik von ›Gott‹, 89–132, in dem die Leugnung Gottes als Selbstwiderspruch analysiert wird. Vgl. zum Status der Metaphysik im Kontext der religiösen Grundfragen auch LUTZ-BACHMANN, MATTHIAS (Hg.): Metaphysikkritik, Ethik, Religion, Würzburg 1995 sowie DERS.: Postmetaphysisches Denken? Überlegungen zum Metaphysikbegriff der Metaphysikkritik, Zeitschrift für philosophische Forschung 56 (2002), 414–425.

57 KUTSCHERA, FRANZ VON: Vernunft und Glaube, Berlin/New York 1991; DERS.: Die großen Fragen. Philosophisch-theologische Gedanken, Berlin/New York 2000.

58 KUTSCHERA: Die großen Fragen, VII.

59 HENRICH, DIETER: Fluchtlinien. Philosophische Essays, Frankfurt am Main 1982, 13. Vgl. DERS.: Bewusstes Leben. Untersuchungen zum Verhältnis von Subjektivität und Metaphysik, Stuttgart 1999 sowie DERS.: Religion und Philosophie – letzte Gedanken – Lebenssinn, in: D. Korsch/J. Dierken (Hg.), Subjektivität im Kontext. Erkundungen im Gespräch mit Dieter Henrich, Religion in Philosophy and Theology 8, Tübingen 2004, 211–231.

Ebenso hat Robert Spaemann das philosophische Denken immer wieder mit der Gottesfrage verknüpft: »Wer glaubt, dass Gott ist, glaubt, dass das, was der Fall ist, die Welt unserer Erfahrung einschließlich seiner selbst, eine ›Tiefe‹, eine Dimension hat, die sich der Erfahrung, auch der introspektiven, entzieht. Diese Dimension ist der Ort, wo das, was ist, aus seinem Ursprung hervorgeht. Und zwar nicht im Sinne eines zeitlichen Folgens auf Antezedenzbedingungen, sondern als gemeinsames Hervorgehen mit den Entstehungsbedingungen und zugleich als Emanzipation von diesen, also als Selbstsein. An einen Schöpfer glauben heißt glauben, dass das Sein der Dinge und des Lebens der Sterblichen weder notwendig noch die Folge eines universellen Trägheitsprinzips ist, sondern in jedem Augenblick Hervorgang aus dem Ursprung.«[60] Spaemann akzentuiert den Aspekt des Wunders, den der Unbedingtheit der Moral und der Freiheit sowie der Personalität des Menschen als holistische Prämissen, das Absolute als Gott zu denken. »Gottesbeweise nach Nietzsche« lassen sich in diesem Sinne als »Argumente ad hominem« verstehen.[61] Ernst Tugendhat vergleicht in einer neuen Untersuchung das Transzendenzverständnis von Religion und Mystik. Während die Perspektive des jüdisch-christlichen Glaubens an Einen personalen Gott »keine Möglichkeit aus der Perspektive der 1. Person mehr« sei, sei »die Mystik [...] eine Möglichkeit [...], die allen Menschen zugänglich ist.«[62] Sehr fruchtbar sind die Untersuchungen von Michael Theunissen zu einer »Negativen Theologie der Zeit.«[63] In einem neuen Aufsatz hat Theunissen deutlich gemacht, wie er das Verhältnis von »Philosophie der Religion« und »religiöser Philosophie« beurteilt. Die existentiell-praktische Dimension des Glaubens an Gott findet er bei Wittgenstein zutreffend beschrieben. Er konstatiert aber angesichts der bloßen Beschreibung der Vielfalt der Lebensformen einen philosophischen »Reflexionsabbruch«. Über diesen »wären zurückzugehen auf die in ihnen sich erschließende Wirklichkeit.« Man gelangt durch sie zu universalen Aspekten unserer Lebenswirklichkeit

60 Spaemann, Robert: Das unsterbliche Gerücht, Sonderheft Merkur: Heft 9/10 (1999), Nach Gott fragen. Über das Religiöse, 772–783: 775; siehe auch ders.: Personen, Versuche über den Unterschied zwischen »etwas« und »jemand«, Stuttgart 1996.

61 Spaemann, Robert: Gottesbeweise nach Nietzsche, in: Nagl, Religion, 111–122.

62 Tugendhat, Ernst: Egozentrizität und Mystik. Eine anthropologische Studie, München 2003, 115

63 Theunissen, Michael: Negative Theologie der Zeit. Frankfurt am Main 1991.

und erreicht, so Theunissen, »größtmögliche Allgemeinheit«, die schließlich in die konkrete religiöse Erfahrung und Praxis mit »größtmöglicher Bestimmtheit« zurückführt.[64] Im Versuch, die Einzigkeit und Personalität Gottes zu denken, führt die Transzendenzreflexion in die jüdisch-christliche Tradition zurück, deren Gott, »wenn er auch keine Person *ist*, doch eine personale Seite hat und sie uns zukehren kann.«[65] Bezug wie Differenz von spezifisch religiöser Erfahrung und philosophischer Reflexion müssen immer wieder deutlich gemacht werden.

Peter Strasser hat in jüngster Zeit intensive religionsphilosophische Reflexionen vorgelegt, die im Zentrum die Gottesfrage thematisieren. Es geht Strasser um die Rückgewinnung eines religiösen Universalismus jenseits der Fundamentalismen, um ein vernünftiges Transzendenzverständnis und den »Gott aller Menschen«:

> »Was wir brauchen, ist eine Kultur, die das individuelle Bewusstsein in seinem Wert gerade dadurch bestätigt, dass sie es auf einen Horizont bezieht, den zu erreichen uns unmöglich ist, solange wir am endlichen Leben teilhaben. Das Leben einer Kultur hängt davon ab, ob sie beseelt genug ist, sich an diesem Horizont – dem Horizont der Verwandlung – auszurichten.«[66]

Es wird deutlich: Auf vielen Ebenen der Gegenwartsphilosophie finden sich produktive Ansätze, die eine neue, lebendige Diskussion des Verhältnisses von Religion und Philosophie und ihrer Stellung zu existentiellen Sinngrundfragen führen.

Auf diese Weise lässt sich nach Heidegger, Wittgenstein und Adorno und ohne hinter Kant und Hegel, Schelling und Schleiermacher zurückzufallen, ein Verständnis von religiöser Vernunft als der eigentlich tragenden Tiefendimension unserer Praxis und unseres Welt- und Selbstverständnisses im Ansatz entwickeln. Wir leben von und in für uns völlig unverfügbaren Sinnbedingungen: Dass die Welt ist, dass überhaupt etwas ist, dass wir selber sind; dass sprachlicher Sinn uns erschlossen ist; dass wir selbst praktische, lebenstragende Verständnisse von Liebe und Freiheit frei entwerfen können. Das Bewusstmachen

64 Theunissen, Michael: Philosophie der Religion oder religiöse Philosophie?, Information Philosophie 5 (2003), 7–14: 11; 14.

65 Theunissen: Philosophie der Religion, 11.

66 Strasser, Peter: Der Gott aller Menschen: eine philosophische Grenzüberschreitung, Graz 2002, 194; ders.: Journal der letzten Dinge, Frankfurt am Main 1988 sowie ders.: Der Weg nach draußen. Skeptisches, metaphysisches und religiöses Denken, Frankfurt am Main 2000.

und das Erkennen dieser *Transzendenz der Sinnbedingungen* ist religiöse Vernunft, und Religion lässt sich somit als Aufklärung über lebenssinnkonstitutive Transzendenz, als Aufklärung über Gott bzw. das Göttliche, bestimmen.[67] Religiöse Vernunft kann zu einer Erweiterung des üblichen alltäglichen wie philosophischen Vernunftverständnisses führen. Das Bewusstsein der Verschränktheit von Endlichkeit, Unbedingtheit und Sinn führt ihre Entwürfe über diskursive und pragmatisch beherrschbare Formen hinaus. Indem wir endlich, bedingt und frei existieren, leben wir von nicht machbarem natürlichem, sozialem und existentiellem Sinn: areligiös, ohne ihn zu bemerken, religiös im Bewusstsein seiner ungeschuldeten Gegenwart. Die Religionen artikulieren das Bewusstsein dieser Gegenwart. Sie erschließt sich in der Stille, im Innehalten, im Sehen und Hören, in Scheu und Langsamkeit, Behutsamkeit und Nachdenklichkeit, in Mündlichkeit und Schriftlichkeit, im vertrauten Gespräch, in den liturgischen und sakramentalen Formen. Die diskursive Vernunft öffnet sich hier einer Tiefendimension, die sie nicht zerstört, sondern, recht verstanden, intensiviert. Die Dimensionen des Geheimnisses, des Wunders, der Schöpfung und des Geschenkcharakters des Seins können so als Tiefendimensionen existentiell-praktischer Vernunft selbst erkannt werden. Das religiöse Bewusstsein dieser Transzendenz der Sinnbedingungen einer menschlichen Welt ist auf Dauer nur um den Preis einer Enthumanisierung menschlicher Praxis marginalisierbar. Keine Wissenschaft wird religiöse Vernunft und Erkenntnis der lebenssinnstiftenden und lebenstragenden Wirklichkeit jemals ersetzen können. Um die Kritik instrumenteller Welt- und Selbstverständnisse fortzusetzen, um das Ganze der Wirklichkeit der Vernunft: der Sprache, der Liebe und der Freiheit gegen reduktionistische Verständnisse zu retten, müssen kritische Philosophie und religiöse Vernunft neue Wege beschreiten. Dann ist auch die Frage nach der wahren Vernunftreligion mit Kant und Hegel neu zu stellen – jenseits von Dogmatismus und Relativismus, jenseits von Fundamentalismus und Irrationalismus, inmitten der modernen Lebenswirklichkeit.

67 Rentsch, Thomas: Religiöse Vernunft: Kritik und Rekonstruktion. Systematische Religionsphilosophie als kritische Hermeneutik, in: ders., Negativität und praktische Vernunft, Frankfurt am Main 2000, 180–209; ders.: Worin besteht die Irreduzibilität religiöser Wahrheitsansprüche? Religion und negative Metaphysik, in: M. Knapp/Th. Kobusch (Hg.), Religion – Metaphysik(kritik) – Theologie im Kontext der Moderne/Postmoderne, Berlin/ New York 2001, 113–126; ders.: Gott, Berlin/ New York 2005.

Die Vollendung der Religion.
Theorie(n) der Religion und Theologie

Dietrich Korsch

Bei einem Besuch in der Bibliothek Religionswissenschaft in der landgräflichen Kanzlei unterhalb des Marburger Schlosses leihe ich ein paar Bücher aus, sage, aus dem Fenster blickend, zu der freundlichen jungen Dame an der Ausleihe: »Da haben Sie aber einen schönen Blick über die Stadt und auf die Alte Universität.« »Ja«, sagt sie, »und wir blicken immer auf die Theologen da unten herab.«

Auch wenn wir die Frage nach der intellektuellen Prägnanz und der universitären Präsenz der Religionswissenschaft einmal unerörtert lassen, so ist das Diktum doch aufschlussreich. Denn in ihm spricht sich das Bewusstsein aus von einer veränderten Stellung der aktuellen gesellschaftlichen Diskurse über Religion: Religion ist Thema der neutralen, interessierten Betrachtung, und diese beobachtende Betrachtung ist einer schlichten Teilnehmerperspektive überlegen. Nun handelt es sich freilich dabei um ein Bewusstsein, das seinerseits nach Deutung verlangt, also nach einer Erörterung der Bedingungen seiner Plausibilität. Immerhin: Dieses kulturell fundierte Bewusstsein von und für Religion in der Gesellschaft scheint mir für die Frage nach dem Verhältnis von Religionstheorien und Theologie wichtiger, weil grundlegender, als eine erneute Debatte über diese oder jene Fassung des Religionsbegriffs. Denn es ist dieses Bewusstsein, das nicht unwesentlich auch das Verständnis kirchlicher und außerkirchlicher christlicher Religion bestimmt, also diejenigen religiösen Phänomene, für die einmal die Theologie die wenn nicht alleinige, so doch primäre Zuständigkeit reklamieren konnte. Als erstes gebe ich nachfolgend einen Vorschlag zur Deutung dieses beobachtenden Bewusstseins. Ich erörtere im Anschluss einige theologische (und quasitheologische) Umgangsweisen mit ihm und skizziere abschließend mögliche Konsequenzen für einen theologischen Zugang zu den gesellschaftlichen Diskursen über Religion.

1. Die Wissenschaftsgeschichte der Religionswissenschaft und die kulturelle Repräsentanz von Religion

Die Historiographen der Religionswissenschaft sind sich darin einig, dass man die Ausbildung der Disziplin auf die Mitte des 19. Jh. datieren kann, wobei sie meist auf den Indologen Friedrich Max Müller verweisen. Deutlich ist auch, dass das Fach um 1900 herum einen weiteren Aufschwung erfährt[1]. Daraus lässt sich zunächst historisch feststellen: Der Aufstieg der Religionswissenschaft fällt in die Phase des entfalteten Kolonialismus, der zugleich die weltweite Durchsetzung des Kapitalismus darstellt. Es werden nicht nur andere Religionen zur Kenntnis genommen und zu verstehen versucht – dieses Verstehen ist auch von der etwa in der Kolonialisierung Südamerikas unausweichlichen Tendenz zur umfassenden Durchsetzung des Christentums entkoppelt. An die Stelle politisch-strategisch geplanter Mission treten Konstruktionen des Überlegenheitsanspruchs des Christentums als Kulturphänomen, wie immer diese begründet werden sollen. Was ist der gesellschaftliche Hintergrund dieser Konzeptualisierung der Religionswissenschaft? Mein Deutungsvorschlag lautet: Die Religionswissenschaft entsteht in dem Moment, wo sich gesellschaftliche Strukturen und Dynamiken von ihrer religiösen Fundierung abgelöst haben und selbständig geworden sind. Das ist freilich nicht im Sinne einer Säkularisierungstheorie zu verstehen, in deren Gefolge man eine wachsende Distanz und Feindschaft zwischen gesellschaftlichen Grundprinzipien und Religion zu behaupten hätte. Weit eher trifft zu, dass sich im Schatten der religiösen Symbolsysteme Europas und unter deren Mitwirkung solche Strukturen entfaltet haben, die der fortwährenden Stützung durch religiösmoralische Beiträge entbehren können. Im gewissem Sinne kann man geradezu von einer objektiven Realisierung der christlichen Religion in der kapitalistischen Gesellschaft reden: Ihr Funktionieren vollzieht sich ganz eigenständig und unabhängig von den subjektiven Stellungnahmen der in sie integrierten Menschen. Die Autonomie Gottes hat sich

1 Hock, Klaus: Einführung in die Religionswissenschaft, Darmstadt 2002, 24–28; Kippenberg, Hans G./Stuckrad, Kocku von: Einführung in die Religionswissenschaft: Gegenstände und Begriffe, München 2003, 24–36; Figl, Johann (Hg.): Handbuch Religionswissenschaft: Religionen und ihre zentralen Themen, Innsbruck/Göttingen 2003, 20–34. Vgl. auch Löhr, Gebhard (Hg.): Die Identität der Religionswissenschaft. Beiträge zum Verständnis einer unbekannten Disziplin, Frankfurt am Main 2000.

gewissermaßen in die Autonomie des Kapitalprozesses transformiert – und damit von der Zustimmungspflicht der Individuen emanzipiert. Dem entspricht Religion als Gegenstand von Religionswissenschaft – objektive (und objektiv andere) Symbol- und Ritualsysteme können ohne entscheidende Rückwirkung auf die Forschenden erkundet werden. Die Religionswissenschaft stellt so eine Parallele zur Religionssoziologie dar, wie sie sich klassisch im Werk Max Webers ausgebildet hat;[2] die Schnittmengen sind groß, die Beschreibungsintentionen aber verschieden. Geht es Weber um die vergleichende Beobachtung der Interaktionen von Gesellschaft und Religion, und sind die religiösen Riten und Vorstellungen darauf hin zu analysieren, so ist die Religionswissenschaft eher ideographisch orientiert und an der Sammlung und Beschreibung von religiösen Gebräuchen und Denkweisen interessiert. Die historische und fachliche Parallele, die Religionssoziologie und Religionswissenschaft bilden, spricht dafür, auch die Religionswissenschaft wissenssoziologisch einzuordnen.

Es ist nun gerade diese nicht in gesellschaftliche Verbindlichkeiten eingewobene Präsenz von Religionen gewesen, die auf eine zweite Stufe der kulturellen Wahrnehmung von Religion geführt hat. Wenn nämlich religiöse Symbolsysteme (und zwar hier solche, die sich ohne Rituale und Verpflichtungen präsentieren, die aus dem eigenen Lebenszusammenhang selbst erwachsen sind) zur Verfügung stehen, dann kann aus ihrer Kenntnisnahme auch Zustimmung im Sinne einer individuellen Selbstzuordnung entstehen. Dass diese Selbstzuordnungen empirisch immer unter Rezeptionsbedingungen stehen, die den Entstehungskontexten fremd sind, kann dafür ebenso unberücksichtigt bleiben wie die Tatsache, dass solche individuellen Optionen keinesfalls immer die Gestalt regelrechter Konversionen haben müssen, sondern sich auf der Ebene eines privaten Synkretismus bewegen können. Auch unter gesellschaftlichen Bedingungen, für deren Funktionieren überlieferte autochthone Religion nicht mehr notwendig ist, gibt es Religion – und sie wird zunehmend in der Weise je eigener Wahl angeeignet (wodurch diese dann auch immer bestimmt sein mag). Dies ist besonders da der Fall, wo die gesellschaftlichen Rahmendaten ihrerseits zu einer Pluralität religiösen Verhaltens ermuntern – ihre objektive Unabhängigkeit von subjektiven Vermeinungen zeigt sich konsequent darin,

2 Weber, Max: Wirtschaft und Gesellschaft. Grundriß der verstehenden Soziologie, Tübingen [5]1990, 245–381.

dass sie eben verschiedene Optionen zulassen. Die Kompatibilität unterschiedlicher religiöser Überzeugungen mit den gesellschaftlichen Grundstrukturen wird gerade als Ausweis gesellschaftlicher Freiheitsgewährung verstanden. Sofern die Religionswissenschaft die Kenntnis »fremder« Religionen befördert und ihre jeweilige lebensspezifische Verankerung erkennen lässt, trägt sie zweifellos zu einer Intensivierung des religiösen Pluralismus bei. Dass sie sich auf die Funktion rein neutraler Deskription beschränken könnte, ist allenfalls eine pragmatische, wenngleich illusionäre Selbstbeschränkung. Es empfiehlt sich nun freilich, auch dieses Phänomen eines pluralistischen Synkretismus nicht mit Verfallskategorien zu interpretieren. Statt dessen liegt es nahe, nach den Bedingungen zu fragen, von denen in diesen Wahlvorgängen Gebrauch gemacht wird. Und diesbezüglich kann man sagen, dass sich in der subjektiven Wahlfreiheit des Menschen hinsichtlich der Religion die objektive Unabhängigkeit Gottes vom Funktionieren der gesellschaftlichen Welt spiegelt. So wenig der Gottesbegriff noch für das Funktionieren der Gesellschaft als ganzer unmittelbar in Anspruch genommen werden muss, sondern seine begründend-allgemeine Funktion an die Logik des Kapitals abgetreten hat, so sehr wird die Religion Sache eigener Entscheidung. Darin aber realisiert sich der dem Monotheismus des Christentums einwohnende Gedanke der Unabhängigkeit Gottes von der Welt einerseits, der Freiheit des Menschen vor und für Gott andererseits. Es lässt sich daher die These vertreten, dass der religiös-synkretistische Pluralismus der Gegenwart als Konsequenz wesentlich christlicher Grundeinsichten zu verstehen ist. Allerdings besagt diese Deutung der Herkunft nicht bzw. nicht mehr, dass die hier auftretende Vielfalt nun auch noch einmal durch einen erweiterten Begriff vom Wesen des Christentums, noch weniger durch eine Kirchliche Dogmatik oder gar durch die Konstruktion eines (gar einheitlichen) christlichen Wirklichkeitsverständnisses wieder zu normieren und zu restringieren wäre. »Wir sehen auf die Theologie herab« – dieses Bewusstsein ist durch dogmatische und kirchliche Ansprüche nicht mehr zu erreichen, geschweige denn zu verändern. Aus dieser Situation resultieren Unsicherheiten in Kirche und Theologie, die der weiteren Bearbeitung bedürfen.

Handelte es sich in der historischen Situation der Entstehung der Religionswissenschaft darum, dass die gesellschaftlichen Grundfesten auch ohne Religion Bestand haben können, so geht es in dem aktuellen Beitrag der Religionswissenschaft zur Kultur des religiösen Synkretismus um die Wahrnehmung der Freiheit, die sich für religiöse Optanten daraus ergibt. Es ist ersichtlich, dass sowohl die Genese der Religionswissenschaft als auch ihre gegenwärtige Funktion nicht denkbar sind ohne die Voraussetzungen eines entfalteten Wissenschaftsbetriebes in relativer Unabhängigkeit von strikten Verwertungs- und Stabilisierungszusammenhängen. Insofern ist der moderne westliche Synkretismus ein Geschöpf eigener Art; erst da, wo sich die gesellschaftlichen Bedingungen in der Art entfaltet und durchgesetzt haben wie in den Kerngebieten des westlichen Kapitalismus, kann von dieser Realisierung der Religion auf der Basis der Religionswissenschaft gesprochen werden. Da, wo – aus mancherlei verschiedenen Gründen – die Integration von Religion und Gesellschaft dichter ist als bei uns, gibt es keine unabhängige Religionswissenschaft, und folglich kann sie auch nicht zum synkretistischen Pluralismus beitragen. Das heißt: Sowohl hinsichtlich ihrer Entstehungsbedingungen wie hinsichtlich ihrer Wirkungen ist die Religionswissenschaft ein westliches Produkt, das sich in beiden Aspekten der gesellschaftlich-kulturellen Situation verdankt, die auf dem Boden des geschichtlichen Christentums erwachsen ist.

Interessant ist nun, dass sich die in den Übersichten über die Religionswissenschaft immer noch als Standardalternative diskutierte Spannung zwischen einem substantiellen und einem funktionalen Religionsbegriff als Abschattung dieser hier umrissenen Phänomene verstehen lässt. Ein substantieller Religionsbegriff setzt auf die objektive Unabhängigkeit der religiösen Symbolsysteme von ihrer subjektiven Zustimmung; ein funktionaler Begriff von Religion auf die in je eigenem Verhalten aufscheinenden Konsequenzen inhaltlich variabler Symbolwelten, die ihre Einheit eben durch ihre in subjektiver Wirkung sich realisierende Überzeugungsstiftung erhalten. Tatsächlich aber zehrt schon die Alternative von substantiellem und funktionalem Religionsbegriff von der Abstraktion bzw. der Emanzipation der Religion gegenüber dem gesellschaftlichen Grundzusammenhang; sie ist nur unter Voraussetzung dieser Formveränderung der Religion selbst konzipierbar. Darum interessieren auch die Konsequenzen dieses Formwandels mehr als die Debatte über diese oder jene Variante eines Religionsbegriffs.[3]

3 Das ist richtig gesehen bei Kippenberg, Hans G./Stuckrad, Kocku von: Einführung.

In diesen Zusammenhang gehört auch die Frage nach der Notwendigkeit von Religion für eine gesellschaftlich integrierte subjektive Lebensführung. Auch hier sind die Alternativen bekannt: Ist jede Lebensorientierung mit Letztvergewisserungsanspruch als Religion zu bezeichnen – oder nur diejenige, die sich explizit religiöser Semantik bedient? Auch über diese Frage kann nur verhandelt werden unter der Voraussetzung einer nicht mehr bestehenden Notwendigkeit von Religion für die gesellschaftlichen Funktionen. Dann ist aber auch die Entscheidung, wann was als Religion zu bezeichnen ist, eine solche, die von durchgeführten Selbstdeutungsprozessen abhängig ist und nicht definitorisch von außen, auch nicht von den Religionstheoretikern, entschieden werden kann.

2. Religion als Kulturphänomen und die Theologien der Religion

Es hat sich bisher ergeben, dass die kulturelle Repräsentanz von Religion sich darstellt als Vielfalt vorhandener Symbolsysteme, die sich in großer individueller Variationsbreite mit den nicht kritisierbaren Grundlagen gesellschaftlicher Struktur und Dynamik kombinieren lassen. Darin spiegelt sich die Abkopplung der Religion von den Determinanten der gesellschaftlichen Realität einerseits, den gesellschaftlich notwendigen Ansprüchen der wissenschaftlichen Rationalität andererseits. Damit wird aber der autoritative Anspruch der Kirchen auf Erschöpfung des religiösen Phänomenfeldes ebenso bestritten wie die exklusive Zuständigkeit der Theologie für Religion. Weder gibt es Religion vornehmlich als christlich-dogmatisch gefassten Glauben, noch trägt die theologische Debatte unmittelbar etwas für die Steuerung und Gestaltung der Gesellschaft bei. Ob die Religionswissenschaft den Anschluss der Religion an die wissenschaftliche Vernunft herstellen kann, scheint insofern fraglich, als sie selbst auf ein religiöses Interesse angewiesen ist, das ihren Bestand als Wissenschaft absichert; wo dieses fehlt, wird Religionswissenschaft marginalisiert, wenn nicht eliminiert. Dass die Religionswissenschaft die Religion an die gesellschaftliche Realität zurückbinden kann, ist schon deshalb nicht zu erwarten, weil ihr alles paktisch-kultische Arsenal, alle Wege zur Vergemeinschaftung fehlen. Für die Kirchen und die Theologie aber stellt dieses Ergebnis der Dissoziation von Religion und Gesellschaft bzw. Kultur eine Herausforderung, wenn nicht eine Bedrohung dar.

In der Geschichte der Theologie haben sich, seit diese Tendenzen zur Verselbständigung von Religion und Gesellschaft bzw. von Religion, gesellschaftlicher Realität und wissenschaftlicher Rationalität erkennbar wurden, verschiedene Strategien zum Umgang mit ihnen nahe gelegt.

Eine erste Option besteht darin, mit Schleiermacher die Unabhängigkeit der Religion von gesellschaftlicher Wirklichkeit und wissenschaftlicher Vernunft als diskursermöglichende, aber nicht zu vergegenständlichende Basalität zu verstehen, wie sie sich in der Bestimmung der Religion als Gefühl schlechthinniger Abhängigkeit ausspricht.[4] Diskursermöglichend ist diese Stellung der Religion im Gefühl, weil jede Erörterung gesellschaftlicher oder wissenschaftlicher Art ein Einheitsmoment unterstellen muss, das sich nicht als solches darstellen lässt. Seine Realität kann nur als gefühlt gedeutet werden, also als vorliegend in einem intensiven Durchdrungensein von passiver Erfülltheit und aktivem Verstehen. Eben das aber erschließt sich in der Religion. Insofern ist die Religion als Erschlossensein des Unbedingten der faktische Konvergenzpunkt für gesellschaftliche Realität wie für wissenschaftliche Rationalität – ein Konvergenzpunkt, der sich nur im tatsächlichen Deuten erschließt. Das ist zunächst eine sehr überzeugende Konstruktion. Sie verbindet die Beobachtung, dass wir uns auf ein Gegebensein beziehen müssen, wenn immer wir anfangen zu denken und zu deuten. Dieses Gegebensein aber können wir nur als solches entdecken, indem wir aktiv davon Gebrauch machen. Insofern sind Unabhängigkeit und Vermitteltsein auf geradezu vorbildliche Weise ineinander gedacht. Das Problem dieser einleuchtenden Option Schleiermachers besteht darin, dass diese religiöse Vergegenwärtigung des Unbedingten als Allgemeines nicht nur prinzipiell, sondern auch historisch *gesetzt* ist. Die Reinheit des schlechthinnigen Abhängigkeitsgefühls verdankt sich in der nötigen Klarheit dem geschichtlichen Datum des Auftretens Jesu von Nazareth, das nicht als solches zur gesellschaftlichen und wissenschaftlichen Welterschließung gehört. Das ist der latente theologische Imperialismus auch noch bei Schleiermacher. Dieser Schwierigkeit entspricht die umgekehrte Beobachtung, dass die (konkrete geschichtliche) Religion (des Christentums) zu schnell als das *Allgemeine* gesetzt ist, wodurch die relative Besonderheit der Religion gegenüber der Gesellschaft unterbestimmt bleibt. Darum ist Schlei-

4 Schleiermacher, Friedrich: Der christliche Glaube (^{2}1830/31), Berlin 1960, § 4.

ermachers Devise zu Recht von seiten der Theologie kritisiert worden. Schleiermachers Theorie nimmt zwar die Möglichkeit der Differenzierung von Religion, gesellschaftlicher Realität und wissenschaftlicher Rationalität in den Blick – aber doch nur in der Absicht einer neuerlichen, wenngleich erheblich gelockerten Einheitsstiftung. Die implizite Normativität des Schleiermacherschen Religionsbegriffs kann hinter der scheinbar offenen hermeneutischen Darstellungsweise nicht verborgen bleiben. Schleiermacher hat es noch nicht vermocht, sah sich freilich auch historisch nicht dazu genötigt, das Auftreten der Klarheit des schlechthinnigen Abhängigkeitsgefühls, wie es sich mit Jesus von Nazareth verbindet, als hermeneutische Regel festzuhalten, ohne es zugleich zu einer geschichtsphilosophischen Zielbestimmung werden zu lassen.

Im Unterschied zu Schleiermachers Option einer vorbegrifflichen Vermittlung hat sich der Theologie eine andere, direktere Umgangsweise mit der neuzeitlichen Religion nahe gelegt: die Rationalisierung der Religion, die mit dem Versuch eines Ausschlusses dessen einhergeht, das sich dieser Konstruktion nicht fügt. Erstaunlicherweise fasst diese Perspektive ganz verschiedene systematische Schulen in sich. Natürlich ist Karl Barth zu nennen mit seinem Versuch, die Rationalität der christlichen Religion als Kirchliche Dogmatik zu entfalten.[5] Wir finden in seinem Werk die vermutlich geschlossenste Fassung einer Selbstverständigung des christlichen Glaubens im 20. Jh., welche durch interne Logizität der religiösen Vorstellungen einen Zusammenhang aufzubauen sich bemüht, der als orientierende Vergewisserung über die Eigenart und Eigenständigkeit des Christentums angesehen werden kann. Darum wird dann auch – konsequenterweise – dem Versuch einer sei es vorgängigen, sei es nachlaufenden Verallgemeinerung des christlichen Glaubens als »Religion« widersprochen.[6] Hierher gehört aber auch Wolfhart Pannenbergs Theologie der Religionsgeschichte, die auf die sukzessive und mittelbare Erscheinung des Göttlichen als cantus firmus der Religionen setzt[7]. Bei Pannenberg ist nicht zu übersehen, dass sich ein zentral monotheistischer Grundgedanke mit Erörterungen über die Zugänglichkeit des Göttlichen so verbindet, dass erst die letzte Zukunft, das Ende der Geschichte, die im Christentum vor-

5 Barth, Karl: Die Kirchliche Dogmatik, Zollikon-Zürich 1932–1967.

6 Barth: KD I/2, § 17: Gottes Offenbarung als Aufhebung der Religion, 304–397.

7 Pannenberg, Wolfhart: Erwägungen zu einer Theologie der Religionsgeschichte, in: Ders., Grundfragen systematischer Theologie, Göttingen 1967, 252–295.

weg ereignete Begegnung mit der Wahrheit rechtfertigt – ein Gesichtspunkt, der sich freilich nur daraus ergibt, dass man die christliche Perspektive vorab teilt. Schließlich wird man sogar Eilert Herms' Theorie der Theologie als Religionswissenschaft an dieser Stelle einordnen können.[8] So sehr hier Theologie selbst als Religionswissenschaft bestimmt wird, so sehr hängen die Gehalte doch de facto von der christlichen Dogmatik ab. In allen diesen Fällen gilt eben gemeinsam, dass es Einsichten der christlichen Dogmatik sind, die das Verhältnis zur Religion, wie sie als ausgesondertes Phänomen der modernen Lebenswelt auftritt, bestimmen sollen. Dabei spielt es im einzelnen eine untergeordnete Rolle, ob »Religion« als scheinbare (wiewohl nicht schlechterdings ausschließliche) Alternative zum christlichen Glauben gesehen wird (Barth) oder ob sich der christliche Universalanspruch auf die Erkenntnis der alles bestimmenden Wirklichkeit über das Modell der in zukunftsfähigen Hypothesen sich aussprechenden Prolepse des Endes der Geschichte zur Geltung bringt (Pannenberg). Auch der Versuch, von der Erschließung individueller Lebensgewissheit sofort den Weg in die Bestände christlicher Dogmatik zu suchen (Herms), läuft auf eine Dogmatisierung der Religion hinaus. Das bedeutet aber, dass dogmatische Konstruktionen des Religionsbegriffs – ganz abgesehen von ihrer Fähigkeit zur Sachverhaltsklärung – schon an ihrer eigenen Partikularität scheitern. Man muss sogar sagen: Diese massiv dogmatischen Begriffe von Religion verunmöglichen eine hermeneutische Anwendung zum Zwecke der Selbstdeutung in dem gegenwärtig offenen Feld religiöser Phänomene. Man muss sich schon von den dogmatischen Grundlagen überzeugt haben, um dann die Anwendung auf die Religion teilen zu können.

Nun gibt es in der Soziologie einen sehr interessanten Entwurf, der sich gleichsam als Spiegelbild dieser theologischen Rationalisierungen lesen lässt, nämlich die Religionstheorie Niklas Luhmanns.[9] Sie nimmt sozusagen Rationalisierung überhaupt als Religion vor – und das im Gewande einer scheinbaren Herabstufung der Religion. In Wahrheit verhält es sich jedoch so, dass hier Gott als diejenige Instanz in Anspruch genommen wird, die einerseits als Letzthorizont der Grunddisjunktion von System und Umwelt gilt, die andererseits aber geradezu als der Operator dieser Differenz selbst vorgestellt werden muss. Im

8 Herms, Eilert: Theologie und Religionswissenschaft, Variations herméneutiques 9 (1998), 65–87.

9 Luhmann, Niklas: Die Religion der Gesellschaft, Frankfurt am Main 2000.

Unterschied zu diesem so symbolisierten Gottesgedanken kann der Konstrukteur der Systemtheorie immer nur Unterscheidungen vornehmen ohne den akuten Rückgriff auf eine ihm zugängliche, unterscheidungsfreie Einheit. Das bedeutet aber, dass das mit den Mitteln der Systemtheorie rekonstruierbare Funktionieren von Religion tatsächlich nichts anderes ist als das Funktionieren der Systemtheorie selbst – wenngleich in quasi-mythologischer Gestalt vorgestellt (wobei selbst noch einmal zu untersuchen wäre, ob es nicht gerade hier eine Nötigung zur Mythologie gibt). Im Unterschied zum System der Religion aber legt sich die Theorie funktionaler Systeme notwendig in eine fortgesetzte, endlose Pluralität von System-Umwelt-Konstellationen aus, mit allen Folgeproblemen, die Luhmanns so konstruktiven wie kreativen Geist jahrzehntelang beschäftigt haben. Nun ist aber auch hier der Preis für diese implizite Universalisierung der Religion hoch, nämlich – nicht minder als in der Theologie – die Unfähigkeit, sich auf den religiösen Pluralismus unvoreingenommen einzulassen. Das strenge Konzept der systemtheoretisch konstruierten Religion überwölbt alle anderen Verständnisweisen, indem es sie modelliert nach dem Schema von System/Umwelt und dem nicht aussagbaren Dritten, das beide miteinander in Beziehung hält.

Lässt sich überhaupt ein Verhältnis zur religiös ausdifferenzierten Situation, wie sie am Anfang beschrieben wurde, finden, das gleichwohl bestimmungskräftig ist? Um diese Frage positiv zu beantworten, sind folgende Bedingungen zu berücksichtigen. Ganz offenbar stellt sich die Forderung, zugleich mit der Einsicht in die gesellschaftliche Nichtnotwendigkeit von Religion auf einen allgemeinen Religionsbegriff zu verzichten; sei dieser nun dogmatisch-christlich oder historisch-religionswissenschaftlich konstruiert. Leistet man darauf, wie es nötig ist, Verzicht, dann gewinnen religionsspezifische Deutungssysteme ein neues Gewicht. Nicht im Sinne eines postmodernen Nebeneinander, wie es zeitweise scheinen konnte, sondern gerade insofern, als sie hermeneutische Kompetenz für das Verstehen von anderem fördern. Wenn also tatsächlich die aktuelle Religionsgeschichte die Parameter setzt für die individuelle Triftigkeit und die kulturelle Kompetenz von Religion, dann bemisst sich die Leistung von Religionen genau daran, diesen Anforderungen standzuhalten.

3. Die theologische Kompetenz für Religion: Dogmatik als Hermeneutik der Religion

Das Christentum sei die vollendete Religion, hatte Hegel in der Religionsphilosophie gesagt.[10] Das war vielleicht schon zu seiner Zeit doppelsinnig: die Religion, zu ihrer Vollkommenheit gelangt und an ihr Ende. Dass sich genau dieser Doppelsinn im 19. und 20. Jh. realisiert habe – jedenfalls für die europäische Kultur –, das ist die Vermutung, die den hier angestellten Überlegungen zugrunde liegt. Wenn diese These von der Vollendung zutrifft, dann ist sie auch in dem Sinne zu verstehen, dass sich jenseits der dogmatischen Bestände des Christentums eine neue Freiheit für ganz verschiedene religiöse Vorstellungen, für den Export und Import von Religionen, für Synkretismen dieser oder jener Art eröffnet. Wohl nicht zufällig wäre dann die Tatsache, dass die Kenntnis fremder Religionen zugleich vor die Anmutung stellt, sich zu ihnen in ein Verhältnis nicht nur ausgrenzender Art zu setzen. Und nicht zufällig (oder nur kulturkritisch bewertbar) wäre der Sachverhalt, dass eben auch die herkömmlichen christlich-religiösen Vorstellungen als Vorstellungen neben die aus anderen Religionen stammenden zu stehen kommen. Nicht zufällig wäre dann auch, parallel zur Konsolidierung der Religionswissenschaft, die Konjunktur der Religionskritik, die ja wesentlich gerade die Unwesentlichkeit der Religion für die bürgerliche Gesellschaft betont. Wenn man dies alles bedenkt, dann sind damit die Bedingungen formuliert, die für eine Religionstheologie heute in Rechnung zu stellen sind. Wie ist darauf zu reagieren?

Um noch einmal an die erwähnten Modelle aus der neueren Theologiegeschichte zu erinnern: Weder dürfte eine implizite Absolutheitstheorie wie die Schleiermachers zu halten sein; schon gar nicht die dogmatischen Konstruktivismen des 20. Jh.; wohl auch nicht die strukturelle Verallgemeinerung der Systemtheorie. Auszugehen wäre allein von der Beobachtung, dass es sich bei den religiösen Deutungen um *selbst vollzogene* Deutungen handelt.[11] Dass diese Deutungen jeweils bestimmte semantische Potentiale benötigen und entfalten, ist dabei ebenso vorausgesetzt und angenommen wie die Tatsache, dass diese Deutungen

10 Hegel, Georg W.F.: Vorlesungen über die Philosophie der Religion. Die vollendete Religion, hg. von W. Jaeschke, Hamburg 1984.

11 Korsch, Dietrich: Religion als Lebensdeutung, in: Ch. Danz/U. Körtner (Hg.), Theologie der Religionen. Positionen und Perspektiven evangelischer Theologie, Neukirchen 2005, 205–222.

lebensweltliche Orientierungen vermitteln (also auch in bestimmter Hinsicht immer praktisch sind). Die Hypothese von der Vollendung der Religion bezieht sich gerade nicht – oder: nicht mehr – auf jene in der Alternative von »theoretisch« und »praktisch« zu artikulierenden Momente von Selbstdeutung, sondern auf die im Selbstdeuten enthaltenen hermeneutischen Momente, die allein aufgrund ihrer Betätigung normative Wirkung entfalten. Seine Vollendung erreicht das Selbstdeuten nämlich erst dann, wenn der Vollzug des Deutens nicht nur eine wie weit auch immer reichende subjektive Modifikation oder Rezeption eines quasi ausständig Objektiven ist, sondern wenn im Deuten selbst das Gedeutete seinen ganzen Gehalt realisiert.[12] In dieser Figur steckt die Vermutung, dass religiöse Deutungsprozesse in der Gegenwart eine implizite Dynamik aufweisen, die für ihr ununterbrochenes Kontinuieren sorgt; eine Dynamik, die alle scheinbaren Gegenständlichkeiten den subjektiven Aneignungsbedingungen unterwirft; insofern ist die religiöse Selbstdeutung die aktuelle Form praktischer Religionskritik. Sich selbst deuten – das heißt: sich selbst verstehen – setzt voraus, dass es meine eigene Wertschätzung ist, die entscheidet. Nun freilich nicht so, dass ich gewissermaßen von außerhalb bestimmte Werte auferlegt bekomme, die ich zu realisieren oder zu affirmieren hätte. Vielmehr bauen sich diese Wertung erst im eigenen Wertungsvollzug auf wertvoll auf. Diese Koinzidenz von Bedeutung und Authentizität besitzt eine geschichtsphilosophisch starke Stellung, wie sich aus dem Gefälle der neueren Religionsgeschichte gezeigt hat. Darum kann auch nur eine externe Funktionalisierung von Religion für Politik oder soziale Interessen diese Dynamik hemmen – und auch das vermutlich nur vorübergehend. Das bedeutet aber, dass es eine im Vorgang des Selbstdeutens angelegte Perspektive gibt, die darauf dringt, nur dasjenige als religiös authentisch anzuerkennen, dessen reine Objektivität mit der reinen Subjektivität des Selbstdeutens identisch wird. Ein äußerlicher Zwang zu dieser Dynamik besteht nicht; sie lässt sich aber durch Äußerlichkeiten auch nicht verhindern, wie die Religionsgeschichte seit der Aufklärung zeigt. Es ist diese Bewegung, die auch dafür verantwortlich ist, den systematischen Gedanken der Subjektivität als

12 Damit wird der Sachverhalt aufgenommen, den Schleiermacher klassisch in der Weise herausgearbeitet hatte, nämlich dass sich der Sinn schlechthinniger Abhängigkeit erst dann eröffnet, wenn man deutende Freiheitsakte wagt.

maßgebliche theoretische Figur für die theologische Entfaltung eines Religionsbegriffs zu favorisieren.[13]

Die Beobachtung dieser subjektiven Dynamik in religiösen Selbstdeutungsprozessen ist eines; die christlich-religiöse bzw. theologische Stellungnahme dazu ist ein anderes. Religiöse Selbstdeutungen vollziehen sich (weil intersubjektiv) in gesellschaftlicher Kommunikation, also auch in gesellschaftlicher Interdependenz. Insofern gibt es in diesem Feld keine vornehme religionswissenschaftliche Distanz. Vielmehr nehmen auch christlich-religiöse Selbstdeutungen und theologische Artikulationen an diesem interaktiven Prozess teil. In dieser Hinsicht gilt eine doppelte Devise. Zum einen besteht in praktischem Sinne die Maxime, aus christlich-religiöser Sicht die reine und strenge Subjektivität von religiösen Selbstdeutungen überhaupt zu befördern. Das ist dann die praktische Religionskritik, die mit dem Christentum verbunden ist.[14] Zum anderen ist es angezeigt, diese hermeneutische Maxime auch noch einmal an den dogmatischen Bestand des Christentums zurückzubinden. In hermeneutischer Lesart besagen aber die christlichen Zentraldogmen der Menschwerdung, der Versöhnung und der Vollendung nichts anderes als die werdende und sich selbst realisierende Einheit von Gott und Mensch, die sich gerade durch das Bewusstsein des Unterschiedes beider aufbaut. So gewiss solche dogmatischen Formulierungen vor allem dazu angetan sind, die lehrmäßige (also pragmatisch-kommunikative) Selbststeuerung des Christentums zu erhalten und zu vertiefen, so sehr kann und braucht auf sie auch nicht verzichtet zu werden, weil ich in ihnen eine semantische Erinnerung an die implizite Normativität aller religiösen Selbstdeutung ausdrückt. Der Blick der jungen Kollegin aus der Religionswissenschaft von der landgräflichen Kanzlei »auf die Theologie herab« ist also, der Sache nach, ein Blick in die Tiefe der Religionswissenschaft selbst, wenn sie verstehen will, wovon sie heute handelt.

13 Barth, Ulrich: Was ist Religion? Sinndeutung zwischen Erfahrung und Letztbegründung, in: Ders., Religion in der Moderne, Tübingen 2003, 3–27.

14 Insofern ist Karl Barths Sichtweise einer theologischen Religionskritik durchaus schlüssig. Dagegen wird so manche halbherzige Orthodoxie, die verschämt an vormodernen Richtigkeiten festhalten möchte, dadurch der Kritik unterworfen.

Namenregister

Herausgeber

Wilhelm Gräb, geboren 1948; Prof. Dr.; Professor für Praktische Theologie an der Theologischen Fakultät der Humboldt-Universität zu Berlin, Direktor des Instituts für Religionssoziologie und Gemeindeaufbau; Forschungsschwerpunkte: Homiletik, Kirchen und Religionstheorie, Medienreligion, Religion und Biographie, Religion und Individualität, Friedrich Schleiermacher; wichtigste Veröffentlichungen: *Sinn fürs Unendliche. Religion in der Mediengesellschaft* (2002), *Lebensgeschichten – Lebensentwürfe – Sinndeutungen. Eine praktische Theologie gelebter Religion* (1998, ²2000), *Predigt als Mitteilung des Glaubens. Studien zu einer prinzipiellen Homiletik in praktischer Absicht* (1988).

Birgit Weyel, geboren 1964; PD Dr., Privatdozentin für Praktische Theologie und Wissenschaftliche Assistentin am Seminar für Praktische Theologie der Theologischen Fakultät der Humboldt-Universität zu Berlin; Forschungsschwerpunkte: Homiletik, Pastoraltheologie, Kybernetik, Professionalisierung und theologische Ausbildung, Bildung und Beruf, Religion und Literatur; wichtigste Veröffentlichungen: *Praktische Bildung zum Pfarrberuf. Das Predigerseminar Wittenberg und die Umformung der Kandidatenzeit zu einer praktischen Ausbildungphase evangelischer Pfarrer in Preußen* (Habilitationsschrift, Berlin 2004, erscheint in der Reihe BHTh, Tübingen 2006), (hg. mit Wilhelm Gräb) *Praktische Theologie und protestantische Kultur* (2002), *Ostern als Thema der Göttinger Predigtmeditationen. Eine homiletische Analyse zu Text und Wirklichkeit in der Predigtarbeit* (1999), (mit Michael Meyer-Blanck) *Arbeitsbuch Praktische Theologie. Ein Begleitbuch zu Studium und Examen* (1999).

Autoren

Hartmut Böhme, geboren 1944; Prof. Dr.; Professor für Kulturtheorie und Mentalitätsgeschichte an der Humboldt Universität Berlin; Forschungsschwerpunkte: Natur- und Technikgeschichte in den Überschneidungsfeldern von Philosophie, Kunst und Literatur, Historische Anthropologie, insbesondere Geschichte des Körpers, der Gefühle und der Sinne, Literaturgeschichte des 18. – 20. Jahrhunderts, Ethnopoesie und Autobiographik; wichtigste Veröffentlichungen: (hg. mit Jürgen Barkhoff und Jeanne Riou) *Netzwerke. Eine Kulturtechnik der Moderne* (2004), (mit Peter Matussek und Lothar Müller) *Orientierung Kultuwissenschaft. Was sie kann, was sie will* (2000), (mit Gernot Böhme) *Feuer Wasser Erde Luft. Eine Kulturgeschichte der Elemente* (1996).

Volker Drehsen, geboren 1949; Prof. Dr.; Professor für Praktische Theologie an der Evangelisch-Theologischen Fakultät der Universität Tübingen, Direktor der Evangelischen Predigeranstalt; Forschungsschwerpunkte: Homiletik, Religions- und Kirchentheorie, Liturgik und christliche Kunst, Pastoraltheologie, Kulturtheorie des Protestantismus im Horizont des neuzeitlichen Christentums; wichtigste Veröffentlichungen: *Rechtfertigungsgeschichten. Protestantisch predigen* (2002), (Mitherausgeber) *Ernst Troeltsch. Kritische Gesamtausgabe* (seit 1998), *Wie religionsfähig ist die Volkskirche? Sozialisationstheoretische Erkundungen neuzeitlicher Christentumspraxis* (1994), *Neuzeitliche Konstitutionsbedingungen der Praktischen Theologie. Aspekte der theologischen Wende zur sozialkulturellen Lebenswelt christlicher Religion* (1988).

Andreas Feige, geboren 1942; Prof. Dr.; Professor für Soziologie am Institut für Sozialwissenschaften der Technischen Universität Braunschweig; Forschungsschwerpunkte: Religions-, Jugend- und Bildungssoziologie, empirische Sozialforschung; derzeitiges Projekt: »Ethik des Alltagshandelns in der Perspektive von christlichen und muslimischen BerufsschülerInnen. Empirische Umfragen und sozialwissenschaftlich-religionspädagogische Analysen«; wichtigste Veröffentlichungen: *Christlicher Religionsunterricht im religionsneutralen Staat? Unterrichtli-*

che Zielvorstellungen und religiöses Selbstverständnis von evang. und kath. ReligionslehrerInnen in Baden-Württemberg (2005, auch unter: www.rl-studie-baden-wuerttemberg.de), *Kirchenmitgliedschaft in der Bundesrepublik Deutschland. Zentrale Perspektiven empirischer Forschungsarbeiten im problemgeschichtlichen Kontext der deutschen Religions- und Kirchensoziologie nach 1945* (1990), *Erfahrungen mit Kirche. Daten und Analysen einer empirischen Untersuchung über Beziehungen und Einstellungen junger Erwachsener zur Kirche. Ein Beitrag zur Soziologie und Theologie der Volkskirchenmitgliedschaft in der Bundesrepublik Deutschland* (1982, 2. Aufl. 1982).

Volker Gerhardt, geboren 1944; Prof. Dr.; Professor für Praktische Philosophie, Rechts- und Sozialphilosophie am Institut für Philosophie der Humboldt-Universität zu Berlin; Forschungsschwerpunkte: Ethik, Politik und Ästhetik, die Philosophie Nietzsches, Kants und Platons; wichtigste Veröffentlichungen: *Immanuel Kant. Vernunft und Leben* (2002), *Individualität. Das Element der Welt* (2000), *Selbstbestimmung. Das Prinzip der Individualität* (1999).

Knut Hickethier, geboren 1945; Prof. Dr.; Professor für Medienwissenschaft an der Universität Hamburg: Forschungsschwerpunkte: Medientheorie, -geschichte und -analyse, insbesondere im Bereich des Films, Fernsehens und des Radios; wichtigste Veröffentlichungen: *Einführung in die Medienwissenschaft* (2003), *Film- und Fernsehanalyse* (2001), *Geschichte des deutschen Fernsehens* (1998).

Hubert Knoblauch, geboren 1959; Prof. Dr.; Professor für Allgemeine Soziologie/ Theorie moderner Gesellschaften am Institut für Soziologie der Technischen Universität Berlin; Forschungsschwerpunkte: Allgemeine Soziologie, Wissens- und Kultursoziologie, Sprache, Interaktion und Kommunikation, Religion in der Gegenwartsgesellschaft, Qualitative Methoden der empirischen Sozialforschung; wichtigste Veröffentlichungen: *Wissenssoziologie* (2005), *Qualitative Religionsforschung. Religionsethnographie in der eigenen Gesellschaft* (2003), *Einführung in die Religionssoziologie* (1999), *Kommunikationskultur. Die kommunikative Konstruktion kultureller Kontexte* (1995).

Dietrich Korsch, geboren 1949; Prof. Dr.; Professor für Systematische Theologie am Fachbereich Evangelische Theologie der Universität Marburg; Forschungsschwerpunkte: Religionsphilosophie, Theologiegeschichte des 19. und 20. Jahrhunderts, Protestantismus und Kultur; wichtigste Veröffentlichungen: *Religionsbegriff und Gottesglaube. Dialektische Theologie als Hermeneutik der Religion* (2005), *Dogmatik im Grundriß. Eine Einführung in die christliche Deutung menschlichen Lebens mit Gott*, UTB 2155, (2000), *Religion mit Stil. Protestantismus in der Kulturwende* (1997).

Volkhard Krech, geboren 1962; Prof. Dr.; Professor für Religionswissenschaft an der Ruhr-Universität Bochum; Forschungsschwerpunkte: Religion in der modernen Gesellschaft, Soziologie der Askese, Wissenschaftsgeschichte der Religionsforschung; wichtigste Veröffentlichungen: *Götterdämmerung. Auf der Suche nach Religion* (2003), *Wissenschaft und Religion* (2002), *Georg Simmels Religionstheorie* (1998).

Christof Landmesser, geboren 1959; Prof. Dr.; Professor für Neues Testament an der Fakultät Evangelische Theologie der Johannes Gutenberg-Universität Mainz; Forschungsschwerpunkte: Hermeneutik und Theologie des Neuen Testaments, Paulusexegese, Synoptikerforschung, Ethik und Soziologie des Neuen Testaments, Rudolf Bultmann; wichtigste Veröffentlichungen: *Jüngerberufung und Zuwendung zu Gott. Ein exegetischer Beitrag zum Konzept der matthäischen Soteriologie im Anschluß an Mt 9,9–13* (2001), *Wahrheit als Grundbegriff neutestamentlicher Wissenschaft* (1999), (Mitherausgeber) *Jesus Christus als die Mitte der Schrift. Studien zur Hermeneutik des Evangeliums*, BZNW 86, (1997).

Thomas Macho, geboren 1952, Prof. Dr., Professor für Kulturgeschichte am Kulturwissenschaftlichen Seminar der Humboldt-Universität Berlin; Forschungsschwerpunkte: Kulturgeschichte, Geschichte der Zeitrechnung; derzeitige Projekte: Bilder des Wissens, Bild – Schrift – Zahl, Kulturgeschichte der Höflichkeit, wichtigste Veröffentlichungen: (Mitherausgeber) *Science fiction. Über Gedankenexperimente in Wissenschaft, Philosophie und Literatur* (2004), (Mitherausgeber) *»Der liebe Gott steckt im Detail«. Mikrostrukturen des Wissens* (2003), *Todesmetaphern. Zur Logik der Grenzerfahrung* (1987; 2. Aufl. 1990).

Ernst Müller, geboren 1957; PD Dr.; Privatdozent am Philosphischen Institut der Humboldt-Universität, Berlin; z.Zt. Projekt: Figuren des Wissens. Begriffsgeschichte nach dem ›cultural turn‹; Projekt ›Figuren des Sakralen in der Dialektik der Säkularisierung‹ am Zentrum für Literaturforschung Berlin; Forschungsschwerpunkte: Philosophie, Religionsphilosophie, Ästhetik, wichtigste Veröffentlichungen: (Hg.) *Begriffsgeschichte im Umbruch* (2005), (Mitherausgeber) *Hegels ›Phänomenologie des Geistes heute* (2004), *Kunstreligion und ästhetische Religiosität. In den Philosophien von der Aufklärung bis zum Ausgang des deutschen Idealismus* (2004).

Thomas Rentsch, geboren 1954; Prof. Dr., Professor für Philosophie mit Schwerpunkt Praktische Philosophie/Ethik an der Technischen Universität Dresden; Forschungsschwerpunkte: Systematische Philosophie des 20. Jahrhunderts, Philosophische Anthropologie und Sprachphilosophie, Religionsphilosophie; wichtigste Veröffentlichungen: *Gott* (2005), *Heidegger und Wittgenstein* (1985, ²2003), *Die Konstitution der Moralität* (1990, ²1999).

Arnulf von Scheliha, geboren 1961; Prof. Dr., Professor für Systematische Theologie am Institut für Evangelische Theologie an der Universität Osnabrück; Forschungsschwerpunkte: Christentum und Kirche in der pluralistischen Gesellschaft, interreligiöse Hermeneutik und Theologie der Religionen, insbesondere Christentum und Islam, ethische Probleme der modernen Gesellschaftsformation, insbesondere Wirtschaftsethik und Politische Ethik, Studien zur Theologiegeschichte des 19. und 20 Jahrhunderts unter besonderer Berücksichtigung der Geistes- und Sozialgeschichte; wichtigste Veröffentlichungen: *Der Islam im Kontext der christlichen Religion* (2004), *Der Glaube an die göttliche Vorsehung. Eine religionssoziologische, geschichtsphilosophische und theologiegeschichtliche Untersuchung* (1999), *Emanuel Hirsch als Dogmatiker: Zum Programm der ›christlichen Rechenschaft‹ im ›Leitfaden zur christlichen Lehre‹* (1991).

Rolf Schieder, geboren 1953; Prof. Dr.; Professor für Praktische Theologie und Religionspädagogik an der Theologischen Fakultät der Humboldt-Universität zu Berlin; Forschungsschwerpunkte: Religionspolitik, Rundfunkhomiletik, Poimenik, Bildung und Bildungsstandards, Michel Foucault; wichtigste Veröffentlichungen: *Wieviel Religion ver-*

trägt Deutschland? (2001), *Religionspolitik und Zivilreligion* (2001), *Religion im Radio. Protestantische Rundfunkarbeit in der Weimarer Republik und im Dritten Reich* (1995).

Bernt Schnettler, geboren 1967; Dr. phil.; Hochschulassistent am Institut für Soziologie der TU Berlin und Lehrbeauftragter an der Hochschule St. Gallen; *Forschungsschwerpunkte*: Soziologie religiöser Erfahrungen, Wissenssoziologie, sozialwissenschaftliche Hermeneutik und interpretative, insbesondere visuelle Methoden der empirischen Sozialforschung; wichtigste Veröffentlichungen: *Zukunftsvisionen. Transzendenzerfahrung und Alltagswelt* (2004), (Mitherausgeber) *Methodologie interpretativer Sozialforschung: Klassische Grundlagentexte* (2004), *Sociability. Reconstructing the Ethnotheory of Co-operation*, in: A. Müller und A. Kieser (Hg.), Communication in Organizations (2003), 201–218.

Miachel Utsch, geboren 1960; Dr. phil., Dipl.-Psychologe; wissenschaftlicher Referent der Evangelischen Zentralstelle für Weltanschauungsfragen und nebenberuflich approbierter Psychotherapeut in freier Praxis; Forschungsschwerpunkte: Religionspsychologie, religiöse Aspekte der Psychoszene, weltanschauliche Strömungen in Naturwissenschaft und Technik, Scientology; wichtigste Veröffentlichungen: *Religiöse Fragen in der Psychotherapie. Psychologische Zugänge zu Religiosität und Spiritualität* (2005), (Mitherausgeber) *Im Dialog über die Seele. Transpersonale Psychologie und christlicher Glaube* (2003), (Hg.) *Wenn die Seele Sinn sucht: Herausforderung für Psychotherapie und Seelsorge* (2000), *Religionspsychologie. Voraussetzungen, Grundlagen, Forschungsüberblick* (1998).

Wenn Sie weiterlesen möchten …

Volker Drehsen / Wilhelm Gräb / Birgit Weyel (Hg.)

Kompendium Religionstheorie

Das Verständnis von Religion und von Kultur kann in der Moderne nur in ihrer Bezogenheit aufeinander erschlossen werden. Erstmalig umfassend bietet dieses Kompendium einen Überblick über die Klassiker der Religionstheorie und das Religionsverständnis in den klassischen Kulturtheorien des 19. und 20. Jahrhunderts.

Die 30 Darstellungen (von Friedrich Schleiermacher über Sigmund Freud bis zu Michel Foucault) umfassen je einen religionstheoretischen Ansatz im Rahmen des kulturhermeneutischen Gesamtentwurfs. Jeder Beitrag integriert einen kurzen biographischen Abriss und ausgewählte Literaturangaben. Die Herangehensweisen und dargebotenen Perspektiven sind interdisziplinär und allgemein verständlich dargestellt. Das Material ist übersichtlich gegliedert und studierendenfreundlich aufbereitet.

Wenn Sie weiterlesen möchten…

Susanne Heine

Grundlagen der Religionspsychologie

Modelle und Methoden

Durch die immer intensivere Einbeziehung der Psychologie in Seelsorge und Theologie hat die Religionspsychologie enorm an Bedeutung gewonnen. Wer sich mit der Religionspsychologie auseinander setzt, sollte ein Bewusstsein für ihre Quellen und philosophischen Hintergründe entwickeln.

Erstmals systematisch und umfassend erschließt Susanne Heine die geistesgeschichtliche Herkunft der verschiedenen religionspsychologischen Richtungen anhand derjenigen Persönlichkeiten, die in diesem Fach innovativ waren und bahnbrechende Konzepte entwickelt haben. Die wichtigsten Theoretiker – von Wilhelm Wundt und William James über Sigmund Freud, Erich Fromm und Carl Gustav Jung zu Fritz Perls, Carl Rogers und Hjalmar Sunden – werden unter der Frage betrachtet, wie sich der biographische Hintergrund des jeweiligen Denkers und sein religionspsychologischer Entwurf zueinander verhalten und einander beeinflussen.